"十二五"高职高专规划教材·精品系列

新编经济法

XINBIAN JINGJIFA（第2版）

冯　强	聂文俊	主　编
王雪艳	童　俊	副主编
李光启	高　玲	罗玉琼	参　编
	刘　雯	付晓亮	
		李茂军	主　审

中国铁道出版社
CHINA RAILWAY PUBLISHING HOUSE

内 容 简 介

本书以高职高专人才培养要求为宗旨，打破传统体例和体系的约束，以社会经济组织的组织创设、经营活动事项的构成和推进过程为线索，采用"项目构架、任务驱动"体例，辅之以大量实用案例。具体包括六大项目：树立经济法律意识 分析经济法律关系；企业类型选择与公司基本建设；编制企业"规范市场行为 有效参与竞争"的规则体系；正确把握合同规则 科学处理合同事务；依法会计和纳税 自觉接受宏观调控；依法履行用工义务 促成企业、员工"双赢"。

本书适用于高职高专财经类专业和其他相关专业教学，也可满足有志于经济法律制度学习的社会人士自学之用。

图书在版编目（CIP）数据

新编经济法 / 冯强，聂文俊主编 . —2 版 . —北京：
中国铁道出版社，2015.2（2017.8 重印）
"十二五"高职高专规划教材 . 精品系列
ISBN 978-7-113-19723-0

Ⅰ.①新…　Ⅱ.①冯… ②聂…　Ⅲ.①经济法—中国
—高等职业教育—教材　Ⅳ.①D922.29

中国版本图书馆 CIP 数据核字（2015）第 015553 号

书　　名： "十二五"高职高专规划教材·精品系列
　　　　　　　新编经济法（第 2 版）
作　　者：冯　强　聂文俊　主编

策　　划：邢斯思　左婷婷
责任编辑：张丽娜
封面设计：刘　颖
责任校对：龚长江
责任印制：李　佳

出版发行：中国铁道出版社（100054，北京市西城区右安门西街 8 号）
网　　址：http://www.tdpress.com/51eds/
印　　刷：北京明恒达印务有限公司
版　　次：2012 年 8 月第 1 版　2015 年 2 月第 2 版　2017 年 8 月第 2 次印刷
开　　本：787 mm×1 092 mm　1/16　印张：20　字数：487 千
书　　号：ISBN 978-7-113-19723-0
定　　价：42.00 元

社会主义市场经济是一种法制经济，建立和完善适应社会主义市场经济体制要求的法律制度体系，是时代的要求，是历史的呼唤。

中国共产党十八届四中全会通过的《中共中央关于全面推进依法治国若干重大问题的决定》明确指出，全面建成小康社会、实现中华民族伟大复兴的中国梦，全面深化改革、完善和发展中国特色社会主义制度，提高党的执政能力和执政水平，必须全面推进依法治国。必须在中国共产党领导下，坚持中国特色社会主义制度，贯彻中国特色社会主义法治理论，形成完备的法律规范体系、高效的法治实施体系、严密的法治监督体系、有力的法治保障体系，形成完善的党内法规体系，坚持依法治国、依法执政、依法行政共同推进，坚持法治国家、法治政府、法治社会一体建设，实现科学立法、严格执法、公正司法、全民守法，促进国家治理体系和治理能力现代化。

因此，在经济建设活动领域，每一国家机关、每一市场主体、每一公民，都应当牢固树立"依法治国"的理念，坚持"从我做起，从每一经济行为着手"，切实强化经济法治观念，始终不渝地坚持依法办事。作为当代大学生，特别是财经类专业的大学生，理应成为表率。有鉴于此，"经济法"也就很自然地成为了高职财经类及其他相关专业的专业基础课程了。

依法办事，当首先以知法、懂法为前提条件；依法办事，应以合法行为为落脚点；依法办事，要以维护健康的经济秩序和有效促进经济发展为目标。但同时，作为法的重要部门之一，"经济法"不仅是非常"年轻"的，而且还具有"内涵丰富、涉及面广、法条浩瀚"、"动态性强"等特点。因此，高职高专经济法教材和教学必然面临"三个矛盾"及"三个难点"。

"三个矛盾"：第一，经济法"内涵丰富、涉及面广、法条浩瀚"与"教学时间有限"之间的矛盾；第二，经济法显著的"动态性"与高职教育要求的"适度、实用"之间的矛盾；第三，"实用、够用"的教学要求与学生未来"事业发展的不确定性"之间的矛盾。

"三个难点"：第一，基础性与延伸性（即持续发展能力）关系的处理；第二，理论与实际的结合方式选择（即"案例中心"还是"法条中心"）；第三，如何给学生"零距离感"的处理方法。

如何根据人才培养目标，适应社会要求，解决好"三个矛盾""三个难点"，编写一本适应性、实用性强的"经济法"教材，也就成为了各方同仁高度重视并积极为之不断探索的历史性任务。本教材即是我们探索的初步成果。

与若干高职高专《经济法》教材相比较，除了反映最新法律法规准则要求、忠实于法律原文、注重通俗易懂、突出应用性、促进大学生综合素质提升等特点外，《新编经济法》更呈现出以下几个突出的创新和基本特点：

（1）体例创新。打破传统体例和体系约束，以社会经济组织的组织创设和经营活动事项的构成及推进过程为线索，采用"项目构架、任务驱动"体例，使学习者完成学习后，可完整、清楚地基本掌握：投资何种企业最佳（公司）→如何申请注册企业（公司）→如何做好企业（公司）组织建设等基本建设事项→在市场活动中应遵守哪些权利和义务规则→如何从会计、税收等方面自觉接受国家调控。同时，清楚应当如何正确用工、有效用工，实现企业和员工的双赢。其中，对于"如何申请注册企业（公司）"的问题，将主要内容分三个任务（项目二的任务二、三、四），依次推进，并最终归集到任务四。

（2）内容构架创新。本教材中，根据实际需求和现实生活中暴露的一些问题，为了更好地使学习者从整体上考虑并正确处理或者预防争议，我们对有关法规内容进行了整合。例如，在项目六的任务二中，我们将关于劳动合同的效力判断、劳动合同的履行规则与签订劳动合同整合在一起，并以"规范地与员工签订劳动合同"为任务主题。因为实际生活中，常常出现签订合同简单、发生问题容易、履行合同困难的局面，而且，从逻辑上讲，签订了合同，一旦生效，就必须履行。不少初入社会甚至初入某一企业的新人，常不知合同效力与合同履行中可能发生的"故障"，因而不能将劳动合同的签订、效力、履行三位一体地思考，随意地或者粗心地就在合同上签字画押，发生争议后又后悔不已。再如，消费者权益的保护常常与产品质量问题密切相关，因此，我们将消费者权益保护要求和产品质量规则安排为前后顺序，放置在紧邻的位置上。

（3）培养目标定位准确。坚持高职高专人才培养目标和质量标准，彰显"高等性""职业性""技术性"有机结合的特征，切实注重并体现"适用性"和"实用性"，突出应用能力培养，并注意恰当处理好基础性与延伸性之间的关系。具体体现：一是选用实用性强的普适性法律制度加以介绍；二是每一任务都采用案例导入法阐释法规准则，再依法分析解决案例中问题，并且，不仅在阐释准则过程中辅之以大量发生于现实中的案例，而且最后还配以思考与拓展性案例，超过 140 个的案例，突出了实际应用性；三是有取有舍，处理得当，并不追求理论阐释的完整性、法学体系的规范性，即使同一法律制度的内容也不追求全面覆盖、无一遗漏。

（4）课程教学目标科学。我们遵循的课程目标是：第一，有助于培养学生稳定、牢固的经济法律意识，明确市场经济是法制经济，必须依法行为，自觉维护社会、他人、自己的合法权益；第二，有助于培养学生基本的（经济）法律思维能力；第三，有助于培养学生基本的法律条文释读能力（这是最重要、最基本的方面）；第四，有助于培养学生基本的依法分析和解决有关实务问题（如经济纠纷）的初步能力。四点内容层次清晰，逐次推进，并以第四点为终结目标和落脚点，科学且切实、易行。

另外，鉴于"劳动合同制度"对毕业生就业的实用价值，我们也对其进行了介绍。

全书内容由六大项目、十八个任务系统集成，由成都农业科技职业学院冯强、四川工商职业技术学院聂文俊任主编，石家庄财经职业学院王雪艳、成都农业科技职业学院童俊任副主编，河北青年管理干部学院李茂军主审，并由冯强进行全书统稿。其他具体参加编写工作的人员还有：重庆商务职业学院李光启，唐山科技职业技术学院高玲，成都农业科技职业学院罗玉琼、刘雯、付晓亮。

本书适用于高职高专财经类专业和其他相关专业教学，也可满足有志于经济法律制度学习的社会人士自学之用。

编写过程中，我们广泛学习和借鉴了近年来经济法领域的理论与实践成果，参阅了大量专家的著述。在此，谨对这些成果的创造者表示衷心的感谢。

由于时间仓促，编者水平有限，书中疏漏之处在所难免，诚请专家和广大读者批评指正。不胜感谢！

编 者

2015 年 1 月

目录

项目一 树立经济法律意识 分析经济法律关系

任务一 认识经济法,树立经济法律意识

任务目标

市场经济是一种法治经济,必须坚持"依法办事"的原则。因此,正确认识经济法,树立经济法律意识,合法、有效地从事经济(经营)活动,是每一个"经济人"的必需,也始终是教学的基本目标之一。

导入案例

大 萧 条

大萧条(Great Depression)是指 1929 年至 1933 年之间全球性的经济大衰退。

概况:

大萧条的影响比历史上任何一次经济衰退都要来得深远。这次经济萧条是以农产品价格下跌为起点:首先发生在木材的价格上(1928 年);但更大的灾难是在 1929 年到来的加拿大小麦的过量生产,美国不得不压低所有农产品产地基本谷物的价格。不管是欧洲、美洲还是澳洲,农业衰退由于金融的大崩溃而进一步恶化;尤其在美国,一股投机热导致大量资金从欧洲抽回,随后在 1929 年 10 月发生了令人恐慌的华尔街股市暴跌。1931 年法国银行家收回了给奥地利银行的贷款,但这并不足以偿还债务。这场灾难使中欧和东欧许多国家的制度破产了:它导致了德国银行家为了自保,而延期偿还外债,进而也危及到了在德国有很大投资的英国银行家。资本的短缺,在所有的工业化国家中,都带来了出口和国内消费的锐减:没有市场必然使工厂关闭,货物越少,货物运输也就越少,这必然会危害船运业和造船业。在所有国家中,经济衰退的后果是大规模失业:美国 1 370 万人,德国 560 万人,英国 280 万人(1932 年的最大数据)。大萧条对拉丁美洲也有重大影响,使得在一个几乎被欧美银行家和商人企业家完全支配的地区失去了外资和商品出口。

简要经过:

1929 年 10 月 29 日,美国迎来了它的黑色星期二。这一天,美国金融界崩溃了,股票一夜之间

从顶巅跌入深渊,价格下跌之快连股票行情自动显示器都跟不上。1929年10月29日到11月13日短短的两个星期内,共有300亿美元的财富消失,相当于美国在第一次世界大战中的总开支。但美国股票市场崩溃不过是一场灾难深重的经济危机爆发的火山口。

当时纽约流行一首儿歌:"梅隆拉响汽笛,胡佛敲起钟。华尔街发出信号,美国往地狱里冲!" (Mellon pulled the whistle, Hoover rang the bell, Wall Street gave the signal and the country went to hell)。随着股票市场的崩溃,美国经济随即全面陷入毁灭性的灾难之中,可怕的连锁反应很快发生:疯狂挤兑、银行倒闭、工厂关门、工人失业、贫困来临、有组织的抵抗、内战边缘。农业资本家和大农场主大量销毁"过剩"的产品,用小麦和玉米代替煤炭做燃料,把牛奶倒进密西西比河,使这条河变成"银河"(Milky Way)。城市中的无家可归者用木板、旧铁皮、油布甚至牛皮纸搭起了简陋的栖身之所,这些小屋聚集的村落被称为"胡佛村"。流浪汉的要饭袋被叫做"胡佛袋",由于无力购买燃油而改由畜力拉动的汽车叫做"胡佛车",甚至露宿街头长椅上的流浪汉身上盖着的报纸也被叫做"胡佛毯"。而街头上的苹果小贩则成了大萧条时期最为人熟知的象征之一。在那些被迫以经营流动水果摊讨生活的人中,有许多人从前是成功的商人和银行家。

股票市场的大崩溃导致了持续四年的经济大萧条,这次经济危机很快从美国蔓延到其他工业国家。对千百万人而言,生活成为吃、穿、住的挣扎。各国为维护本国利益,加强了贸易保护的措施和手段,进一步加剧了世界经济形势的恶化。这是第二次世界大战爆发的一个重要根源。

大萧条也造成了严重的社会问题:大萧条期间有200万～400万中学生中途辍学;许多人忍受不了生理和心理的痛苦而自杀;社会治安日益恶化;其中最重要的问题是失业。在美国,各城市排队领救济食品的穷人长达几个街区。英国则有500万～700万人失业,不得不排着更长的队伍等候在劳务交易市场内。

经历了大萧条的人们在思想上发生了转变。工人从19世纪20年代的麻木状态中清醒过来,发动了富有战斗性的罢工。自由主义者被苏联的繁荣吸引,成了马克思主义者。而保守主义者由于惧怕布尔什维克主义,日益转向法西斯主义。

原因简析:

关于大萧条的成因一直众说纷纭。最早解释到这一点的是英国经济学家凯恩斯。他认为市场对商品总需求的减少,是经济衰退的主要原因,因而提出由政府采取扩张性财政策略来刺激需求,从而带旺经济。这一点成为了20世纪50年代至70年代时人们普遍的看法。

重要影响结果之一:

大萧条的普遍影响导致了提高政府对经济的政策参与性,如罗斯福新政时期实行的一些经济政策及建立的一些监管机构。

罗斯福新政概况:

罗斯福新政(The New Deal)是指1933年富兰克林·罗斯福就任美国总统后所实行的一系列经济政策。其核心是三个R:救济(Relief)、改革(Reform)和复兴(Recovery)。因此有时也被称为"三R新政",以增加政府对经济直接或间接干预的方式大大缓解了大萧条所带来的经济危机与社会矛盾。通过国会制定了《紧急银行法令》《国家产业复兴法》《农业调整法》《社会保障法案》等法案。第二次世界大战爆发后,新政基本结束,但罗斯福新政时期产生的一些制度或机构,如社会安全保障基金、美国证券交易委员会、美国联邦存款保险公司、美国联邦住房管理局、田纳西河谷管理局等至今仍产生着影响。

新政的主要举措：

1. 举办救济和公共工程(如公共事业振兴署、田纳西河谷管理局兴办的一些基建项目)。

2. 整顿银行业，克服金融危机。新政从整顿银行开始，罗斯福在就职的第三天下令所有银行停业整顿。1933年3月9日，国会通过《紧急银行法》，该法宣布停止黄金的兑换和出口，授权联邦银行增发钞票以解决货币饥荒，并改造联邦储备银行以加强国家对银行的管理和控制。该法的实施使银行与金融秩序恢复了正常，人们恢复了对银行的信心。

3. 恢复工业与农业的生产。1933年5月，国会通过《农业调整法》，成立农业调整署调控市场，规定国家向减耕减产的农民提供补贴，以提高农产品价格。政府用行政手段调节农业生产，减少农产品过剩，保证农民利益，对农业复苏起到积极作用。6月，国会通过《国家产业复兴法》，该法以恢复工业生产为目标，将生产的各个环节置于国家监督之下，以减少盲目生产，并由国家干预，调节企业关系和劳资关系，为企业复兴创造良好条件。

4. 保护劳工权利，制定最低工资和最高工时规定。出台《联邦紧急救济法》并成立联邦紧急救济署，此后又将救济改成"以工代赈"，解决失业问题。促请国会通过"民间资源保护队计划"，吸收年轻人从事公共设施建设，此后还创立工程兴办署和全国青年总署，创造就业机会。

5. 建立社会保障体系。通过《社会保险法》《全国劳工关系法》《公用事业法》《公平劳动法》《税收法》等法规，同时推动工会建设。

罗斯福新政与此前资本主义各国有关政策相比，最显著的不同是国家对经济加强干预。

(本文由作者根据网络资料改写，原文见：http://zh.wikipedia.org)

问题：

请根据上述资料所反映的信息，谈谈

(1)你对自由竞争、有序竞争有何看法？

(2)你认为政府对社会经济生活加以必要的干预是否应该？

内容阐释

上述"大萧条"资料的有关信息，是我们关于现代意义的"经济法产生"这一问题研究中不可或缺的必需信息。它对我们认识经济法的产生背景以及经济法的基本特征、应遵循的一些原则等具有重要价值，也是在解决关于"要不要政府对社会经济加以干预"问题上具有重要说服力的一个佐证。

那么，什么是我们所说的经济法呢？经济法究竟是怎样产生，又具有一些怎样的特征，应当遵循一些什么原则呢？

一、经济法的产生

经济法是现代法律体系中的重要组成部分之一，也是对现代社会和现代人的影响面和影响深度最为突出的法律之一。

但是，从发展历史而言，经济法是最为年轻的。就发展历史来看，现代意义上的经济法自19世纪末20世纪初产生以来，走过了100多年风风雨雨的历程。在我国，随着改革开放的不断深化，伴随着社会主义商品经济及社会主义市场经济体制建立和完善的伟大历史进程，经济法也随之产生并得到了长足的发展，迄今已初步形成了有中国特色的适应社会主义市场经济体制要求的经济法律制度体系，而且仍处于继续完善和不断发展之中。

在这里,人们就会产生一个疑问:为什么现代意义的经济法会如此"年轻"呢?

直观地讲,现代意义的经济法在新中国之所以"年轻",是因为我国改革开放前缺少现代意义的经济法产生的经济基础——市场经济。在国外,现代意义的经济法之所以产生于19世纪末20世纪初,是因为之前资本主义国家虽有着市场经济,但却缺乏必要的国家宏观调控。自由资本主义时期,反对国家干预"私人"经济活动,纯粹、自由的市场竞争导致了"市场无能"的积聚,并最终爆发了如前所述的"大萧条",给经济和社会发展带来了空前的毁灭性打击。"大萧条"警醒了社会各界,一些资产阶级的政治家、经济学家等开始意识到,过去一直以来实行的自由放任政策和理论,已经不能适应解决垄断资本主义所带来的一系列经济和社会问题了,必须寻求新的政策举措和理论。由此提出了国家适度干预社会经济的客观要求,并以罗斯福新政的成功实践和凯恩斯经济学理论的产生、传播为契机,经济法因此逐渐产生并成长起来。

一般看来,现代意义的经济法产生主要是基于以下四个方面的缘由。

(一)社会经济发展内在的客观需要是产生经济法的客观基础

简单地说,基于调整和控制市场经济之不足的历史使命,催生了经济法。经济法是通过在尊重市场基础和医治市场无能之间寻求合理平衡的过程中产生、发展起来的。

现代意义的经济法产生之前,资本主义国家的市场经济实行的是自由放任的政策,经济活动几乎完全由市场机制加以调整,反对政府对经济活动的干预。在那个历史时代,人们崇尚的是个人利益至上,以个体利益的尊重和实现为出发点和归宿点。当时的基本思潮是:干预得最少的政府是最好的政府;如果政府的干预损害了个体的利益,这样的政府可以推翻它。在这样的背景下,失去了政府的调控和引导,经济活动完全靠市场自身调节,即以市场为资源的主要配置者,以市场利益为激励经济活动的主要调节者。

市场机制有其积极的作用,例如:市场以具有独立的经济利益的经济实体为资源配置的主体,并通过价格杠杆和竞争机制,促使企业追求效益最大化;产权明确下的市场调节,反应之快、之准,是远远胜过任何计划的;社会经济运行主要利用市场对各种经济信息信号反应比较灵敏的优点,促进生产和需求及时协调,使资源配置合理有效;等等。

但是,市场也有其自身无法克服的弱点和消极方面:一是可能出现总量失衡;二是难以完全做到产业结构合理化;三是市场自发地配置资源,在交易费用大于零的情况下,无法解决"外部不经济"的问题;四是微观经济主体的市场竞争,容易造成经济上的混乱;五是市场自发运行的结果必然带来垄断,从而使竞争不充分、不完善。这些是"市场失败"的地方,在这些市场机制自身必然发生的问题面前,市场是无能为力的,靠市场是不可能克服的。这就是所谓的"市场无能"。概言之,"市场无能"集中地表现在三方面:一是市场机制调节的短期性和滞后性,必然带来重复、盲目、短视、供需失衡、浪费资源等弊端;二是市场机制调节的微观性和不完全性往往造成社会经济活动成员注重个体利益而忽视了社会整体利益、长远利益和根本利益,从而易发生总量失衡、结构失衡等;三是市场机制还会产生污染、垄断、贫富分化等外部不经济效应。

本来,为了弥补市场机制的上述缺陷,就需要国家通过政府承担起相应的经济职能,纠正市场失灵,有效发挥超越市场、引导市场、最大限度地减少市场经济消极面的功能。而且,国家产生的根本原因就是基于管理社会经济的需要,国家的职能本来就包含着管理社会经济。恩格斯在1890年10月27日致信康·施米特时明确写道:"社会产生着它所不能缺少的某些共同职能。被指定去执行这种职能的人,就会形成社会内部分工的一个新的部门。这样,他们就获得了和授权给他们的

人相对立的特殊利益,他们在这些人的关系上成为独立的人,于是就出现了国家。"①可见,管理社会经济是国家的本质。

由于长期失去了国家通过政府实施必要的干预、调控,"市场无能"长期积聚,终于爆发了带来空前创伤的"大萧条"。

而正如"导入案例"所反映的历史事实,必要的政府对社会经济活动的干预和调控,恰恰是预防和克服市场机制消极作用、扩展市场机制积极作用的科学举措。现代意义的经济法,也正是在这样的条件下和干预、调控过程中,顺应时势地产生了。

由上述阐释可知:产生于国家调控社会经济活动条件下的经济法,是社会生产力发展提出的必然要求;调整和控制市场经济之不足,是经济法的历史使命。

(二)罗斯福新政和凯恩斯经济学理论是经济法产生的社会政治、经济和理论条件

任何理论学科的产生,一般需要同时具备两个条件:一是实践需要和实践基础,二是科学的理论体系。同样道理,任何法律制度体系的产生,不仅需要有实践的呼唤,而且也需要有科学理论的支撑。经济法正是在这两方面条件都具备的背景下产生的:罗斯福新政的实践、凯恩斯的经济学理论。

面对"大萧条"带来的影响,1933年初,美国新任总统富兰克林·罗斯福提出了国家对社会经济生活实施全面干预和调节的施政纲领,即"罗斯福新政"。随后,美国颁布了"银行法""复兴法""证券交易法""社会保障法"等一系列法案,缓解了美国的经济危机,并促进了美国经济的逐步复苏。罗斯福新政取得了明显成效,也证明了罗斯福新政的必要性。罗斯福新政,实质上就是国家干预社会经济。

1936年,英国经济学家凯恩斯发表了《就业、利息和货币通论》,提出了以国家干预为核心的医治经济危机和解决就业问题的理论,即"凯恩斯主义"。他主张通过制定政策和法律实现对经济生活进行必要的国家干预和调节。凯恩斯的经济学理论实质上就是"政府经济学"。

凯恩斯主义为罗斯福新政提供了理论支持,罗斯福新政也为凯恩斯主义奠定了实践基础,二者相得益彰,并对西方各国产生了广泛的影响,受到了政治家的普遍重视并被践行。

需要强调的一点是,罗斯福新政和凯恩斯主义的出现,虽有其历史事件偶然性的一面,却内在地体现了政府针对市场无能的态度。

(三)传统法律的调整功能不能满足新形势的需要,呼唤经济法

如前所述,自由资本主义时期崇尚"私"的利益至上,因而当时调整经济关系的法律制度在价值取向上,坚持个体利益本位,兼顾社会整体利益。但是,在国家管理社会经济,实施必要的和适度的宏观调控条件下,国家(通过政府)必然也必须首先从社会整体利益和长远利益的角度出发实施管理。国家或政府一般不可能仅从某一个体利益或者某一个或者几个小利益集团的角度出发确定管理措施。国家干预和调节的目的在于促进社会经济总体结构和运行的协调、稳定、健康发展,维护社会整体利益、根本利益和长远利益。相对而言,这些利益属于"公"的利益。坚持社会本位,注重整体利益至上,兼顾个体利益;注重社会经济总体效益优先,兼顾社会公平,是各国经济法普遍适用的基本原则。

因而,由于价值取向的差异,原有的法律规范已经不能满足新的要求了,需要制定新的法律制度,服务于新的社会经济活动,为新时代新环境下的经济活动保驾护航。现代意义的经济法因此而产生了。

---

① 《马克思恩格斯选集》第4卷,第483页。

（四）广泛的立法实践促成了经济法部门的产生

美国于 1890 年通过《谢尔曼反托拉斯法》，标志着资产阶级国家经济政策的转变。德国 1919 年颁布了《煤炭经济法》《钾盐经济法》等直接用经济法命名的法规，实现了经济和法律的结合。"二战"期间，各参战国都不同程度地立法，对国内经济进行控制，使国民经济发展满足战争要求。"二战"后，为恢复国内经济，各国通过立法，采取鼓励、扶持措施，促进经济复苏和稳定增长。可见，经济法作为国家干预社会经济生活的法律形式，逐步得到各国的承认。与此同时，经济法学作为一门新兴法律学科，进入了世界法学研究领域。

广泛的立法实践和日益丰富的立法内容，使得经济法律规范渐成体系，并形成了一个与民法、刑法、行政法等并列的法的部门。

二、经济法的概念、调整对象

（一）经济法的概念

任何理论研究和实践领域，都有一个最为基本和基础性的概念，并以此为最基本的出发点和归宿点。如果没有这样一个出发点，研究和实践将无法迈步；如果没有这样一个归宿点，理论和实践将失去目标，难以深入。经济法学研究和经济法律制度体系构建也是如此。因此，我们要正确认识经济法是什么以及其价值取向和法益目标为何，就必须首先简单明了地理解"经济法"这个概念及其含义。

"经济法"一词最早是法国的一些空想社会主义者提出的。但他们使用的"经济法"一词，其内涵并非现代意义上的经济法含义。一般认为，德国学者莱特在 1906 年出版的《世界经济年鉴》中提出并使用的"经济法"一词，是最早具有现代经济法意义上的经济法概念。"一战"后，德国为了迅速医治战争创伤，发展经济，参与世界竞争，采取了一系列措施实施经济统制，并为此而颁布了一系列有关国家干预社会经济生活的法律，甚至有的直接以"经济法"命名，如 1919 年颁布的《煤炭经济法》等。这些法律有别于传统公法，带有明显的经济特征，被德国学者称为"经济法"。由此开始，经济法这个含义特定的概念逐渐被接受、被传播。

那么，有别于传统上调整经济活动的法律（主要是民法）的现代意义上的经济法是什么样的法律制度呢？对此，可谓是见仁见智，众说纷纭。客观地讲，由于经济法还是一个"年轻"的法的部门，因而，不同的学者在不同的阶段和不同的层面上对其形成不同的阶段性的认识结论是很正常的。就下定义而言，恩格斯曾指出，唯一真正的定义就是事物的发展本身。列宁也曾讲过，定义之所以有许多个，是因为事物有许多个方面。尽管如此，从国内外关于经济法界定的若干观点中，我们不难发现一些共同点或者相似点。例如：国家干预、宏观协调、注重普遍利益或者说公共利益、维护正常竞争秩序等。实际上，这些观点的提出及其客观需求性，我们可以从开篇处所介绍的"大萧条"中探到踪迹，也可以从 2008 年在世界性危机面前中国政府的科学举措及其实效中，发现这些观点和要求的客观价值。

结合历史和现实，我们认为：经济法是在现代市场经济条件下，国家从社会整体利益出发，为规范、维护健康有序的市场经济秩序而对社会经济活动实施必要干预和调控的过程中所制定法律规范的总称，它以相应的经济管理关系、市场主体公平竞争关系以及社会经济组织内部经济关系为自己的调整对象。具体包括这样一些含义：

第一，基本价值取向与目标，应当坚持社会整体利益优先，并以此为一切经济立法、执法、守法的基本指针，注重经济与社会的协调平衡发展，注重个体与社会之间、社会与自然之间的和谐发展，努力促进全社会各方主体利益最大化、利益持续性的协调实现。

第二，国家对社会经济活动适度的调控，不仅是经济法产生的主要条件，而且也是经济法的主要内涵之一。一方面，经济法律制度的缔造者应当是国家和政府，而非任何市场主体；另一方面，从国家的客观职能以及政府与市场经济、政府与市场、政府与市场主体之间的相互关系与处理角度看，经济法应当包括国家通过政府如何调控市场经济、规范市场秩序、监管市场主体行为等方面的内容，防止诸如经营者"找市长"而不去找"市场"、垄断、不正当竞争等现象的发生。

第三，经济法的基本使命，应当是针对社会经济活动，建立市场秩序，规范市场主体的行为；并通过这种规范约束，防止经济活动的无序、混乱、盲目以及对基本秩序的破坏和对他人、对社会利益的恣意侵蚀与危害。

第四，经济法的内容应当是关于社会经济生活，经济法是调整社会经济关系的法律规范。经济立法反映着客观经济规律的要求，体现一定时期内国家的经济政策。

(二)经济法的调整对象

在法学界，一般认为，法的部门的划分主要是根据其调整对象的不同，同时兼顾调整方式方法。经济法成为一个法的部门，和其他部门的法一样，它也有自己特定的调整对象。所谓法的调整对象，是指法所调整的法律关系。任何法律规则，作为行为规范，都不是抽象的，都是针对特定法律关系中主体的行为所作出的行为标准要求。因此，所谓经济法的调整对象，就是指经济法律制度所调整的经济法律关系。

虽然关于经济法调整什么样的经济法律关系的认识还存在一些不同，但我们分析认为，经济管理关系和市场主体公平竞争关系应该是基本的共识。此外，也有些学者认为，经济法还调整着社会经济组织内部经济关系。

经济法调整的经济管理关系，即以国家为管理主体的经济管理关系，是指国家管理经济过程中所形成的物质利益关系，包括宏观调控和微观管理两方面的经济管理关系。宏观调控法律关系是国家运用经济法律制度解决社会经济运行中的结构、速度、均衡等问题过程中产生的经济法律关系，具体涉及的法律如税收法律制度、会计与审计法律制度、金融法律制度、财政法律制度、环境法律制度等；微观管理法律关系包括在规范市场主体规格、市场准入要求、市场主体的基本行为方式等方面所形成的国家与市场主体之间的经济法律关系，如公司法律制度、合伙企业法律制度等。

所谓维护公平竞争关系，就是现代国家为了促进并维持市场经济的正常运转及其活力，为市场主体提供一个公平、安全、有效的交易环境，采取相关措施对参与市场经济活动的主体遵循市场秩序与否等行为实施监督管理所形成的市场监督管理关系。其内容实质即人们常说的为市场主体的经济活动制定"游戏规则"并监督其遵循，防止或制止破坏秩序的行为。实际上其具体包括了两方面的内容：一是国家对市场主体行为的监管关系；二是平等的市场主体之间的正常有序竞争关系。后者又可以分为两类主体三个方面的关系，即经营者之间的公平竞争关系、经营者与消费者之间的公平竞争关系、消费者之间的公平竞争关系。这方面的法律制度包括反垄断法、反不正当竞争法、产品质量法、消费者权益保护法、商标法、专利法、广告法，等等。

所谓经济组织内部经济关系，是指以企业为主体的各类经济组织自身在组织经济活动中发生的各种内部经济管理关系，包括企业与投资者之间、企业领导机构与其下属生产组织之间、各个生产组织之间以及企业与职工之间在生产经营活动中所发生的经济关系。在经济法领域，调整该类法律关系的法律规范一般主要蕴涵于企业法律制度之中。

三、经济法的基本特征、基本原则、体系构成

(一)经济法的基本特征

经济法成为一个独立的法的部门,不仅是因为有其特定的调整对象,而且还因为有其不同于其他法的部门的若干基本特征。一般认为,经济法的特征主要包括:经济性、国家干预性、综合性、系统性、以社会整体利益为本位、较强动态变化性等。

所谓"以社会整体利益为本位",是指经济法在价值取向上,以社会整体利益的尊重和实现为基本出发点和归宿点。经济法是适应社会化生产不断发展的要求和进一步实现人的社会化的需要而产生的,是国家干预和调节经济之法。而国家干预和调节的目的在于促进社会经济总体结构和运行的协调、稳定、健康发展,维护社会整体利益、根本利益和长远利益。经济法是"以公为主、公私兼顾"的法,这是经济法与民法相比较而言的一个突出特征。坚持社会本位,注重社会经济总体效益优先,兼顾社会公平,是各国经济法普遍适用的基本原则。

经济法以社会利益和社会责任为最高准则。无论国家还是企业,都必须对社会负责,亦即都必须对发展社会生产力、提高社会经济效益负责,在对社会共同尽责的基础上处理和协调好彼此之间的关系。在整体上,国家代表全局利益、长远利益,但在具体的经济过程和经济关系中,它是以具体国家机关或某种经授权的组织,作为特定的物质利益实体和社会组织的身份、地位出现的。在具体的经济法律关系中,国家必须依法行使权力,对社会负责,不得以不当或过度的行政权力和长官意志,妨碍或损害市场主体及非国有主体依法行使权利,不能非法损害和侵吞其他主体的物质利益。企业和个人等经济主体也要对社会负责,不能只讲权利,不讲义务;不得片面强调自身局部利益,置社会利益于不顾,借口对抗行政干预而损害他人或社会整体利益。

同时,也必须明确,经济法的社会本位不是不讲权利,只讲责任。相反,它强调并全面贯彻权利义务相统一的原则,主张要正确把握权利、义务设置的出发点和基础,理解权利的来源和获取、行使的条件。社会本位不是义务本位,更不是企业或个体义务本位。这种思想是符合社会主义的本质、反映社会进步的要求的。

所谓"较强的动态变化性",是指经济法因为"年轻",体系有待不断完善,内容有待不断充实,实施有待不断强化,成效有待不断提升。如前所述,经济法是现代国家在干预社会经济活动的条件下产生的,调整的是经济法律关系。由于经济制度、经济体制、经济思想、经济政策、经济关系以及具体的经济运行情况往往具有较强的变动性和不易把握性,特别是我国目前仍处于建立并不断完善社会主义市场经济体制的过程中,因此,经济法律制度就显得比其他部门的法律制度更具有可变性。

(二)经济法的基本原则

经济法的基本原则,是指贯穿于经济法律制度的立法、执法、守法的全过程中的具有普遍意义的根本指导思想或准则。我们认为,以下几个原则是经济法制定和实施中应当始终坚守的准则:效益原则、适度干预原则、协调原则、公平原则。

(1)效益原则,是指经济法的一切立法、执法和守法环节都应当以效益最大化、持续化为出发点和归宿点。提高经济效益是全部经济工作的重点,也是经济法应遵循的一个重要原则。经济效益的提高与经济法在进行宏观调控和市场规制过程中的运行效率是紧密相关的。经济法的制定和实施,必须把促进和保障提高企业经济效益和社会经济效益放在首位。

(2)适度干预原则,是指国家对社会经济活动的干预是必要的,但是又要切实把握好科学有效的"度"。在马克思主义认识论看来,任何真理往前多迈半步,就会成为谬误。适度干预,从干预的

层次来看,政府应关注经济总量的平衡、全局性的经济结构的调整问题,即应是宏观调控而非微观干涉;从干预的方式来看,国家的干预不能进行直接和全面的指令,而应当通过诸如货币政策、财政政策、税收政策等手段以间接方式引导。因此,适度干预要求将政府对经济调控与管理的范围、力度、程序甚至方式方法等作严格的规定。这样,既可以做到依法干预、适度干预、有效干预,又能够保证市场经济本身的调节机制对于市场的有效引导。"有形之手"和"无形之手"的共同作用,促进提高经济运行效率。

(3)协调原则,是指在经济法律制度的制定及其实施效果上,必须注重实现良好的协调发展实效。包括社会整体利益和市场主体利益之间、经济发展和社会进步之间、人的发展和自然环境之间的协调平衡,包括地区发展之间、各产业发展之间、总供给和总需求之间的协调平衡,还包括调整经济关系、调控经济发展的"有形之手"和"无形之手"之间的有机协调与配合。通过遵循协调原则下的有力、有效调整,实现促进经济快速、高效运行和可持续发展。

(4)公平原则,是指经济法在规制市场主体行为时,应当有这样一个基本的追求:任何一个法律关系的主体,在以一定的物质利益为目标的活动中,都能够在同等的法律条件下,实现建立在价值规律基础之上的利益平衡。经济法是通过积极干预交易过程,保证市场主体在竞争的地位上的平等、竞争能力提高的条件上的相同,有利于为市场主体划定统一的起跑线,使市场主体更为便利地参与竞争,通过竞争促进经济效率的提高,其目的是为了维护社会整体利益。因此,通过反对垄断和不正当竞争,确立和维护充分、公平的竞争秩序,实现竞争的公平合理,就成为了经济法首要的使命和内容之一。

(三)经济法的体系构成

经济法不是仅指单个或者若干个法律文件或者法律规则,而是一个系统化的规则体系。

对于经济法的体系构成问题,我们认为可以从两个角度来认识:一是经济法的渊源体系;二是经济法的内容体系。

1. 经济法的渊源体系

经济法的渊源,是指经济法律规范的表现形式。经济法的渊源反映了经济法规范的来源构成和效力层次体系构成。

经济法的渊源具体包括:

(1)宪法。宪法是国家的根本大法,是国家全部立法的法律基础,也是经济立法的基本依据,宪法中关于经济制度和经济原则的规定,是我国经济法最重要的法律渊源。

(2)法律。法律是由全国人民代表大会或者其常设机关全国人民代表大会常务委员会制定的,在全国范围内具有法律效力的经济法规。

(3)行政法规。行政法规是国务院根据宪法和法律制定的各种规定、条例、细则等。

(4)行政规章。行政规章由国务院所属的部、委、办、局等机构主持制定和批准公布。行政规章不能同宪法、法律和行政法规的基本原则相抵触。

(5)地方性法规。根据《中华人民共和国宪法》和《中华人民共和国地方各级人民代表大会和地方各级人民政府组织法》的规定,我国各省、自治区、直辖市人民代表大会及其常务委员会有权制定和通过地方性法规。但其法律效力只限于颁布机关所管辖的区域。

(6)司法解释。司法解释是针对我国经济审判工作的需要,最高人民法院、最高人民检察院在与审判、检察有关的司法活动中,对于如何具体应用法律、法规、规章所作的解释。

(7)国际条约。国际条约是我国与外国缔结的双边或者多边协定,经国家立法机关批准生效。

涉及我国干预经济方面的国际条约,也是我国经济法的重要渊源。

2. 经济法的内容体系

经济法的内容体系,是指从经济法律规范所调整的法律关系主体的行为内容性质上对经济法律规范所作的类型划分及其相互关系的认识。

关于经济法的内容体系构成问题,实际上存在着多种观点,见仁见智。我们认为,必须牢牢把握住前述的经济法的产生条件、经济法的内涵和经济法的特征等来界定其内容组成,并根据各种不同的经济法律规范的基本功能来构建经济法律制度体系。鉴于此,我们认为,我国社会主义经济法律内容体系的基本构成应当主要包括以下几个部分:市场主体法、市场主体行为规制法、宏观调控法。

(1)市场主体法。在社会主义市场经济中首先要有在市场中从事活动的主体,市场主体是指在市场上从事生产经济活动的社会组织和个人。市场主体中最主要、最活跃的是各类企业。法律对企业的设立、变更、终止、内部机构设置、财务会计管理等制度,通过公司法、合伙企业法、个人独资企业法等进行了必要的规范,使其具有参与市场经济活动的主体资格。我国已经制定了一系列有关市场主体方面的法律,如《公司法》《全民所有制工业企业法》《合伙企业法》《个人独资企业法》《集体所有制企业法》等。

(2)市场主体行为规制法。市场主体在市场中依法从事各种合法的经济活动,是实现以经济利益为主要内容的市场主体利益和社会整体利益的基本条件。但是,市场主体由于个体利益的驱动,常常可能为了自己的私利或者局部的、小集团的利益需要而有意无意地实施一些破坏市场公平竞争秩序及危害交易安全的行为,或者盲目进行经营造成资源浪费、环境破坏、结构失衡等问题,从而损害到其他主体利益和社会整体利益。因此,必须建立一整套的法律规则,规范市场主体的市场行为,以保障建立起正常有序的市场竞争秩序。这些方面的法律制度即属于市场规制法律制度。我国目前已经制定了一系列规制市场主体行为方面的法律,如《反垄断法》《反不正当竞争法》《消费者权益保护法》《产品质量法》《广告法》《证券法》《房地产法》《建筑法》《招投标法》《合同法》《担保法》《专利法》《商标法》等。

(3)宏观调控法。建立和健全社会主义市场经济,离不开政府对经济的宏观调控。要保持经济总量的基本平衡,促进经济结构的优化,保障国民经济持续、快速、稳定、健康地发展,政府就必须运用经济杠杆、宏观经济政策和法律,对国民经济实施宏观调控。为了规范政府的宏观调控行为,我国已经制定了《中央银行法》《价格法》《税法》《税收征收管理法》《预算法》《审计法》《会计法》等法律、法规。

另外,需要适当指出的是,虽然我们并不完全赞同应当将《劳动与社会保障法》纳入经济法的范畴,但是鉴于其重要性、实用性、普遍性,对其进行必要的了解和理解也是一种客观需要。因而,本教材最后部分也就此进行了介绍。

四、经济法与民法、行政法的基本比较

从世界经济法的产生和发展历史看,经济法从其产生起便伴随着与"民法"和"行政法"的"争吵"。其实,虽然经济法与民法和行政法具有千丝万缕的联系,但经济法与民法和行政法之间确实也存在着明显的区别。

(一)经济法与民法的区别

1. 调整的法律关系的主体和对象有明显不同

(1)民法调整的是平等主体之间的财产关系和与人身密不可分的非财产关系。

(2)经济法主要调整不平等主体和平等的市场主体之间的经济关系,与人身无关。

2. 价值取向不同

价值取向上的差异,在某个角度上讲是二者之间最实质的区别,决定并影响到了其他若干方面的内容。

(1)民法是以个人权利为本位,以个人利益为出发点和核心,所有规制旨在保障个人利益的实现,以调动个人积极性和创造性,使人的个性得以充分发展。在市场经济发展的初期及其一切的经济形态阶段,较低的生产力水平决定了当时的生产社会化程度,人作为社会的人还没有充分表现出来,而人的个性却得到充分体现。此外,人们共同生活的环境还没有恶化到对人的生存产生威胁,同时人们在共同生产过程中社会条件对人们利益的重大制约还没有充分体现出来。因此,以人的个性——自私性或自利性为基础,强调人的个性充分发挥对个人及社会有利的思想的产生就成为必然。个人利益与社会利益是一致的,并且个人利益是社会利益的基础。这一思想在经济学中最先被亚当·斯密提出,并被当时整个社会所认同,以至后来形成了在政治思想中影响颇大的功利主义思想,其代表人物边沁指出:"社会是一个个人的总和,社会利益是个人利益的总和……只要每个人真正追求他自己的最大利益,最终也就达到了社会最大利益。"在一个社会中要使个人利益最大化,在以个人利益为本位的基础上,还必须给经济活动者以完全的意志自由去获取和评价其个人利益,民法的个人本位和意思自治原则正是这一要求的反映。民法价值体系的构建——实现以经济自律为基础的平等的自然的经济秩序、保障微观经济安全、实现竞争机会的均等和形式上的分配公平、维护个人的自由和尊严、追求个人利益最大化的理想状态等无不围绕着个人利益的本位思想展开,可见个人利益是民法价值体系的实质要素。

(2)经济法以社会整体利益为本位,一切规制都以社会整体利益为出发点。它着重于以社会整体利益为导向,协调个体利益的矛盾与冲突,实现利益均衡,促进社会共同价值目标的实现。在经济法看来,反映各经济主体自身利益的个人利益与反映社会共同需要及其长远发展的社会整体利益并非完全一致,即既有矛盾的一面又有统一的一面。人既是个人的又是社会的,既有人性又有社会性,组成经济社会的各个人都是相互依赖彼此不可分离的,个体同整体之间的关系以整体为主,个人的利益以整体的利益为转移。有人说过:"某些企业的老板们认为,他们由于'自我奋斗'获得成功并且'创造了自己的企业',而事实上,是整个社会向他们提供了技术工人、机器、市场、安定和秩序……。如果把这些因素统统去掉,那么,我们只不过是一个赤身裸体的野蛮人,靠采野果打野兽为生。"面对这一现实,经济法主张经济主体追求个人利益的行为必须置于社会整体利益之中来重新加以认识和评价,社会利益是个人利益的整合并决定个人利益,只有站在共同利益的基础上,才能协调各层次利益关系,而个人利益至上必然破坏利益均衡与和谐。所以,日本金泽良雄认为:"经济法规制的目的,概括抽象地说,是在于从经济政策上实现资本主义社会中的社会协调的要求。"按照经济法价值体系的要求,经济法主张通过国家干预来构建一种能有效克服市场缺陷的更高层次的制定秩序,保证实现宏观经济安全,强调在机会均等的同时实现分配领域的结果公平,适当限制个人自由以争取绝大多数人的自由,追求国民经济整体效益最优和社会的实质正义与可持续发展。可见,经济法的各个具体价值目标都是围绕着如何实现社会整体利益这一价值目标而展开的。

3. 遵循的基本原则不同

(1)民法:自愿、公平、等价有偿、诚实信用。民法的调整对象是民间社会平等主体之间的财产关系和人身关系;民法的功能是规范公民和法人在平等的社会交往中的行为,保障他们的合法权益,维护民间社会秩序。民法的调整对象和功能决定其调整原则必定是自愿、公平、等价有偿、诚实信用。

(2)经济法:经济法原则是经济法在其调整特定社会关系时在特定范围内所普遍适用的基本准则。经济法原则一般由宪法和有关经济法规范性文件明文加以规定,或体现在其他有关法律规范之中,或在司法实践中由判例加以昭示。经济法的性质和特点决定了其原则应当是"社会总体效益优先,兼顾社会各方公平"。

4. 调整手段不尽相同

(1)民法:主要采用民事手段。

(2)经济法:既采取民事手段,也同时可以运用行政手段以及刑事手段进行调整。

(二)经济法与行政法的区别

1. 主体侧重和关注焦点不同

(1)行政法调整对象主要是行政管理关系,主体包括行政主体和行政相对人。它所关注的是行政组织及其设置、行使、制约、监督和行政相对人受到行政权力侵害时所获得的救济。它并不关注市场主体经济上的权利和义务。

(2)经济法重在为市场主体树立"游戏规则",明确市场参加者(主要是企业)经济上的具体权利和义务。

2. 目标和功能不同

在目标(价值取向)上,行政法以权力为本位,而经济法则以社会为本位。

在国家经济管理中的功能上,行政法的基本功能是控制和规范行政权力,防止政府权力滥用(基本和典型的功能是"控权"(控制政府权力),"设权"(设定政府权力)是间接的和从属的);经济法的主要功能是"设权","控权"是间接的和从属的功能。

3. 保障目的不同

行政法保证经济自由和行政相对人(市场主体)的权利不受行政机关的分割;而经济法保障经济秩序和社会整体效益。

4. 法的原则有所不同

行政法的调整对象是国家行政管理关系,规范国家行政机关及其工作人员在行政管理活动中,他们及他们的被管理者的行为,保障各有关主体的合法权益,维护国家行政管理秩序。这决定了行政法的原则必定是命令与服从等。

经济法的原则如前所述(在此不赘述)。

导入案例简析

(1)学过历史的人一般都知道,"大萧条"是发生在 1929～1933 年的一次世界范围的经济危机的形象简称。"大萧条"给世界带来了灾难性的创伤。而这次经济危机是自由资本主义长期以来的自由竞争所带来的负面作用长久积聚的总爆发。失去必要的宏观引导、规制的盲目、无序的自由竞争,过于注重个体的、眼前的、局部的利益需求,忽视了社会经济发展所需要的平衡,忽视了社会整体利益的要求,这既是自由、无序竞争的必然产物,也是最终将给市场主体自身和整个社会带来灾难的"祸根"。"大萧条"的影响、罗斯福新政的实践和成效,结合此后几十年的世界经济发展史

实,我们应当清醒地、清楚地意识到:为了市场主体自身的利益实现,更为了全社会整体的、长远的和根本的利益,应当反对纯自由的、无序的所谓"自由竞争",自觉接受和始终坚持在国家科学的宏观调控下开展经济活动,正确处理好个体与社会、自己与他人、眼前与长远等多方面的利益关系,并在市场经济活动中遵守公平竞争、有序竞争的"游戏规则"。

(2)正如我们在关于经济法的产生、经济法的特征和基本原则有关内容中阐释的一样,在市场经济条件下,政府对社会经济生活加以必要的干预是应该的,而且还是迫切需要的。

思考与拓展

1. 经济法是在什么条件下产生的?其产生的条件说明了什么?

2. 请谈谈:你是如何认识"建立社会主义市场经济体制就是要发挥市场在资源配置方面的基础性功能"的?

3. 请你通过查询相关资料,简析我国目前实施房地产市场调控政策的必要性。

4. 联系生活所见所闻,谈谈:服从政府调控性管理,遵守市场"游戏规则",这是当代经济活动中的每一主体生存和发展的必需。

5. 案例分析:

2008 年世界金融危机下我国政府的应对

2007～2012 年环球金融危机,又称世界金融危机、次贷危机、信用危机,更于 2008 年起名为金融海啸及华尔街海啸等,英国称其为信贷紧缩,是一场在 2007 年 8 月 9 日开始浮现的金融危机。自次贷危机爆发后,投资者开始对按揭证券的价值失去信心,引发流动性危机。即使多国中央银行多次向金融市场注入巨额资金,也无法阻止这场金融危机的爆发。2008 年 9 月,这场金融危机开始失控,并导致多间相当大型的金融机构倒闭或被政府接管。之后,似乎一切都开始失控,并蔓延全球,进而从金融延伸到实体经济领域,出现大面积的经济萎缩。各国政府和国际组织纷纷采取措施(包括联合举措),尽可能降低危机影响,并努力提振经济。

这场全面爆发于 2008 年的全球金融危机,演变成全球性的实体经济危机。我国沿海一些地区的出口型、外贸加工型企业受到巨大冲击,若干小企业因没有了订单而被迫暂时关闭,致使我国达 1.4 万亿元人民币的出口市场受到严重影响,预期增速同比下降超过 12%。

面对可能的经济萎缩、失业增加等负面影响,我国政府主要采取了以下政策举措,为我国经济的稳定发展起到了积极作用。

货币政策方面:

(1)货币政策从 2008 年 7 月起进行了较大调整。调减公开市场对冲力度,相继停发 3 年期中央银行票据,减少 1 年期和 3 个月央票发行频率,引导央票发行利率适当下行,保证流动性供应。

(2)实行宽松货币政策。2008 年 9、10、11 月连续三次下调基准利率,三次下调存款准备金率。存款准备金率的下降、贷款基准利率的下降,目的是增加市场货币供应量,扩大投资与消费。

(3)2008 年 10 月 27 日起还实施了首套房贷款利率 7 折优惠;支持居民首次购买普通自住房和改善性普通住房。

(4)取消了对商业银行信贷规划的约束。

(5)坚持区别对待、有保有压,鼓励金融机构增加对灾区重建、"三农"、中小企业等的贷款。

(6)对外经济合作与协调(如中日韩之间的货币互换等)。

......

其他政策(主要是财政政策):

(1)宽松的财政政策:减少税收(如下调证券交易印花税、免征利息税等),扩大政府支出(4 万亿元人民币的内需拉动等)。

(2)通过增加出口退税等手段促进对外贸易。

(3)减轻企业负担。

(4)加强公共财政的社会保障/医疗等方面的支出,保持社会经济发展环境稳定。

......

通过以上多方面宏观政策的调控,我国经济获得了稳定,并较快地恢复发展,成为世界瞩目的焦点。

(资料来源:欧阳克松,刘丽华.经济法教程.天津:南开大学出版社,2010)

问题:

通过上述案例资料信息的阅读,你有何思考?

任务二 科学分析经济法律关系

任务目标

经济法律关系本质上是特定主体结成的经济权利义务关系。科学分析经济法律关系是明确主体权利和义务,正确理解和引用法律规则的前提。

本项任务的目的是要求学习者能够基本掌握正确判断特定经济法律关系的各构成要素内容的一般方法。

导入案例

忽悠你,没商量!

某家具店某日在向消费者分发的传单中宣称:"本店经销意大利木制家具,豪华典雅,贵族风范。"一些比较富有的消费者认为外国造的家具要更好些,遂纷纷购买。但使用不到一年家具便开始变形、开裂。经工商部门调查,才知道原来家具所用木料有一小部分是意大利进口的,制造则完全是在国内,由国内厂家制造的。

问题:

1. 本案件中是否存在经济法律关系?如果存在,请指出并简析其构成要素。

2. 如果要解决经济法律关系中涉及的问题,应当主要依据什么法律规范?

内容阐释

众所周知,法律规范是一种规范社会活动主体相互间行为的标准。通过这种具有国家强制力

的标准,为社会关系活动主体提供行为准则,并借此建立起符合特定公共利益目的的社会关系秩序。因此,经济法律规范的制定、实施过程和作用方式也必然是法的实施过程:表现为法的规定经由一定的法律事实而形成、变更或消灭一定的法律关系,使法的规定得以正常地或通过一定的救济而得到实现。这也是法制定以后,它对于社会经济关系的调整过程和作用方式。从这个角度和意义上讲,正确分析经济法律规范所针对的经济法律关系及对其内容的规定,以及面对特定经济关系问题时正确分析其涉及的内容要素和应对引用的法律规范规定,也就成为了一种自然的需要和必然的规则。

那么,经济法律关系是一种什么样的关系呢?它的构成内容是什么呢?

一、经济法律关系的概念和特征

法律关系是法律规范在调整社会关系的过程中在主体之间所形成的权利和义务关系。或者说,法律关系是被纳入到了法律规范中加以调整的社会关系。法律关系是一种意志关系,因为法属于上层建筑的范畴,体现的是统治阶级的意志,经过法律规范调整后的社会关系也必然是一种意志关系。经过法律规范调整后的社会关系才能成为法律关系,这种关系已不是一般的社会关系,而是一种法律上的权利和义务关系,是受国家强制力保证实施的社会关系。一种社会关系要成为法律关系,前提是有相应的法律规范存在。

经济法律关系是指由经济法确认和调整的在经济法主体之间形成的权利和义务关系。同样,经济法律关系是以经济法律规范的存在为前提的。经济法律关系是经济法调整一定经济关系的结果。经济法律关系具有以下主要特征:第一,经济法律关系是反映国家干预和协调经济运行过程中的社会意志关系,属于上层建筑范畴;第二,经济法律关系的主体在其资格上具有复杂性,在范围上具有广泛性,在组织上具有隶属性;第三,经济主体的经济职权或经济权利不能抛弃,经济职责和经济义务一般也不能转让;第四,经济调控行为是经济法律关系最重要、最普遍的客体。

二、经济法律关系的构成要素

与其他法律关系一样,经济法律关系也是由三个要素组成的,即经济法律关系的主体、经济法律关系的内容和经济法律关系的客体。首先要有经济法律关系的参加者,即经济法律关系主体;经济法律关系主体依法确定彼此的权利和义务,即经济法律关系的内容;经济法律关系主体根据权利义务获得自己所要的财物,所要实现的行为、权利等,即是经济法律关系的客体。三个要素互相联系,缺一不可。

(一)经济法律关系的主体

1. 经济法律关系主体的概念

经济法律关系主体就是参加到经济法律关系中,并在其中依法享有相应权利或者承担相应义务的当事人。任何关系都是特定主体间的相互关系,不存在只有一个孤立主体可以产生所谓"关系"的情形。实质上讲,经济法律规范和其他任何法律规范一样,作为行为标准,都是针对主体的行为而言的,没有了特定的"主体",也就无所谓"行为标准""行为规范"之类的概念和需要了。因此,经济法律关系主体是经济法律关系得以产生的基本前提。

在经济法律关系中,享有权利的当事人称为"经济权利主体",承担着义务的当事人叫"经济义务主体"。当然,正如权利和义务具有相对性特征一样,由于权利主体和义务主体是相对而言的,因此,一般情况下,经济法律关系中的主体,可能既是经济权利主体,又是经济义务主体。例如,在税收法律关系中,征税机关既是权利主体又是义务主体;纳税人既是纳税义务主体,又是对征税行为进行监督的权利主体。

另外,需要强调的是,经济法律关系主体应当具有相应民事权利能力和民事行为能力,否则不能成为经济法律关系的主体。例如,一个自然人要成为投资人,应当具有完全民事行为能力;在价值较大的财产赠与关系中,受赠人可以是任何人,但赠与人必须是具有完全民事行为能力的人。

2. 经济法律关系主体的主要种类

(1)国家机关。国家机关包括国家权力机关、国家行政机关和国家司法机关。国家权力机关是立法机关,是重要的决策主体和监督主体。国家各级行政机关中的经济管理机关和经济监督机关,往往成为宏观经济调控法律关系和市场管理法律关系的主体;当发生经济纠纷和经济犯罪时,国家司法机关也会成为经济法律关系的主体。

(2)社会组织。社会组织是最为广泛和普遍的经济法主体。它包括经济组织和非经济组织。

经济组织是指以盈利为目的拥有独立资产从事生产、经营或服务性的经济活动,依法自主经营、自负盈亏、独立核算的公司和企业等。它们是经济法律关系最重要的主体,数量多且范围广。经济组织包括两类:法人企业、非法人企业。非经济组织是不以营利为目的,参加经济法律关系的事业单位和社会团体。

(3)经营户和公民。他们除了可以作为民事法律关系的主体外,还可以成为经济法律关系的主体。经营户包括个体工商户和农村承包经营户,是公民参加经济活动的特殊形式。个体工商户必须依法核准登记领取个体营业执照,方可从事生产经营活动。农村承包经营户与农村集体经济组织发生承包经营合同关系时,就成为经济法的主体。公民在特殊情况下也可成为市场经济法律关系的主体,如在承包或租赁企业、依法纳税等。

此外,在特定的条件下,国家也会成为经济法律关系的主体,如国家发行国债、对外签订政府贷款和担保合同等。

(二)经济法律关系的内容

经济法律关系的内容,其实就是如何处理特定经济法律关系中的特定主体相互间关系的具体行为准则或者说行为标准。规范地讲,经济法律关系的内容,是指经济法律关系的主体依法享有的经济权利和承担的经济义务。"经济权利"和"经济义务",也即"行为标准"。

经济法律关系的实质和核心就是经济权利和经济义务,它直接体现了经济法律关系主体的利益和要求,是联系经济法律关系主体的纽带。

经济权利是指特定经济法律关系中的特定经济法主体,依法享有的可以为或者不为一定行为,或者要求他人为或者不为一定行为的资格。因经济法律关系不同或者同一经济法律关系中经济法主体的不同,其所享有的经济权利也是不同的,主要包括经济职权、经营管理权、财产所有权、请求权、工业产权等。

经济义务是指特定经济法律关系中的特定经济法主体,为满足特定权利主体的要求而依法承担的应当为或不为一定行为,或者要求他人为或者不为一定行为的责任。根据法律的规定,经济法主体的义务主要包括:遵守法律、法规和政策;正确行使经济权利;服从合法干预和管理;依法纳税;承担经济法律责任;等等。

同时,需要强调指出的是,经济权利和经济义务是密切联系、相辅相成、不可分割的。没有经济权利就不可能产生经济义务;同样,没有经济义务,经济权利就不能够实现。经济权利和经济义务具有一致性的特质。

(三)经济法律关系的客体

经济法律关系的客体是指经济法律关系主体享有的经济权利和承担的经济义务所共同指向

的对象。包括以下几类：

1. 物

物是指能够为主体控制和支配的，有一定经济价值的物质财富，包括实物、货币和有价证券。物的表现形式可以是生产资料和生活资料；动产与不动产；特定物和种类物；流通物、限制流通物和禁止流通物；固定资产和流动资金；货币和有价证券；等等。

2. 经济行为

经济行为是指经济法主体为达到一定经济目的所进行的经济活动，包括经济管理行为、完成一定的工作和提供一定的劳务的行为等。经济管理行为是指经济法主体行使经济管理权或者经营管理权的行为，如经济决策、经济命令、审查批准以及经济监督检查等行为。完成一定工作的行为是指经济法主体的一方利用自己的资金、技术和设备为对方完成一定的工作任务，对方支付一定报酬的行为，如勘探、设计、施工行为等。提供一定劳务的行为是指经济法主体的一方为对方提供一定劳务或者服务满足对方的需求，对方支付一定报酬的行为，如货物运输行为、仓储保管行为等。

3. 智力成果

智力成果是指人的脑力劳动的成果。智力成果是一种无形财产，主要有专利权、商标权、著作权、非专利技术、商业秘密等。

法学理论一般认为物、行为和非物质财富均可作为客体。但是，不同的法律关系的权利和义务所要达到的具体要求不同，因而客体的范围和具体内容也有很大的差别。所以，经济信息、行为结果等也可成为经济法律关系的客体。

三、经济法律关系的产生、变更、终止

(一)经济法律关系的产生、变更、终止的含义

科学地讲，经济法律关系和其他法律关系一样，其产生及其内容都是由一定物质生活条件所决定的，因而，也就既不是从来就有，也不会永恒存在；而且，在经济法律关系存续期间，其具体构成要素及具体内含也不一定是一成不变的。简单地说，经济法律关系是一种具有动态变化性的法律关系，有其产生、变更和终止的状态变动。

经济法律关系的产生，是指基于特定主观或者客观缘由而在至少两方的有关主体之间形成经济权利和经济义务关系。一般情况下，经济关系是遵循有关当事人的内心真实意愿，通过实施一定的民事法律行为而产生的，或者是基于法律的规定而产生的。前者如共同投资设立一个有限责任公司，后者如税款的征纳。经济法律关系一旦合法地产生了，也就确定了其中的主体、主体的权利和义务内容以及主体的行为对象(客体)。

经济法律关系的变更，是指基于一定缘由而使原有的经济法律关系的一个或者几个构成要素的具体内容发生变化。例如，投资关系，可以基于投资人之间股权的转让而使主体要素和内容要素发生变动。经济法律关系的变更，一般情况下，更多的是涉及经济法律关系中的主体变更、主体间权义变更。

经济法律关系的终止，是指因为一定的主观或者客观情况的发生而使原有的特定经济法律关系主体间业已存在的法律关系归于消灭。经济法律关系的终止情形，通常表现为主体的权利实现和义务履行完毕，从而主体间特定的相互经济法律关系结束，不复存在。

(二)经济法律事实

如前所述，经济法律关系有其产生、变更或者终止的状态变化。而这些变化往往都是由于经

济法律事实的缘故。

经济法律事实是指引起经济法律关系产生、变更或者终止的各种主客观情况的统称。它具体又可以分为两类,分别称之为"经济法律事件""经济法律行为"。

经济法律事件是指不以经济法律关系主体的意志为转移的,能够引起经济法律关系产生、变更或终止的各种客观情况,包括自然事件和社会事件。前者如地震、水灾、台风、火灾等,后者如战争、社会动乱等。

经济法律行为是指可以受到有关主体的主观意志影响,以经济法律关系主体的意志为转移的,能够引起经济法律关系产生、变更或终止的各种主观情况。如社会组织实施的经营行为、自然人或者法人协商决定共同投资的行为、经济管理行为、司法机关的司法行为、仲裁机构的仲裁行为等。

四、经济法律行为

(一)经济法律行为的性质、形式

1. 经济法律行为的性质

经济法律行为,从性质上讲是一种合法行为,是经济法律关系主体为产生、变更或终止一定经济法律关系而实施的合法行为。

但是,在现实社会生活中,促成经济法律关系产生、变更或者终止的原因,确实包括着违法的行为,如走私的行为、偷税漏税的行为、销售伪劣商品的行为等。对此,又当作何理解呢?毕竟我们的经济法律事实只包括了法律事件和法律行为。所以,这里需要指出,虽然违法行为也会导致经济法律关系动态变化,但是,任何违法行为都是相对于合法行为而言的。没有合法行为,哪里来的违法行为呢?再者,从法律规范的制定和实施目的来看,其法益目标当然是从合法行为出发的。正是基于上述两方面的理由,所以,我们没有将"违法行为"作为经济法律关系产生、变更或者终止的一类原因。

2. 经济法律行为的形式

由于经济法律行为是有关经济法律关系主体实施的行为,而行为是受到主观意志影响的,故而,经济法律行为实际上是主体意思表示的结果和体现。

经济法律行为的形式,即经济法律关系主体表示意思的形式,一般有3种:

一是口头形式,即当事人以谈话的方式进行意思表示。

二是书面形式,即当事人以形成书面文件的方式进行意思表示。书面形式包括传统的纸质书面形式和现代的电子文档形式。按照制作程序及制作要求,又可分为一般书面形式和特殊书面形式。特殊书面形式,指当事人的意思表示通过文字记载后,由国家有关机关承认的形式。

三是其他形式,即法律规定或当事人约定的,经济法律关系主体以积极作为或者不作为的方式进行意思表示。

(二)经济法律行为的构成要件

经济法律行为是一种合法行为。那么,什么样的行为才能是合法行为呢?只有合法行为促成的经济法律关系的产生、变更或者终止才是合法有效的,有关主体的相应权利才会受到法律的认可与保护。

经济法律行为从较宽泛的角度看,也是属于民事法律行为范畴的。我国《民法通则》第五十五条规定:"民事法律行为应当具备下列条件:(一)行为人具有相应的民事行为能力;(二)意思表示真实;(三)不违反法律或者社会公共利益。"第五十六条则规定:"民事法律行为可以采用书面形式、口

头形式或者其他形式。法律规定用特定形式的,应当依照法律规定。"

根据《民法通则》的上述规定,结合经济法律行为的实际情况,一般地讲,经济法律行为的构成要件有3个,即主体适格、意思表示真实、内容合法。这三个要件是必备要件。经济法律行为在必要时还应具备一个特别要件,即"行为形式合法"。只有具备了相应要件的经济行为,才能被认定为经济法律行为,才是有效的。

1. 行为主体要适格

即行为人必须具有经济法律关系主体资格,具有法律、法规所赋予的从事相应经济活动的权利能力和行为能力。这里的所谓权利能力和行为能力,现实中通常表现为主体应当依照民法的规定,具备与其从事的经济活动相应的民事权利能力和民事行为能力。

2. 主体的意思表示要真实

意思表示,是表意人将其期望发生某种法律效果的内心意思以一定方式表现于外部的行为。主体的意思表示行为包括三要素:内心意思、表示意思、意思表示。

所谓意思表示真实,包括两方面的意思:一是行为人的内心意思与通过意思表示行为反映的表示意思及表示行为本身处于相一致的状态,不存在相互矛盾的现象,特别是主体的内心意思和表示意思应当一致;二是指当事人进行意思表示时是在意志自由的前提下,而非处于非自愿的状态。经济法律行为,从更广的意义上讲,一般是一种民事法律行为,应当遵从民事法律规定的当事人意思自治原则。也就是要在合法的前提下,坚持自愿原则,由有关主体按照自己真实的内心意愿实施经济法律行为,任何他方不得进行干扰或者强迫。主体的意思表示不真实,可能导致经济行为无效或者依法可撤销。

根据行为人表示意思所受到的主要影响因素分析,行为人意识表示不真实,一般包括两种情形:一是内心意思与表示行为不一致;二是意思表示不自由。导致前一种意思表示不真实的原因主要有行为人的"真意保留""虚伪表示""隐藏行为""认知错误";导致后一种意思表示不真实的原因主要有行为人被他方"欺诈""胁迫""乘人之危"。

3. 行为内容要合法

经济法律行为必须遵守法律、法规的规定,不得损害国家利益和社会公共利益。

任何经济行为必须以符合法律、法规的规定为前提。经济法律行为的行为主体应当具有相应的民事权利能力和民事行为能力、意思表示真实等成为经济法律行为的有效要件,都是出于法律的直接规定,也是经济法律行为必须合法的主要内容。再有,经济法律行为的主体实施的具体经济行为内容本身也必须合法,不得违反法律、法规的强制性规定。如果促成特定经济法律关系产生、变更或者终止的基础性关系或者事实违反了有关法律、法规的强制性规定,那么,该特定经济法律关系产生、变更或者终止也是不合法的,不受法律保护,不会产生行为人预期的效果。

4. 主体行为形式要合法

经济法律关系主体在实施法律行为时,凡是法律、法规规定应当采用一定形式的,必须符合该法律、法规的规定方为有效。例如,《合同法》第四十四条第二款规定:"法律、行政法规规定应当办理批准、登记等手续生效的,依照其规定。"这里的批准、登记手续就是必需的形式要件。再如,根据反垄断法律制度规定,达到规定的申报标准的经营者集中,应当经过申报、批准后方可实施,否则不得实施集中。这里的"申报""批准"即为需要特别具备的形式要件。

知识拓展

与上述经济法律关系构成要素以及经济法律行为的分析判断直接相关,我国民法关于法人制度、代理制度以及自然人民事权利能力与民事行为能力的规定,是我们必须加以认识和理解的。否则,当我们面对某一"经济法律关系"时,将难以判断诸如"主体是否适格"、"能否享有某项权利""应否承担某项义务"等问题,进而也就无法作出正确的选择,无法及时有效地解决问题(特别是纠纷)。

因此,有必要就几个民事法律制度的相关内容进行介绍。

一、法人制度

法人制度是一项重要的民事法律制度,内容丰富,意义重要。鉴于篇幅限制,在这里仅就"法人的概念与特征""法人应具备的法定条件""法人的民事权利和民事行为能力"等三个基本问题作一简介。

(一)法人的概念和特征

法人是法律所拟制的人,是相对于自然人的另一大类民事主体。《中华人民共和国民法通则》(以下简称《民法通则》)第三十六条第一款规定:"法人是具有民事权利能力和民事行为能力,依法独立享有民事权利和承担民事义务的组织。"在我国,法人有四种:机关法人、事业单位法人、企业法人和社会团体法人。

法人的基本特征可以归纳为3点:

1. 法人是一种依法成立的社会组织

作为一种社会组织,是法人与自然人之间最大的区别。法人是一种具有独立民事主体资格的组织,是若干自然人和一定财产性资源的集合所形成的一种具有组织实体的集合体。但是,并非任何组织都可以取得法人资格,都可以成为法人。法人最主要的特征在于,它具有法律所拟制的人格,是社会组织在法律上的人格化。一个社会组织要成为法人,还必须依法成立。

2. 法人具有独立民事主体资格

法人具有民事权利能力和民事行为能力,依法独立享有民事权利和承担民事义务,能够以自己的名义而非以其成员的名义参与民事活动,独立地按照组织的意志参加到各种相应的法律关系和其他社会关系中。这表明,法人是一类独立的民事主体,具有独立的法律人格。

3. 法人享有独立的民事权利,独立地承担民事责任

这也就是说,具有独立法律人格的法人,其权利、义务独立于其创立人和成员的权利、义务。

法人作为一类独立的民事主体,其权利和义务也是独立的。根据现代社会中的有关法律制度规定,法人独立地享有包括财产权在内的若干民事权利,同时也独立地承担着包括债务责任在内的若干民事责任。特别是债务责任,法人拥有独立的区别于其成员财产的财产,因而也必然要独立负担由其业务活动所产生的债务责任。除非有法律的特别规定,否则,国家、法人成员对法人的债务不承担责任。

(二)法人应具备的法定条件

《民法通则》第三十七条规定:"法人应当具备下列条件:(一)依法成立;(二)有必要的财产或者经费;(三)有自己的名称、组织机构和场所;(四)能够独立承担民事责任。"

1. 依法成立

"依法成立"：一是指组织的目的和宗旨必须合法；二是组织的设立和活动必须按照法律、法规规定，履行有关的程序和手续；三是对希望取得法人资格的组织而言，还必须具备法律所规定的法人应当具备的条件。法人设立的步骤、设立的基础条件、组织机构、经营范围、经营方式、经营行为等必须符合法律要求。

2. 有必要的财产或者经费

独立拥有财产或者经费，是法人独立享有民事权利和独立承担民事义务的物质基础，也是其能够独立承担民事责任的基本保障。

这里所谓"有必要的财产或者经费"，不是一般意义上的"有"，而是"独立拥有"，是与国家或其成员以及其他社会成员的财产相区分的资财。

这里所谓的"必要"，有两层意思：一是应当有；二是数量上应当达到法定的相应标准。需要指出的是，就其中的第二层意思来讲，根据法律的规定，要成为企业法人，必须拥有法定的、与其经营性质和经营范围相应的最低财产数额。

这里所谓"财产或者经费"，具体地说：企业法人应当具有"财产"；对机关法人、事业单位法人、社会团体法人，应当具有"经费"。

3. 有自己的名称、组织机构和场所

要想成为法人的社会组织应当有自己的名称。法人的名称在形式上可以将特定的法人与其他法人或者其他组织区别开来，也可以将法人与其成员区分开来，从而表现出法人的独立人格。企业法人和其他组织一样，依法享有名称权，其他主体不得侵犯。

法人还必须具备一定的组织机构。这是法人实现其团体意志、独立享有民事权利和承担民事义务的组织保证。对企业法人来说，企业法人必须设置与其组织形式、业务管理等相符合的组织机构。企业法人的组织机构是管理企业法人事务、代表企业法人从事民事活动的机构的总称。企业法人的组织机构因其性质、组织形式的不同而有所区别。

法人要从事合法的业务活动，就必须有自己固定的场所。在法律上明确法人的场所，对于法人开展业务活动，履行债务责任，接受国家有关部门的监管，确定司法管辖，送达文书等，都具有重要的意义。这里所说的场所，主要是指法人的住所。住所，是法人登记的一个必需项目。《民法通则》第三十九条规定："法人以它的主要办事机构所在地为住所。"

4. 能够独立承担民事责任

能够独立承担民事责任，是法人条件和法人特定中最主要、最实质的条件。这是体现其独立民事主体资格的核心条件。从实际法律效果上分析，不难发现，任何主体，要真正成为"独立"的，关键是要看其是否具有独立承担民事责任的条件。法人必须以其自身意志从事民事活动，并以其所拥有的财产或者经费独立承担民事责任。独立承担责任，是法人的实质所在。就企业法人而言，要求企业法人独自以自己的名义承担责任，其债务不能转移于国家、创立人、其他法人或法人成员。

与法人独立承担民事责任相适应，法人的债务清偿责任实行有限责任制，即法人仅以其所有或经营管理的财产或者经费为限，对外承担债务的清偿责任。也就是说，法人的成员仅以其投入财产为限对法人承担责任，法人以其全部资财为限向其债权人承担清偿债务的责任，法人的债权人不得请求法人的创立人和其成员清偿法人的债务。

(三)法人的民事权利能力和民事行为能力

1. 法人的民事权利能力

法人的民事权利能力,是指法人作为民事权利主体,具有依法参与民事法律关系并享受民事权利和承担民事义务的资格。《民法通则》第三十六条第二款规定:"法人的民事权利能力和民事行为能力,从法人成立时产生,到法人终止时消灭。"法人从依法成立时便具有法律上的人格。企业法人从核准登记手续办理完毕,依法领取营业执照之日起享有民事权利能力;非法人企业不需要办理法人登记的,从成立之日起具有民事权利能力,需要办理法人登记的,从核准登记手续办理完毕之日起取得民事权利能力。

法人的民事权利能力是一种特殊的权利能力,具有三个特征:第一,法人的民事权利能力从成立时发生,至撤销或解散时消灭。第二,法人为社会组织,其所以享有民事权利能力,乃出自法律的拟制,故其民事权利能力受较大限制。第三,法人的民事权利能力因为法人各自的经营范围的不同而分别受到法律和自己章程的限制,因而法人的民事权利能力都有一定的局限性,并且相互之间呈现出差异。

2. 法人的民事行为能力

法人的民事行为能力,是指法人依法以自己的意思独立从事民事活动,取得权利和承担义务的资格。法人的民事行为能力从法人依法成立时产生,到法人终止时消灭。

法人的民事行为能力与其民事权利能力是有差异的。法人的民事权利能力是其作为民事主体的资格;法人的民事行为能力则是其作为民事主体以自己独立的活动参与民事法律关系的资格。但两者有着不可分割的联系:法人的民事行为能力以其权利能力为前提,一般情况下,法人的民事行为能力与其民事权利能力是一致的;法人的民事行为能力以团体意思为前提,其民事行为能力一般通过其法人代表来实现。

二、代理制度

(一)代理的概念和特征

1. 代理的含义

代理是指代理人在代理权限内,以被代理人的名义与第三人实施民事法律行为,由此产生的法律后果由被代理人承担的法律制度。有了代理制度,当事人在进行民事活动时可以通过代理人实施民事法律行为,可不受其自身的精力、能力、知识、时间以及活动地域等方面的限制。《民法通则》第六十三条规定:"公民、法人可以通过代理人实施民事法律行为""代理人在代理权限内,以被代理人的名义实施民事法律行为。被代理人对代理人的代理行为,承担民事责任"。这是我国关于代理制度的基本规定。

代理制度对民事主体进行民事法律行为起到了很大的帮助作用:一是对于具有完全民事行为能力的自然人和法人而言,该制度可以帮助扩张当事人自由意思所得以处理的社会事务的范围,可以克服当事人活动的一些限制;二是对不具备完全民事行为能力的自然人而言,可以帮助补充其意思表示能力的欠缺。

代理法律关系中涉及的当事人包括代理人、被代理人(亦称本人)和第三人(合同法中称为相对人)。代理人是指替被代理人实施法律行为的人,被代理人是代理人替自己实施法律行为的人,第三人是与代理人实施法律行为的人。

同时应当注意,《民法通则》第六十三条第三款规定:"依照法律规定或者按照双方当事

约定,应当由本人实施的民事法律行为,不得代理。"

2. 代理的特征

代理制度的核心内容是代理权。代理权是行为人得以他人名义独立为意思表示,并使其效果归属于他人的一种法律资格。从代理权赋予代理人得为一定行为的法律资格而言,代理权是一种民事权利。但代理权并非是完全独立的民事权利,而是具有一定依附性和他主性,即代理权的效力系被代理人的民事权利所派生;而代理权的设定或变更,亦须以他人的意思为条件。因此,代理必然具有并且应当具有以下特征:代理是一种民事法律行为;代理人是以被代理人的名义进行的法律行为;代理人在代理权限内独立进行意思表示;代理行为产生的法律后果由被代理人承担。

(二)代理的分类

根据《民法通则》的规定,代理的类型有:委托代理、法定代理、指定代理、本代理、复代理。

《民法通则》第六十四条规定:"代理包括委托代理、法定代理和指定代理""委托代理人按照被代理人的委托行使代理权,法定代理人依照法律的规定行使代理权,指定代理人按照人民法院或者指定单位的指定行使代理权"。其中,委托代理是代理制度中最重要、适用最广泛的一种代理形式。

委托代理授权一般为不要式行为。《民法通则》第六十五条第一款规定:"民事法律行为的委托代理,可以用书面形式,也可以用口头形式。法律规定用书面形式的,应当用书面形式。"书面的委托形式是授权委托书。根据《民法通则》第六十五条第二款规定:"书面委托代理的授权委托书应当载明代理人的姓名或者名称、代理事项、权限和期间,并由委托人签名或者盖章。"《民法通则》第六十五条第三款还规定:"委托书授权不明的,被代理人应当向第三人承担民事责任,代理人负连带责任。"需要注意的一点是,被代理人的授权行为,既可以向代理人进行,也可以向相对人为之,两者效力相同。唯在后一种情形,被代理人对代理权的撤销必须通知相对人,否则,代理权仍应认为有效。

《民法通则》第六十八条规定:"委托代理人为被代理人的利益需要转托他人代理的,应当事先取得被代理人的同意。事先没有取得被代理人同意的,应当在事后及时告诉被代理人,如果被代理人不同意,由代理人对自己所转托的人的行为负民事责任,但在紧急情况下,为了保护被代理人的利益而转托他人代理的除外。"这是关于复代理的规定。所谓复代理,又称为再代理,指代理人为了被代理人的利益需要转托他人实施代理的行为。与此相对,复代理所基于的代理,即由代理人亲自进行的代理,称为本代理。复代理有三方面的法律特征:第一,复代理人是行使代理人权限的人,复代理人的权限不得超过原代理人的权限;第二,代理人以自己名义选任复代理人,代理人对复代理人有监督权及解任权;第三,复代理人不是原代理人的代理人,而是被代理人的代理人,其所为的法律行为的后果直接由被代理人承担。

另外,根据代理人在诉讼中代理权限的范围,代理可分为一般代理和特别代理。

(三)代理的法律效果

1. 基本规定

《民法通则》第六十三条第二款规定:"代理人在代理权限内,以被代理人的名义实施民事法律行为。被代理人对代理人的代理行为,承担民事责任。"

《民法通则》第六十六条还规定:"没有代理权 、超越代理权或者代理权终止后的行为,只有经过被代理人的追认,被代理人才承担民事责任。未经追认的行为,由行为人承担民事责任。本人知道他人以本人名义实施民事行为而不作否认表示的,视为同意。"代理人不履行职责而给被代理人造成损害的,应当承担民事责任。代理人和第三人串通、损害被代理人的利益的,由代理人和第三人负连带责任。第三人知道行为人没有代理权、超越代理权或者代理权已终止还与行为人实施民事行为给他人造成损害的,由第三人和行为人负连带责任。

对于代理人知道被委托代理的事项违法仍然进行代理活动的,或者被代理人知道代理人的代理行为违法不表示反对的,由被代理人和代理人负连带责任。

2. 表见代理

表见代理在实质上属于无权代理,但依法又属于有效代理,其代理行为的法律效果由被代理人承受。因此,它属于一种值得特别关注的特殊情况。

所谓表见代理,指无权代理人的代理行为客观上存在使相对人有理由相信其有代理权的情况,且相对人主观上为善意,因而可以向被代理人主张代理的效力。《合同法》第四十九条规定:"行为人没有代理权、超越代理权或者代理权终止后以被代理人名义订立合同,相对人有理由相信行为人有代理权的,该代理行为有效。"可见,法律确立表见代理规则的主要意义在于维护人们对代理制度的信赖,保护善意无过失的相对人,进而保障交易安全。

表见代理具备以下4个构成要件:一是无权代理人须以被代理人的名义进行活动;二是无权代理人与相对人之间的民事行为,须具备成立的有效条件;三是客观上须有使相对人相信无权代理人具有代理权的情形;四是相对人须为善意且无过失。

表见代理的法律效力,在于使无权代理发生如同有权代理一样的效果,即在相对人与被代理人之间产生法律关系。表见代理成立后,被代理人应受无权代理人与相对人实施的民事法律行为的拘束。

(四)代理权行使的一般准则

代理权是整个代理关系的基础,代理人之所以能够代替被代理人实施法律行为,就在于代理人拥有代理权。代理人在行使代理权时,应当遵循一些基本的准则:

1. 行使代理权必须符合被代理人的利益

依据《民法通则》的规定,代理人应当在被代理人或指定单位的授权范围内积极进行代理行为,完成代理任务。应当从被代理人的利益出发,认真履行代理职责,为被代理人利益计算,实施代理行为。代理人不得与他人恶意串通损害被代理人利益,否则,将与他人一起承担连带赔偿责任。

2. 行使代理权须尽到职责要求

代理人对被代理人应诚实守信,代理人在代理后不得泄露被代理人的商业秘密或其他保密事项,并有义务保持账目的清楚正确。《民法通则》第六十六条第二款规定:"代理人不履行职责而给被代理人造成损害的,应当承担民事责任。"代理人原则上应当亲自完成代理工作;应当及时向被代理人报告代理工作的进展及结果,并提交必要的文件材料。

(五)代理的终止

《民法通则》第六十九条规定:"有下列情形之一的,委托代理终止:(一)代理期间届满或者代理事务完成;(二)被代理人取消委托或者代理人辞去委托;(三)代理人死亡;(四)代理人丧失民事行为能力;(五)作为被代理人或者代理人的法人终止。"但是,该条所列举的委托代理终

止原因中未提及被代理人的死亡。根据最高人民法院《关于贯彻执行〈中华人民共和国民法通则〉若干问题的意见》第八十二条的规定,被代理人死亡后,委托代理关系原则上应终止,但"被代理人死亡后有下列情况之一的,委托代理人实施的代理行为有效:(1)代理人不知道被代理人死亡的;(2)被代理人的继承人均予承认的;(3)被代理人与代理人约定到代理事项完成时代理权终止的;(4)在被代理人死亡前已经进行、而在被代理人死亡后为了被代理人的继承人的利益继续完成的"。

《民法通则》第七十条规定:"有下列情形之一的,法定代理或者指定代理终止:(一)被代理人取得或者恢复民事行为能力;(二)被代理人或者代理人死亡;(三)代理人丧失民事行为能力;(四)指定代理的人民法院或者指定单位取消指定;(五)由其他原因引起的被代理人和代理人之间的监护关系消灭。"

代理权的终止,指代理人所享有的代理资格消灭。代理权终止后,代理关系消灭,代理人不得再以被代理人名义实施代理行为,否则构成无权代理。代理人所为的行为,除表见代理的情况外,原则上也不再由被代理人承担责任,而由代理人自己承担责任。

三、自然人的民事权利能力与民事行为能力

自然人是指基于出生而取得民事主体资格的人。自然人是自然界的产物之一,因此,相对于法人而言,这种人被赋予一个特定的称谓——自然人。自然人的外延包括本国公民、外国公民和无国籍人。具有中国国籍的自然人是中国公民。我们在此处所讲的自然人的民事权利能力和民事行为能力中所称的"自然人",实质上就是指我国公民。

(一)自然人的民事权利能力

自然人的民事权利能力,是指法律赋予自然人依法参与民事法律关系并得享民事权利、承担民事义务的资格。这是自然人参与民事法律关系,取得民事权利、承担民事义务的法律依据,也是自然人成为独立民事主体的标志。

《民法通则》第九条规定:"公民从出生时起到死亡时止,具有民事权利能力,依法享有民事权利,承担民事义务。"并且,第十条还进一步明确规定:"公民的民事权利能力一律平等。"

自然人的民事权利能力具有这样一些特征:第一,自然人的民事权利能力是自然人的一种资格,是取得民事权利的前提;第二,自然人的民事权利能力不仅指自然人享有民事权利的资格,而且还指承担民事义务的能力;第三,自然人的民事权利能力是法律赋予的;第四,民事权利能力与自然人的人身是不可分割的;第五,自然人的民事权利能力是平等的,不因民族、性别、年龄、职业、家庭出生、宗教信仰、教育程度、财产状况等的不同而存在差异;第六,自然人的民事权利能力是其生存资格,具有不可转让性,因为民事权利能力是自然人生存和发展的必要条件,转让民事权利能力无异于放弃自己的生存权。

(二)自然人的民事行为能力

1. 自然人民事行为能力的含义

自然人的民事行为能力是指自然人能够按照自己的意思,以自己的行为独立参加民事法律关系,行使民事权利和设定并履行所承担民事义务的资格。

从上述定义可以发现,自然人要具有民事行为能力,就必须具备相应的正确分析、识别和判断事物、事件、行为效果等方面的能力。这些能力是自然人具有行为能力的基础性条件。而要形成这些能力,一方面要达到一定的年龄,积累了一定的知识和社会活动经验;另一方面,还

应当有正常的精神状态，能够理智地对现象和行为等进行辨析，正常地进行民事活动。

自然人的民事行为能力与民事权利能力是密切相关的，即自然人具有民事权利能力是具有民事行为能力的前提。

2. 自然人民事行为能力的种类

《民法通则》根据我国自然人的具体状况，以年龄标准为主，结合精神状态，将自然人的民事行为能力分为3种：完全民事行为能力、限制民事行为能力、无民事行为能力。

(1) 完全民事行为能力。完全民事行为能力是指自然人能够按照自己的独立意思，通过自己的独立行为参加民事法律关系，取得民事权利和承担民事义务的资格。

一般情况下，当自然人达到成年的年龄后，不仅能够运用知识和经验有意识地实施民事行为，而且也能够理智地理解和判断法律法规的规定以及社会生活的共同准则，辨析有关的事件、事物、行为效果等。因此，成年的自然人被确定为完全民事行为能力人是合适的。我国《民法通则》第十一条规定："十八周岁以上的公民是成年人，具有完全民事行为能力，可以独立进行民事活动，是完全民事行为能力人""十六周岁以上不满十八周岁的公民，以自己的劳动收入为主要生活来源的，视为完全民事行为能力人"。

(2) 限制民事行为能力。限制行为能力是指自然人参加民事法律关系并取得民事权利和承担民事义务的资格受到一定限制。也就是，限制民事行为能力人，在与其年龄、智力、健康状况相适应以及纯获利的条件下具有行为能力，实施的民事行为是合法有效的；在其余情况下实施的民事行为，除非获得其法定代理人同意或者事后获得法定代理人的追认，否则是无效的。对此，《民法通则》第十二条第一款规定："十周岁以上的未成年人是限制民事行为能力人，可以进行与他的年龄、智力相适应的民事活动；其他民事活动由他的法定代理人代理，或者征得他的法定代理人的同意。"第十三条第二款规定："不能完全辨认自己行为的精神病人是限制民事行为能力人，可以进行与他的精神健康状况相适应的民事活动；其他民事活动由他的法定代理人代理，或者征得他的法定代理人的同意。"

(3) 无民事行为能力。无民事行为能力是指自然人完全不具有通过自己的独立行为参加民事法律关系，取得民事权利和承担民事义务的资格。《民法通则》第十二条第二款规定："不满十周岁的未成年人是无民事行为能力人，由他的法定代理人代理民事活动。"第十三条第一款规定："不能辨认自己行为的精神病人是无民事行为能力人，由他的法定代理人代理民事活动。"

另外，为了切实有效地保障和维护限制民事行为能力人和无民事行为能力人的合法权益，《民法通则》第十四条规定："无民事行为能力人、限制民事行为能力人的监护人是他的法定代理人。"

导入案例简析

1. 根据案情信息，结合相关法律制度的规定，我们可以发现：本案中存在着两个基本的法律关系：一个是消费者和经营者之间的"消费法律关系"，另一个是市场监管机关和经营者之间的"市场管理关系"。

第一,消费法律关系:

主体要素方面——一方是购买家具的消费者,另一方是销售家具的某家具店;

客体要素方面——客体的双方进行买卖的家具;

内容要素方面——涉及的消费者权利包括知悉真情权、获得赔偿权;涉及的家具店的义务是《消费者权益保护法》规定的经营者应当履行约定或者法定义务、应当履行提供真实信息义务、质量保证义务,《反不正当竞争法》规定的不得实施虚假宣传的不正当竞争行为义务。

第二,市场管理关系:

主体要素方面——本案中,一方主体的市场监管机关——工商行政机关,另一方主体是接受市场监管者——经营者某家具店;

客体要素方面——合法有序的市场交易秩序和竞争秩序;

内容要素方面——工商行政管理机关依法有权制止家具店的虚假宣传行为,并对其实施应有的制裁;经营者某家具店的义务是停止虚假宣传、维护正常交易和竞争秩序、接受依法制裁、赔偿消费者损失。

2. 解决本案中涉及的问题,根据法律关系的不同,应当分别依据不同的法律制度进行处理:

消费法律关系中的纠纷处理,应依据《消费者权益保护法》和《民法通则》的有关规定;

市场管理关系中涉及的问题的处理,工商行政管理机关应当依据《消费者权益保护法》《产品质量法》和《反不正当竞争法》的有关规定对经营者某家具店进行行为性质认定和确定制裁措施。

【法规文献链接】

《中华人民共和国民法通则》(1986 - 4 - 12第六届全国人大第四次会议通过;2009 - 8 - 27第十一届全国人大常委会第十次会议《关于修改部分法律的决定》修正)

思考与拓展

1. 我们常说法律、法规是"行为规范"。请你联系实际谈谈:法律是怎样实现对行为的具体规范的。(从本源的角度出发)

2. 如何理解经济法律关系本质上是"经济权利义务关系"?

3. 经济法律行为的构成要件有哪些?

4. 举例说明法人制度、代理制度的现实意义。

5. 我国关于自然人民事行为能力是怎样规定的?

6. 案例分析:

案　例　一

老张报名参加了成都某旅行社组织的"乐山—峨眉山二日游",双方约定了行程,其中包括"峨眉山观看日出"。

游览峨眉山那天,导游要求旅游团成员早上4点起床集合,然后乘车去峨眉山观看日出。但是,旅游车出发后并没有直奔景点,而是转了一个大圈,接了几拨旅游团以外的其他旅游者,直到7:30才到达峨眉山停车场,"峨眉山观看日出"成了泡影。老张认为,旅游行程中包含"峨眉山观看日出",旅行社就应该按日出时间安排游客上山去看日出,既然没有安排观赏,旅行社应该赔偿损失。旅行社认为,老张游览峨眉山那天是阴天,根本不可能实现"峨眉山观看日出",能否观赏到日出,受自然条件限制,是不可抗力,旅行社无法左右,因此拒绝赔偿。

案 例 二

北京国美电器有限公司(以下简称北京国美)是一家从事家电零售的连锁企业。1997年,北京市国美电器总公司取得"国美电器"注册商标专用权,核定服务项目为第35类,包括广告、室外广告、样品散发、张贴广告、商品展示、商店橱窗布置、商业信息、贸易业务的专业咨询、推销(替他人)和公共关系。2000年,该注册商标经核准转让给北京国美。近几年来,北京国美及其分布在全国各地的120家分部在电视、电台、报纸等媒体上投入2亿余元用于广告宣传,获得111项各类荣誉。其中,"国美电器"被北京市工商行政管理局认定为2000年度北京市著名商标。2003年,北京国美位居中国连锁百强第3名。

涂汉桥于2003年12月成立武汉市江汉区国之美百货店。同月,涂汉桥在《武汉晚报》上以江汉区国美百货的名义刊登招聘启事,并在其经营场所悬挂"国 de 美百货"的标识。2004年,北京国美以涂汉桥侵犯"国美电器"注册商标专用权为由向武汉市中级人民法院提起诉讼。

(本文由作者根据网络资料改写,原文见:法律界 http://www.mylegist.com)

问题:

(1)上述案件中是否存在经济法律关系? 如果存在,请指出并简析其构成要素。

(2)如果要解决经济法律关系中涉及的问题,应当主要依据什么法律规范呢?

项目二　企业类型选择与公司基本建设

任务一　选择企业类型

🔦 任务目标

面对投资方式和投资渠道多样化的市场,投资者应做怎样的投资决策以求"风险最小、收益最大"? 本项任务就是要求学习者针对不同类型企业的差异,能够科学地进行选择,并指出其优劣。

📖 导入案例

大学毕业生张某,经过近三年的努力,手里积攒了一笔约 5 万元的资金,准备用于投资设立一个企业。张某对于如何办理设立企业诸事宜感觉并非难事,但他对于应当投资设立何种类型的企业感到很纠结。因为据他的了解,这样的资金量,如果投资设立企业,不仅可以单独设个人独资企业,而且还可以邀约若干其他投资人共同投资设立合伙企业或者设立一个规模适中的公司。他主要是希望所做的投资要尽可能风险可控并且最小化。

要求:

请你根据所学法律知识给张某出出主意,帮他建议一下应当如何决策。

(提示:不考虑变数太大的经营性风险)

🖊 内容阐释

前例所谈情形,是每一个拟进行投资的人都必然涉及的问题。我们知道,投资风险基本可以依据其产生的原因分为两类:一是经营性风险(包括项目选择、管理水平、市场变化甚至政策变动等带来的风险);二是责任制性的风险(投资人对企业债务所承担的责任性质与范围不同而带来的风险大小)。对于第一种风险一般无法准确把握,但对于第二种风险,则可以根据法律法规关于投资人对企业债务责任制度的规定做出清楚、准确的掌控。而这又必须以对企业类型及企业法的有关规定做出清晰的认识和理解为前提。

一、企业的概念与特征

企业是市场中的经营主体，它是由各生产要素的投入集合而成，是现代市场经济中最重要、最活跃的市场主体，也是当代社会肌体的重要组织。所谓企业，是指依法设立的从事商品生产、商品流通或服务性经济活动，自主经营、独立核算、自负盈亏的社会经济组织，一般是以营利为目的。

企业是社会生产力发展到一定水平时产生的，是商品经济的产物。当今世界，企业不仅为社会提供各种产品和服务，还决定着社会资源的如何分配，甚至还影响社会文化的变迁、政治结构和社会组织的创新。

企业都具有的一般特征有如下7点。

1. 显著的经济性

企业的经济性是它区别于非经济组织的最本质的特征。

企业是经济组织，以谋求利润为目的。企业是市场中的经营主体，以自己的商品，通过交换来满足社会需要，并从中获得利润。企业如果没有盈利，就不能发展，就会在市场竞争中失败。

2. 突出的社会性

现代社会中，任一企业，不仅是投资人的企业，而且也是现代社会肌体的重要细胞，是一个社会组织。从商品生产角度看，企业所从事的生产经营活动是社会化大生产的一个组成部分，企业是社会经济系统中的一个子系统，它与其他子系统发生着广泛的经济联系；从企业与社会其他各部门、各单位的非经济关系看，它既依赖于社会的进步和国家的富强，也依赖于党和政府对社会的管理，它从属于一定的政治和社会体系，还要承担一定的社会责任。因此，它具有社会性。

3. 资产性资源和人力资源的集合体

企业是基于特定的目的按照一定生产经营方式将有关生产要素有机整合而形成生产经营体系。任何企业，都必须依法具备相应的资金、技术、设备设施、劳动者等条件，这些也是企业生产经营活动得以顺利开展、生产经营目的得以实现的基本保障条件。根据国家关于企业设立条件、登记管理的法律法规规定，设立各类企业必须有符合规定的资金数额及与企业经营范围相应的资金、有与企业的生产经营规模相适应的经营场所和设施、有相应的经营管理人员及其他从业人员等。资产或资本和人员等生产要素的科学整合和合理利用，决定着企业生产效率水平和经营效益状况，从而直接决定着企业的生存和目标的实现。

4. 以营利为目的

企业是投资人依法设立的经济组织，其生产经营活动一方面是服务于社会，为社会创造财富和提供服务；另一方面，投资者投资从事经营活动也是为了赚取利润（一般说，这是其投资的直接动因和目的），实现大于投入的产出和回报。而且，企业服务于社会，为社会生活水平的提高以及促进社会进步，也需要通过创造"增值"的财富来实现。有人说企业的存在价值就在于通过追求利润来促进社会生活水平的提高，这不无道理。因此，于"公"于"私"，企业经营活动的"营利性"均是非常明显的，这是一种客观需要。

5. 依法设立

企业设立必须依照法定条件，按照法定程序履行手续，依法取得"营业执照"，取得合法身份。任何企业，只有依法设立并取得企业登记主管机关签发的营业执照，方为依法正式成立并得以从事实际的经营活动，否则就构成违法行为，将承担相应的法律责任。

依法设立，是指企业设立必须遵循现代社会有关的国家法律法规、尊重并服务于社会公共秩序和公共利益目标，是现代社会所有企业必需的基本行为准则。

6. 具有较强的独立自主性

这就是说,市场条件下,企业能够自主经营、自我发展、自我改造、自我调整。

企业是独立自主从事生产经营活动的经济组织,在国家法律、政策允许的范围内,企业的生产经营活动不受其他主体的干预。企业是依法自主经营、独立核算、自负盈亏的经济组织。

自主经营是说企业的经营活动由企业在不违反法律法规和不损害社会公共利益的前提下,根据市场状况自己决定其经营方针、制定并组织实施其经营计划等,政府不予直接的干涉。

独立核算即是由各个企业依照有关规定,自己单独计算成本、费用、收入,计算盈亏,对经营业务作出全面反映和控制。不实行独立核算的社会经济组织不能成为企业。

自负盈亏是指企业对经营活动中产生的盈利或亏损自己予以承担,对经营中产生的负债自行承担清偿责任。其中,对财产性责任的承担,非法人型企业一般由其投资者负无限连带责任,而法人型企业则以其全部资产为限予以承担。

7. 企业具有典型的能动性、竞争性

企业是一个能动的有机体。企业的能动性表现在对外部环境的适应能力、自我改造能力、自我约束能力和自我发展能力。从系统论的角度讲,企业是一个耗散结构系统,它通过不断地与外界进行能量、物质和信息的交换,调整自己的内部结构,以适应市场环境的变化,并发展和壮大自己。正因为如此,在市场经济体制下,无须政府的直接干预和微观指挥,企业可以在国家、政府的宏观调控下,主动、积极、有效地适应市场,能动地开展高效的生产经营活动。

在市场经济条件下,作为经营主体、市场主体的企业,也是竞争主体。企业通过自己有竞争力的产品或服务在市场经济中求生存,求发展。正因为企业的能动性、竞争性特征,促成了企业具有强大的能力,包括应变力、创新力、竞争力、发展力、内在冲动力等。

二、企业制度与主要企业类型

(一)企业组织制度的历史演进

企业产生后,经历并延续着其漫长的发展历程。就企业的投资模式、治理模式而言,先后形成了3种主要企业制度类型:个人业主制、合伙制、公司制。

实际上,企业制度是一个综合性的概念,是企业制度体系的统称,我们在此只从企业组织形式角度谈。

1. 个人业主制企业

从企业组织的历史发展过程来看,个人业主制企业是最早出现的,因此,它构成历史分析的起点。我国改革开放早期大量涌现的私营企业大多为个人业主制企业,并在小型加工、零售商业、服务业等领域较为活跃。

个人业主制企业,又称独资企业、个人企业,是指由个人出资兴办,并归个人所有和控制的企业。在个人业主制企业中,自然人的财产与企业财产是合一的。自然人既是所有者主体,也是经营管理主体,在早期,有的业主还是劳动主体。因此,企业权威与所有者身份是合一的。由企业主亲自指挥生产,组织营销,并直接对生产工人和其他雇员实行监督,包括分派工作、指导生产、确定报酬和解雇人员。

个人业主制企业的优点主要包括:业主个人出资兴办,建立与歇业的程序简单易行;所有者的利益与经营者的利益完全是重合的;经营方式灵活,决策迅速;经营者与产权关系紧密、直接,利润独享,风险自担,因而精打细算;产权能够较为自由地转让;信息渠道单一,经营的保密性强。

但该种类型的企业也存在着诸多不可回避的不足,突出的是:

第一,个人业主制企业实行无限责任制,因而风险相对较大。例如,《中华人民共和国个人独资企业法》第三条规定:"本法所称个人独资企业,是指依照本法在中国境内设立,由一个自然人投资,财产为投资人个人所有,投资人以其个人财产对企业债务承担无限责任的经营实体。"

第二,规模相对较小,寿命相对有限。由于投资人只有一个自然人,因而财力有限,加之受偿债能力的限制,取得贷款的能力也较差,进而难以适应日益激烈的市场竞争和不断拓宽的市场空间要求,因而往往在竞争中容易被淘汰,加之企业主本人常常与企业共生共灭,结果呈现出"出生率最高,死亡率也最高"的现象。

2. 合伙制企业

合伙制企业的产生是生产力发展的客观要求。

随着市场经济活动内容、空间范围的不断发展以及竞争激烈程度的日益加剧,业主制企业的弱点日渐突显。为了适应形势要求,投资人开始逐步走向联合,步入了注重"合伙"的时代,产生了合伙制企业形式。

合伙制企业,也称合伙企业,是由两个或两个以上业主共同出资,合伙经营,共同对企业债务负连带无限清偿责任的企业。后来,在普通合伙企业的基础上,又产生了有限合伙企业。

合伙企业是若干自然人的协作,他们通过协议合同来规范各自的权责利,经营的决策、运作的管理、收益的分享比例,取决于合伙人共同达成的协议,企业经营风险由合伙人全体共同承担。

相对于个人业主制企业而言,合伙企业具有诸多优点,最突出的有两方面:一是规模扩大,抗风险能力增强。二是多人投资,团队经营,提高了经营水平与决策能力。

当然,合伙制企业的缺点也是显见的。例如,因合伙人承担无限连带责任,当合伙企业亏损倒闭时,所有合伙人都必须以他们的全部财产,包括每人的家庭财产承担连带无限责任,使合伙人面临相当大的风险。面对如此大的风险,愿意加入合伙者队伍的人必然是有限的。又如,合伙企业是依据合伙人之间的协议建立起来的,每当退出或死亡一位合伙人、接纳一位合伙人,都必须重新谈判并建立一种全新的合伙关系。而谈判与新型人际关系的建立都很复杂,因而在新旧合伙人更迭时,很容易使企业夭折。所以,合伙制企业稳定性仍然相对较差。再如,容易出现造成决策延误。因为一般情况下,合伙企业的重大决策需要所有合伙人参加,如果意见有分歧,很容易造成决策上的延误,影响企业的有效经营。

3. 公司制企业

无论是业主制还是合伙制,都不具有法人资格,一旦发生企业经营不善带来亏损甚至严重亏损时,其投资人将承担较大的财产性风险,甚至可能发生家财耗光也不足以清偿应担当的经营债务。这在相当程度上抑制了人们投资的积极性,也影响了社会经济的发展和社会的进步水平。

而公司制企业是典型的法人企业,当代公司制企业的典型形态是公司。公司拥有法人资格和法人财产权。例如,《中华人民共和国公司法》第三条就规定"公司是企业法人,有独立的法人财产,享有法人财产权。……"公司制企业拥有法人财产权,并实行以股东原始所有权、企业法人财产权和经营权相分离("三权分离")为基本特征的产权制度。在责任制上实行有限责任制,极大地减少了投资人的风险,极大地起到了激发投资人积极性的作用。《中华人民共和国公司法》第三条规定:"……。公司以其全部财产对公司的债务承担责任"。"有限责任公司的股东以其认缴的出资额为限对公司承担责任;股份有限公司的股东以其认购的股份为限对公司承担责任。"

现代企业制度下,公司制企业往往具有以下本质特征:产权特征——产权明晰和三权分离;法人特征——法人资格和法人财产权;组织特征——组织的高级化和复杂化;技术特征——技术的

现代化和系统化;管理特征——管理的现代化和科学化。

知识拓展

　　党的十四届三中全会通过的《关于建立社会主义市场经济体制若干问题的决定》第四条指出:"建立现代企业制度,是发展社会化大生产和市场经济的必然要求,是我国国有企业改革的方向。其基本特征,一是产权关系明晰,企业中的国有资产所有权属于国家,企业拥有包括国家在内的出资者形成的全部法人财产权,成为享有民事权利、承担民事责任的法人实体。二是企业以其全部法人财产,依法自主经营、自负盈亏、照章纳税,对出资者承担资产保值增值的责任。三是出资者按投入企业的资本额享有所有者的权益,即资产受益、重大决策和选择管理者等权利。企业破产时,出资者只以投入企业的资本额对企业债务负有限责任。四是企业按照市场需求组织生产经营,以提高劳动生产率和经济效益为目的,政府不直接干预企业的生产经营活动。企业在市场竞争中优胜劣汰,长期亏损、资不抵债的应依法破产。五是建立科学的企业领导体制和组织管理制度,调节所有者、经营者和职工之间的关系,形成激励和约束相结合的经营机制。所有企业都要向这个方向努力。"

　　公司制企业虽然也存在着诸如"组建程序复杂,费用较高""政府对公司的限制较多""保密性相对较差"等缺点,但是,与个人业主制企业及合伙制企业比较起来,具有许多突出的优点,并显示出了无可比拟的经济、社会、文化功能。

　　公司制企业的优越性主要体现在:

　　(1)责任有限。出资人只以自己的出资额为限对公司负责、公司以其现有的资产为限对债务和亏损负有限责任,这就大大减小了投资者的投资风险。在美国纽约证交所的一块牌子上,镌刻着这样一行字:有限责任制的创造,可以说像瓦特发明蒸汽机那样具有划时代的意义。许多学者认为,有限责任制改变了整个人类的经济史,其产生的意义甚至超过了蒸汽机和电的发明。

　　(2)筹资方便。有限责任的重要意义不仅在于投资于企业的风险代价有限,使人们愿意为企业提供资本,还在于分散的投资风险也使企业乐于筹资。因此,有限责任制使公司能广泛地筹措社会上分散的闲置资金,在很短的时间内创办起大规模的企业,提高企业的规模效益。

　　(3)管理水平高。随着公司规模的扩大,公司制企业实现了所有权与经营权的分离,公司股东一般不再直接参与经营管理活动,而是聘请受过专门训练的各方面专家来管理企业,他们知识渊博,经验丰富,因而能够实现有效的管理。同时,通过大公司的管理实践活动,还有助于培养卓越的企业管理专家。

　　(4)所有权转移方便。公司有一套规范、严密而灵活的产权转让机制。上市公司的股票可以很容易通过股票交易市场进行购买或出售,非上市公司的股权转移和股权认购也较便利快捷。公司股份可以自由转让,使企业管理者受到来自股票市场的监督和评价,这也是保护股东权益的重要机制。

　　(5)发展稳定。公司的法律地位明确,受到法律的严格保护,使公司的合法权益不受侵犯;公司的发展不因股东的变动而波动,它的经营活动独立于任何单位和股东之外;公司除非自愿终止或者破产,其他因素一般都不会影响公司的存续和发展,因而公司的寿命往往很长。例如,美国的多数大公司已经存在几十甚至上百年:美孚石油成立于1889年,通用电气成立于1892年,福特汽车成立于1903年,国际商用机器成立于1911年,通用汽车成立于1916年。

(6)功能强大。公司是国民经济的细胞组织,公司活力是国民经济活力的基础。公司具有强大的经济功能和广泛的社会功能。就经济功能而言,公司具有强烈且成效显著的资本聚合力,是资本集中的最有效形式;公司产权界限明晰,且每个股东的利益和风险都很明确,极有助于有效地提高企业的经营效能;基于股权流动相对便利而有利于资源配置的合理化;基于公司经营涉及的各种资源规模大、集中度较高、市场竞争激烈、经营活动复杂等,催生并造就了一大批企业家,产生了企业家阶层。就社会功能而言,生存和发展的"本能"促进了企业主动推进管理与技术创新,事业发展的需要孕育了功效持久的"企业文化",持续发展和社会责任的要求促进了企业在防止环境污染、安排就业、赞助社会福利事业、教育事业以及减少或消除灾害和贫穷给人类带来的社会影响方面发挥着愈加重要和直接的作用。

(二)我国企业设立的基本制度

1. 我国企业设立原则

根据我国《民法通则》以及《个人独资企业法》《合伙企业法》《公司法》及其相关的实施性"条例""规定""办法"等一系列法律法规和规章的规定,在中华人民共和国境内设立企业或者企业的分支机构的设立原则,总体上讲有三种:核准设立原则、许可设立原则、特许设立原则。

(1)核准设立原则。所谓核准设立,是指设立企业无须在向企业登记管理机关申请设立登记前事先获得政府有关主管机关批准,只要符合法定设立条件,即可向企业登记机关申请设立登记,经登记机关审查合格后授予合法主体的资格。

核准设立原则是现在和将来基本的和主流的设立准则。

(2)许可设立原则。许可设立原则在理论上又称"核准主义""审批主义",是指设立企业,除了需要符合法定的条件外,还需要个别地报请主管的行政机关审核批准,方能够申请登记设立。

对企业设立由政府预先核准或许可,是控制企业进入市场的基本手段。对此,一般均应依照《中华人民共和国行政许可法》及其他相关法律法规的规定办理,不得随意增设许可项目。

对需要行政许可设立的企业,各级企业登记管理机关一般都会告知投资人《企业登记前置许可目录》,即根据相关法律、行政法规的规定,企业在申请登记时应提交的相应批准文件或许可证明。

(3)特许设立原则。这一般是根据特别法、专门法规或行政命令设立企业,或由国家领导人特许设立企业。其中又分为两种情况:一是为个别企业制定专门的法律,由该法予以特别调整;另一种是制定特别法或专门法规,对符合条件者,经主管机关或领导人特许而设立企业。

特许设立的企业通常是特殊企业,如我国由国务院决定设立的行业总公司、投资公司,以及其他一些承担一定管理职能或从事军事、航天、能源、交通等关系到国计民生的企业。

2. 设立条件法定

作为企业市场准入的重要内容之一,法律法规对设立企业规定了相应的必备条件,对于不具备法定条件者,不得进入市场。例如:

现行的《合伙企业法》第十四条规定:"设立合伙企业,应当具备下列条件:(一)有二个以上合伙人。合伙人为自然人的,应当具有完全民事行为能力;(二)有书面合伙协议;(三)有合伙人认缴或者实际缴付的出资;(四)有合伙企业的名称和生产经营场所;(五)法律、行政法规规定的其他条件。"

《公司法》第二十三条规定:"设立有限责任公司,应当具备下列条件:(一)股东符合法定人数;(二)有符合公司章程规定的全体股东认缴的出资额;(三)股东共同制定公司章程;(四)有公司名

称,建立符合有限责任公司要求的组织机构;(五)有公司住所。"《公司法》第七十六条规定:"设立股份有限公司,应当具备下列条件:(一)发起人符合法定人数;(二)有符合公司章程规定的全体发起人认购的股本总额或者募集的实收股本总额;(三)股份发行、筹办事项符合法律规定;(四)发起人制定公司章程,采用募集方式设立的经创立大会通过;(五)有公司名称,建立符合股份有限公司要求的组织机构;(六)有公司住所。"

3. 企业生命期全程登记管理制度

企业登记管理是指国家主管机关依法对企业及其有关事项进行审核登记,把登记与对企业的监督结合起来的一种工商管理制度。

随着我国《企业法人登记管理条例》《公司登记管理条例》《合伙企业登记管理办法》《企业名称登记管理规定》《企业法人登记管理条例》《企业法人登记管理条例施行细则》等若干文件的颁布实施,标志着全国企业登记管理法制已基本确立。

我国企业登记管理机关为各级工商行政管理机关。登记制度涉及的主要内容具体包括:登记管辖、登记事项、设立登记、变更登记、注销登记。

(1)登记管辖。全国企业登记原则上由企业所在市、县的工商行政管理机关主管。全国性的公司或其分支机构、股份有限公司、企业集团、外商投资企业、进出口公司等,则依其审批机关级别、隶属关系和规模等,分别由国家工商行政管理局或省级工商行政管理局主管。

例如,根据《公司登记管理条例》《企业法人登记管理条例》《企业法人登记管理条例施行细则》等,公司登记实行国家、省(自治区、直辖市)、市(县)三级管辖制度。国家工商总局登记管辖范围是:国务院授权部门批准设立的股份有限公司;国务院授权投资的公司;国务院授权投资的机构或者部门单独投资或者共同投资设立的有限责任公司;外商投资的有限责任公司;依照法律的规定或者按照国务院的规定,应当由国家工商行政管理局登记的其他公司。省、自治区、直辖市工商管理局负责登记辖区内下列公司:省、自治区、直辖市人民政府批准设立的股份有限公司;省、自治区、直辖市人民政府授权投资的公司;国务院授权投资的机构或者部门与其他出资人共同投资设立的有限责任公司;省、自治区、直辖市人民政府授权投资的机构或者部门单独或者共同投资设立的有限责任公司;国家工商行政管理局委托登记的公司。市、县工商行政管理局负责本辖区内的国家和省级登记机关负责登记的公司以外的其他公司的登记,具体登记管辖由省、自治区、直辖市工商行政管理局规定。

(2)登记事项。企业依法应当在企业登记管理机关予以登记的事项,一般主要包括:名称、住所、投资人姓名或名称、注册资本、法定代表人或负责人、经营范围、经营期限、分支机构以及其他依法应当登记的事项。而且,申请登记的事项应当符合法律、行政法规的规定,否则企业登记机关不予登记。

当然,不同类型的企业,有些登记事项是有差异的。例如,依照《公司登记管理条例》第九条的规定,公司的登记事项包括:名称;住所;法定代表人姓名;注册资本;实收资本;公司类型;经营范围;营业期限;有限责任公司股东或者股份有限公司发起人的姓名或者名称,以及认缴和实缴的出资额、出资时间、出资方式。

(3)设立登记。企业的设立登记是指拟设企业的投资人依法向我国企业登记管理机关提出设立申请,并由登记机关依法审核,对于决定予以登记的拟设企业发给相应"营业执照"并予以公告,从而使拟设企业合法成立的管理制度和管理行为。

申请设立企业者,需要向登记主管机关提交登记申请书、企业章程、企业主要负责人的身份证明和其他有关证明、文件，以证明拟设立的企业已经符合法定各项条件。依法须经主管部门或审批机关审批的企业或拟设立企业的经营范围中有依法必须经审批的项目的，申请时须提交审批机关的批准文件。

登记机关应在受理后 30 日内，作出核准登记或不予登记的决定。须经主管部门或审批机关审批的企业，应在审批机关批准后的 30 日内向登记机关申请开业登记。

经核准登记的，登记机关应对其签发"营业执照"：对法人企业发给《企业法人营业执照》；对港澳台商和外商投资的法人企业发给《中华人民共和国企业法人营业执照》；对非法人企业发给《营业执照》；对港澳台商和外商投资的非法人企业、港澳台商和外商投资企业以及港澳台和外国公司的营业性分支机构发给《中华人民共和国营业执照》；并对企业法人发布"企业法人登记公告"，对非企业法人和企业法人的分支机构发给"企业登记公告"。

企业营业执照的签发日期为企业成立的日期。未取得营业执照，不得从事经营活动。

（4）变更登记。企业存续期间，依法应当登记的事项如果发生了变化，应当及时到企业登记机关申请变更登记，不得拖延或者隐瞒。企业的合并、企业的分立、增设或撤销分支机构、住所变更、企业转业、企业组织形式变更、企业名称变更、经营范围的部分变更，或者企业的法定代表人、股东、发起人、经营方式、注册资金、经营期限的变更等，均需进行工商变更登记。

企业变更符合法律规定的，应当在允许变更的条件成就后 30 日内，或经由主管部门或审批机关批准的，在批准后 30 日内向登记机关办理有关登记。企业变更依法须在报纸上公告的，如公司合并或分立、公司注册资本变更等，则应自企业作出有关变更的决议或决定之日起 90 日内申请登记。

变更登记完成后，由登记机关向社会进行公告。

（5）注销登记。企业由于投资人自愿解散或者依法被吊销营业执照或者责令关闭或者破产等原因解散的，须向登记机关办理企业注销登记而终止或消灭。企业被核准注销后，由登记机关吊销其营业执照，撤销注册号，收缴营业执照的正、副本和企业印章，将注销情况通知开户银行，并进行公告。

另外，企业成立后，满 6 个月未开始经营活动或停止经营活动满 1 年的，视同歇业，由登记机关依法予以注销。

（三）我国的主要企业类型

在改革开放前及初期，我国的企业类型非常简单。但是，随着改革的深入，特别是随着社会主义市场经济体制的建立和不断完善，各种类型的企业如雨后春笋般涌现，且类型多样。

一般来讲，按照不同的标准划分，可以对企业作多种分类。

（1）按企业的财产所有制为标准，可将企业分为全民所有制企业（所谓"国有企业"）、集体所有制企业、私营企业、混合所有制企业。全民所有制企业是指全部生产资料和劳动成果归全体劳动者所有，或归代表全体劳动者利益的国家所有的企业。集体所有制企业（简称集体企业）是指企业的全部生产资料和劳动成果归一定范围内的劳动者共同所有的企业。私营企业是指企业的全部资产属非国家和非集体的私人投资者所有的企业，也称民营企业。混合所有制企业是指具有两种或两种以上所有制经济成分的企业，如中外合资经营企业、中外合作经营企业、国内具有多种经济成分的股份制企业等。

（2）按出资者的身份不同，可将企业划分为内资企业和外商投资企业。

（3）按企业生产经营业务的性质分类，可以分为工业企业、商品流通企业以及从事邮电、通信、

旅游、广告、建筑施工、设计、文化教育、医疗卫生等服务行业的企业。

(4)按照企业的组织形式分类,可以分为业主制企业、合伙制企业、公司制企业。在我国现阶段,具体有个人独资企业、合伙企业、公司。合伙企业又分为普通合伙企业和有限合伙企业两种;公司又分为有限责任公司和股份有限公司两类。

(5)按企业的法律地位(是否具备法人资格)分类,可将企业划分为法人型企业和非法人型企业。法人型企业具有独立性,依法独立享有权利和承担责任;非法人型企业虽是市场中的一个民事主体,但其本身不具备独立性,不能独立享受民事权利并独立承担民事责任,在法律上,企业的权利和义务被依法认定为是其投资人的。

另外,按照我国现行经济统计的实际需要,我国企业还可以根据其资产规模、从业人员数量的不同,划分为大型企业、中型企业和小型企业。

三、我国个人独资企业、合伙企业、公司的基本法律特征

(一)个人独资企业的法律特征

个人独资企业是指依照《个人独资企业法》在中国境内设立,由一个自然人投资,财产为投资人个人所有,投资人以其个人财产对企业债务承担无限责任的经营实体。

1. 由一个自然人投资

个人独资企业是投资人只能是一个自然人,而且只能是具有完全民事行为能力且依法可以从事经营活动的中国公民。

2. 个人独资企业的财产为投资者一人所有

个人独资企业不是企业法人,不具有人格,企业财产属于投资人所有。不仅企业初始资产为投资人所有,而且企业成立后存续期间形成的所有财产,也因法定孳息属于所有人所有,而归于投资人所有。《个人独资企业法》第十七条规定:"个人独资企业投资人对本企业的财产依法享有所有权,其有关权利可以依法进行转让或继承。"这一点是与合伙人对合伙企业的财产享有共有权明显不同的。

当然,根据我国的实际,法律并不禁止以家庭共有财产用个人名义投资设立该类企业。

3. 投资人以其个人财产对企业债务承担无限责任

个人独资企业和合伙企业一样,属于非法人型企业,不是企业法人,企业的财产和责任即投资人的财产和责任。因此,个人独资企业的债务由投资人直接承担清偿责任,即由投资人直接对企业的债权人负责,并以其个人财产对企业债务承担无限责任。若是以家庭财产作为出资的,则以家庭财产对企业债务承担无限责任。

4. 个人独资企业是非法人企业

个人独资企业由一个自然人出资,投资人对企业的债务承担无限责任,在权利义务上,企业和个人是融为一体的,企业的责任即为投资人个人的责任,企业的财产即是投资人的财产。因此,个人独资企业不具有法人资格,也无独立承担民事责任的能力。个人独资企业虽然不具有法人资格,但却是相对独立的民事主体,可以以自己的名义从事民事活动。

5. 个人独资企业内部机构设置简单,经营管理方式灵活

个人独资企业的投资人既是企业的所有者,又可以是企业的经营者,其内部机构和经营管理方式完全取决于投资人,法律对此并未进行要求,更没有像公司和其他企业法人那样加以严格规定。

(二)合伙企业的法律特征

合伙企业作为一种法定的企业组织形式,根据《中华人民共和国合伙企业法》(以下简称《合伙企业法》)等的规定,合伙企业主要具有以下一些法律特征:

1. 依法设立

我国的合伙企业必须是依照《合伙企业法》,按照我国企业登记管理规范经企业登记管理机关核准设立。它属于中华人民共和国的经济组织。

2. 合伙人必须有两个以上

《合伙企业法》第十四条关于普通合伙企业的设立条件规定:"有两个以上合伙人。合伙人为自然人的,应当具有完全民事行为能力。"第六十一条规定:"有限合伙企业由两个以上五十个以下合伙人设立;但是,法律另有规定的除外""有限合伙企业至少应当有一个普通合伙人"。可见,合伙企业不是单个投资人的行为,而是多个投资人的联合,即是说,一个合伙企业至少应有两个以上的合伙人。由于合伙企业具有明显的"人合性"特点,故合伙企业的合伙人不宜过多。实践中,普通合伙企业一般是按照最高不超过二十人的标准进行掌握的,有限合伙企业则依法按照"两个以上五十个以下合伙人"的标准进行处理。

3. 合伙企业必须以合伙协议为基础设立

全体合伙人的权利和义务均以合伙协议的方式确定,这与公司的股东权利义务以公司章程来确定不同。

4. 合伙企业必须由全体合伙人共同出资设立

出资是合伙企业成立的基础,也是合伙人取得合伙资格的条件。所以出资应当是全体合伙人的基本义务。

5. 合伙企业的合伙人共同投资、合伙经营

出资是合伙企业成立的基础,也是合伙人取得合伙资格的条件,所以出资应当是全体合伙人的基本义务。对于合伙企业的事务,由全体合伙人依照合法的合伙协议规定执行,即重要事项由全体合伙人共同决定,具体执行事务则由普通合伙人负责。《合伙企业法》第二十六条规定:"合伙人对执行合伙事务享有同等的权利""按照合伙协议的约定或者经全体合伙人决定,可以委托一个或者数个合伙人对外代表合伙企业,执行合伙事务""作为合伙人的法人、其他组织执行合伙事务的,由其委派的代表执行"。第六十七、六十八条规定,有限合伙企业由普通合伙人执行合伙事务,而有限合伙人不执行合伙事务,不得对外代表有限合伙企业。

6. 合伙人对企业经营成果"共享收益、共担风险"

根据《合伙企业法》第三十三条和第六十九条的规定,合伙人对合伙企业经营过程中所得的利润或形成的亏损,应根据合伙协议约定的办法进行分配,或者按出资比例分配或分担,或按其他约定的办法分配或分担;但合伙协议不得约定将全部利润分配给部分合伙人或者由部分合伙人承担全部亏损。如果合伙协议未约定收益分配或亏损分担办法时,依照《合伙企业法》的规定由各合伙人平均分配利润或分担亏损。合伙协议一般不得约定将全部利润分配给部分合伙人或者由部分合伙人承担全部亏损。

7. 对合伙企业产生的债务,不同身份的合伙人实行不同的责任制度

合伙企业产生的债务应当由合伙人来共同承担。但是,不同身份的合伙人对企业债务进行具体承担时所负的责任性质和责任范围是有一定区别的。在对内责任承担上一般均为"按份责任";在对外责任承担上,按国际上的一般做法和新公布的《合伙企业法》的规定,合伙企业中的普通合

伙人应当对合伙企业债务承担无限连带责任。具体讲：

（1）普通合伙企业合伙人对企业债务的内外责任。对外——无限连带责任；对内——按份责任。

（2）有限合伙企业合伙人对企业债务的内外责任。

普通合伙人的责任：对外——无限连带责任；对内——按份责任。

有限合伙人的责任：对外——有限责任；对内——按份责任（但仅以其在合伙中的财产为限）。

但是，《合伙企业法》第七十六条第一款规定："第三人有理由相信有限合伙人为普通合伙人并与其交易的，该有限合伙人对该笔交易承担与普通合伙人同样的责任。"

（3）特殊的普通合伙企业合伙人对企业债务的内外责任。

一般情况：对外——无限连带责任；对内——按份责任。

特殊情况：《合伙企业法》第五十七条规定："一个合伙人或者数个合伙人在执业活动中因故意或者重大过失造成合伙企业债务的，应当承担无限责任或者无限连带责任，其他合伙人以其在合伙企业中的财产份额为限承担责任""合伙人在执业活动中非因故意或者重大过失造成的合伙企业债务以及合伙企业的其他债务，由全体合伙人承担无限连带责任"。《合伙企业法》第五十八条规定："合伙人执业活动中因故意或者重大过失造成的合伙企业债务，以合伙企业财产对外承担责任后，该合伙人应当按照合伙协议的约定对给合伙企业造成的损失承担赔偿责任。"

特殊的普通合伙企业的合伙人仍对合伙债务承担无限连带责任，但有限责任合伙制度将合伙人的无限连带责任仅局限于本人业务范围及过错，使这些专业服务机构的合伙人避免承担过度风险，有利于其发展壮大和异地发展业务。

8. 合伙企业是形成组织的合伙

如前所述，合伙是两个以上的人为了共同的经营目的，共同约定按照一定的方式各自提供必要的资金、实物、技术等形式的资本，合伙经营、共同劳动、共享收益、共担风险的联合。根据《民法通则》等法律法规的规定，我国的合伙有个人合伙、企业联营、合伙企业等。合伙企业是形成组织的合伙，它只是全部合伙中的一部分，不形成组织的合伙不构成合伙企业。

（三）公司的法律特征

按照现代企业制度的基本要求，根据《公司法》的有关规定，我国建立现代企业制度，一般采取公司制的组织形式。

按照《公司法》规定的精神，可以将公司定义为：全部资本由股东出资构成，股东以其出资额或所持股份为限对公司承担责任，公司是以其全部资产对公司债务承担责任的依《公司法》成立的企业法人。

1. 依法设立

公司必须依法定条件、法定程序设立。这一方面要求公司的设立条件、组织机构、活动原则等必须合法；另一方面要求公司设立要经过法定程序，进行工商登记。

2. 以营利为目的

公司是一种社会经济组织，投资者投资设立公司的直接目的都是为了获取利润。以营利为目的，是指股东即出资者设立公司的目的是为营利，即从公司经营中取得利润。营利目的不仅要求公司本身为取得盈利而活动，而且要求公司有盈利时应当分配给股东。

3. 以股东投资行为为基础设立

公司股东向公司投入资本既是取得股东资格并享有股权的基本前提，也是公司得以实际成立并顺利开展经营活动的核心条件。

公司基于股东的投资行为设立。股东投资行为形成的权利是股权。股权是一种独立的特殊权利，不同于所有权，也不同于经营权等他物权，更不同于债权。依据《公司法》第四条规定，公司股东依法享有资产受益权、重大事项决策权和管理者选择权等权利。

4. 具有法人资格

法人是指依法成立的，具有民事权利能力和民事行为能力，能够依法独立承担民事责任的组织。我国《公司法》规定公司是企业法人，有独立的法人财产，享有法人财产权。公司以其全部财产对公司的债务承担责任，股东以其认缴的出资额或者认购的股份为限对公司承担责任。

5. 实行有限责任制

一是指公司以其全部法人财产，对其债务承担有限责任；二是指公司破产时，股东仅以其出资额为限，对公司承担有限责任。换句话说，股东对其公司或公司的债权人没有履行支付超出其出资额的义务。公司作为相对于自然人而言的独立民事主体，它与自然人一样，不仅具有自己在法律上的独立人格，而且具有自己的独立财产。由于公司的财产与公司股东的财产是分开的，因此，公司只能以自己的独立财产承担清偿债务的责任。如果出现公司"资不抵债"的情况，被依法宣告破产，则公司破产清算财产公平清偿后，不足清偿的债务将依法消灭。

6. 公司所有权归股东所有

公司是由股东出资设立的，对其拥有原始所有权。在公司存续期间，虽然公司依法具有独立性，享有独立的法人财产权，股东成为公司的"外部人"，但是，公司的一切"所有者权益"均属于股东，而且，"公司股东依法享有资产收益、参与重大决策和选择管理者等权利"（《公司法》第四条）。公司股东按照拥有的股权比例分配利润。更何况，一旦公司终止并进行清算，股东有权分得公司清算财产偿还所有债务之后剩余的净值。

7. 公司的决策权最终由股东共同控制

按照公司法人治理结构的规制，公司的权力机构为股东会或股东大会，拥有最高权力。公司所有的重大事项决策，一般依法、依公司章程，掌握在股东会或股东大会之手。而依照国际惯例和《公司法》的规定，公司权力机构议决事项，均按照规定程序依"少数服从多数"的原则以表决方式作出决议。因此，公司的决策由全体股东依法、依章程共同作出。公司的生产经营活动在法人治理结构的规制下进行运作，而不受任何行政机关干预。

导入案例简析

通过上述关于企业一般特征、企业组织形式、企业类型以及我国个人独资企业、合伙企业、公司法律特征的介绍与简析，我们不难发现，从控制风险和最大限度降低投资风险的角度讲，在经营风险变数较大的情况下，张某应当从充分考虑投资人可能承担的责任风险的角度，结合企业法定设立条件的规定，毫不犹豫地选择投资设立一家公司制企业，即设立公司。因为公司是法人型企业，实行有限责任制，即股东仅以其出资额或所持股份为限对公司承担责任，公司是以其全部资产对公司债务承担责任。而如果设立个人独资企业或者合伙企业成为其中的普通合伙人，将由投资人直接对企业债务承担无限责任或者无限连带责任。很明显，投资公司和投资非公司的企业，风险差异是比较大的。而且，根据2014年3月起生效的修改后的《公司法》的规定，张某不仅可以选

择投资设立一家由两个以上、五十个以下投资人共同出资的有限责任公司,而且还可以自己单独投资设立一家一人有限责任公司(法律、法规有特别规定时应当具备相应条件)。

张某如果选择了投资设立有限责任公司,应当认真熟悉并按照《公司法》《公司登记管理条例》《法人登记管理条例》及其施行细则等法律法规的规定,正确履行公司设立登记管理规则所要求的义务和责任。

【法规文献链接】

1.《中华人民共和国个人独资企业法》(1999 - 8 - 30 国家主席令 9 届第 20 号公布,2000 - 1 - 1 起施行)

2.《中华人民共和国合伙企业法》(2006 - 8 - 27 国家主席令第 55 号公布,2007 - 1 - 1 起施行)

3.《中华人民共和国公司法》(2013 - 12 - 28 第 12 届全国人大常委会第 6 次会议修正,2014 - 3 - 1 起施行)

4.《中华人民共和国公司登记管理条例》(2014 - 2 - 19 国务院令第 648 号修订发布,2014 - 3 - 1 起施行)

5.《中华人民共和国企业法人登记管理条例》(2014 - 2 - 19 国务院令第 648 号修订发布,2014 - 3 - 1 起施行)

6.《企业名称管理规定》(1991 - 5 - 6 国务院批准,1991 - 7 - 22 国家工商行政管理局令第 7 号公布,1991 - 9 - 1 起施行)

7.《企业法人法定代表人登记管理规定》(1998 - 4 - 7 工商行政管理局令[1998]第 85 号公布施行)

8.《企业登记程序规定》(2004 - 6 - 10 国家工商行政管理总局令第 9 号发布)

9.《企业经营范围登记管理规定》(2004 - 6 - 14 国家工商总局令第 12 号发布)

10.《企业名称登记管理实施办法》(修订)(2004 - 6 - 14 国家工商总局令第 10 号发布)

11.《中华人民共和国民法通则》(1986 - 4 - 12 第六届全国人大第四次会议通过,2009 - 8 - 27 第十一届全国人大常委会第十次会议《关于修改部分法律的决定》修正)

思考与拓展

1. 比较个人独资企业、合伙企业的异同。

2. 公司的法律特征是什么? 为什么我国在市场经济体制条件下要选择公司作为基本的企业形态?

3. 我国关于企业登记管理制度的基本内容是什么?

4. 案例分析:

张某、李某、赵某三人投资设立一有限责任公司。张某出资 20 万元人民币,李某以价值 20 万元的房屋出资,赵某出资人民币 10 万元。后经营失败,公司欠甲 100 万元,公司资产价值 50 万元,甲知道张某具有偿还能力,在公司财产不足清偿债务时,要求张某偿还所欠的债务。

问题:

若你是张某的法律顾问,对甲的要求如何回答?

任务二　拟写一份有限责任公司投资协议

任务目标

在学习本部分内容的基础上,基本掌握我国《公司法》关于有限责任公司的主要规定,并能够独立地草拟一份"有限责任公司的投资协议"(暂不含"违约责任"条款)。

导入案例

2013年5月,甲、乙拟共同投资设立光辉食品有限责任公司,并就公司的基本问题达成了一致意见,遂签订出资协议。协议的主要内容是:甲投资35万元,乙投资45万元;出资各方按投资比例分享利润、分担风险;公司筹备具体事宜及办理注册登记由甲负责。随后,乙将投资款45万元交付给甲,甲即开始办理公司设立登记的有关事宜,并产生了部分费用。但乙在同年7月,以食品市场利润率低为由通知甲暂缓公司的注册登记。同年8月,要求甲退回投资45万元。甲认为,双方签订了协议,缴纳了出资,制定了章程,并产生了部分费用,即使未办理登记手续,只是形式方面有欠缺,事实上已经具备公司成立的基本条件。而且,双方所订协议是合法有效的,乙要求退还投资款,属于违约行为。所以甲主张双方应继续履行出资协议,由甲尽快办妥注册登记手续。

问题:

(1)乙是否有权要求返还投资款45万元?

(2)公司设立中产生的部分费用如何承担?

(3)甲主张双方应继续履行出资协议,由甲尽快办妥注册登记手续的要求能否得到支持?

(4)本案应如何处理?

内容阐释

以上案例主要涉及的是有限责任公司设立的相关知识,如果掌握了《中华人民共和国公司法》(以下简称《公司法》)关于"有限责任公司"设立的相关规定,对于案例提出的问题是很容易作出评判的。从公司设立的实践来看,任何投资人出资设立有限责任公司(一人有限责任公司和国有独资公司除外),首先要邀约共同投资人,在形成共同投资意向的基础上,将依法签订合作投资协议,明确各投资方的权利和义务。然后,方可正式进入公司的筹备与注册环节。值得注意的是,合作投资协议的订立规则适用我国《合同法》的规定,但投资协议的主要内容应与公司章程保持基本一致。

那么,《公司法》对有限责任公司的设立与建设是怎样规定的呢?下面就让我们一起来学习吧!

一、有限责任公司的概念及特征

有限责任公司,又称有限公司,是指由法律规定的一定人数的股东所组成,股东仅以其出资额为限对公司债务承担有限责任,公司以其全部资产对其债务承担责任的企业法人。这里所说的"有限责任公司"包括一人有限责任公司和国有独资公司。

与其他公司类型相比较,有限责任公司具有以下特征:

(一)股东的人数有法定限制

我国《公司法》第二十四条规定:"有限责任公司由 50 个以下股东出资设立。"其实,关于有限责任公司的股东人数问题,许多国家和地区都有法定限制,如日本、法国、德国、奥地利、意大利以及我国台湾地区对有限责任公司的股东人数都作有上限人数规定。由于有限责任公司具有人合与资合的双重性,因而其股东人数不可能太多。日本《有限公司法》第八条和法国《商事公司法》第三十六条都有规定:"有限公司股东人数不得超过 50 人。"我国台湾地区"公司法"第二条规定:"有限责任公司股东人数为 5 人以上,21 人以下。"

(二)股东对公司债务承担有限责任

我国《公司法》第三条规定:"有限责任公司的股东以其认缴的出资额为限对公司承担责任。"换言之,就是说有限责任公司的股东只以其认购的出资额为限对公司债务承担责任,对超过其出资额范围的公司债务不承担责任。同时,公司债权人也不得直接向股东主张债权或请求清偿。因为,有限责任公司财产由股东出资构成,一旦完成出资手续后,这部分财产就成为有限责任公司的法人财产;有限责任公司作为具有法人资格的经济实体,对外能独立承担民事责任,当有限公司对外欠债时,仅以公司全部财产为限对公司债务承担责任,股东也仅以其在公司设立时的出资额为限对公司债务承担责任。这是有限责任公司股东区别于无限公司股东的显著特征。

(三)有限责任公司设立程序简便,组织机构简易化

有限责任公司设立程序简便,组织机构简易化,是相对于股份有限公司而言的。具体主要表现在两个方面:一方面,在设立程序上,有限责任公司只有发起设立而没有募集设立方式,设立程序简便。只要股东符合法定人数,股东共同制定公司章程,全体股东按期足额认缴公司章程规定的出资,即可在公司登记机关申请登记设立。另一方面,在组织机构设置上,有限责任公司可以简易化。股东人数较少或者规模较小的有限责任公司,可以不设董事会,只设 1 名执行董事,执行董事可以兼任公司经理;同时,也可以不设监事会,设 1 至 2 名监事。另外,一人有限责任公司和国有独资公司不设股东会。

(四)实行资本金制度,不能公开募集股份

与股份有限公司相比,有限责任公司的全部资本不划分为等额股份。有限责任公司的注册资本为在公司登记机关登记的全体股东认缴的出资额。而股份有限公司采取发起设立方式设立的,注册资本为在公司登记机关登记的全体发起人认购的股本总额;采取募集方式设立的,注册资本为在公司登记机关登记的实收股本总额。与此同时,有限责任公司的全部资本只能在全体股东当中进行筹集,不得发行股票向社会公众募集资本。这就决定了有限责任公司的经营状况和财务会计信息无须向社会公众披露,也体现了有限责任公司的封闭性。

二、有限责任公司的设立条件

根据我国《公司法》第二十三条的规定,设立有限责任公司,应当具备以下 5 个条件:

(一)股东符合法定人数

有限责任公司以资本联合为基础,同时也具有人合的性质,股东之间要求有一定的信任关系,股东数量也应有所限定,以便于公司在进行重大的经营决策时,能够协调一致。

我国《公司法》第二十四条规定:"有限责任公司由 50 个以下股东出资设立。"由此可见,有限责任公司的股东人数的下限为 1 人,上限为 50 人。有限责任公司的股东可以是自然人,也可以是法人,但国有独资公司除外。国有独资公司是国家作为特殊主体,以国有资产出资,由国有资产监督管理部门受国务院或本级人民政府授权行使出资人职责,设立只有一个股东的国有独资有限责任公司。而只有一个自然人股东或者一个法人股东设立的有限责任公司,我们称为"一人有限责任公司"。

（二）有符合公司章程规定的全体股东认缴的出资额

我国《公司法》第二十六条规定："有限责任公司的注册资本为在公司登记机关登记的全体股东认缴的出资额。"而有限责任公司各股东认缴的出资额被明确记载于公司章程，所以有限责任公司全体股东的出资额必须符合公司章程的规定。

但法律、行政法规以及国务院决定对有限责任公司注册资本实缴、注册资本最低限额另有规定的，从其规定。

（三）股东共同制定公司章程

公司章程是公司重要的法律文件，其主要内容由法律规定，是法定记载事项。设立有限责任公司必须由全体股东共同制定公司章程。公司章程按照法律规定的事项记载完成以后，股东应当在公司章程上签名、盖章。这就意味着，公司章程的内容是全体股东协商一致的意思表示，因而对公司、股东、董事、监事、高级管理人员都具有法律上的约束力。

有限责任公司章程应当明确记载下列事项：(1)公司名称和住所；(2)公司经营范围；(3)公司注册资本；(4)股东的姓名或者名称；(5)股东的出资方式、出资额和出资时间；(6)公司的机构及其产生办法、职权、议事规则；(7)公司法定代表人；(8)股东会会议认为需要规定的其他事项。

（四）有合法的公司名称，符合有限责任公司要求的组织机构

公司名称，在知识产权法中也叫商号，是公司、企业相互区别的代号。公司名称属于公司的商号权，也是公司重要的无形资产之一。商号或公司名称一般由行政区划、字号、行业或经营特点、组织性质等4部分构成，如"四川长虹电子集团有限公司"。设立有限责任公司必须有公司名称，并应当在其名称中标明"有限责任公司"或"有限公司"字样，同时还应当经公司登记管理机关进行预先核准登记。另外，有限责任公司应当设立符合有限责任公司要求的组织机构，即股东会、董事会、监事会、经理等。但股东人数较少或者规模较小的有限责任公司，可以不设董事会和监事会，只设1名执行董事和1至2名监事。

（五）有公司住所

根据民法通则的规定，法人以它的主要办事机构所在地为住所。主要办事机构所在地，通常是公司发出指令的业务中枢机构所在地。公司的住所是公司章程载明的地点，是公司章程的必要记载事项，具有公示效力。其意义在于：一是作为法律文书的送达处所；二是作为诉讼管辖的根据；三是在一定意义上是公司享有权利和履行义务的法定场所。

公司住所是构成公司的基本条件，也是公司进行民事活动的必要条件，没有住所的公司是不允许存在的。

三、有限责任公司股东的出资与股权

案例 2.1　　　　　　　　　　虚假出资

李某系某公司的股东，于2013年经公司全体股东过半数同意，将其所有的股权全部转让给王某，王某受让后，发现李某并未实际出资，其遂向李某主张股权转让合同无效，协商不成，遂向法院起诉。

问题：

(1)李某是否具有股东资格？并说明理由。

(2)股权转让合同是否有效？并说明理由。

(3)若股权转让合同有效，补缴出资的义务是由李某还是王某承担？对其享有的股权有什么影响？并说明理由。

（一）有限责任公司股东的出资

（修订后公司法取消了最低出资额的规定，对于出资期限没有明确规定）

1. 有限公司的注册资本

我国《公司法》第二十六条第一款规定，有限责任公司的注册资本为在公司登记机关登记的全体股东认缴的出资额。该条第二款又规定，法律、行政法规以及国务院决定对有限责任公司注册资本实缴、注册资本最低限额另有规定的，从其规定。

2. 出资方式

我国《公司法》规定，股东可以用货币出资，也可以用实物、知识产权、土地使用权等可以用货币估价并可以依法转让的非货币财产作价出资；但是，法律、行政法规规定不得作为出资的财产除外。出资人以划拨土地使用权出资，或者以设定权利负担的土地使用权出资，在办理土地变更手续或者解除权利负担之前，将被认定为未依法全面履行出资义务。

除此之外，出资人还可以用其他公司股权出资，但必须符合以下条件：（1）出资的股权由出资人合法持有并依法可以转让；（2）出资的股权无权利瑕疵或者权利负担；（3）出资人已履行关于股权转让的法定手续；（4）出资的股权已依法进行了价值评估。

3. 出资要求

（1）按公司章程规定出资。股东以货币出资的，应当将货币出资足额存入有限责任公司在银行开设的临时账户；以非货币财产出资的，应当依法进行评估作价并办理其财产权的转移手续。出资人以非货币财产出资，未依法评估作价的，将被认定为出资人未履行出资义务；评估确定的价额明显低于公司章程所定价额的，将被认定为出资人未依法全面履行出资义务；出资人以房屋、土地使用权或者需要办理权属登记的知识产权等财产出资，已经交付公司使用但未办理权属变更手续的，将被认定为出资人未履行出资义务。

（2）依法取得验资证明。当股东缴纳出资后，必须经法定的验资机构验资并出具证明。

4. 出资责任

我国《公司法》规定，股东应当按期足额缴纳公司章程中规定的各自所认缴的出资额。同时，对作为出资的非货币财产应当评估作价，核实财产，不得高估或者低估作价。法律、行政法规对评估作价有规定的，从其规定。如果违反以上规定，将承担如下法律责任：

（1）股东不按公司章程规定缴纳出资的，除应当向公司足额缴纳外，还应当向已按期足额缴纳出资的股东承担违约责任。

（2）公司成立后，发现作为设立公司出资的非货币财产的实际价额明显低于公司章程所定价额的，应当由交付该出资的股东补足其差额；公司设立时的其他股东对差额部分出资承担连带责任。

（3）公司成立后，股东不得抽逃出资。如果股东制作虚假财务会计报表虚增利润进行分配，通过虚构债权债务关系将其出资转出，利用关联交易将出资转出，以及其他未经法定程序将出资抽回的行为，均可认定该股东的行为为抽逃出资。股东抽逃出资，公司或者其他股东可以依法请求其向公司返还出资本息，协助抽逃出资的其他股东、董事、高级管理人员或者实际控制人对此承担连带责任。

（4）出资人以符合法定条件的非货币财产出资后，因市场变化或者其他客观因素导致出资财产贬值，公司、其他股东或者公司债权人请求该出资人承担补足出资责任的，人民法院不予支持，但是，当事人另有约定的除外。

（5）股东未履行出资义务或者抽逃全部出资，经公司催告缴纳或者返还，其在合理期间内仍未缴纳或者返还出资，公司以股东会决议解除该股东的股东资格。

（6）股东未履行或者未全面履行出资义务即转让股权，受让人对此知道或者应当知道，公司可以依法请求该股东履行出资义务、受让人对此承担连带责任。

5. 出资证明书

出资证明书是指有限责任公司成立后，由公司向股东签发的，证明投资人在公司的股东地位和股东权益的法律凭证。

我国《公司法》规定，出资证明应当载明下列事项：（1）公司名称；（2）公司成立日期；（3）公司注册资本；（4）股东的姓名或者名称，缴纳的出资额和出资日期；（5）出资证明书的编号和核发日期。出资证明书必须由公司盖章。

出资证明书（样本）

编号：

一、公司全称：××有限责任公司。

二、公司住址：××省××市××区××街××号。

三、公司登记日期：××年××月××日。

四、公司注册资本：　　　　　元（人民币）

五、公司股东：××（股东姓名或名称）于××年××月××日向本公司缴纳出资＿＿＿＿元（以上投入资金系本人自有资金，在其使用期间能以该资金承担公司的民事责任）。

本出资证明经公司正式授权的法定代表人签字并加盖公司印鉴，方为有效，特此为证。

法人代表（签章）：

核发日期：××年××月××日

（公司印章）

---

6. 股东名册

股东名册是指由公司置备的，记载股东个人信息和股权信息的法定簿册。记载于股东名册的股东，可以依股东名册主张行使股东权利。有限责任公司的股东名册应记载下列事项：（1）股东的姓名或者名称及住所；（2）股东的出资额；（3）出资证明书编号。公司应当将股东的姓名或者名称及其出资额向公司登记机关登记，登记事项发生变更的，应当办理变更登记。未经登记或者变更登记的，不得对抗第三人。

7. 名义股东

名义股东是指有限责任公司的实际出资人与名义出资人订立合同，约定由实际出资人出资并享有投资权益，名义出资人仅是名义上的股东。

当实际出资人与名义股东对该合同效力发生争议的，如无我国《合同法》第五十二条规定的情形，人民法院应当认定该合同有效。

名义股东不能以股东名册记载的、公司登记机关登记的是自己的姓名或名称，而主张否认实

际出资人权利。名义股东将登记于其名下的股权转让、质押或者以其他方式处分,实际出资人以其对于股权享有实际权利为由,可以向人民法院请求认定处分股权行为无效。名义股东处分股权造成实际出资人损失,实际出资人可依法请求名义股东承担赔偿责任。

公司债权人以登记于公司登记机关的股东未履行出资义务为由,请求其对公司债务不能清偿的部分在未出资本息范围内承担补充赔偿责任,股东不能以其仅为名义股东而非实际出资人为由进行抗辩。但名义股东在承担赔偿责任后,可以依法向实际出资人进行追偿。

实际出资人与名义股东因投资权益的归属发生争议时,实际出资人可以其实际履行了出资义务为由向名义股东主张权利。实际出资人未经公司其他股东半数以上同意,无权请求公司变更股东、签发出资证明书、记载于股东名册、记载于公司章程并办理公司登记机关登记。

(二)有限责任公司的股权转让

1. 内部转让

股权具有财产权利的属性,它具有价值并可转让。我国《公司法》规定,有限责任公司的股东之间可以相互转让其全部或者部分股权。即股东之间股份转让是自由的,但如果股东转让全部股权,就意味着该股东将退出公司,丧失股东资格;如果股东只转让部分股权,则该股东仍保留公司股东身份,只是其在公司的股东权益变小了而已。

但不管公司股东之间采取何种股份转让方式,最终公司必须得剩下一名股东,否则该公司就得依法解散。当然,剩下一名股东,那就使原来的公司变更为“一人有限责任公司”,仍然可以继续经营下去。

2. 对外转让

我国《公司法》规定,股东向股东以外的人转让股权,应当经其他股东过半数(以股东人数为标准)同意。股东应就其股权转让事项书面通知其他股东征求同意,其他股东自接到书面通知之日起满30日未答复的,视为同意转让。其他股东半数以上不同意转让的,不同意的股东应当购买该转让的股权;不购买的,视为同意转让。

经股东同意转让的股权,在同等条件下,其他股东有优先购买权。这里的“条件”是指股权转让方索取的对价,主要是股权转让的价金,也包括其他的附加条件。如果有两个以上股东主张行使优先购买权的,经协商确定各自的购买比例;协商不成的,按照转让时各自的出资比例行使优先购买权。但公司章程中可以对股东享有“优先购买权”的条件或限定某些股东享有“优先购买权”作约定,如果有约定的,从其约定。

股东不管是对内转让,还是对外转让股权,都应当依法向公司登记机关办理股权变更登记。股权转让后尚未向公司登记机关办理变更登记,原股东将仍登记于其名下的股权转让、质押或者以其他方式处分,受让股东以其对于股权享有实际权利为由,可以人民法院请求认定处分股权行为无效。原股东处分股权造成受让股东损失的,受让股东有权请求原股东承担赔偿责任;对于未及时办理变更登记有过错的董事、高级管理人员或者实际控制人依法应当承担相应责任;受让股东对于未及时办理变更登记也有过错的,可以适当减轻上述董事、高级管理人员或者实际控制人的责任。

3. 强制转让

股权作为财产权,可以作为强制执行标的。当债务人拒绝向债权人自动履行具有强制执行效力的已经生效的法院判决、裁定或法律规定由人民法院执行的其他法律文书所确认的债权时,其所拥有的公司股权可以作为强制执行的标的,但该强制执行必须依照法律规定的程序进行。

我国《公司法》规定，人民法院依照法律规定的强制执行程序转让股东的股权时，应当通知公司及全体股东，其他股东在同等条件下有优先购买权。其他股东自人民法院通知之日起满20日不行使优先购买权的，视为放弃优先购买权。

4. 股东的股权收购请求权

有限责任公司具有人合性质，公司的组建依赖于股东之间的信任关系和共同利益关系。因此，法律一方面要确认并保障有限责任公司股东转让股份的权利；另一方面也要维护股东间的相互信赖及其他股东的正当利益。为维护股东的合法权益，我国《公司法》规定，有下列3种情形之一的，对股东会的决议投反对票的股东可以请求公司按照合理的价格收购其股权：

(1)公司连续5年不向股东分配利润，而公司该5年连续盈利，并且符合本法规定的分配利润条件的。在该情形下，股东要求分配利润的主张是合法的，但持有公司多数表决权的其他股东却通过股东会决议的形式阻碍了前者分配利润的合理利益的实现。

(2)公司合并、分立、转让主要财产的。在该情形下，公司现有赖以开展生产经营活动的主要财产出现变化，未来的发展充满不确定性、甚至可能产生风险；尽管股东会按照"资本多数决"原则形成了合法的决议，但与少数表决权股东的意愿相反，改变了其在设立公司时的合理利益期待，应允许其退出公司。

(3)公司章程规定的营业期限届满或者章程规定的其他解散事由出现，股东会会议通过决议修改章程使公司存续的。章程规定的营业期限届满或章程规定的其他解散事由出现时，公司本应解散，股东可以退出经营。持有公司多数表决权的其他股东通过股东会决议修改公司章程，决定公司存续，已与公司章程定立时股东的意愿发生重大差异，应允许对此决议投反对票的股东退出公司，不能要求少数表决权股东违背自己意愿被强迫面对公司继续经营的风险。

也就是说，在以上任何一种情形下，对公司股东会通过的决议投反对票的股东，有权自股东会会议决议通过之日起60日内提出请求，请求公司收购其持有的公司股权。股东与公司不能达成股权收购协议的，股东可以自股东会会议决议通过之日起90日内向人民法院提起诉讼，通过诉讼途径解决该争议。

5. 自然人股东资格的继承

根据《继承法》的规定，遗产是公民死亡时所遗留的个人合法财产。而股权就其本质属性来说，既包括股东的财产权，也包括基于财产权产生的身份权即股东资格，该身份权体现为股东可以就公司的事务行使表决权等有关参与公司决策的权利。就股权所具有的财产权属性而言，其作为遗产被继承是符合我国现行法律规定的。而股东资格的继承问题，我国《公司法》第七十五条规定："自然人股东死亡后，其合法继承人可以继承股东资格；但是，公司章程另有规定的除外。"

允许公司章程另行规定股东资格的继承办法，主要是考虑到有限责任公司具有人合性，股东之间的合作基于相互间的信任。而自然人股东死亡后，其继承人毕竟已不是原股东本人，股权实质上发生了转让。在此情况下，其他股东对原股东的信任并不能自然转变为对继承人的信任，不一定愿意与继承人合作，可能导致股东之间的纠纷，甚至形成公司僵局。为此，从实际出发，应当允许章程规定股东认为切实可行的办法，解决股东资格继承问题。比如规定，当股东不同意某人继承已死亡的股东的资格时，可以采用股权转让的办法处理股权继承问题等。

四、有限责任公司组织机构

案例 2.2　　　　　　　　　　有限责任公司的组织机构

甲、乙、丙 3 人各出资 30 万元设立了蓝天制衣有限责任公司,甲、乙、丙分别是公司的董事长、监事和经理,甲同时兼总会计师。2012 年 8 月,公司修改章程,乙与丙不同意,而甲认为自己是董事长,于是修改了公司章程。自此,3 位股东貌合神离,丙在经理工作岗位上勤勤恳恳,但在 2013 年 1 月病假 1 周,甲以此为由解除了丙的经理职务,由自己兼任。2013 年 8 月,甲的儿子丁因经济来往欠债 10 万元,甲用公司财产为其子个人债务进行担保。

问题:

(1)公司的组织机构合法吗?

(2)公司章程修改的程序合法吗?

(3)谁有权罢免经理,丙被解职合法吗?

(4)甲以公司财产为其子丁个人债务提供担保,合法吗?

现代有限责任公司的组织机构一般由股东会、董事会、监事会和经理组成。

(一)股东会

1. 股东会的性质和组成

股东会是有限责任公司的权力机构,由全体股东组成。股东是按其所认缴出资额向有限责任公司缴纳出资的人。股东参加股东会是股东作为投资人权益的重要体现。股东会的成员是全体股东,因为股东是实际出资人,并以其出资额为限对公司债务承担责任。股东会以会议的形式行使权力,而不采取常设机构或日常办公的方式,只有在召开股东会会议时,股东会才作为公司机关存在。

我国《公司法》规定,公司股东依法享有资产收益、参与重大决策和选择管理者等权利。除此之外,在《公司法》的其他条文中也规定有股东的具体权利。股东的权利主要包括:

(1)股东身份权。公司应当将股东的姓名或者名称向公司登记机关登记;登记事项发生变更的,应当办理变更登记。未经登记或者变更登记的,不得对抗第三人。

(2)参与重大决策权。股东对公司的重大行为通过在股东会或股东大会上表决,由股东会或股东大会作出决议的方式作出决定。公司的重大行为包括:公司资本的变化,如增加或者减少注册资本;公司的融资行为,如发行公司债券;公司的对外投资、向他人提供担保、购置或转让主要资产、变更公司主营业务等行为;公司合并、分立、变更组织形式、解散、清算等行为。

(3)选择与监督管理者权。股东通过股东会作出决议的方式,行使选举公司的董事、监事的权利。股东选择管理者的权利也包括决定管理者的薪酬。

(4)资产收益权。资产收益权最直接的体现就是股东按照实缴的出资比例或者章程规定的其他方式分取红利。在公司新增资本时,除非公司章程另有约定,股东有权优先按实缴的出资比例认缴出资。此外,在公司解散清算后,公司财产在分别支付清算费用、职工的工资、社会保险费用和法定补偿金,缴纳所欠税款,清偿公司债务后的剩余财产,股东有权按照出资比例或者按照公司章程的规定予以分配。

(5)知情权。我国《公司法》规定,股东有权查阅、复制公司章程、股东会会议记录、董事会会议决议、监事会会议决议和财务会计报告。

(6)关联交易审查权。股东有权通过股东会就公司为公司股东或者实际控制人提供担保作出决议,在作出该项决议时,关联股东或者受实际控制人支配的股东,不得参加该事项的表决。该项表决应由出席会议的其他股东所持表决权的过半数通过。

(7)提议、召集、主持股东会临时会议权。

(8)决议撤销权。由于股东会实行资本多数决制度,小股东往往难以通过表决方式对抗大股东。而且,在实际操作中,大股东往往利用其优势地位,任意决定公司的重大事项。对此,我国《公司法》赋予小股东请求撤销程序违法或者实体违法的股东会、董事会决议。如股东会或者股东大会、董事会的会议召集程序、表决方式违反法律、行政法规或者公司章程,或者决议内容违反公司章程的,股东可以自决议作出之日起60日内,请求人民法院撤销。

(9)退出权。我国《公司法》规定,公司成立后,股东不得抽逃出资。这就是所谓的资本维持原则。但是,这并不影响股东在一定情形下退出公司或者解散公司。

(10)诉讼权和代位诉讼权。董事、高级管理人员违反法律、行政法规或者公司章程的规定,损害股东利益的,股东可以向人民法院提起诉讼。公司权益受到侵害时,公司可以提起诉讼。而在某些特定情况下,公司却不会或者不可能提起诉讼,比如,公司董事、监事、高级管理人员侵害公司权益时,由于他们直接控制着公司,不可能代表公司提起诉讼。公司权益受到侵害,最终损害的是股东权益,因此,法律赋予股东在特定情形下,经过一定的程序,以自己的名义直接向人民法院提起诉讼。

然而,作为公司股东,也应当根据出资协议、公司章程和法律、行政法规的规定,履行相应的义务。股东的义务主要包括:(1)出资义务;(2)参加股东会会议的义务;(3)不干涉公司正常经营的义务;(4)特定情形下的表决权禁行义务(与决议有利害关系的股东在表决时应当回避);(5)不得滥用股东权利的义务。

2. 股东会的职权

根据我国《公司法》规定,作为有限责任公司权力机构的股东会可以行使下列职权:

(1)决定公司的经营方针和投资计划。

(2)选举和更换非由职工代表担任的董事、监事,决定有关董事的报酬事项。

(3)审议批准董事会的报告。

(4)审议批准监事会或者监事的报告。

(5)审议批准公司的年度财务预算方案、决算方案。

(6)审议批准公司的利润分配方案和弥补亏损方案。

(7)对公司增加或者减少注册资本作出决议。

(8)对发行公司债券作出决议。

(9)对公司合并、分立、解散、清算或变更公司形式作出决议。

(10)修改公司章程。

(11)公司章程规定的其他职权。

3. 股东会的召开

股东会分为定期会议和临时会议两种。定期会议的召开时间由公司章程规定,一般每年召开一次。临时会议可经代表1/10以上表决权的股东,或1/3以上的董事、监事会,或不设监事会的公司监事提议而召开。

股东会的首次会议由出资最多的股东召集和主持。董事会设立后,股东会会议由董事会召

集,董事长主持;董事长不能履行职务或者不履行职务的,由副董事长主持;副董事长不能履行职务或者不履行职务的,由半数以上董事共同推举一名董事主持。有限责任公司不设董事会的,股东会会议由执行董事召集和主持。董事会或者执行董事不能履行或者不履行召集股东会会议职责的,由监事会或者不设监事会的公司的监事召集和主持;监事会或者监事不召集和主持的,代表1/10以上表决权的股东可以自行召集和主持。

召开股东会会议,应当于会议召开15日以前通知全体股东。股东会应当对所议事项的决定作成会议记录,出席会议的股东应当在会议记录上签名。

4. 股东会决议

股东会的议事方式和表决程序是股东会行使权力的具体途径。我国《公司法》规定,股东会会议由股东按照出资比例行使表决权。如果公司章程对股东会决议的作出方式另有规定的,从其规定。

股东会的议事方式和表决程序,除《公司法》有规定的外,由公司章程规定。但对股东会会议作出修改公司章程、增加或者减少注册资本,以及公司合并、分立、解散或者变更公司形式等重大事项作出决议时,必须经代表2/3以上表决权的股东通过。全体股东对股东会决事项以书面形式一致表示同意的,可以不召开股东会会议,而可以直接作出决定,并由全体股东在决定文件上签名、盖章。

(二)董事会

1. 董事会的性质及其组成

董事会是有限责任公司股东会的执行机构,由股东会选举产生并对股东会负责。董事会一般是有限责任公司法定、必备且常设的集体行使公司经营决策权的机构,但股东人数较少或者规模较小的有限责任公司,可以设1名执行董事,不设董事会。有的公司的规模很小,虽然股东为多人,但股东都认为没有必要专门设立董事会的,可以推选一个股东都信任的人作为执行董事来负责公司的经营管理工作。

董事会由董事组成,其成员为3至13人。董事任期由公司章程规定,但每届任期不得超过3年。董事任期届满,连选可以连任。但两个或两个以上的国有企业或其他国有投资主体投资设立的有限责任公司,其董事会成员中应当有职工代表,其他有限责任公司董事会成员中可以有公司职工代表。董事会中的职工代表由公司职工通过职工代表大会、职工大会或者其他形式民主选举产生。

2. 董事会的职权

我国《公司法》第四十六条规定,董事会对股东会负责,行使下列职权:(1)召集股东会,并向股东会报告工作;(2)执行股东会的决议;(3)决定公司的经营计划和投资方案;(4)制订公司的年度财务预算方案、决算方案;(5)制订公司的利润分配方案和弥补亏损方案;(6)制订公司增加或者减少注册资本以及发行公司债券的方案;(7)制订公司合并、分立、解散或者变更公司形式的方案;(8)决定公司内部管理机构的设置;(9)决定聘任或者解聘公司经理及其报酬事项,并根据经理的提名,决定聘任或者解聘公司副经理、财务负责人及其报酬事项;(10)制定公司的基本管理制度;(11)公司章程规定的其他职权。

3. 董事会的召开

董事会会议由董事长召集和主持。董事长不能履行职务或者不履行职务时,由副董事长召集和主持;副董事长不能履行职务或者不履行职务时,由半数以上董事共同推举一名董事召集和主持。

董事会应当对所议事项的决定作成会议记录，出席会议的董事应当在会议记录上签名。

董事会的成员在董事会会议上的地位平等，享有相同的权利。董事会决议在表决时，以董事人数计，每一董事有一表决权，实行一人一票。

4. 董事长和执行董事

我国《公司法》规定，有限责任公司董事会设董事长一人，可以设副董事长。董事长、副董事长的产生办法由公司章程规定。

我国《公司法》没有规定董事长的职责，根据公司实践而言，董事长向全体股东负责。其主要职权有：(1)主持股东会会议，召集和主持董事会会议；(2)依法主持公司董事会工作，对外代表公司并以公司名义行使公司职权；(3)组织实施公司股东会和董事会决议；(4)完成股东会、董事会批准、确定、决定的各项经营管理任务、计划、目标；(5)公司章程规定的其他职权。

董事长可以是公司的法定代表人。股东人数较少和规模较小的有限责任公司，不设董事会，可以设一名执行董事。执行董事可以是公司的法定代表人。

(三)经理

在现代公司治理结构中，经理是指在董事会的领导下负责公司日常生产经营管理工作的业务执行机构。我国《公司法》规定，有限责任公司可以设经理，由董事会聘任或者解聘，经理对董事会负责。股东人数较少或者规模较小的有限责任公司，不设董事会，可以设一名执行董事，执行董事可以兼任公司经理。经理可以作为公司的法定代表人。

根据我国《公司法》的规定，可以将经理的职权归纳为4个方面：

(1)组织经营权。经理是公司日常业务的执行机构，要负责公司的日常生产经营管理工作。同时，经理作为董事会的执行机构，还要负责执行董事会制定的公司年度经营计划、投资方案以及董事会的其他决议。

(2)公司内部规章的拟订、制定权，包括公司内部机构设置方案、公司基本管理制度的拟订权和公司的其他具体规章的制定权。

(3)人事任免权。经理可以向董事会提出公司副经理、财务负责人的人选，由董事会决定聘任或者解聘；同时，经理可以直接聘任或者解聘除应由董事会决定聘任或者解聘以外的其他负责管理人员。

(4)董事会授予的其他职权。此外，经理作为董事会的执行机构，还可以列席董事会会议。

(四)监事会

1. 监事会的性质及其组成

监事会是依法产生，对董事会和经理的经营管理行为及财务进行监督的常设机构。它代表全体股东对公司经营管理进行监督，行使监督职能，是公司的监督机构。监事会对股东会负责，并向其报告工作。有限责任公司设监事会，其成员不得少于3人。但股东人数较少或者规模较小的有限责任公司，可以不设监事会，设1至2名监事。

监事会成员应当包括股东代表和适当比例的公司职工代表，其中职工代表的比例不得低于1/3，具体比例由公司章程规定。监事会中的股东代表，由股东会选举产生；监事会中的职工代表由职工民主选举产生。监事的任期是法定的，每届为3年。监事任期届满，连选可以连任。但公司董事、高级管理人员不得兼任监事。

监事会设主席一人，由全体监事过半数选举产生。监事会主席召集和主持监事会会议；监事会主席不能履行职务或者不履行职务的，由半数以上监事共同推举一名监事召集和主持监事会会议。

2.监事会的职权

根据我国《公司法》规定,监事会、不设监事会的公司的监事行使下列职权:(1)检查公司财务;(2)对董事、高级管理人员执行公司职务时的行为进行监督;对违反法律、法规、公司章程或者股东会决议的董事、高级管理人员提出罢免的建议。(3)当董事和高级管理人员的行为损害公司的利益时,要求董事和高级管理人员予以纠正。(4)提议召开临时股东会会议,在董事会不履行《公司法》规定的召集和主持股东会会议职责时召集和主持股东会会议。(5)向股东会会议提出提案。(6)依照《公司法》第一百五十二条的规定对董事、高级管理人员提起诉讼。(7)公司章程规定的其他职权。另外,监事可以列席董事会会议,并对董事会决议事项提出质询或者建议。

监事会、不设监事会的公司的监事行使职权所必需的费用由公司承担。监事会、不设监事会的公司的监事发现公司经营情况异常,可以进行调查;必要时,可以聘请会计师事务所等协助其工作,费用由公司承担。

五、一人有限责任公司和国有独资公司

(一)一人有限责任公司

1.一人有限责任公司的概念与及其利弊

根据我国《公司法》的规定,一人有限责任公司,是指只有一个自然人股东或者一个法人股东的有限责任公司。

我国《公司法》允许一人有限责任公司的存在,有利也有弊。其缺陷在于:有限责任公司仅有一名股东,自任董事、经理并实际控制公司,缺乏股东之间的相互制衡及公司组织机构之间的相互制衡,容易混淆公司财产和股东个人财产。比如,股东可以将公司财产挪作私用,或给自己支付巨额报酬,或同公司进行自我交易,或以公司名义为自己担保或借贷等。另一方面,一人有限责任公司的优越性表现为:(1)一人公司符合自由市场经济的原则,体现对投资者自由选择投资方式的尊重;(2)一人公司可使唯一投资者最大限度利用有限责任原则规避经营风险,从而实现经济效率最大化;(3)一人公司可以提高公司的决策效率;(4)与其他有限公司相比,经营管理更具有灵活性。

2.一人有限责任公司的特征

(1)仅有一名股东。与其他有限责任公司相比,一人有限责任公司的股东只有一人,股东既可以是自然人,也可以是法人。但一人有限责任公司又不同于个人独资企业,个人独资企业的投资人只能是自然人。

(2)股东对公司债务承担有限责任。一人有限责任公司的股东仅以其出资额为限对公司债务承担责任,公司以其全部财产独立承担责任,当公司财产不足以清偿其债务时,股东不承担无限责任。这是一人有限责任公司与个人独资企业的本质区别所在。

(3)组织机构的简单。一人有限责任公司不设股东会,本应由股东会行使的职权而由股东独自一人行使。一人有限责任公司是否设立董事会、监事会,由公司章程规定。

3.对一人公司的规制

由于一人公司存在上述弊端,所以我国《公司法》在允许设立一人公司的同时,也对其作出了相应的规制,旨在防止股东借一人公司的独立法律地位和股东有限责任而从事损害公司债权人及其他利害关系人的利益。对一人公司的规制主要体现在以下几个方面:

(1)再投资的限制。我国《公司法》规定,一个自然人只能投资设立一个一人有限责任公司。该

一人有限责任公司不能再投资设立新的一人有限责任公司。但此一限制仅适用于自然人，不适用于法人。

(2)财务会计制度方面的要求。一人有限责任公司应当在每一会计年度终了时编制财务会计报告，并经会计事务所审计。对个人独资企业而言，法律没有对此作出强制性的规定。

(3)人格混同时股东的连带责任。一人有限责任公司应当在公司登记中注明自然人独资或者法人独资，并在公司营业执照中载明。如果一人有限责任公司的股东不能证明公司财产独立于股东自己财产的，应当对公司债务承担连带责任。

(二)国有独资公司

1. 国有独资公司的概念和特征

国有独资公司，是指国家单独出资、由国务院或者地方人民政府授权本级人民政府国有资产监督管理机构履行出资人职责的有限责任公司。其主要特征有：

(1)国有独资公司为有限责任公司。国有独资公司是我国《公司法》确认的一种特殊形态的有限责任公司形式，其特殊性表现为国有独资公司的股东只有一个，而且只能是国有资产监督管理机构。它还具有有限责任公司的一般特征，实行股权与法人财产权的分离，即股东以其出资额为限对公司承担责任，公司以其全部法人财产对公司的债务承担责任。

(2)国有独资公司股东具有唯一性。一人有限责任公司的股东可以是自然人，也可以是法人。而国有独资公司的股东仅为国家，即由国家授权的投资的机构或国家授权的部门单独出资设立国有独资公司。

2. 国有独资公司的组织机构

(1)权力机关。国有独资公司不设股东会，由国有资产监督管理机构行使股东会职权。国有资产监督管理机构可以授权公司董事会行使股东会的部分职权，决定公司的重大事项，但公司的合并、分立、解散、增加或者减少注册资本和发行公司债券，必须由国有资产监督管理机构决定；其中，重要的国有独资公司合并、分立、解散、申请破产的，应当由国有资产监督管理机构审核后，报本级人民政府批准。

(2)董事会。国有独资公司设董事会，为公司的执行机关，依照《公司法》第四十六条的规定行使职权。董事会成员由国有资产监督管理机构委派和公司的职工代表两部分构成。董事会成员中的职工代表由公司职工代表大会选举产生。董事每届任期不得超过3年。

国有独资公司章程由国有资产监督管理机构制定，或者由董事会制订报国有资产监督管理机构批准。董事会设董事长一人，可以设副董事长。董事长、副董事长由国有资产监督管理机构从董事会成员中指定。需要注意的是，国有独资公司的董事长、副董事长、董事、高级管理人员，未经国有资产监督管理机构同意，不得在其他有限责任公司、股份有限公司或者其他经济组织兼职。

(3)经理。国有独资公司设经理，履行《公司法》第四十九条规定的经理的职责。经理由董事会聘任或者解聘。经国有资产监督管理机构同意，董事会成员可以兼任经理。

(4)监事会。国有独资公司设监事会，作为公司的监督机构。监事会主要由国务院或者国务院授权的机构、部门委派的人员组成，并有公司职工代表参加。监事会的成员不得少于5人，其中职工代表的比例不得少于1/3，具体比例由公司章程规定。监事列席董事会会议。董事、高级管理人员及财务负责人不得兼任监事。

六、公司董事、监事、高级管理人员的任职资格与义务

案例 2.3　　　　　　　　　　董事长、经理的任职资格

某食品公司与某研究院共同设立一家从事食品生产的有限责任公司。合作协议内容为：(1)公司注册资本为1 000万元，食品公司以货币出资，金额200万元，另外以某食品商标作价300万元，研究所以新型食品加工专利技术出资，该技术作价500万元(有评估机构出具的评估证明)。(2)公司董事会由5名董事组成，分别由双方按出资比例选派。董事长由食品公司推荐，公司的经理、财务负责人由董事长直接任命。(3)双方按5∶5的出资比例分享利润、支付设立费用，分担风险。该公司于2012年4月登记成立，并指派刘某作公司董事长。刘某聘任赵某作为公司经理。食品公司方面的某一董事王某称，有证据证明刘某原是研究所下属公司的承包人，承包期因贪污行为曾受到刑事处罚，2008年3月刑满释放，且于1年前向朋友借钱5万元炒股，被套牢，借款仍未还清。另外赵某原先担任某公司的经理，由于管理水平低下，致使该公司经营困难，该公司于2009年3月宣告破产。据上述两个理由，董事甲认为刘某无权作董事长，赵某无权担任公司经理。(4)食品公司方面另一些董事怀疑公司账目有假，有3人退出董事会，其中一名董事乙提出，现董事会成员已不足公司章程所定人数的2/3，应依法召开临时股东会，更换公司领导。

问题：

(1)食品公司与研究所的协议中，有关出资方式、比例及董事长的产生方式是否合法？请说明理由。

(2)刘某是否有资格作董事长？为什么？

(3)赵某是否有资格作公司经理？为什么？

(4)董事乙的提议是否符合法律规定？

(一)公司董事、监事、高级管理人员的任职资格

公司董事、监事和高级管理人员的任职资格分为积极资格和消极资格。这里的"高级管理人员"，是指公司的经理、副经理、财务负责人，上市公司董事会秘书和公司章程规定的其他人员。我国《公司法》对公司董事、监事、高级管理人员的任职条件规定，属于消极条件，也就是法律的禁止性规定。

根据《公司法》规定，有下列情形之一的，不得担任公司的董事、监事、高级管理人员：

(1)无民事行为能力或者限制民事行为能力。

(2)因贪污、贿赂、侵占财产、挪用财产或者破坏社会主义市场经济秩序，被判处刑罚，执行期满未逾5年，或者因犯罪被剥夺政治权利，执行期满未逾5年。

(3)担任破产清算的公司、企业的董事或者厂长、经理，对该公司、企业的破产负有个人责任的，自该公司、企业破产清算完结之日起未逾3年。

(4)担任因违法被吊销营业执照、责令关闭的公司、企业的法定代表人，并负有个人责任的，自该公司、企业被吊销营业执照之日起未逾3年。

(5)个人所负数额较大的债务到期未清偿。

公司违反上述规定选举、委派董事、监事或者聘任高级管理人员的，该选举、委派或者聘任无效。董事、监事、高级管理人员在任职期间丧失完全民事行为能力的，公司应当解除其职务。

(二)董事、监事、高级管理人员的义务

我国《公司法》在赋予董事、监事、高级管理人员权利的同时,也规定有其应当承担的义务。具体义务有:(1)董事、监事、高级管理人员对公司负有忠实义务和勤勉义务;(2)董事、监事、高级管理人员不得利用职权收受贿赂或者其他非法收入,不得侵占公司的财产;(3)股东会要求董事、监事、高级管理人员列席会议的,董事、监事、高级管理人员应当列席,并接受股东的质询;(4)董事、高级管理人员应当如实向监事会或者不设监事会的有限责任公司的监事提供有关情况和资料,不得妨碍监事会或者监事行使职权。

公司董事、高级管理人员的行为直接关系到公司和全体股东的利益。为此,我国《公司法》还对董事和高级管理人员的行为作出了禁止性规定。具体内容如下:

(1)挪用公司资金。

(2)将公司资金以其个人名义或者以其他个人名义开立账户存储。

(3)违反公司章程的规定,未经股东会、股东大会或者董事会同意,将公司资金借贷给他人或者以公司资产为他人提供担保。

(4)违反公司章程的规定或者未经股东会、股东大会同意,与本公司订立合同或者进行交易。

(5)未经股东会或者股东大会同意,利用职务之便利为自己或者他人谋取属于公司的商业机会,自营或者为他人经营与所任职公司同类的业务。

(6)接受他人与公司交易的佣金归为己有。

(7)擅自披露公司秘密。

(8)违反对公司忠实义务的其他行为。

董事、高级管理人员违反上述规定所得的收入归公司所有。

董事、监事、高级管理人员执行公司职务时违反法律、行政法规或者公司章程的规定,给公司造成损失的,应当承担赔偿责任。情节严重的,还要承担相应的行政责任,甚至刑事责任。

七、公司的财务、会计

案例2.4　　　　　　　　**公司利润分配**

甲有限责任公司有注册资本人民币500万元。公司成立两年后,由于市场行情变化,公司开始亏损,连续亏损两年,共计亏损人民币120万元。股东会罢免了原董事长,重新选举新的董事长。经过一年的改革,公司开始盈利人民币60万元,公司考虑到各股东多年来经济利益一直受损,故决定将该利润分配给股东。自此以后,公司业务蒸蒸日上,不仅弥补了公司多年的亏损,而且发展越来越快。2012年,公司财务状况良好,法定公积金占公司注册资本55%,法定公益金占公司注册资本的45%,公司决定,鉴于公司良好的财务状况,法定公积金可以不再提取了,法定公益金也无需再提取。为了增大企业规模,公司股东会决定把全部法定公积金转为公司资本。

问题:

(1)甲公司在刚开始盈利时将盈利分配给各股东的作法对不对,正确的作法是什么?

(2)2012年,甲公司决定不再提取法定公积金与法定公益金的理由充分不充分,为什么?

(3)甲公司股东会能否决定将公司的法定公积金全部转为公司资本,为什么?

(一)公司财务会计概述

1. 公司财务会计的作用

公司是一个资本结合体,其皆以财产为基础而不重于人的信用,因此资产运营就不完全是公司的私事,它关系到公司债权人、潜在投资者、潜在交易对方、公司职工以及其他利益关系主体的利益。利益分配时将直接受到会计所提供的财务信息的影响。

2. 公司财务、会计的基本要求

(1)公司应当依法建立财务、会计制度。我国《公司法》规定,公司应当依照法律、行政法规和国务院财政部门的规定建立本公司的财务和会计制度。

(2)公司应当依法编制财务会计报告。公司应当在每一会计年度终了时,依照法律、行政法规和国务院财政部门的规定编制财务会计报告,并依法经会计师事务所审计。财务会计报告包括资产负债表、损益表、财务状况变动表、财务情况说明书、利润分配表。《公司法》规定,公司财务会计表册应由董事会负责编制,并对其真实性、准确性、完整性负责。

(3)公司应当依法报送或披露有关财务、会计资料。我国《公司法》规定,有限责任公司应当依照公司章程规定的期限将财务会计报告送交各股东。

(4)公司依法建立会计账簿开立账户。依法设置会计账簿是单位进行会计核算的最基本的要求。根据我国《会计法》规定,国家机关、社会团体、企业、事业单位和其他经济组织,要按照要求设置会计账簿,进行会计核算,保证其真实、完整;不具备建账条件的,应实行代理记账。公司除法定会计账簿外,不得另立会计账簿。与此同时,对于公司资产,不得以任何个人名义开立账户存储。

(5)公司应依法聘用会计师事务所审计财务会计报告。公司应当聘用会计师事务所承办公司的审计业务。会计师事务所的聘用和解聘,依照公司章程的规定,由公司的股东会或者董事会决定。公司股东会或者董事会就解聘会计师事务所进行表决时,应当允许会计事务所陈述意见。作为审计的委托方的公司应当向会计师事务所提供真实、完整的会计凭证、会计账簿、财务会计报告以及其他会计资料,不得拒绝、隐匿和谎报。

(二)公司的收益分配制度

1. 公司收益分配顺序

依照我国现行的《公司法》以及税法等相关规定,公司当年取得的"利润总额"分配的法定顺序是:弥补以前年度亏损(税法规定期限内);缴纳企业所得税;弥补税前利润未弥补完的亏损(超过税法规定期限后);提取法定公积金和法定公益金;提取任意公积金;向股东支付股利(若未实际向股东实施分配,即计入"未分配利润")。

2. 股东利润的分配

股东投资公司的目的在于利润回报,从公司所分配的利润称为红利、股利或股息。但公司只能在弥补亏损和提取法定公积金后,才能将所余利润分配于股东。也就是说,公司向股东分配股利的前提条件必须是公司有盈余。

有限责任公司应当按照股东实缴的出资比例向股东分配红利。但如果全体股东通过出资协议、公司章程或者其他方式约定不按出资比例分配红利的,按其约定分配红利。当公司新增资本时,股东有权优先按照实缴的出资比例认缴出资。但是,全体股东约定不按照出资比例分取红利或者不按照出资比例优先认缴出资的除外。

公司如果在弥补亏损和提取法定公积金之前即向股东分配红利的,属于违反《公司法》的行为,股东应当将其分配的利润退还给公司。

公司向股东支付红利的方式一般有以下两种,即现金支付和股份分派(也称为分配红股),由股东会或者股东大会决定具体采用哪种方式。现金支付和分配红股可以同时使用,即股东的红利一部分以现金方式支付给股东,另一部分分配红股。

3. 法定公积金

公积金又称准备金或附加资本,是指公司为增强自身财产能力,扩大生产经营和预防意外亏损,依法从公司利润中提取的一种款项。公积金包括法定公积金、任意公积金和资本公积金,应当按法定用途使用,如资本公积金不得用于弥补公司亏损。公司的公积金主要有以下用途:(1)弥补公司的亏损;(2)扩大公司生产经营;(3)转增公司资本。

法定公积金的提取比例属于《公司法》的强行性规范,公司必须遵守,即公司分配当年税后利润时,应当提取利润的10%列入公司法定公积金。以法定公积金转增为资本时,所留存的法定公积金不得少于转增前注册资本的25%。当公司法定公积金累计额达到公司注册资本的50%以上时,可以不再提取。换言之,公司经股东会或股东大会决议也可以继续提取。

八、公司的增资、减资

案例 2.5　　　　　　　增资决议是否有效

2012年2月,某机床厂等8家企业共同投资设立甲通讯有限责任公司。甲公司注册资本为600万元。甲公司成立后,恰逢互联网开始在国内发展的好时机,甲公司从事系统集成业务,大幅盈利。为扩大规模,该公司董事会于2013年8月拟定了一个增加注册资本的方案,提出把公司现有注册资本增加到1 000万元,作为公司股东之一的某机床厂被要求认缴80万元。2013年9月18日,甲公司召开股东会,增资方案被提交股东会讨论,机床厂以本厂经营状况不佳为由反对增资。

最后,股东会对增资方案进行表决,表决的结果是5家企业赞成增资,机床厂等3家企业反对增资。其中,赞成增资的5家企业股份总额为390万元,占表决权总数的65%,反对增资的3家企业股份总额为210万元,占表决权总数的35%。股东会选择增资决议通过并授权执行。3家反对企业拒绝在股东会会议纪要上签字。机床厂拒绝交纳80万元,于是董事会决定暂停机床厂的股金分红,用以抵作出资。该机床厂不服公司董事会的决定,向人民法院提出诉讼,要求法院确认股东会增资决议无效,并按公司章程规定向其分配利润。

问题:

(1)股东会增资决议是否有效?请说出依据。

(2)机床厂拒绝在股东会会议纪要上签字,是否违反公司法或者公司章程?

(一)增资

公司增资是指公司为扩大经营规模、拓宽业务、提高公司的资信程度而依法增加注册资本金的行为。

1. 增资方式

对于有限责任公司而言,增资方式主要为增加出资。有限责任公司如果需要增加资本,可以按照原有股东的出资比例增加出资,也可以邀请原有股东以外的其他人出资。如果是原有股东认购出资,可以另外缴纳股款,也可以将资本公积金或者应分配股利留存转换为出资。

2. 增资程序

(1)股东会决议。增资决定应由股东会作出,而且股东会作出增加资本的决议,必须经代表2/3以上表决权的股东通过;国有独资公司增加注册资本的,必须由国有资产监督管理机构决定。

(2)开立验资账户。开立验资账户所需材料:营业执照原件、组织机构代码证原件、税务登记证原件、开户许可证原件、公章、财务章、法人章、股东章、股东身份证原件、增资股东会决议及验资户银行的各种开户表格。

(3)增资资本进账询证。以各个投资人的身份打入相应的投资比例的增资资本,增资资本进账后与会计师事务所联系索取询证函,交到验资账户银行领取三单:进账单、对账单、询证函。

(4)出具增资验资报告提交登记机关。三单领取后带着增资股东会决议、章程修正案或章程及公司相关证件至会计师事务所出具增资验资报告。增资验资报告出具后应当依法向公司登记机关办理变更登记,所需材料为营业执照正副本、企业变更登记申请书、股东会决议、章程、增资验资报告,5个工作日后领取增资后的营业执照。

(5)增资验资账户销户转入基本账户。即注销公司筹集资本时的临时账户,将其增资资金转入公司基本存款账户。

有限责任公司增加注册资本时,股东认缴新增资本的出资,依照《公司法》设立有限责任公司缴纳出资的有关规定执行。股东在公司增资时未履行或者未全面履行出资义务,其他股东可以请求未尽《公司法》规定的义务而使出资未缴足的董事、高级管理人员承担相应责任;董事、高级管理人员承担责任后,可以向未履行或者未全面履行出资义务的股东追偿。

(二)减资

公司减资是指公司资本过剩或亏损严重,根据经营业务的实际情况,依法减少注册资本金的行为。

1. 减资条件

为了切实贯彻资本确定原则,确保交易安全,减资要从法律上严加控制。按照资本不变原则,原则上公司的资本是不允许减少的。考虑到一些具体情况我国法律允许减少资本,但必须符合一定的条件。

(1)公司资本过多。原有公司资本过多,形成资本过剩,再保持资本不变,会导致资本在公司中的闲置和浪费,不利于发挥资本效能,另外也增加了分红的负担。

(2)公司严重亏损。公司严重亏损,资本总额与其实有资产悬殊过大,公司资本已失去应有的证明公司资信状况的法律意义,股东也因公司连年亏损得不到应有的回报。

2. 减资方式

(1)减少出资总额。减少出资总额,同时改变原出资比例。

(2)减少各股东出资。以不改变出资比例为前提,减少各股东出资。

在实际操作中,上述两种减资方法可混合使用。

3. 减资程序

(1)股东会决议。该决议内容包括:①减资后的公司注册资本;②减资后的股东利益、债权人利益安排;③有关修改章程的事项;④股东出资及其比例的变化等。

(2)编制资产负债表及财产清单。公司需要减少注册资本时,必须编制资产负债表及财产清单。

(3)通知或公告债权人。公司减少注册资本时,应当自作出减少注册资本决议之日起10日内通知债权人,并于30日内在报纸上公告。债权人自接到通知书之日起30日内,未接到通知书的自公告之日起45日内,有权要求公司清偿债务或者提供相应的担保。

(4)变更登记。公司减少注册资本,应当依法向公司登记机关办理变更登记。

导入案例简析

(1)光辉食品有限责任公司没有成立,作为发起人也是投资者的乙是可以撤回投资的。我国《公司法》对股份有限公司认股人的撤回权作出规定,但是未对有限责任公司的发起人或投资者在公司没有成立时,可否撤回投资作出明确规定。我国《公司法》第三十五条也只是规定:"股东在公司登记后,不得抽回出资。"从理论上讲,发起人在有限责任公司登记前抽回出资,应当是可以的。

(2)公司设立中产生的部分费用如果公司成立,一般应由设立后的公司法人承担,如果公司未能成立,因设立行为所产生的后果应由发起人承担。如果发起人为数人时,应类推适用合伙的有关规定,由全体发起人对外承担无限连带责任。至于发起人对于这部分费用的承担,则要根据出资比例及造成费用产生的原因、公司未能设立的原因等综合因素来确定。本案中,公司设立中产生的部分费用应由甲、乙共同对外承担,但是承担后,甲、乙具体的分摊比例则要看出资协议的约定和出资失败的过错责任的大小来确定。

(3)甲主张双方应继续履行出资协议,由甲尽快办妥注册登记手续的要求是不能得到支持的。因为我国关于有限责任公司的成立,采取"准则设立"的立法原则,即只有履行了登记注册手续,公司才告成立。我国《公司登记管理条例》规定公司营业执照签发日期,为公司成立日期。因此,本案中光辉食品有限责任公司还没有到公司登记管理机关办理设立登记,更没有领到《企业法人营业执照》,显而易见饮品有限责任公司没有成立。甲认为该公司事实上已经成立,只是形式方面有欠缺,这一主张是没有法律依据的。鉴于乙要求撤回出资可以得到支持,所以甲不能在乙已明确表示反对的情况下继续办理公司的登记注册事宜。

(4)由于甲、乙双方签订的出资协议是合法有效的,乙如果要求撤回出资,则需要承担违约责任。我国《公司法》规定:股东以货币出资的,应当将货币出资足额存入准备设立的有限责任公司在银行开设的临时账户;以实物、工业产权、非专利技术或者土地使用权出资的,应当依法办理其财产权的转移手续。股东不按照前款规定缴纳所认缴的出资,应当向已足额缴纳出资的股东承担违约责任。"鉴于甲依约履行了或正在履行出资协议约定的义务,而乙要求撤回出资,不愿意设立光辉食品有限责任公司,因此乙应承担违约责任并赔偿由此给甲造成的经济损失。

【法规文献链接】

1.《中华人民共和国公司法》(2013-12-28全国人民代表大会常务委员会修订,2014-3-1起实施)

2.《中华人民共和国合同法》(1999-3-15全国人民代表大会常务委员会发布,1999-10-1起实施)

【任务训练】

根据任课教师给定的拟设立的有限公司信息资料,拟定一份"有限责任公司投资协议(暂不含"违约责任"条款)"

思考与拓展

1. 一人有限责任公司与国有独资公司的异同?

2. 为什么公司的董事、监事、高级管理人员不得兼任监事？

3. 作为法人企业的有限责任公司与个人独资企业、合伙企业等非法人企业有何不同？

4. 有限责任公司的内部治理结构是怎样规定的？

5. 案例分析：

案 例 一

甲、乙、丙、丁等4人出资设立新天地厨具有限责任公司，公司注册资本80万元人民币，4人每人出资人民币20万元。乙个人欠张某人民币30万元，欠款期限为1年，到期乙无法偿还张某欠款，于是向张某提出用自己的公司股权抵债。

问题：

(1)乙个人能否决定以自己20万元公司股权直接抵偿刘某的债务？

(2)若乙向甲转让其在公司的股份，他个人能决定吗？

(3)若乙打算以其股份向张某抵债，征求甲、丙、丁意见，甲、丁同意，丙不置可否，但也不愿出资购买乙的股份，应当如何处理？

(4)若丙说："我买乙的股份，但出价10万元，因为我有优先购买权。"而张某出资20万元，该股份应转让给谁，为什么？

案 例 二

甲、乙、丙于2012年3月出资设立A有限责任公司。2013年4月，该公司又吸收丁入股。2013年10月，该公司因经营不善造成严重亏损，拖欠巨额债务，被依法宣告破产。人民法院在清算中查明：甲在公司设立时作为出资的机器设备，其实际价额为120万元，显著低于公司章程所定价额300万元；甲的个人财产仅为20万元。

问题：

(1)对于股东甲出资不实的行为，在公司内部应承担何种法律责任？

(2)当A公司被宣告破产时，对甲出资不实的问题应如何处理？

(3)对甲出资不足的问题，股东丁是否应对其承担连带责任？并说明理由。

任务三　拟写一份股份有限公司章程

任务目标

"公司章程"是体现公司股东意志，在公司设立或变更时必须进行公示性登记，且旨在实现公司法人治理的一项具有法律上意义的规范性文件，同时也是国家通过立法形式所颁行的公司法律制度的具体落实和补充性法律文件。在公司运营和国家管理中，我国《公司法》已经将"公司章程"摆到了与国家现行法律、行政法规几乎同等重要的位置。既然"公司章程"如此之重要，那么我们就有必要熟悉和理解股份公司章程，也有助于掌握公司章程的基本内容和写作方法。

本任务要求学习者在全面了解我国《公司法》等关于股份有限公司相关规定的基础上，按照股份有限公司章程的法定内容及构架，拟写一份"××股份有限公司章程"。

导入案例

2012年4月,甲、乙、丙等3家公司订立了以募集方式设立某汽车配件股份有限公司的发起人协议,公司注册资本5 000万元。

同年5月6日,经省有关部门批准同意组建该公司。3家发起人公司按协议制定公司章程,认购公司30%的股份,起草招股说明书,签订股票承销协议、代收股款协议,经国务院证券监督管理机构批准,向社会公开募股。由于该汽车配件公司发展前景光明,所以股份募集顺利,发行股份股款缴足后经约定的验资机构验资证明后,发起人认为已完成任务,迟迟不召开创立大会,经股民强列要求才在2个月后召开创立大会,发起人为图省事,只通知了代表股份总数的1/3以上的认股人出席,会议决定了一些法定事项。

问题:

(1)本案中汽车配件公司的募集设立存在什么问题?

(2)本案中召开创立大会的程序存在什么样的问题?

内容阐释

一、股份有限公司的法律特征

案例2.6　　　　　　　　　　股东对公司债务的责任

甲股份有限公司,是由5个法人股东各认缴600万元设立的,2007～2012年效益尚好,自2013年起因市场形势变化与自身经营原因出现了2 000万元的亏损,仅欠中国工商银行贷款即达800万元,中国工商银行为收回贷款,将股份公司股东之一,经济状况较好的乙公司诉至法院,请求法院判乙公司偿还甲股份公司所借800万元流动资金。

问题:

(1)甲股份有限公司的股东应依法对公司的债务何种责任?

(2)中国工商银行起诉乙公司偿还800万元借款,能否得到法院的支持?为什么?

股份有限公司,简称股份公司,是指其全部资本分为等额股份,股东以其所持股份为限对公司承担责任,公司以其全部资产对公司的债务承担责任的企业法人。其主要特征有:

(一)股东人数具有广泛性

我国《公司法》规定,股份公司可以通过向社会公众广泛地发行股票来筹集资本,即任何投资者只要认购该公司股票并支付股款,都可以成为股份有限公司的股东。股份有限公司的股东包括发起人和认股人,我国《公司法》规定股份有限公司的发起人为2人以上200人以下,但没有对认股人的数量作限制。这使得股份有限公司具有广泛性的特点。

(二)股东的出资具有股份性

股份有限公司将全部资本分为等额股份,即公司把资本划分为每股金额相等股份,由发起人或股东认购并持有。股份是构成公司资本的基本单位,这是股份有限公司区别于有限责任公司最

显著的特征。

(三)股东责任具有有限性

股份有限公司股东对公司的债务仅以其所持股份为限承担责任,公司则以其全部资产对外承担负责。这特征与有限责任公司的股东所负的有限责任是相同的,只不过有限责任公司表述为"股东以其出资额为限对公司债务承担责任"。

(四)社会性与自由性

此特征是股份有限公司区别于其他各种公司的最主要特征。为了吸纳社会资金,股份有限公司通常以对外公开发行股票的方式募集资金。任何投资者都可以通过购买股票而成为股份有限公司的股东,从而使股份有限公司具有了最广泛的社会性。为提高股份的融资能力和吸引投资者,股份必须具有较高程度的流通性,即股东可以自由转让和交易其持有的公司股份。同时,为了便于投资者作出投资与否的决策和有利于投资人对公司的法律监管,法律规定了股份有限公司的信息披露制度。为此,股份有限公司具有开放性,即开放性公司。

二、股份有限公司的设立

案例 2.7　　　　　　　　　　　**股份公司的设立**

2012 年 8 月,某市 4 家企业拟发起成立一家股份有限公司,资本总额为 500 万元,4 家发起企业认购 150 万元(每股 1 元),其余部分向社会公开募股。2012 年 10 月,发起人中的 3 家企业以现金认购了 100 万元的股份,另一家企业则以其非专利技术入股,作价 50 万元。2012 年 11 月,社会认股人缴纳股款 350 万元,从而募足了股款。2013 年 1 月,在 A 市证券监督管理机构的主持下,召开了股份有限公司的创立大会,做出建立股份有限公司的决定。

问题:

依据《公司法》规定,请指出该股份公司有限公司的成立有存在哪些不合法之处?

(一)股份有限公司的设立条件

我国《公司法》规定,设立股份有限公司应当具备下列条件:

(1)发起人符合法定人数。

发起人是指为设立公司而签署公司章程、向公司认购出资或者股份并履行公司设立职责的人,包括有限责任公司设立时的股东。股份有限公司的设立需要有初始的投资者作为发起人,依法筹办股份有限公司的设立事务。我国《公司法》规定,设立股份有限公司,应当有 2 人以上 200 人以下为发起人,其中须有半数以上的发起人在中国境内有住所。因此,设立股份有限公司,其发起人应当符合本法上述规定。

(2)有符合公司章程规定的全体发起人认购的股本总额或者募集的实收股本总额。

股份有限公司采取发起设立方式设立的,注册资本为在公司登记机关登记的全体发起人认购的股本总额。股份有限公司采取募集方式设立的,注册资本为在公司登记机关登记的实收股本总额。同时,根据本法规定,以募集设立方式设立股份有公司的,发起人认购的股份不得少于公司股份总数的 35%。

但法律、行政法规以及国务院决定对股份有限公司注册资本实缴、注册资本最低限额另有规定的,从其规定。

股份有限公司的认股人未按期缴纳所认股份的股款,经公司发起人催缴后在合理期间内仍未缴纳,公司发起人可以对该股份另行募集。认股人延期缴纳股款给公司造成损失,公司将依法请求该认股人承担赔偿责任。

(3)股份发行、筹办事项符合法律规定。

发起人为了设立股份有限公司而发行股份以及进行其他的筹办事项时,都必须符合法律规定的条件和程序。如向社会募集股份,应当经国务院证券监管机构核准,并公告其招股说明书,制作认股书;应当与依法设立的证券公司签订股份承销协议,通过证券公司承销其发行的股份;在资本募集完毕后,应当在法定的期限内召开创立大会,依法决定有关事项;应当在法定期限内依法向公司登记机关申请设立登记等等。

(4)发起人制订公司章程。

股份有限公司章程由发起人制订。采取募集设立方式设立的股份有限公司,除发起人外,还有其他认股人,因此发起人制定的章程,还应当经由其他认股人参加的创立大会通过。

股份有限公司章程应当载明下列事项:①公司名称和住所;②公司经营范围;③公司设立方式;④公司股份总数、每股金额和注册资本;⑤发起人的姓名或者名称、认购的股份数、出资方式和出资时间;⑥董事会的组成、职权、任期和议事规则;⑦公司法定代表人;⑧监事会的组成、职权、任期和议事规则;⑨公司利润分配办法;⑩公司的解散事由与清算办法;⑪公司的通知和公告办法;⑫股东大会会议认为需要规定的其他事项。

(5)有公司名称,建立符合股份有限公司要求的组织机构。

公司名称代表了该公司,没有公司名称,该公司就无法参与经济活动,无法受到法律保护。因此,股份有限公司必须有公司名称,并应当在其名称中标明"股份有限公司"或者"股份公司"字样。同时,股份有限公司组还必须依法设立有股东会、董事会、监事会和经理4大组织机构。

(6)有公司住所。

(二)股份有限公司的设立程序

股份有限公司的设立程序,因设立方式不同而有所区别。我国《公司法》规定,股份有限公司的设立,可以采取发起设立或者募集设立的方式。

1. 发起设立

发起设立,是指由发起人认购公司应发行的全部股份而设立公司。由此可见,发起设立的股份有限公司不得向发起人之外的任何人募集股份。以发起设立方式设立股份有限公司,应遵循以下程序:

(1)发起人签订协议。发起人之间应当以书面形式订立发起人协议。发起人协议是公司设立程序的第一步,它是发起人之间以书面形式表达的有关公司的组建方案、发起人之间的职责分工等的共同意思表示。

(2)制定并签署公司章程。发起人共同制定公司章程并在上面签字盖章。

(3)发起人认购股份。发起人应当书面认足公司章程规定其认购的股份,认购书一经填妥并签署,即具有法律上的约束力。所有发起人承诺认购的股份总和必须等于公司章程中规定的首次发行的全部股份(即公司注册资本额)。

(4)发起人缴清股款。发起人在认购股份后,如规定其一次缴纳的,应即缴纳全部出资;分期缴纳的,应缴纳足首期出资。发起人以实物、工业产权、非专利技术或者土地使用权等出资的,应当依法估价,并办理财产权转移手续。

(5)选举董事会和监事会。发起人缴纳首期出资后,应当选举董事会和监事会。

(6)申请设立登记。董事会应向公司登记机关申请设立登记,申请时应当报送公司章程、验资机构出具的验资证明以及其他文件。公司登记机关自接到股份有限公司的设立申请之日起 30 日内作出是否予以登记的决定。对符合法律规定条件的,发给公司营业执照。公司以营业执照签发日期为公司成立日期。公司成立后,应当进行公告。

2. 募集设立

募集设立,是指由发起人认购公司应发行股份的一部分,其余股份向社会公开募集或者向特定对象募集而设立公司。以募集方式设立股份有限公司,应遵循以下程序:

(1)发起人签订发起协议。

(2)发起人制定公司章程。募集设立方式设立的股份有限公司,其公司章程由发起人制定并经创立大会讨论通过。

(3)发起人认购股份。以募集方式设立股份有限公司的,发起人认购的股份不得少于公司应发行股份总数的 35%。法律、行政法规对此另有规定的,从其规定。

(4)公开募集股份。发起人向社会公开募集股份,必须公告招股说明书,并制作认股书。招股说明书应当附有发起人制订的公司章程,并载明下列事项:①发起人认购的股份数;②每股的票面金额和发行价格;③无记名股票的发行总数;④募集资金的用途;⑤认股人的权利和义务;⑥本次募股的起止期限及逾期未募足时认股人可撤回所认股份的说明。

(5)签订承销协议和代收股款协议。发起人就股份承销的方式、数量、起止日期、承销费用的计算与支付等具体事项,与证券公司签订承销协议;发起人就代收和保存股款的具体事宜,与银行签订代收股款协议。

(6)召开创立大会。创立大会通常被认为是股份有限公司募集设立过程中的决议机构。发起人应当在发行股份的股款缴足后 30 日内主持召开创立大会。创立大会由发起人和认股人组成。创立大会应有代表股份总数过半数的发起人、认股人出席,方可举行。创立大会的职权包括:①审议发起人关于公司筹办情况的报告;②通过公司章程;③选举董事会成员;④选举监事会成员;⑤对公司的设立费用进行审核;⑥对发起人用于抵作股款的财产的作价进行审核;⑦发生不可抗力或者经营条件发生重大变化直接影响公司设立的,可以作出不设立公司的决议。创立大会对前款所列事项作出决议,必须经出席会议的认股人所持表决权过半数通过。

(7)设立登记并公告。以募集方式设立的公司在创立大会结束后 30 日内,由董事会向公司登记机关申请设立登记,并按照我国《公司登记管理条例》的规定,提交有关文件,包括:①公司登记申请书;②创立大会的会议记录;③公司章程;④验资证明;⑤法定代表人、董事、监事的任职文件及其身份证明;⑥发起人的法人资格证明或者自然人身份证明;⑦公司住所证明。其中,以募集方式设立股份有限公司公开发行股票的,还应当向公司登记机关报送国务院证券监督管理机构的核准文件。

三、股份有限公司发起人的出资

案例 2.8	公司未成立时发起人的责任

2012 年 5 月,甲、乙、丙、丁 4 家企业拟设立一家股份有限公司,只发行定向募集的记名股票。注册资本为 900 万元,每个企业各承担 200 万元。4 个发起人各认购 200 万元,其余 100 万元向其他企业募集,并规定,只要支付购买股票的资金,就即时交付股票,无论公司是否成立。且为了吸引企业购买,可将每股 1 元优惠到每股 0.9 元。一个月后,股款全部募足,发起人

召开创立大会，但参加人所代表的股份总数只有三分之一。主要是有两个发起人改变主意，撤回了其股本。创立大会决定仍要成立公司，就向公司登记机关提交了申请书，但公司登记机关认为根本达不到设立股份公司的条件，且违法之处甚多，不予登记。此时，发起人也心灰意懒，宣布不成立公司了，各股东的股本也随即退回。但这样一来，公司在设立过程中所产生的各项费用及以公司名义欠的债务达12万元，加上被退回股本的发起人以外的股东要求赔偿利息损失3万元，合计15万元的债务，各发起人之间互相推诿，谁也不愿承担。各债权人于是推选2名代表到法院状告4个发起人，要求偿还债务。4个发起人辩称，公司不能成立，大家都有责任，因此各人损失自己承担。

问题：

(1)本案的股份公司成立过程中有哪些违法之处？

(2)本案4个发起人是否应承担公司不能成立时所产生的债务？为什么？

股份有限公司发起人的出资形式与有限责任公司相同，股东可以用货币出资，也可以用实物、知识产权、土地使用权等依法作价出资。以非货币财产出资的，依法办理其财产权的转移手续。

股份有限公司发起人应根据发起人协议以及公司章程真实履行出资义务。我国《公司法》第九十三条规定，股份有限公司成立后，发起人未按照公司章程的规定缴足出资的，应当补缴；其他发起人承担连带责任。股份有限公司成立后，发现作为设立公司出资的非货币财产的实际价额显著低于公司章程所定价额的，应当由交付该出资的发起人补足其差额；其他发起人承担连带责任。

股份有限公司发起人在设立公司的过程中，应当承担下列责任：

(1)公司不能成立时，对设立行为所产生的债务和费用负连带责任；对认股人已缴纳的股款，负返还股款并加付同期银行存款利息的义务。

(2)公司因故未成立，债权人可以请求全体或者部分发起人对设立公司行为所产生的费用和债务承担连带清偿责任。因部分发起人的过错导致公司未成立，应当依法承担设立行为所产生的费用和债务。

(3)在公司设立过程中，由于发起人的过失致使公司利益受到损害的，应当对公司承担赔偿责任。

(4)发起人虚假出资，如未交付或者未按期交付作为出资的货币或者非货币财产的，由公司登记机关责令改正，处以虚假出资金额5%以上15%以下的罚款。

(5)发起人在公司成立后抽逃其出资的，由公司登记机关责令其改正，处以所抽逃出资金额5%以上15%以下的罚款。

(6)发起人为设立公司以自己名义对外签订合同，该发起人应向合同相对人承担合同责任。公司成立后有证据证明发起人利用设立中公司的名义为自己的利益与相对人签订合同，由该发起人承担合同责任。

(7)发起人因履行公司设立职责造成他人损害，公司成立后，受害人可以依法请求公司承担侵权赔偿责任；公司未成立，受害人依法请求全体发起人承担连带赔偿责任。公司或者无过错的发起人承担赔偿责任后，可以向有过错的发起人追偿。

四、股份有限公司的股份发行与转让

案例2.9	股份转让

　　王某、李某均为2011年11月设立的甲股份公司的股东。2012年2月王某为出国将所持32万元的记名股票证书背书给了李某,得到了32万元的现金支票后出国了。同年3月,李某又接受了甲股份公司董事刘某的股票10万元。还在这月,李某的家不慎被盗,窃贼偷走了王某转让给李某的32万元股票证书。李某遂在报纸上登载遗失声明,宣布被盗的股票证书失效,然后向甲股份公司申请补发股票。在甲股份公司对其申请审查期间,窃贼在证交所以低价将股票证书转让给了赵某。甲股份公司对李某的申请审查后认为不符合法定程序,不予补发。这时,窃贼被抓获,交待了盗窃的过程和所窃股票证书的去向。但对于股票的归属却发生了纠纷。赵某说其从窃贼手中受让股票时并不知其是窃贼,股票应归其所有;李某认为股票是从其家中被盗走的,且王某已转让给了自己,股票应归其所有;甲股份公司认为王某和李某私下进行股票转让无效,决定按票面金额予以收购。此时,该股票一直呈上涨趋势,故三方争执不下。于是三方诉至法院,要求确定这32万元股票的归属。

　　问题:

　　(1)本案中各当事人之间的股票转让都合法吗?

　　(2)李某有权收购本公司发行的股票吗?

　　(3)公司为什么拒绝给李某补发股票?

　　(4)你认为本案的32万元股票应归谁所有?

　　(5)设李某取得了这32万元股票,后为担保自己的债务而出质给乙股份公司,则该担保行为是否有效?为什么?

(一)股份有限公司的股票

　　股份有限公司的资本划分为股份,每一股的金额相等。公司的股份采取股票的形式。股票是公司签发的证明股东所持股份的凭证。股票具有以下特征:

　　(1)收益性。收益性是股票最基本的特征,它是指股票可以为持有人带来收益的特性。持有股票的目的在于获取收益。

　　(2)风险性。股票投资收益具有不确定性,或者说实际收益与预期收益之间的偏离。投资者在买入股票时,对其未来收益会有一个预期,但真正实现的收益可能会高于或低于原先的预期,这就是股票的风险。

　　(3)流通性。流动性是指股票可以通过依法转让而变现的特性,即在本金保持相对稳定、变现的交易成本极小的条件下,股票很容易变现的特性。股票持有人不能从公司退股,但股票转让为其提供了变现的渠道。

　　(4)永久性。永久性是指股票所载有权利的有效性是始终不变的,因为它是一种无期限的法律凭证。

　　(5)参与性。参与性是指股票持有人有权参与公司重大决策的特性。股票持有人作为股份公司的股东,有权出席股东大会,行使对公司经营决策的参与权。

(二)股份有限公司的股份发行

1. 股份发行的含义

　　股份发行是指股份有限公司依法对外发行股份(股票)的行为。股票是公司签发的证明股东所持股份的凭证。股票采用纸面形式或者国务院证券监督管理机构规定的其他形式。目前我国上市公司股票的发行、交易均已通过计算机采用存储信息等无纸化方式进行。股份有限公司成立后,即向股东正式交付股票。公司成立前不得向股东交付股票。

股票应当载明下列主要事项:(1)公司名称;(2)公司成立日期;(3)股票种类、票面金额及代表的股份数;(4)股票的编号。股票由法定代表人签名,公司盖章。发起人的股票,应当标明发起人股票字样。

2. 股票发行原则

股份的发行,实行公平、公正的原则,即同次发行的股份,每股的发行条件和价格应当相同,任何单位或者个人所认购的股份,每股应当支付相同价额。发行的同种股份,股东所享有的权利和利益应当是相同的。

3. 股票发行价格

我国《公司法》规定,股票发行价格可以按票面金额,也可以超过票面金额,但不得低于票面金额。以超过票面金额发行股票所得溢价款,应列入公司资本公积金。低于票面金额发行即折价发行,折价发行股票,违背资本充实原则,使股票发行募集的资金低于公司相应的注册资本数额,出现资本虚增,会影响交易安全,危及债权人的利益。

4. 记名股和新股发行的规定

(1)发行记名股。公司发行的股票,可以为记名股票,也可以为无记名股票。记名股票是指在股东名册上登记有持有人的姓名或名称及住址,并在股票上也注明持有人姓名或名称的股票。公司向发起人、法人发行的股票,应当为记名股票,并应当记载该发起人、法人的名称或者姓名,不得另立户名或者以代表人姓名记名。

公司发行记名股票的,应当置备股东名册,记载下列事项:①股东的姓名或者名称及住所;②各股东所持股份数;③各股东所持股票的编号;④各股东取得股份的日期。发行无记名股票的,公司应当记载其股票数量、编号及发行日期。

(2)新股发行。新股发行是指在公司成立后,以增加公司资本或公司资本募足为目的的新股发行。公司发行新股,股东大会应当对下列事项作出决议:①新股种类及数额;②新股发行价格;③新股发行的起止日期;④向原有股东发行新股的种类及数额。

公司经国务院证券监督管理机构核准公开发行新股时,必须公告新股招股说明书和财务会计报告,并制作认股书。公司公开发行新股应当由依法设立的证券公司承销,签订承销协议,并同银行签订代收股款协议。公司发行新股,可以根据公司经营情况和财务状况,确定其作价方案。公司发行新股募足股款后,必须向公司登记机关办理变更登记,并公告。

(三)股份有限公司股东的股权转让

1. 股份转让的含义

股权转让一般是指公司股东将其所持有的公司股份全部或部分转让给他人的法律行为。全部转让的,转让人不再是公司股东,受让人成为公司股东;部分转让的,转让人不再就已转让部分享受股东权益,受让人就已受让部分享受股东权益。

股份有限公司的股份以自由转让为原则,以法律限制为例外。根据我国《公司法》规定,股东持有的股份可以依法转让。股东转让其股份,应当在依法设立的证券交易场所进行或者按照国务院规定的其他方式进行。上市公司的股票,依照有关法律、行政法规及证券交易所交易规则上市交易。

2. 股份转让的方式

记名股票,由股东以背书方式或者法律、行政法规规定的其他方式转让;转让后由公司将受让人的姓名或者名称及住所记载于股东名册。股东大会召开前 20 日内或者公司决定分配股利的基准日前 5 日内,不得进行股东名册的变更登记,但法律对上市公司股东名册变更登记另有规定的,从其规定。无记名股票的转让,由股东将该股票交付给受让人后即发生转让的效力。

3. 股份转让的禁止规定

(1)发起人持有的本公司股份,自公司成立之日起 1 年内不得转让。公司公开发行股份前已发行的股份,自公司股票在证券交易所上市交易之日起 1 年内不得转让。

(2)公司董事、监事、高级管理人员转让股份的规定。公司董事、监事、高级管理人员应当向公司申报所持有的本公司的股份及其变动情况,在任职期间每年转让的股份不得超过其所持有本公司股份总数的 25%;所持本公司股份自公司股票上市交易之日起 1 年内不得转让。上述人员离职后半年内,不得转让其所持有的本公司股份。公司章程可以对公司董事、监事、高级管理人员转让其所持有的本公司股份作出其他限制性规定。

(3)公司不得收购本公司股份。但有下列情形之一的除外:①减少公司注册资本;②与持有本公司股份的其他公司合并;③将股份奖励给本公司职工;④股东因对股东大会作出的公司合并、分立决议持异议,要求公司收购其股份的。

公司因上述第 1 项至第 3 项的原因收购本公司股份的,应当经股东大会决议。公司收购本公司股份后,属于第 1 项情形的,应当自收购之日起 10 日内注销;属于第 2 项、第 4 项情形的,应当在 6 个月内转让或者注销。公司依照第 3 项规定收购的本公司股份,不得超过本公司已发行股份总额的 5%;用于收购的资金应当从公司的税后利润中支出;所收购的股份应当在 1 年内转让给职工。为防止变相违规收购本公司股份,公司不得接受本公司的股票作为质押权的标的。

记名股票被盗、遗失或者灭失,股东可以依照《民事诉讼法》规定的公示催告程序,请求人民法院宣告该股票失效。人民法院宣告该股票失效后,股东可向公司申请补发股票。

五、股份有限公司组织机构

案例 2.10   **临时股东会议**

某股份有限公司因经营管理不善造成亏损,公司未弥补的亏损达股本的 1/4,公司董事长李某决定在 2013 年 4 月 6 日召开临时股东大会,讨论如何解决公司面临的困境。董事长李某在 2013 年 4 月 1 日发出召开 2013 年临时股东大会会议的通知,其内容如下:为讨论解决本公司面临的亏损问题,凡持有股份 10 万股(含 10 万股)以上的股东直接参加股东大会会议,小股东不必参加股东大会。股东大会如期召开,会议议程为两项:①讨论解决公司经营所遇困难的措施。②改选公司监事二人。出席会议的有 90 名股东。经大家讨论,认为目前公司效益太差,无扭亏希望,于是表决解散公司。表决结果,80 名股东,占出席大会股东表决权 3/5,同意解散公司,董事会决议解散公司。会后某小股东认为公司的上述行为侵犯了其合法权益,向人民法院提起诉讼。

问题:

(1)本案中股份公司召开临时股东大会是否合法,为什么?

(2)本案中股份公司召开临时股东大会的通知发出是否合法,为什么?

(3)本案中小股东不必参加临时股东大会是否合法,为什么?

(4)本案中股份公司的临时股东大会讨论的内容和决议是否合法有效?为什么?

(一)股东大会

股份有限公司股东大会由全体股东组成。股东大会是公司的权力机构,依法行使职权,其职权范围与有限责任公司股东会相同。

1. 股东大会会议

股东大会分为年会与临时大会。股东大会年会应当每年召开一次。有下列情形之一的,应当在两个月内召开临时股东大会:(1)董事人数不足《公司法》规定人数或者公司章程所定人数的2/3时;(2)公司未弥补的亏损达实收股本总额1/3时;(3)单独或者合计持有公司10%以上股份的股东请求时;(4)董事会认为必要时;(5)监事会提议召开时;(6)公司章程规定的其他情形。

2. 股东大会的准备

召开股东大会会议,应当将会议召开的时间、地点和审议的事项于会议召开20日前通知各股东;临时股东大会应当于会议召开15日前通知各股东;发行无记名股票的,应当于会议召开30日前公告会议召开的时间、地点和审议事项。

单独或者合计持有公司3%以上股份的股东,可以在股东大会召开10日前提出临时提案并书面提交董事会;董事会应当在收到提案后2日内通知其他股东,并将该临时提案提交股东大会审议。临时提案的内容应当属于股东大会职权范围,并有明确议题和具体决议事项。股东大会不得对向股东通知中未列明的事项作出决议。无记名股票持有人出席股东大会会议的,应当于会议召开5日前至股东大会闭会时将股票交存于公司。

3. 股东大会的主持

股东大会会议由董事会召集,董事长主持;董事长不能或者不履行职务的,由副董事长主持;副董事长不能或者不履行职务的,由半数以上董事共同推举一名董事主持。董事会不能或者不履行召集股东大会会议职责的,监事会应当及时召集和主持;监事会不召集和主持的,连续90日以上单独或者合计持有公司10%以上股份的股东可以自行召集和主持。

4. 股东大会的决议

股东出席股东大会会议,所持每一普通股股份有一表决权。股东可以委托代理人出席股东大会会议,代理人应当向公司提交股东授权委托书,并在授权范围内行使表决权。公司持有的本公司股份没有表决权。

股东大会决议的事项分为普通事项与特别事项两类。股东大会对普通事项作出决议,必须经出席会议的股东所持表决权过半数通过。但股东大会对修改公司章程、增加或者减少注册资本,以及公司合并、分立、解散或者变更公司形式等特别事项作出决议时,必须经出席会议的股东所持表决权的2/3以上通过。

我国《公司法》和公司章程规定公司转让、受让重大资产或者对外提供担保等事项必须经股东大会作出决议的。董事会应当及时召集股东大会会议,由股东大会就上述事项进行表决。

5. 股东的投票

股东大会选举董事、监事,可以根据公司章程的规定或者股东大会的决议,实行累积投票制。累积投票制,是指股东大会选举董事或者监事时,每一股份拥有与应选董事或者监事人数相同的表决权,股东拥有的表决权可以集中使用。累积投票制的实施有利于中小股东按照其持股比例选举代表进入公司管理层,参与董事会的活动,保护其利益。

股东大会应当对所议事项的决定作成会议记录,主持人、出席会议的董事应当在会议记录上签名。会议记录应当与出席股东的签名册及代理出席的委托书一并保存。

(二)董事会

1. 董事会的组成

股份有限公司设董事会,其成员为5人至19人。董事会成员中可以有公司职工代表。董事会中的职工代表由公司职工通过职工代表大会、职工大会或者其他形式民主选举产生。股份有限公司董事的任期、董事会的职权与有限责任公司相同。

2. 董事会会议

董事会设董事长一人,可以设副董事长。董事长和副董事长由董事会以全体董事的过半数选举产生。董事长召集和主持董事会会议,检查董事会决议的实施情况。副董事长协助董事长工作,董事长不能履行职务或者不履行职务的,由副董事长履行职务;副董事长不能履行职务或者不履行职务的,由半数以上董事共同推举1名董事履行职务。

董事会每年度至少召开两次会议,每次会议应当于会议召开10日前通知全体董事和监事。代表1/10以上表决权的股东、1/3以上董事或者监事会,可以提议召开董事会临时会议。董事长应当自接到提议后10日内,召集和主持董事会会议。董事会召开临时会议,可以另定召集董事会的通知方式和通知时限。

3. 董事会的决议

董事会会议应有过半数的董事出席方可举行。董事会作出决议必须经全体董事的过半数通过。董事会决议的表决实行一人一票。董事会会议应由董事本人出席,董事因故不能出席,可以书面委托其他董事代为出席,委托书中应载明授权范围。

董事会应当把会议所议事项的决定作成会议记录,出席会议的董事应当在会议记录上签名。董事应当对董事会的决议承担责任。董事会的决议违反法律、行政法规或者公司章程、股东大会决议,致使公司遭受严重损失的,参与决议的董事对公司负赔偿责任。但经证明在表决时曾表明异议并记载于会议记录的,该董事可以免除责任。

(三)经理

经理是对股份有限公司日常经营管理负有全责的高级管理人员,由董事会聘任或解聘,对董事会负责。公司董事会可以决定由董事会成员兼任经理。关于有限责任公司经理职权的规定适用于股份有限公司的经理。

(四)监事会

1. 监事会的组成

股份有限公司设立监事会,其成员不得少于3人。监事会应当包括股东代表和适当比例的公司职工代表,其中职工代表的比例不得低于1/3,具体比例由公司章程规定。监事会中的职工代表由公司职工通过职工代表大会、职工大会或者其他形式民主选举产生。董事、高级管理人员不得兼任监事。

2. 监事会会议

监事会设主席一人,可以设副主席。监事会主席和副主席由全体监事过半数选举产生。监事会主席召集和主持监事会会议;监事会主席不能或者不履行职务的,由监事会副主席召集和主持监事会会议;监事会副主席不能或者不履行职务的,由半数以上监事共同推举一名监事召集和主持监事会会议。

监事会每6个月至少召开一次会议。监事可以提议召开临时监事会会议。监事会的议事方式和表决程序,除法律有规定的外,由公司章程规定。监事会应当对所议事项的决定作成会议记录,出席会议的监事应当在会议记录上签名。

3. 监事的职权与任期

股份有限公司监事的任期、监事会的职权与有限责任公司相同。监事会行使职权所必需的费用，由公司承担。

六、上市公司

上市公司，是指所发行的股票或者债券经过国务院证券监督管理机构批准在证券交易所上市交易的股份有限公司。我国《公司法》对上市公司组织机构与活动原则的特别规定主要有以下几项。

（一）股东大会特别决议事项

上市公司在一年内购买、出售重大资产或者担保金额超过公司资产总额30％的，应当由股东大会作出决议，并经出席会议的股东所持表决权的2/3以上通过。

（二）独立董事制度

上市公司设立独立董事，具体办法由国务院规定。上市公司独立董事是指不在上市公司担任除董事外的其他职务，并与其所受聘的上市公司及其主要股东不存在可能妨碍其进行独立客观判断关系的董事。

独立董事对上市公司及全体股东负有诚信与勤勉义务。独立董事应当按照相关法律法规、公司章程的要求，认真履行职责，维护公司整体利益，特别要关注中小股东的合法权益不受损害。独立董事应当独立履行职责，不受上市公司主要股东和实际控制人、或者其他与上市公司存在利害关系的单位或个人影响。独立董事原则上最多在5家上市公司兼任独立董事，并确保有足够的时间和精力有效地履行独立董事的职责。

（三）董事会秘书制度

上市公司设立董事会秘书，对外负责公司信息披露事宜，对内负责筹备董事会会议和股东大会，并负责会议的记录和会议文件、记录的保管等事宜的公司高级管理人员，董事会秘书对董事会负责。

（四）关联关系董事的表决权排除制度

上市公司董事与董事会会议决议事项所涉及的企业有关联关系的，不得对该项决议行使表决权，也不得代理其他董事行使表决权。该董事会会议由过半数的无关联关系董事出席即可举行，董事会会议所作决议须经无关联关系董事过半数通过。出席董事会的无关联关系董事人数不足3人的，应将该事项提交上市公司股东大会审议。

导入案例简析

（1）我国《公司法》规定，设立股份有限公司，发起人认购的股份不得少于公司股份总数的35％。而在本案中，发起人只认购了其中的30％的股份。

（2）关于创立大会，我国《公司法》有下述有关规定：发起股份的股款缴足后，必须经法定的验资机构验资并出具证明，发起人应当在30日内召开公司创立大会，创立大会由认股人组成。创立大会应有代表股份总数1/2以上的认股人出席，方可举行，本案中，汽车配件公司的发起人在股款缴足并验资后不及时召开创立大会，拖延两个月，损害了股东与公司的利益。同时，创立大会的股东

人数低于法定比例,创立大会的组成不合法。

【法规文献链接】

1.《中华人民共和国公司法》(2013 - 12 - 28 全国人民代表大会常务委员会修订,2014 - 3 - 1 起实施)

2. 最高人民法院关于适用《中华人民共和国公司法》若干问题的规定(一)、(二)、(三)(法释〔2014〕2 号,最高人民法院公告 2014 - 2 - 17 公布,2014 - 2 - 20 起施行)

【任务训练】

根据"任务二"和"任务三"关于有限责任公司和股份有限公司基本知识的介绍,并参阅"任务五"中提供的"有限责任公司章程(范本)",运用"任务二"的【任务训练】资料,拟写一份股份公司章程。

思考与拓展

1. 设立股份有限公司应具备什么条件?

2. 以募集方式设立股份有限公司的设立程序?

3. 有限责任公司与股份有限公司的区别?

4. 股份公司设立过程中,发起人应当承担哪些责任?

5. 我国《公司法》对股份有限公司股东的股份转让有哪些限制?

6. 理解累积投票制对股份公司的公司治理有什么意义?

7. 案例分析:

甲、乙、丙、丁、戊 5 家有限责任公司投资设立股份有限公司,注册资本为 8 000 万元。2013 年 8 月 1 日,丁公司召开的董事会会议情形如下:

(1)该公司共有董事 7 人,有 5 人亲自出席。列席本次董事会的监事张某向会议提交另一名因故不能到会的董事出具的代为行使表决权的委托书,该委托书委托张某代为行使本次董事会的表决权。

(2)董事会会议结束后,所有决议事项均载入会议记录.并由出席董事会会议的全体董事和列席会议的监事签名后存档。

2013 年 9 月 1 日,股份公司召开的股东大会作出如下决议:

(1)更换两名监事。一是由甲有限责任公司的代表李某代替乙有限责任公司代表贾某出任该公司的监事;二是公司职工代表刘某代替公司职工代表赵某。

(2)为扩大公司的生产规模,决定发行公司债券 500 万元。

(3)公司法定盈余公积金 2 000 万元中提取 500 万元转增公司资本。

问题:

根据公司法律制度的规定,分析说明下列问题。

(1)在董事会会议中张某能否接受委托代为行使表决权?为什么?

(2)董事会会议记录是否存在不妥之处?为什么?

(3)股东大会会议决定更换两名监事是否合法?为什么?

(4)股东大会会议决定发行公司债券是否符合规定?为什么?

(5)股东大会会议决定将法定盈余公积金转增资本是否合法?为什么?

附:股份有限公司章程

(参考范本)

<u>　　　　　　　　　</u>股份有限公司章程

第一章　总　　则

第一条　本章程依据《中华人民共和国公司法》(以下简称《公司法》)及有关法律、行政法规、规章的规定制定。

第二条　本章程条款与法律、行政法规、规章不符的,以法律、行政法规、规章的规定为准。

第二章　公司名称和住所

第三条　公司名称:<u>　　　　　　　</u>股份有限公司。

第四条　公司住所:<u>　　　　　</u>;邮政编码:<u>　　　　　　</u>。

第三章　公司经营范围

第五条　公司经营范围:<u>　　　　　　　　　　　　　　　　　　　　　　</u>。

(依法须经批准的项目,经相关部门批准后方可开展经营活动。)

(注:参照《国民经济行业分类》(GB/T 4754－2011)具体填写)

第四章　公司设立方式

第六条　公司设立方式:<u>　　　　　　　</u>。

第五章　公司股份总数、每股金额和注册资本

第七条　公司股份总数:<u>　　　　　　　</u>万股。

第八条　公司股份每股金额:<u>　　　　　　</u>元人民币。

第九条　公司注册资本:<u>　　　　　　　　　　</u>万元人民币。

第十条　公司增加或减少注册资本,必须召开股东大会并作出决议。

第六章　发起人的姓名(名称)、认购的股份数、出资方式和出资时间

第十一条　发起人的姓名(名称)、认购的股份数、出资方式和出资时间如下:

发起人姓名 (名称)	证件号码	认购的 股份数	认缴情况		
			出资额(万元)	出资方式	出资时间 (　年　月　日前缴足)

发起人应认足全部股份,即发起人认缴总额应与第九条约定的注册资本数额一致。

(注:股东不得以劳务、信用、自然人姓名、商誉、特许经营权或者设定担保的财产等作价出资。)

发起人以非货币财产出资的,对出资的非货币财产须评估作价,核实财产,不得高估或者低估作价。法律、行政法规对评估作价有规定的,从其规定。(注:公司有以非货币财产出资的,才需在章程中记载此款,若全部以货币出资,则无需加注此款。)

第七章　公司股东大会的组成、职权和议事规则

第十二条　公司股东大会由全体股东组成。股东大会是公司的权力机构,其职权是:

(一)决定公司的经营方针和投资计划;

(二)选举和更换非由职工代表担任的董事、监事,决定有关董事、监事的报酬事项;

(三)审议批准董事会的报告;

(四)审议批准监事会的报告;

(五)审议批准公司的年度财务预算方案、决算方案;

(六)审议批准公司的利润分配方案和弥补亏损方案;

(七)对公司增加或者减少注册资本作出决议;

(八)对发行公司债券作出决议;

(九)对公司合并、分立、解散、清算或者变更公司形式作出决议;

(十)修改公司章程;

(十一)其他职权。(注:由股东自行确定,如无应删除此条)

对上述所列事项,股东以书面形式一致表示同意的,可以不召开股东大会会议,直接作出决定,并由全体股东在决定文件上签名、盖章。

第十三条　股东大会每年_____月份召开年会,有下列情形之一的,应当在两个月内召开临时股东大会:

(一)董事人数不足《公司法》规定人数或者公司章程所定人数的三分之二时;

(二)公司未弥补的亏损达实收股本总额三分之一时;

(三)单独或者合计持有公司百分之十以上股份的股东请求时;

(四)董事会认为必要时;

(五)监事会提议召开时;

(六)其他情形。(注:股东可以自行确定,如无应删除此条)

第十四条　股东大会会议由董事会召集,董事长主持;董事长不能履行职务或者不履行职务的,由副董事长主持;副董事长不能履行职务或者不履行职务的,由半数以上董事共同推举一名董事主持。

董事会不能履行或者不履行召集股东大会会议职责的,监事会应当及时召集和主持;监事会不召集和主持的,连续九十日以上单独或者合计持有公司百分之十以上股份的股东可以自行召集和主持。

第十五条　召开股东大会会议,应当将会议召开的时间、地点和审议的事项于会议召开二十日前通知各股东;临时股东大会应当于会议召开十五日前通知各股东;发行无记名股票的,应当于会议召开三十日前公告会议召开的时间、地点和审议的事项。

单独或者合计持有公司百分之三以上股份的股东,可以在股东大会召开十日前提出临时

提案并书面提交董事会;董事会应当在收到提案后两日内通知其他股东;并将该临时提案提交股东大会审议。临时提案的内容应当属于股东大会职权范围,并有明确议题和具体决议事项。

股东大会不得对前两款通知中未列明的事项作出决议。

无记名股票持有人出席股东大会会议的,应当于会议召开五日前至股东大会闭会时将股票交存于公司。

第十六条 股东大会作出决议,必须经出席会议的股东所持表决权过半数通过。但是,股东大会作出修改公司章程、增加或者减少注册资本的决议,以及公司合作、分立、解散或者变更公司形式的决议,必须经出席会议的股东所持表决权的三分之二以上通过。(注:其他重大事项的规则由股东自行确定)

第十七条 股东可以委托代理人出席股东大会会议,代理人应当向公司提交股东授权委托书,并在授权范围内行使表决权。

第十八条 股东大会应当对所议事项的决定作成会议记录,主持人、出席会议的董事应当在会议记录上签名。会议记录应当与出席股东的签名册及代理出席的委托书一并保存。

第八章 董事会的组成、职权和议事规则

第十九条 公司设董事会,成员为_____人(注:5人至19人),由股东大会选举产生;职工代表董事由公司职工通过职工代表大会(或职工大会或者其他形式)民主选举产生。董事每届任期_____年(注:每届任期不得超过3年),任期届满,连选可以连任。

董事任期届满未及时改选,或者董事在任期内辞职导致董事会成员低于法定人数的,在改选出的董事就任前,原董事仍应当依照法律、行政法规和公司章程的规定,履行董事职责。

董事会设董事长一人,副董事长_____人,由董事会以全体董事过半数选举产生。

第二十条 董事会行使下列职权:

(一)负责召集股东大会会议,并向股东大会报告工作;

(二)执行股东大会的决议;

(三)决定公司的经营计划和投资方案;

(四)制订公司的年度财务预算方案、决算方案;

(五)制订公司的利润分配方案和弥补亏损方案;

(六)制订公司增加或者减少注册资本以及发行公司债券的方案;

(七)制订公司合并、分立、变更公司形式、解散的方案;

(八)决定公司内部管理机构的设置;

(九)决定聘任或者解聘公司经理及其报酬事项,并根据经理的提名决定聘任或者解聘公司副经理、财务负责人及其报酬事项;

(十)制定公司的基本管理制度;

(十一)其他职权。(注:由股东自行确定,如无应删除此条)

第二十一条 董事会会议由董事长召集和主持;副董事长协助董事长履行职务,董事长不能履行职务或者不履行职务的,由副董事长履行职务;副董事长不能履行职务或者不履行职务的,由半数以上董事共同推举一名董事履行职务。

第二十二条 董事会每年_____月份和_____月份召开董事会会议(注:董事会每年度至

少召开两次会议），每次会议应当于会议召开十日前通知全体董事和监事。

代表十分之一以上表决权的股东、三分之一以上董事或者监事会，可以提议召开董事会临时会议。董事长应当自接到提议后十日内，召集和主持董事会议。

（注：董事会召开临时会议的通知方式和通知时限可由董事会另定）

第二十三条　董事会会议应有过半数的董事出席方可举行。董事会作出决议，必须经全体董事过半数通过。

董事会决议的表决，实行一人一票。

第二十四条　董事会会议应由董事本人出席；董事因故不能出席，可以书面委托其他董事代为出席，委托书中应载明授权范围。

第二十五条　董事会应当对会议所议事项的决定作成会议记录，出席会议的董事应当在会议记录上签名。

董事应当对董事会的决议承担责任。董事会的决议违反法律、行政法规或者公司章程、股东大会决议，致使公司遭受严重损失的，参与决议的董事对公司负赔偿责任。但经证明在表决时曾表明异议并记载于会议记录的，该董事可以免除责任。

第二十六条　公司设经理，由董事会决定聘任或者解聘，任期＿＿＿＿＿年，连聘可以连任。经理对董事会负责，行使下列职权：

（一）主持公司的生产经营管理工作，组织实施董事会决议；

（二）组织实施公司年度经营计划和投资方案；

（三）拟订公司内部管理机构设置方案；

（四）拟订公司的基本管理制度；

（五）制定公司的具体规章；

（六）提请聘任或者解聘公司副经理、财务负责人；

（七）决定聘任或者解聘除应由董事会决定聘任或者解聘以外的负责管理人员；

（八）其他职权。（注：由股东自行确定，如无应删除此条）

经理列席董事会会议。

第九章　公司的法定代表人

第二十七条　董事长为公司的法定代表人（由发起人依照《公司法》第十三条自行约定），任期三年，由董事会选举产生，任期届满，连选可以连任。

第二十八条　法定代表人代表公司行使法律法规规定的有关职权。

第十章　监事会的组成、职权和议事规则

第二十九条　公司设监事会，成员＿＿＿＿＿＿人（注：不得少于3人），其中股东代表监事＿＿＿＿＿＿人，职工代表监事＿＿＿＿＿＿＿人（注：股东代表监事与职工代表监事的比例由股东自行确定，但其中职工代表的比例不得低于三分之一）。监事会中的股东代表监事由股东大会选举产生，职工代表监事由公司职工通过职工代表大会（注：职工大会或者其他形式）民主选举产生。监事的任期每届为三年，任期届满，连选可以连任。

监事会设主席一人，由全体监事过半数选举产生。监事会主席召集和主持监事会会议；监事会主席不能履行职务或者不履行职务的，由监事会副主席召集和主持监事会会议；监事

副主席不能履行职务或者不履行职务的,由半数以上监事共同推举一名监事召集和主持监事会会议。

董事、高级管理人员不得兼任监事。

第三十条 监事会行使下列职权:

(一)检查公司财务;

(二)对董事、高级管理人员执行公司职务的行为进行监督,对违反法律、行政法规、公司章程或者股东大会决议的董事、高级管理人员提出罢免的建议;

(三)当董事、高级管理人员的行为损害公司的利益时,要求董事、高级管理人员予以纠正;

(四)提议召开临时股东大会会议,在董事会不履行本法规定的召集和主持股东大会会议职责时召集和主持股东大会会议;

(五)向股东大会会议提出提案;

(六)依照《公司法》第一百五十二条的规定,对董事、高级管理人员提起诉讼;

(七)其他职权。(注:由股东自行确定,如无应删除此条)

监事可以列席董事会会议。

第三十一条 监事会每六个月至少召开一次会议,监事可以提议召开临时监事会会议。

第三十二条 监事会决议应当经半数以上监事通过。

监事会应当对所议事项的决定作成会议记录,出席会议的监事应当在会议记录上签名。

第三十三条 监事会的议事方式和表决程序按《公司法》规定执行。(注:除《公司法》有规定外,由股东自行规定)

第十一章 公司利润分配办法

第三十四条 公司分配当年税后利润时,应当提取利润的百分之十列入公司法定公积金。公司法定公积金累计额为公司注册资本的百分之五十以上的,可以不再提取。

公司的法定公积金不足以弥补以前年度亏损的,在依照前款规定提取法定公积金之前,应当先用当年利润弥补亏损。

第三十五条 公司弥补亏损和提取公积金后所余税后利润,按照股东持有的股份比例分配。(注:可按股东约定的其他方式分配)

第十二章 公司的解散事由与清算办法

第三十六条 公司有以下情形之一时,解散并进行清算:

(一)公司章程规定的营业期限届满或者公司章程规定的其他解散事由出现;

(二)股东大会决议解散;

(三)因公司合并或者分立需要解散;

(四)依法被吊销营业执照、责令关闭或者被撤销;

(五)人民法院依照《公司法》第一百八十三条的规定予以解散;

(六)其他解散事由出现。(注:由股东自行确定,如无应删除此条)

第三十七条 公司因《公司法》第一百八十一条第(一)项规定而解散的,可以经出席股东大会会议的股东所持表决权的三分之二以上通过修改公司章程而存续。

第三十八条 公司因《公司法》第一百八十一条第(一)、(二)、(四)、(五)项规定而解散的,

应当在解散事由出现之日起十五日内成立清算组，开始清算。（注：清算组的组成由股东大会确定）

第三十九条　清算组在清算期间行使下列职权：

（一）清理公司财产，分别编制资产负债表和财产清单；

（二）通知、公告债权人；

（三）处理与清算有关的公司未了结的业务；

（四）清缴所欠税款以及清算过程中产生的税款；

（五）清理债权、债务；

（六）处理公司清偿债务后的剩余财产；

（七）代表公司参与民事诉讼活动。

第十三章　公司的通知和公告办法

第四十条　公司的通知以下列方式发出：

（一）以专人送出；

（二）以邮件方式送出；

（三）以传真或本章程规定的其他形式。

第四十一条　公司召开股东大会、董事会、监事会的会议通知，以本章程第四十条规定的方式或电子邮件的方式进行。

公司通知以专人送出的，以被送达人在送达回执上签名（或盖章），被送达人签收日期为送达日期；公司通知以邮件送出的，自交付邮局之日起第五日为送达日期；公司通知以传真方式送出的，以该传真进入被送达人指定接收系统的日期为送达日期。

因意外遗漏未向某有权得到通知的人送出会议通知或者该等人没有收到会议通知，会议及会议作出的决议并不因此无效。

第十四章　股东大会会议认为需要规定的其他事项

第四十二条　股东持有的公司股份可以依法转让。

第四十三条　股东大会选举董事、监事，可以实行累积投票制。

第四十四条　公司的营业期限＿＿＿＿年（由股东自行约定或不约定期限），自公司营业执照签发之日起计算。

第四十五条　本章程经股东大会表决通过后，自公司登记机关核准登记/备案之日起生效。

第四十六条　本章程未规定的事项，按《公司法》的相关规定执行。

第四十七条　其他事项：＿＿＿＿（注：由股东自行确定，如无应删除此条）。

第四十八条　本章程一式＿＿＿＿份，并报公司登记机关两份。

全体发起人签字、盖章：

年　　月　　日

任务四　拟写一份有限责任公司申请注册事务办理方案

任务目标

根据"任务二"和"任务三"关于有限责任公司和股份有限公司的基本知识，并通过本项任务内容的学习，能够结合实际，设计出相对完整的有限责任公司申请注册工作方案。

导入案例

甲、乙二人拟成立餐饮娱乐有限责任公司，制定了公司章程。公司资本总额为24万元，其中实物出资3万元，包括原承包的歌舞厅使用的音响设备、电视接受器、影碟机等；以个人居住的房产出资20万元；货币出资1万元。验资机构经调查发现：(1)作为出资的实物是按原购置时的发票计价的，现已使用3年，现行市场价重新评估只有5千元。(2)甲、乙对其居住的房产虽然有产权，但房产与公司经营无关，且并未过户给公司。(3)资金来源是甲、乙以公司的名义向银行借贷而来的。

问题：

该公司是否能顺利通过注册？为什么？

内容阐释

一、公司登记制度概述

公司登记是指公司在设立、变更、终止时，由申请人依法向公司注册登记机关提出申请，经主管机关审查无误后予以核准并记载法定登记事项的行为。

公司经公司登记机关依法登记，领取《企业法人营业执照》，方取得企业法人资格。未经公司登记机关登记的，不得以公司名义从事经营活动。实行公司登记制度，其主要目的在于：一方面使公司设立的事实及公司的各类信息为社会公众周知，以保护交易安全；另一方面便于国家对公司情况的掌控，进行必要管理，保障合法经营并制止非法活动。

公司登记分为设立登记、变更登记、注销登记。公司设立分公司也应依法办理登记。此外，公司登记机关每年还对公司进行年度检验。

(一)登记管辖

我国的公司登记机关是工商行政管理机关。国家工商行政管理总局主管全国的公司登记工作。下级公司登记机关在上级公司登记机关的领导下开展公司登记工作。公司登记机关依法履行职责，不受非法干预。我国《公司法》将公司登记管辖分为三级，即国家、省(自治区、直辖市)、市(县)三级管辖制度。

1. 国家工商行政管理总局的公司登记管辖范围

(1)国务院国有资产监督管理机构履行出资人职责的公司以及该公司投资设立并持有50%以上股份的公司。

（2）外商投资的公司。

（3）依照法律、行政法规或者国务院决定的规定，应当由国家工商行政管理总局登记的公司。

（4）国家工商行政管理总局规定应当由其登记的其他公司。

2. 省（自治区、直辖市）工商行政管理局的公司登记管辖范围

（1）省、自治区、直辖市人民政府国有资产监督管理机构履行出资人职责的公司以及该公司投资设立并持有50%以上股份的公司。

（2）省、自治区、直辖市工商行政管理局规定由其登记的自然人投资设立的公司。

（3）依照法律、行政法规或者国务院决定的规定，应当由省、自治区、直辖市工商行政管理局登记的公司。

（4）国家工商行政管理总局授权登记的其他公司。

3. 市（县）级工商行政管理局的公司登记管辖范围

设区的市（地区）工商行政管理局、县工商行政管理局，以及直辖市的工商行政管理分局、设区的市工商行政管理局的区分局，负责本辖区内国家工商行政管理总局及省级工商行政管理局负责登记公司以外的其他公司的登记，以及国家工商行政管理总局和省、自治区、直辖市工商行政管理局授权登记的公司。但股份有限公司由设区的市（地区）工商行政管理局负责登记。

（二）登记事项

公司的登记事项应当符合法律、行政法规的规定。不符合法律、行政法规规定的，公司登记机关不予登记。根据我国《公司登记管理条例》的规定，公司登记事项应当包括以下八项内容：

（1）名称。公司名称即商号，公司的商号权具有标志性、排他性和财产性等特征。公司名称应当符合国家有关规定，即有限责任公司必须在公司名称中标明"有限责任公司"或者"有限公司"字样，股份有限公司必须在公司名称中标明"股份有限公司"或者"股份公司"字样。而且公司只能使用一个名称，经公司登记机关核准登记的公司名称受法律保护。

（2）住所。住所是公司进行经营活动的中心场所，同时也是发生纠纷时确定诉讼及行政管辖的依据，向公司送达文件的法定地址。公司的住所是公司主要办事机构所在地。经公司登记机关登记的公司的住所只能有一个。公司的住所应当在其公司登记机关辖区内。

（3）法定代表人姓名。法定代表人是指依法代表法人行使民事权利，履行民事义务的主要负责人。公司法人由其法定代表人进行诉讼，法定代表人有权直接代表本单位向人民法院起诉和应诉，其所进行的诉讼行为，就是公司的诉讼行为，直接对公司发生法律效力。公司法定代表人依照公司章程的规定，可由董事长、执行董事或者经理担任，对外代表公司。

（4）注册资本。公司的注册资本应当以人民币表示，法律、行政法规另有规定的除外。《公司登记管理条例》规定，股东不得以劳务、信用、自然人姓名、商誉、特许经营权或者设定担保的财产等作价出资。

（5）公司类型。公司登记的类型包括有限责任公司和股份有限公司。一人有限责任公司应当在公司登记中注明自然人独资或者法人独资，并在公司营业执照中载明。

（6）经营范围。经营范围是指国家允许企业生产和经营的商品类别、品种及服务项目，反映企业业务活动的内容和生产经营方向，是企业业务活动范围的法律界限，体现企业民事权利能力和行为能力的核心内容。公司的经营范围由公司章程规定，并依法登记。公司的经营范围用语应当参照国民经济行业分类标准。

（7）营业期限。营业期限是指公司存续的有效期间,分为有期限和无期限两种。有期限又分两种情形:一是自拟期限,指股东或发起人在章程上载明了营业期限;二是法定期限,指管理机关要求在章程上必须标明的期限;而无期限是法律不强制要求公司表明存续期的一种态度。

（8）有限责任公司股东或者股份有限公司发起人的姓名或者名称。

二、有限责任公司设立登记的一般程序

设立有限责任公司,设立人应依照我国《公司法》规定的设立条件与程序向公司登记机关提出设立申请,并提交法定登记事项文件,经公司登记机关审核后对符合法律规定者准予登记,并发给《企业法人营业执照》的活动。有限责任公司设立登记时应当按下列程序进行。

（一）公司名称预先核准

根据我国《公司登记管理条例》的规定,设立公司应当申请名称预先核准。法律、行政法规或者国务院决定规定设立公司必须报经批准,或者公司经营范围中属于法律、行政法规或者国务院决定规定在登记前须经批准的项目的,应当在报送批准前办理公司名称预先核准,并以公司登记机关核准的公司名称报送批准。

有限责任公司申请名称预先核准,应当由全体股东指定的代表或者共同委托的代理人向公司登记机关提出申请。同时,还应向公司登记机关提交由全体股东签署的公司名称预先核准申请书,全体股东指定代表或者共同委托代理人的证明以及国家工商行政管理总局规定要求提交的其他文件。

经审核,公司登记机关作出准予公司名称预先核准决定的,应当出具《企业名称预先核准通知书》。公司登记机关作出不予名称预先核准决定的,应当出具《企业名称驳回通知书》,说明不予核准的理由,并告知申请人享有依法申请行政复议或者提起行政诉讼的权利。

预先核准的公司名称保留期为6个月。在保留期内,预先核准的公司名称不得用于从事经营活动,也不得转让。

（二）公司设立的申请与登记

1. 有限责任公司的设立申请

设立有限责任公司,应当由全体股东指定的代表或者共同委托的代理人向公司登记机关申请设立登记。设立国有独资公司,应当由国务院或者地方人民政府授权的本级人民政府国有资产监督管理机构作为申请人,申请设立登记。法律、行政法规或者国务院决定规定设立有限责任公司必须报经批准的,应当自批准之日起90日内向公司登记机关申请设立登记;逾期申请设立登记的,申请人应当报批准机关确认原批准文件的效力或者另行报批。

2. 分公司的设立申请

分公司是指公司在其住所以外设立的从事经营活动的机构。分公司不具有企业法人资格。

公司设立分公司的,应当自决定作出之日起30日内向分公司所在地的公司登记机关申请登记;法律、行政法规或者国务院决定规定必须报经有关部门批准的,应当自批准之日起30日内向公司登记机关申请登记。分公司的登记事项包括:名称、营业场所、负责人、经营范围。分公司的名称应当符合国家有关规定。分公司的经营范围不得超出公司的经营范围。

设立分公司,应当向公司登记机关提交下列文件:（1）公司法定代表人签署的设立分公司的登记申请书;（2）公司章程以及加盖公司印章的《企业法人营业执照》复印件;（3）营业场所使用证明;（4）分公司负责人任职文件和身份证明;（5）国家工商行政管理总局规定要求提交的其他文件。法

律、行政法规或者国务院决定规定设立分公司必须报经批准,或者分公司经营范围中属于法律、行政法规或者国务院决定规定在登记前须经批准的项目的,还应当提交有关批准文件。

分公司的公司登记机关准予登记的,发给《营业执照》。同时,公司应当自分公司登记之日起30日内,持分公司的《营业执照》到公司登记机关办理备案。

3. 公司设立的申请与登记程序

申请公司(分公司)登记,申请人可以到公司登记机关提交申请以及规定文件,也可以通过信函、电报、电传、传真、电子数据交换和电子邮件等方式提出申请,同时应当提供申请人的联系方式以及通讯地址。

公司登记机关对当事人的申请应当依法定的不同情况分别作出是否受理的决定。公司登记机关对通过信函、电报、电传、传真、电子数据交换和电子邮件等方式提出申请的,应当自收到申请文件、材料之日起5日内作出是否受理的决定。除当场作出准予登记决定者外,公司登记机关决定予以受理申请的,应当出具《受理通知书》;决定不予受理的,应当出具《不予受理通知书》,说明不予受理的理由,并告知申请人享有依法申请行政复议或者提起行政诉讼的权利。

公司登记机关对决定予以受理的登记申请,应当分不同情况在规定的期限内作出是否准予登记的决定:

(1)对申请人到公司登记机关提出的申请予以受理的,应当当场作出准予登记的决定。

(2)对申请人通过信函方式提交的申请予以受理的,应当自受理之日起15日内作出准予登记的决定。

(3)通过电报、电传、传真、电子数据交换和电子邮件等方式提交申请的,申请人应当自收到《受理通知书》之日起15日内,提交与电报、电传、传真、电子数据交换和电子邮件等内容一致并符合法定形式的申请文件、材料原件;申请人到公司登记机关提交申请文件、材料原件的,应当当场作出准予登记的决定;申请人通过信函方式提交申请文件、材料原件的,应当自受理之日起15日内作出准予登记的决定。

(4)公司登记机关自发出《受理通知书》之日起60日内,未收到申请文件、材料原件,或者申请文件、材料原件与公司登记机关所受理的申请文件、材料不一致的,应当作出不予登记的决定。

公司登记机关需要对申请文件、材料核实的,应当自受理之日起15日内作出是否准予登记的决定。申请人提交的公司章程中有违反法律、行政法规的内容的,公司登记机关有权要求公司作相应修改。

公司登记机关作出准予公司设立登记决定的,应当出具《准予设立登记通知书》,告知申请人自决定之日起10日内,领取营业执照;公司登记机关作出不予登记决定的,应当出具《登记驳回通知书》,说明不予登记的理由,并告知申请人享有依法申请行政复议或者提起行政诉讼的权利。

公司营业执照签发日期为公司成立日期。公司成立后,应凭《企业法人营业执照》刻制印章,依法开立银行账户,申请纳税登记。公司的《企业法人营业执照》、分公司的《营业执照》分为正本和副本,正本和副本具有同等法律效力。《企业法人营业执照》正本或者《营业执照》正本应当置于公司住所或者分公司营业场所的醒目位置。公司可以根据业务需要向公司登记机关申请核发营业执照若干副本。任何单位和个人不得伪造、涂改、出租、出借、转让营业执照。

三、有限责任公司申请注册应提交的文件资料

根据我国《公司登记管理条例》的规定,申请设立有限责任公司,应当向公司登记机关提交下列文件。

（一）公司法定代表人签署的设立登记申请书

公司设立登记申请书

名　　称	×××商贸有限公司			
名称预先核准通知书文号	（　）登记内名预核字2×××第××号		联系电话	87××××××
住　　所	××省××市××区××街××号		邮政编码	61××××
法定代表人姓名	×××		职　　务	执行董事
注册资本	××（万元）	公司类型	有限责任公司	
经营范围	许可经营项目：××××			
	一般经营项目：××××、××××、××××			
营业期限	长期／×× 年	申请副本数量	×× 个	
本公司依照《公司法》、《公司登记管理条例》设立，提交材料真实有效。谨此对真实性承担责任。 法定代表人签字：×× ×××× 年 ××月××日				

注意事项：
1. "联系方式"中"固定电话"和"企业秘书（联系人）"移动电话"、"邮政编码"等应据实填写，且为必填项。
2. 填写住所（经营场所）时要具体表述所在位置，明确到门牌号或房间号。如无门牌号或房间号的，要明确参照物。
3. "法定代表人"指代表企业法人行使职权的主要负责人，公司为依据章程确定的董事长（执行董事或经理）。
4. "注册资本"为在公司登记机关登记的全体股东缴纳的出资额。
5. 公司类型应当填写；若为国有独资公司应当填写"有限责任公司（国有独资）"；一人有限责任公司应当注明"有限责任公司（自然人独资）"或"有限责任公司（法人独资）"。
6. "申请副本数量"指公司根据业务需要向登记机关申请核发的若干执照副本。

（二）全体股东指定代表或者共同委托代理人的证明

指定委托书

　　兹指定（委托）＿＿＿＿＿＿＿＿（代表或代理人姓名）向工商行政管理机关办理＿＿＿＿＿＿＿＿（单位名称）的登记注册（备案）手续。

　　委托期限自　　年　　月　　日至　　年　　月　　日。

　　委托事项：（请在以下选项□划"√"）

　　□报送登记文件　□领取营业执照和有关文书　□其他事项

　　请确认代表或代理人更正下列内容的权限：（请在以下选项□内划"√"）

　　1. 修改文件材料的文字错误：　　同意□　不同意□

　　2. 修改表格的填写错误：　　同意□　不同意□

　　指定（委托）人签字或加盖公章：＿＿＿＿＿＿＿＿＿＿

　　代表或代理人郑重承诺：本人了解办理工商登记的相关法律、政策及规定，确认本次申请中所提交申请材料真实，有关证件、签字、盖章属实，不存在协助申请人伪造或出具虚假文件、证件，提供非法垫资等违法行为，否则将依法承担相应责任。

代表或代理人签字：＿＿＿＿＿＿＿＿＿＿

年　　月　　日

代表或代理人身份证复印件（正、反面）粘贴处
（外国企业常驻代表机构登记注册手续的代表或代理人应粘贴本人代表证或在有效期内的雇员证复印件）

注意事项：
1. 代表或代理人是指受企业委托或者投资人指定（委托）到工商机关办理企业登记注册手续的自然人。
2. 办理设立登记时，代表或代理人应属以下人员之一：(1)自然人股东；(2)非自然人股东（或投资单位）的职工；(3)拟任董事、经理、监事；(4)设立分支机构的，应是分支机构或所从属企业的员工。
3. "指定（委托）人签字或加盖公章"处应按以下要求填写：(1)办理内资企业设立登记的，由全体股东签字或盖章，其中自然人股东由本人签字；法人股东（法人投资者）加盖本单位公章。(2)办理外商投资企业设立时，按以下要求填写：办理合资、合作企业设立的，中方投资者加盖单位公章，外方法人投资者由其法定代表人签字，自然人投资者由本人签字。(3)办理独资企业设立的，自然人投资者由本人签字，法人投资者由其法定代表人签字。
4. 委托登记注册代理机构办理登记注册的，不使用本委托书，应提交专门的委托文件。

(三)公司章程

(参考范本)

_____有限责任公司章程

第一章　总　　则

第一条　依据《中华人民共和国公司法》(以下简称《公司法》)及有关法律、法规的规定,由_____等_____方共同出资,设立_____有限责任公司,(以下简称公司)特制定本章程。

第二条　本章程中的各项条款与法律、法规、规章不符的,以法律、法规、规章的规定为准。

第二章　公司名称和住所

第三条　公司名称:_____。

第四条　住所:_____。

(注:公司以其主要办事机构所在地为住所,明确表述所在市(区)、县、乡镇(村)以及街道门牌号码)

第三章　公司经营范围

第五条　公司经营范围:_____。

(以上经营的范围以登记机关核发的营业执照记载项目为准;涉及许可审批的经营范围及期限以许可审批机关核定的为准。)

(注:公司的经营范围用语应当参照国民经济行业分类标准,根据公司从事经营项目的实际情况,进行具体填写)

第六条　公司变更经营范围,应当修改公司章程,并向登记机关办理变更登记。

公司的经营范围中属于需经行政许可的项目,应依法向许可监管部门提出申请,经许可批准后方可开展相关活动。

第四章　公司注册资本

第七条　公司注册资本:_____万元人民币,为在公司登记机关登记的全体股东认缴的出资额。公司股东以其认缴的出资额为限对公司承担责任。

第八条　公司变更注册资本及其他登记事项,应依法向登记机关申请变更登记手续。未经登记或者变更登记的,不得对抗第三人。

第五章　公司注册资本及股东的姓名(名称)、出资方式、出资额、出资时间

第九条　股东的姓名或者名称、出资数额、出资方式和出资时间

股东姓名或者名称	住址	证件号码	认缴出资额(万元)	出资方式	出资时间	出资比例(%)	备　注
							分期出资的,注明分期出资时间
合　计							

第十条 公司股东应当按照章程的规定缴付出资,不得虚假出资、抽逃出资。

公司成立后,向股东签发出资证明书;公司置备股东名册,记载于股东名册的股东,可以以股东名册主张行使股东权利。

第六章 公司的机构及其产生办法、职权、议事规则

第十一条 股东会由全体股东组成,是公司的权力机构,行使下列职权:

(一)决定公司的经营方针和投资计划;

(二)选举和更换非由职工代表担任的执行董事、监事,决定有关执行董事、监事的报酬事项;

(三)审议批准执行董事的报告;

(四)审议批准监事的报告;

(五)审议批准公司的年度财务预算方案、决算方案;

(六)审议批准公司的利润分配方案和弥补亏损的方案;

(七)对公司增加或者减少注册资本作出决议;

(八)对发行公司债券作出决议;

(九)对公司合并、分立、解散、清算或者变更公司形式作出决议;

(十)修改公司章程。

第十二条 股东会的首次会议由出资最多的股东召集和主持。

第十三条 股东会会议由股东按照出资比例行使表决权。

第十四条 股东会会议分为定期会议和临时会议。

召开股东会会议,应当于会议召开十五日以前通知全体股东。

第十五条 股东会会议由董事长(执行董事)召集主持

股东会会议由董事会召集,董事长主持;董事长不能履行职务或者不履行职务的,由副董事长主持;副董事长不能履行职务或者不履行职务的,由半数以上董事共同推举一名董事主持。

(注:有限责任公司不设董事会的,股东会会议由执行董事召集和主持)

董事会或者执行董事不能履行或者不履行召集股东会会议职责的,由监事会或者不设监事会的公司的监事召集和主持;监事会或者监事不召集和主持的,代表十分之一以上表决权的股东可以自行召集和主持。

第十六条 股东会会议作出修改公司章程、增加或者减少注册资本的决议,以及公司合并、分立、解散或者变更公司形式的决议,必须经代表三分之二以上表决权的股东通过。

第十七条 公司设董事会,成员为_____人(其中股东代表_____人,由_____选举产生;职工代表_____人,由_____选举产生)。董事任期_____年,任期届满,连选可以连任。

董事会设董事长一人,副董事长_____人,由_____产生。(注:由股东会确定董事长、副董事长的产生方式)

(股东人数较少或者规模较小的:公司不设董事会,设执行董事一名。由_____产生。执行董事任期_____年,任期届满,连选可以连任)

第十八条 董事会(或执行董事)行使下列职权:

(一)召集股东会会议,并向股东会报告工作;

(二)执行股东会的决议;

(三)决定公司的经营计划和投资方案;

（四）制订公司的年度财务预算方案、决算方案；

（五）制订公司的利润分配方案和弥补亏损方案；

（六）制订公司增加或者减少注册资本以及发行公司债券的方案；

（七）制订公司合并、分立、解散或者变更公司形式的方案；

（八）决定公司内部管理机构的设置；

（九）决定聘任或者解聘公司经理及其报酬事项，并根据经理的提名决定聘任或者解聘公司副经理、财务负责人及其报酬事项；

（十）制定公司的基本管理制度；

（十一）其他职权。（由股东会确定）

第十九条　董事会会议由董事长召集和主持；董事长不能履行职务或者不履行职务的，由副董事长召集和主持；副董事长不能履行职务或者不履行职务的，由半数以上董事共同推举一名董事召集和主持。

第二十条　董事会决议的表决，实行一人一票。

董事会的议事方式和表决程序。（注：由股东自行确定）

第二十一条　公司设经理，由董事会（或执行董事）决定聘任或者解聘。经理对执行董事负责，行使下列职权：

（一）主持公司的生产经营管理工作，组织实施股东会决议；

（二）组织实施公司年度经营计划和投资方案；

（三）拟订公司内部管理机构设置方案；

（四）拟订公司的基本管理制度；

（五）制定公司的具体规章；

（六）提请聘任或者解聘公司副经理、财务负责人；

（七）决定聘任或者解聘除应由董事会（或执行董事）决定聘任或者解聘以外的负责管理人员。

第二十二条　公司设监事会，其成员＿＿＿＿＿人，其中股东代表＿＿＿＿＿人并由＿＿＿＿＿产生，职工代表＿＿＿＿＿人并由＿＿＿＿＿产生（具体比例由股东会依《公司法》进行确定）。

监事会设主席一人，由全体监事过半数选举产生。监事的任期每届为三年。监事任期届满，连选可以连任。

（股东人数较少或者规模较小的：公司设监事一至两名，由全体股东选举产生。监事的任期每届为三年，任期届满，连选可以连任）

第二十三条　监事会（或不设监事会的公司的监事）行使下列职权：

（一）检查公司财务；

（二）对董事、高级管理人员执行公司职务的行为进行监督，对违反法律、行政法规、公司章程或者股东会决议的董事、高级管理人员提出罢免的建议；

（三）当董事、高级管理人员的行为损害公司的利益时，要求董事、高级管理人员予以纠正；

（四）提议召开临时股东会会议，在董事会（或执行董事）不履行本法规定的召集和主持股东会会议职责时召集和主持股东会会议；

（五）向股东会会议提出提案；

（六）依照本法第一百五十二条的规定，对董事、高级管理人员提起诉讼；

（七）其他职权。

第七章　公司的法定代表人

第二十四条　董事长(执行董事或经理)为公司的法定代表人,任期_____年,由股东会选举产生,任期届满,连选可以连任。

第八章　股东会会议认为需要规定的其他事项

第二十五条　公司股东、董事长(或执行董事)、经理及高级管理人员的资格符合《公司法》的规定。公司董事长(或执行董事)、经理及高级管理人员在任职期间出现《公司法》不得任职的规定情形的,公司解除其职务。

第二十六条　股东之间可以相互转让其部分或者全部股权。

第二十七条　股东向股东以外的人转让股权,应当经其他股东过半数同意。股东应就其股权转让事项书面通知其他股东征求同意,其他股东自接到书面通知之日起满三十日未答复的,视为同意转让。其他股东半数以上不同意转让的,不同意的股东应当购买该转让的股权;不购买的,视为同意转让。

经股东同意转让的股权,在同等条件下,其他股东有优先购买权。两个以上股东主张行使优先购买权的,协商确定各自的购买比例;协商不成的,按照转让时各自的出资比例行使优先购买权。

第二十八条　有下列情形之一的,对股东会该项决议投反对票的股东可以请求公司按照合理价格收购其股权:

(一)公司连续五年不向股东分配利润,而公司该五年连续盈利,并且符合《公司法》规定的分配利润条件的;

(二)公司合并、分立、转让主要财产的;

(三)公司章程规定的营业期限届满或者章程规定的其他解散事由出现,股东会会议通过决议修改章程使公司存续的。

自股东会会议决议通过之日起六十日内,股东与公司不能达成股权收购协议的,股东可以自股东会会议决议通过之日起九十日内向人民法院提起诉讼。

第二十九条　自然人股东死亡后,其合法继承人可以(或不可以)继承股东资格。

第三十条　公司依照法律、行政法规和国务院财政部门的规定建立本公司的财务、会计制度,并按照《公司法》及有关法律、法规、规章的规定进行财务、会计管理。

第三十一条　公司的营业期限_____年,自公司营业执照签发之日起计算。

第三十二条　公司因下列原因解散:

(一)公司被依法宣告破产的;

(二)公司章程规定的营业期限届满或者公司章程规定的其他解散事由出现;

(三)股东会决议解散;

(四)因公司合并或者分立需要解散;

(五)依法被吊销营业执照、责令关闭或者被撤销;

(六)人民法院依法予以解散;

(七)法律、行政法规规定的其他解散情形。

公司有以上第二条规定情形的,可以通过修改公司章程而存续。修改公司章程,须经持有三分之二以上表决权的股东通过。

公司因以上除第四条的规定而解散的,应当在解散事由出现之日起十五日内成立清算组。清算组由股东组成,按照《公司法》的规定进行清算。公司清算组应当自成立之日起10日内将清算组成员、清算组负责人名单向公司登记机关备案,自公司清算结束之日起30日内向公司登记机关申请注销登记。

第九章　附　　则

第三十三条　公司向其他企业投资或者为他人提供担保,由股东会(或者执行董事)作出决议。公司为公司股东或者实际控制人提供担保的,必须由股东会作出决议。

前款规定的股东或者受前款规定的实际控制人支配的股东,不得参加前款规定事项的表决。该项表决由出席会议的其他股东所持表决权的过半数通过。

第三十四条　公司登记事项以公司登记机关核定的为准。

第三十五条　本章程未规定的其他事项,适用《公司法》的有关规定。

第三十六条　本章程经全体股东共同订立,自公司成立之日起生效(变更的于股东会通过之日起生效,国家法律法规另有规定的从其规定)。

第三十七条　本章程一式＿＿＿＿份,股东各留存一份,公司留存一份,并报公司登记机关一份。

全体股东亲笔签字、盖公章:

　　　　　　　　　　　　　　　　　　　　　　　年　　月　　日

(四)股东的主体资格证明或者自然人身份证明

××有限责任公司股东名册

出资证明书编号	股东姓名或名称	证件类型	证件号码	出资数额	出资形式	股权比例	联系地址	联系电话	股东签名

(五)载明公司董事、监事、经理的姓名、住所的文件以及有关委派、选举或者聘用的证明

董事会成员、经理、监事任职证明

姓　名	亲笔签字	性别	国籍	职务	任职期限	证件名称及号码	户籍登记住址	产生方式

注意事项:

1.“亲笔签字”栏内应由各成员本人签字,如不能在表中签字的,应另提交记载新任职人员签字的有关文件。

2.“职务”系指董事、经理、监事会召集人、监事。

3.“任职期限”按照章程规定填写。

4.“产生方式”按照章程规定董事、监事填写“选举”或“委派”;经理填写“聘任”。

5.新任董事、经理应提交身份证复印件并粘贴。

(六)公司法定代表人任职文件和身份证明

法定代表人登记表

姓名		性别		
出生日期		国别(地区)		一寸免冠照
产生方式		电话		片粘贴处
住址或在华居住住址				
派出单位				

工作简历	起止年月	工作单位和部门	职务

(身份证复印件粘贴处)	谨此确认,本表所填内容不含虚假成份。 法人代表人 签　字 年　月　日

法定代表人审查意见

经审查,法定代表人符合有关法律、法规规定的任职资格,不存在以下情况:

1. 无民事行为能力或者限制民事行为能力的;

2. 在被执行刑罚或者正在被执行刑事强制措施的;

3. 正在被公安机关或者国家安全机关通缉的;

4. 因犯有贪污贿赂罪、侵犯财产罪或者破坏社会主义市场经济秩序罪,被判处刑罚,执行期满未逾五年的;因犯有其他罪,被判处刑罚,执行期满未逾三年的;或者因犯罪被判处剥夺政治权利,执行期满未逾五年的;

5. 担任因经营不善破产清算的企业的法定代表人或者董事、经理,并对该企业的破产负有个人责任,自该企业破产清算完结之日起未逾三年的;

6. 担任因违法被吊销营业执照的企业的法定代表人,并对该企业违法行为负有个人责任,自该企业被吊销营业执照之日起未逾三年的;

7. 个人负债数额较大,到期未清偿的;

8. 有法律和国务院规定不得担任法定代表人的其他情形。

审查人盖章(签字):

年　月　日

注:"审查人"指选举、委派、指定、任命法定代表人的董事会、股东会、股东(发起人)等。

(七)企业名称预先核准通知书

企业名称预先核准通知

（　　）名称预核字〔　　〕第　　号

　　根据《企业名称登记管理规定》和《企业名称登记管理实施办法》,同意预先核准下列_____个投资人出资,注册资本(金)_____万元(人民币),住所设在_____的企业名称为:_____。

　　投资人、投资额和投资比例:_____。

　　该预先核准的企业名称保留至_____。在保留期内,不得用于经营活动,不得转让。经企业登记机关设立登记,颁发营业执照后企业名称正式生效。

核准日期　　　　年　　月　　日

注意事项:

1. 本通知书在保留期满后自动失效。有正当理由,在保留期内未完成企业设立登记,需延长保留期的,全体投资人应在保留期届满前 1 个月内申请延期。延长的保留期不超过 6 个月。
2. 企业设立登记时,应将本通知书提交登记机关,存入企业档案。
3. 企业设立登记时,有关事项与本通知书不一致的,登记机关不得以本通知书预先核准的企业名称登记。
4. 企业名称涉及法律、行政法规规定必须报经审批,未能提交审批文件的,登记机关不得以本通知书预先核准的企业名称登记。
5. 企业名称核准与企业登记不在同一机关办理的,登记机关应当自企业登记之日起 30 日内,将加盖登记机关印章的该营业执照复印件,报送名称预先核准机关备案。未备案的,企业名称不受保护。

(八)公司住所证明,即能够证明公司对其住所享有使用权的文件

公司住所的使用证明一般包括:自有房产提交产权证复印件;租赁房屋提交租赁协议原件或加盖鲜章的租赁协议复印件和出租方产权证复印件;不能提供产权证复印件的,提交房屋产权的其他证明。

公司住所证明

_____工商行政管理局:

　　拟申请设立的_____有限责任公司,住所设在_____区(市)_____路(街)_____号,共有使用面积_____平方米,此房属_____所有,现同意_____承租,期限为_____年享有使用权。

　　特此证明。

　　附件1:产权证明

　　附件2:租房协议书

出租单位:　　　　　　　　　　使用单位:

(签章)　　　　　　　　　　　(签章)

　年　　月　　日　　　　　　　年　　月　　日

(九)国家工商行政管理总局规定要求提交的其他文件

法律、行政法规或者国务院决定规定设立有限责任公司必须报经批准的,还应当提交有关批准文件。

四、公司的变更登记

公司的变更是指公司设立登记事项中某一项或某几项的改变。公司变更的内容，主要包括公司名称、住所、法定代表人、注册资本、公司组织形式、经营范围、营业期限、有限责任公司股东或者股份有限公司发起人的姓名或名称的变更。

1. 公司变更的登记机关

公司（包括分公司）变更登记事项，应当向原公司登记机关申请变更登记。未经变更登记，公司不得擅自改变登记事项。变更登记事项涉及《企业法人营业执照》载明事项的，公司登记机关应当换发营业执照。

2. 公司变更登记应提交的文件

公司申请变更登记，应当向公司登记机关提交下列文件：(1)公司法定代表人签署的变更登记申请书；(2)依照《公司法》作出的变更决议或者决定；(3)国家工商行政管理总局规定要求提交的其他文件。公司变更登记事项涉及修改公司章程的，应当提交由公司法定代表人签署的修改后的公司章程或者公司章程修正案。变更登记事项依照法律、行政法规或者国务院决定规定在登记前须经批准的，还应当向公司登记机关提交有关批准文件。

3. 公司变更登记的具体规定

(1)公司名称变更。公司变更名称的，应当自变更决议或者决定作出之日起30日内申请变更登记。

(2)公司住所变更。公司变更住所的，应当在迁入新住所前申请变更登记，并提交新住所使用证明。公司变更住所跨公司登记机关辖区的，应当在迁入新住所前向迁入地公司登记机关申请变更登记；迁入地公司登记机关受理的，由原公司登记机关将公司登记档案移送迁入地公司登记机关。

(3)公司法定代表人变更。公司法人代表人变更的，应当自变更决议或者决定作出之日起30日内申请变更登记。

(4)公司注册资本变更。公司增加注册资本的，应当自变更决议或者决定作出之日起30日内申请变更登记。公司减少注册资本的，应当自公告之日起45日后申请变更登记，并应当提交公司在报纸上登载公司减少注册资本公告的有关证明和公司债务清偿或者债务担保情况的说明。

(5)公司经营范围变更。公司变更经营范围的，应当自变更决议或者决定作出之日起30日内申请变更登记；变更经营范围涉及法律、行政法规或者国务院决定规定在登记前须经批准的项目的，应当自国家有关部门批准之日起30日内申请变更登记。

公司的经营范围中属于法律、行政法规或者国务院决定规定须经批准的项目被吊销、撤销许可证或者其他批准文件，或者许可证、其他批准文件有效期届满的，应当自吊销、撤销许可证、其他批准文件或者许可证、其他批准文件有效期届满之日起30日内申请变更登记或者依照《公司登记管理条例》规定办理注销登记。

(6)公司类型变更。公司类型变更的，应当按照拟变更的公司类型的设立条件，在规定的期限内向公司登记机关申请变更登记，并提交有关文件。

(7)公司股东变更。有限责任公司变更股东的，应当自变更之日起30日内申请变更登记，并应当提交新股东的主体资格证明或者自然人身份证明。有限责任公司的自然人股东死亡后，其合法继承人继承股东资格的，公司应当依照前款规定申请变更登记。有限责任公司的股东或者股份有限公司的发起人改变姓名或者名称的，应当自改变姓名或者名称之日起30日内申请变更登记。

(8)因公司合并、分立引起的变更。因合并、分立而存续的公司,其登记事项发生变化的,应当申请变更登记;因合并、分立而解散的公司,应当申请注销登记;因合并、分立而新设立的公司,应当申请设立登记。

公司合并、分立的,应当自公告之日起 45 日后申请登记,提交合并协议和合并、分立决议或者决定以及公司在报纸上登载公司合并、分立公告的有关证明和债务清偿或者债务担保情况的说明。法律、行政法规或者国务院决定规定公司合并、分立必须报经批准的,还应当提交有关批准文件。

(9)其他规定。公司登记事项变更涉及分公司登记事项变更的,应当自公司变更登记之日起30 日内申请分公司变更登记。公司章程修改未涉及登记事项的,公司应当将修改后的公司章程或者公司章程修正案送原公司登记机关备案。公司董事、监事、经理发生变动的,应当向原公司登记机关备案。

变更登记事项涉及《企业法人营业执照》载明事项的,公司登记机关应当换发营业执照。

公司依照我国《公司法》第二十二条规定,公司根据股东(大)会、董事会决议已办理变更登记,人民法院宣告该决议无效或者撤销该决议的,应当向公司登记机关申请撤销变更登记,同时应当提交下列文件:(1)公司法定代表人签署的申请书;(2)人民法院的裁判文书。

五、公司注销登记

公司注销是指公司由于自身原因不能或者不愿经营下去而主动向公司登记机关申请注销其经营资格的行为。当一个公司宣告破产,或者被其他公司收购,公司章程规定营业期限届满、公司内部分立解散,或者由于一些业务经营方式不规范被依法责令关闭,这时公司可以申请注销。

公司解散,依法应当清算的,清算组应当自成立之日起 10 日内将清算组成员、清算组负责人名单向公司登记机关备案。有下列情形之一的,公司清算组应当自公司清算结束之日起 30 日内向原公司登记机关申请注销登记:(1)公司被依法宣告破产;(2)公司章程规定的营业期限届满或者公司章程规定的其他解散事由出现,但公司通过修改公司章程而存续的除外;(3)股东会、股东大会决议解散或者一人有限责任公司的股东、外商投资的公司董事会决议解散;(4)依法被吊销营业执照、责令关闭或者被撤销;(5)人民法院依法予以解散;(6)法律、行政法规规定的其他解散情形。

公司申请注销登记,应当提交下列文件:(1)公司清算组负责人签署的注销登记申请书;(2)人民法院的破产裁定、解散裁判文书,公司依照《公司法》作出的决议或者决定,行政机关责令关闭或者公司被撤销的文件;(3)股东会或股东大会、一人有限责任公司的股东、外商投资的公司董事会或者人民法院、公司批准机关备案、确认的清算报告;(4)《企业法人营业执照》;(5)法律、行政法规规定应当提交的其他文件。

国有独资公司申请注销登记,还应当提交国有资产监督管理机构的决定。其中,国务院确定的重要的国有独资公司,还应当提交本级人民政府的批准文件。

有分公司的公司申请注销登记,还应当提交分公司的注销登记证明。

经公司登记机关注销登记,公司终止。

六、公司登记审查制度

公司设立登记审查制度是公司设立全过程中的一个重要环节,它一方面决定了申请公司是否可以进入市场从事商事经营活动,另一方面它还是政府有关部门对公司运营活动进行监督的起点。登记主管机关审核登记注册的程序主要包括受理、审查、核准、发照、公告五个阶段。

(一)公司登记审查的意义及目的

通过审查，可以确认向登记主管机关申请设立的公司是否符合国家法律规定的设立要件，能否取得合法的市场经营主体资格，可否给予核准登记并颁发营业执照，从而使其能够以法人企业的名义从事生产经营活动。设置公司登记审查制度的目的就在于，通过对市场主体资格的审查和确认，从而维护交易的安全和秩序。

(二)公司登记审查的形式

公司的登记审查包括三种方式，即形式审查、实质审查和折中审查。形式审查，即登记机关仅仅对申请者所提交的申请从是否符合法律要求的角度进行审查，而不对登记事项的真伪进行调查核实；实质审查，则要求登记机关对申请者所提交的申请不仅从形式上审查其是否合法，而且要对申请事项的真伪进行审查；折中审查，则是登记机关对登记事项有重点地进行审查，尤其是对有疑问的事项予以审查，如果发现有不实之处得依职权拒绝登记。

(三)我国公司登记审查的形式及其缺陷

我国《公司登记管理条例》规定，公司的登记事项应当符合法律、行政法规的规定，不符合法律、行政法规规定的，公司登记机关不予登记。可见我国目前采取的是全面审查制，也即实质审查制。即要求登记机关对申请者是否具备法定条件进行全面、实质的审查。公司登记机关应当承担设立公司时所提交文件的合法性的审查义务，而不仅仅局限于材料的完整性。也就是说公司登记机关在审查中，不仅承担形式审查的责任，还需要进行全面审查。但从公司设立的实践中看，实质审查方式也存在有明显的缺陷：一方面使得公司登记机关的审查效率降低，公司设立程序繁琐，公司登记机关有可能借实质审查的名义，实施不正当行政干预，最终损害行政权威；另一方面则是做到全面审查事实上也存在一定难度。

(四)我国公司登记审查的原则

与西方国家相比，我国的公司登记审查制度还不完善。我国应当在借鉴国外成功经验的基础上，结合中国具体国情，进一步完善我国的公司登记审查制度，在实践中，应以形式审查为一般准则，同时赋予登记机关相机实施实质审查的职能。在实质审查中，审查重点应由对经济性质和经营范围的核定转向对企业设立人和注册资本的查验。

导入案例简析

根据我国《公司法》的规定，该公司不能通过注册。我国《公司法》规定，股东以实物出资应按出资时的现行市场价计算，不应按原购置发票计价，即实际出资金额应为5千元；甲、乙对其居住的房产虽然有产权，但房产与公司经营无关，且并未过户给公司，因此该出资无效；货币资金来源是甲、乙以公司的名义向银行借贷而来的，也不符合借贷资金不得作为股本权益性投资的规定。所以，该公司不能顺利通过注册。

【法规文献链接】

《中华人民共和国公司登记管理条例》(2014年2月19日修订，中华人民共和国国务院令第648号发布，2014-3-1起实施)

【任务训练】

运用"任务二"、"任务三"中的【任务训练】资料，拟制一份有限责任公司申请设立登记工作方案；同时要完成公司设立登记所必需的各类申请表格，并规范地填写各项信息。

思考与拓展

1. 公司登记事项包括哪些?
2. 设立有限责任公司,应向公司登记机关提交哪些文件资料?
3. 公司变更登记的具体规定有哪些?
4. 我国公司登记中的审查原则是什么?
5. 案例分析

2013年3月,A食品有限公司与另外4家企业达成协议共同出资设立B公司。B公司的5位发起人经商议,一致同意委托A食品公司负责公司设立的筹备事项,并共同拟定了公司章程,公司的注册资本为800万元,其中A公司出资240万元,其余投资由另外4家企业分别以货币、机器设备、土地使用权等出资。各方在实际缴付出资并办理了相关法定手续后,到当地会计师事务所取得了相应的验资证明。同年7月,B公司筹备处向所在市工商局申请设立登记并提交了公司注册所需的文件资料。

当地市工商局经审查后认为,B公司的具备设立条件,但以本地与B公司经营范围相同的企业已经设立较多,再设此类公司不符合本市经济发展规划为由,作出不予以登记的决定。A公司等5家企业在接到市工商局不予登记的通知后不服,随后便以市工商局为被告,向当地人民法院提起行政诉讼,要求市工商局对其设立新企业的申请予以登记。

问题:

B公司是否符合登记条件?A公司等5家企业的诉讼请求能否得到法院支持?

任务五　拟写一份公司合并的协议

任务目标

随着我国市场经济的深入发展,市场主体之间的竞争也变得异常激烈,公司的合并与分立将变得更为常见。通过本项任务内容的学习,要求学生掌握公司合并、分立、解散和清算的基本知识,并能初步拟定出一份"公司合并的协议"。

导入案例

案情:云天有限责任公司是一家经营商品批发的有限责任公司,由于市场不景气,加上股东内耗严重,公司负债累累。在一次股东会议上,股东刘某提议将云天公司分立为两个公司,一个叫华宇有限责任公司,另一个叫虹雨有限公司,由华宇有限公司承担原云天有限公司的债务,虹雨有限公司利用原云天有限公司的净资产。该提议被股东大会一致通过,随后云天公司分立为华宇与虹雨两家公司,约定华宇公司承担原云天公司的所有债务,虹雨公司利用云天公司的净资产。然后分立各方办理了相应的登记注销手续。不久,云天有限公司的债权人天恒有限公司找上门来,发觉华宇公司资不抵债,要求虹雨公司承担连带债务,虹雨公司拿出分立协议书,拒不偿还云天公司的债务。

问题:

(1)按照《公司法》的规定,云天有限公司的分立程序合法吗?

(2)如何看待本案中分立协议书的效力?

内容阐释

一、公司的合并

公司合并是指两个或两个以上的公司依照我国《公司法》规定的条件和程序,通过订立合并协议,不经过清算程序,共同组成一个公司的法律行为。

(一)公司合并的形式

公司合并可以采取吸收合并或者新设合并。但在实践中,采用吸收合并的情形更为普遍。

1. 吸收合并

公司的吸收合并是指一个公司依法吸收其他公司后作为市场主体存续,而被吸收的公司解散。依照法律的规定总结下来,实践中吸收合并可以采取四种合并方式:

(1)以现金购买资产的方式。吸收公司以现金购买被吸收公司的全部资产,包括全部权利和义务(债权和债务),被吸收公司失去原有的全部资产,而仅仅拥有吸收公司所支付的现金。被吸收公司解散时,因为债务债权已经全部转移,因此不需要清算,被吸收公司股东依照其股权分配现金,被吸收公司消灭。

(2)以股份购买资产的方式。吸收公司以自身的股份购买被吸收公司的全部资产,包括全部权利和义务,被吸收公司失去原有的全部资产,而仅仅拥有吸收公司支付的股份。

(3)以现金购买股份的方式。吸收公司以现金购买股份的方式成为被吸收公司的唯一股东,然后解散被吸收公司。

(4)以股份购买股份的方式。吸收公司以自身的股份换取被吸收公司股东所持有的被吸收公司的股份,而使被吸收公司的股东成为吸收公司的股东,吸收公司成为被吸收公司的唯一股东,被吸收公司解散。

2. 新设合并

公司新设合并是指两个或两个以上的公司合并后,成立一个新的公司,参与合并的原有各公司均归于消灭的公司合并。公司新设合并主要有两种形式:

(1)由新设公司以倾向资金购买部分参与合并公司的资产或股份,该部分参与合并公司的股东丧失其股东资格,剩余股东持有新设公司发行的股份,成为新设公司的股东。

(2)新设公司发行新股,参与合并的各公司股份可以全部转化为新公司的股份,成为新设公司的股东。

(二)公司合并的程序

依照我国《公司法》的有关规定,公司合并应遵循下列程序办理:

(1)制定合并方案。由公司董事会制订公司合并方案并提交股东会或股东大会决议。

(2)签订合并协议。合并协议由合并各方共同签订。合并协议应当包括下列主要内容:①合并各方的名称、住所;②合并后存续公司或新设公司的名称、住所;合并各方的资产状况及其处理办法;③合并各方的债权债务处理办法(应当由合并存续的公司或者新设的公司承继)。

(3)编制资产负债表和财产清单。

(4)作出合并决议。公司股东会或股东大会对公司合并进行决议,作出合并的决议,有限责任公司必须经代表三分之二以上表决权的股东通过,股份有限公司必须经出席会议的股东所持表决权的三分之二以上通过。

(5)通知债权人。即公司应当自作出合并决议之日起 10 日内通知债权人,并于 30 日内在报纸上公告。债权人自接到通知书之日起 30 日内,未接到通知书的自公告之日起 45 日内,可以要求公司清偿债务或者提供相应的担保。

(6)办理合并登记手续。公司合并,应当自公告之日起 45 日后申请登记。

(三)公司合并的法律效果

1. 公司的消灭

采用吸收合并的,被吸收的公司消灭;采用新设合并的,参与合并的各方公司消灭。合并后消灭的公司,应依法向原公司登记机关办理注销登记。

2. 公司的变更或设立

在吸收合并中,由于存续公司承受了消灭公司的权利和义务,从而使得存续公司发生注册资本、公司章程以及股东等事项发生变更,存续公司应依法向原公司登记机关办理变更登记。在新设合并中,参与合并的公司全部消灭而设立新的公司,新设的公司依法应当向公司登记机关办理设立登记。

3. 债权与债务的概括承受

根据民商法的原理和我国《民法通则》及《合同法》的有关规定,公司合并是合同权利义务即债权债务概括移转的法定原因,合并后的公司必须承受原公司的全部债权和债务,除非公司与债权人达成了另外的协议。如果公司在合并时未清偿债权债务,债权人有权请求合并后的公司清偿合并前的公司所负的债务。我国《公司法》规定,公司合并时,合并各方的债权、债务,应当由合并后存续的公司或者新设的公司承继。

二、公司的分立

公司分立是指一个公司通过依法签订分立协议,不经过清算程序,分为两个或两个以上公司的法律行为。

(一)公司分立的形式

在实践中,公司分立通常采用派生分立和新设分立两种形式。

(1)派生分立。公司的派生分立,是指公司以其部分资产另设一个或数个新的公司,而原公司存续。

(2)新设分立。公司的新设分立,是指公司以其全部资产设立两个或两个以上的新公司,而原公司解散。

(二)公司分立的程序

公司分立的程序与公司合并程序基本一样,董事会拟定分立方案,股东签订分立协议,编制资产负债表及财产清单,由股东会或股东大会作出分立决议,通知债权人,最后办理工商登记手续。

(三)公司分立的法律效果

1. 公司的变更或设立

在派生分立中,原存续公司因注册资本、公司章程以及股东等事项发生变更,应依法向原公司登记机关办理变更登记。派生分立中另设的新公司和因新设分立而产生的新公司,应依法向公司登记机关办理设立登记。

2. 公司的解散和注销

公司分立时应当对其财产进行分割。在新设分立中,原公司因全部财产都划分给了新设的公司,从而导致原公司解散,并依法向原公司登记机关办理注销登记。

3. 债权和债务的承受

按照我国《公司法》规定,分立后的公司有权继承原公司的债权,同时对原公司的债务由分立后的公司承担连带责任。但是,公司在分立前与债权人就债务清偿达成的书面协议另有约定的除外。

三、公司的解散

案例 2.11   **公司解散**

某电子公司于 2010 年 1 月 14 日注册登记,股东有三个,分别是:股东甲为某研究所,出资占公司总注册资本的 50.1%;股东乙为某有限公司,出资占公司总注册资本的 26.6%;自然人股东张某,非专利技术出资占总注册资本的 23.3%。电子公司成立后,经营一直很困难,2012 年后就已完全处于停业状态。为了减少公司损失,进而减少股东损失,2012 年 6 月 9 日,公司召开了第三次股东大会,会议决定,有关股东将转让股权,期限三个月,如果到期股权没有转让的,公司将停业,将进入清算程序。本次会议,三个股东均到场参加,并在会议决议上签字确认。之后,股东股权并没有如期转让。2012 年 11 月 4 日,公司又召开了第四次股东会会议,会议决定:公司解散,成立清算组。本次会议,股东张某参加了,但拒绝在会议记录上签字,此后也拒不配合原告对公司进行清算。经各方当事人多方协商,始终不能达成一致意见。为减少公司损失,维护原告利益,甲乙两个股东向法院提起诉讼,诉请法院判令解散电子公司,并依法进行清算。

问题:

(1)什么是公司解散,公司解散的原因有哪些?

(2)本案中甲乙两股东向法院提起诉讼请求判令解散电子公司的请求是否能够得到法院的支持,为什么?

(一)公司的解散的原因

公司解散是指已成立的公司基于一定的合法事由而使公司消失的法律行为。公司解散的原因分为:一般解散的原因、强制解散的原因和请求解散。

1. 一般解散的原因

一般解散的原因是指,只要出现了解散公司的事由公司即可解散。我国《公司法》规定的一般解散的原因有:

(1)公司章程规定的营业期限届满或者公司章程规定的其他解散事由出现时。但在此种情形下,可以通过修改公司章程而使公司继续存在,并不意味着公司必须解散。如果有限责任公司经持有 2/3 以上表决权的股东通过或者股份有限公司经出席股东大会会议的股东所持表决权的 2/3 以上通过修改公司章程的决议,公司可以继续存在。

(2)股东会或者股东大会决议解散。

(3)因公司合并或者分立需要解散。

2. 强制解散的原因

强制解散的原因是指由于某种情况的出现,由主管机关或人民法院命令公司解散。公司法规定强制解散公司的原因主要有:

(1)主管机关决定。根据我国《公司法》第六十六条规定:"重要的国有独资公司合并、分立、解散、申请破产的,应当由国有资产监督管理机构审核后,报本级人民政府批准。"由此可见,国有独资公司的解散,必须由国家授权投资的机构或者国家授权的部门作出解散的决定。

(2)责令关闭。公司违反法律、行政法规被主管机关依法责令关闭的,应当解散。

(3)被吊销营业执照。吊销企业法人营业执照,是工商行政管理局根据国家工商行政法规对违法的企业法人作出的一种行政处罚。企业法人被吊销营业执照后,应当依法解散和进行清算。

3. 请求解散的原因

我国《公司法》规定,当公司经营管理发生严重困难,继续存在会使股东利益受到重大损失,通过其他途径不能解决的,单独或者合计持有公司全部股东表决权10%以上的股东可以请求人民法院解散公司。具体情形如下:

(1)公司持续两年以上无法召开股东会或者股东大会,公司经营管理发生严重困难的。

(2)股东表决时无法达到法定或者公司章程规定的比例,持续两年以上不能做出有效的股东会或者股东大会决议,公司经营管理发生严重困难的。

(3)公司董事长期冲突,且无法通过股东会或者股东大会解决,公司经营管理发生严重困难的。

(4)经营管理发生其他严重困难,公司继续存续会使股东利益受到重大损失的情形。

(二)股东提请解散公司之诉的法律规定

除上面提到的,股东在法定情形下可以向人民法院请求强制解散公司外,还有其他关于解散公司诉讼的法律规定,具体情况如下:

(1)股东以知情权、利润分配请求权等权益受到损害,或者公司亏损、财产不足以偿还全部债务,以及公司被吊销企业法人营业执照未进行清算等为由,提起解散公司诉讼的,人民法院不予受理。

(2)股东提起解散公司诉讼,不得同时又申请人民法院对公司进行清算。

(3)股东提起解散公司诉讼应当以公司为被告,其他被起诉股东应当列为第三人。其他股东或者有关利害关系人可以向法院申请以共同原告或者第三人身份参加诉讼。

(4)人民法院审理解散公司诉讼案件,应当注重调解。当事人协商同意由公司或者股东收购股份,或者以减资等方式使公司存续,且不违反法律、行政法规强制性规定的,人民法院应予支持。当事人不能协商一致使公司存续的,人民法院应当及时判决。

经人民法院调解公司收购原告股份的,公司应当自调解书生效之日起6个月内将股份转让或者注销。股份转让或者注销之前,原告不得以公司收购其股份为由对抗公司债权人。

(5)人民法院判决驳回解散公司诉讼请求后,提起该诉讼的股东或者其他股东不得再以同一事实和理由向法院提请解散公司。

(三)公司解散的法律效果

解散是否导致公司法人资格的终止因国家而异,英国实行"先算后散"体制,解散即意味着公司法人人格的终止,我国实行"先散后算"的体制,美国、日本和欧洲大陆国家亦然,这种解散并不导致公司法人人格消灭,只是导致清算程序的发生。只有清算完成后,公司的法人人格才消灭。

(1)进入清算程序。通过清算,结束解散公司的既存法律关系,分配剩余财产,从而最终消灭其法人资格。

（2）公司仍存续，但应停止积极营业活动。在清算期间，公司存续，但不得开展积极的经营活动，即其活动限于与清算有关事务。

（3）解散公司在特定情形下仍可恢复。我国未作规定。日本准予自愿解散的公司，在清算结束前经股东大会决议而恢复。德国亦然。

四、公司的清算

公司清算是指公司解散时，为终结现存的财产和其他法律关系，依照法定程序，对公司的财产和债权债务关系进行清理、处分和分配，以了结其债权债务关系，从而剥夺公司法人资格的法律行为。公司除因合并或分立而解散外，其余原因引起的解散，均须经过清算程序。

（一）公司清算的法律意义

（1）清算期间，公司仍然具有法人资格。根据我国《公司法》规定，公司解散或被宣布破产后，在清算期间，公司法人资格和主体资格仍然还没有消灭，但不得开展与清算无关的经营活动。

（2）清算期间，公司的代表机构为清算组织。公司在清算期间，董事会不再代表公司，公司的财产、印章等都将由清算组织接管。由清算组织负责处理公司未了解事务，并代表公司对外进行诉讼。

（3）清算期间，公司的权力能力和行为能力受到限制。即在清算期间，公司仍具有法人资格，但不得再开展新的经营活动，公司的全部活动局限于清理公司已发生但尚未了结的事务，包括清偿债务、实现债权和处理公司内部事务。

（4）清算期间，公司财产在未按照法定程序清偿前，不得分配给股东。公司财产必须先用于支付清算费用、职工的工资、社会保险费用和法定补偿金，缴纳所欠税款，清偿公司债务，如仍有剩余财产，有限责任公司按照股东的出资比例分配，股份有限公司按照股东持有的股份比例分配。公司财产在未依此项规定清偿前，不得分配给股东。

（5）公司清算的最终结果将导致公司的终止即法人资格消灭。公司清算结束后，清算组应当制作清算报告，报股东会、股东大会或者人民法院确认，并报送公司登记机关，申请注销公司登记，公告公司终止。

（二）公司清算组织

清算组织是指在破产程序中，负责破产财产的保管、清理、估价以及处理和分配的专门机构。在国外，清算组被称为破产管理人或受托管理人，在我国，破产立法没有采用破产管理人的概念，但是清算组织实际上就是破产财产的管理机关。

清算组负责解散公司财产的保管、清理、处理和分配工作。按照我国《公司法》第一百八十四条的规定，清算组在清算期间行使下列职权：①清理公司财产，分别编制资产负债表和财产清单；②通知或者公告债权人；③处理与清算有关的公司未了的业务；④清缴所欠税款以及清算过程中产生的税款；⑤清理债权、债务；⑥处理公司清偿债务后的剩余财产；⑦代表公司参与民事诉讼活动。

清算组成员应当忠于职守，依法履行清算义务，不得利用职权收受贿赂或者其他非法收入，不得侵占公司财产。

（三）公司清算程序

1. 成立清算组

根据我国《公司法》规定而解散的公司，应当在解散事由出现之日起15日内成立清算组。有限

责任公司的清算组由股东组成,股份有限公司的清算组由董事或者股东大会确定的人员组成。如公司逾期不成立清算组的,或虽然成立清算组但故意拖延清算的,或违法清算可能严重损害债权人或者股东利益的,债权人可以申请人民法院指定有关人员组成清算组进行清算。

2. 通知或者公告债权人申报债权

清算组应当自成立之日起 10 日内通知债权人,并于 60 日内在报纸上公告。清算组未按照前款规定履行通知和公告义务,导致债权人未及时申报债权而未获清偿,债权人可以依法主张清算组成员对因此造成的损失承担赔偿责任。债权人应当自接到通知书之日起 30 日内,未接到通知书的自公告之日起 45 日内,向清算组申报其债权。债权人申报其债权,应当说明债权的有关事项,并提供证明材料。清算组应当对债权进行登记。在申报债权期间,清算组不得对债权人进行清偿。

3. 清理财产并提出清算方案

清算组对公司资产、债权、债务进行清理。清算组在清理公司财产、编制资产负债表和财产清单后,应当制定清算方案,并报股东会、股东大会或者人民法院确认。未经确认的清算方案,清算组不得执行。在清算期间,清算组成员因故意或者重大过失给公司或者债权人造成损失的,应当承担赔偿责任。

4. 分配清算财产

在清算期间,公司不得开展与清算无关的经营活动。任何人未经清算组批准,不得处分公司财产。清算组在清理公司财产、编制资产负债表和财产清单后,发现公司财产不足以清偿债务的,应当立即向人民法院申请宣告破产。公司经人民法院裁定宣告破产后:清算组应当将清算事务移交给人民法院。公司财产能够清偿公司债务的,清算组应先拨付清算费用,然后按照下列顺序清偿:(1)职工工资和社会保险费用和法定补偿金;(2)所欠税款;(3)公司债务。

在支付清算费用和清偿公司债务后,公司仍有剩余财产的,清算组应将剩余的公司财产分配给股东。有限责任公司按照股东的出资比例进行分配;股份有限公司按照股东持有的股份比例进行分配。公司财产在未清偿公司债务前,不得分配给股东。

另外,公司解散时,股东尚未缴纳的出资均应作为清算财产的,当公司财产不足以清偿债务时,债权人主张未缴出资股东,以及公司设立时的其他股东或者发起人在未缴出资范围内对公司债务承担连带清偿责任。

5. 清算终结

公司清算结束后,清算组应当制作清算报告,报股东会、股东大会或者人民法院确认;并报公司登记机关,申请注销登记,同时提交下列文件:(1)公司清算组负责人签署的注销登记申请书;(2)公司依照公司法作出的决议或者决定,或行政机关责令关闭的文件;(3)股东会、股东大会或者人民法院确认的清算报告;(4)《企业法人营业执照》;(5)法律、行政法规规定应当提交的其他文件。

注销登记申请经公司登记机关核准注销登记,公司终止。

导入案例简析

(1)公司分立是指一个公司依照有关法律、法规规定分成两个或两个以上公司的法律行为。公司分立,不仅是公司自身的事情,而且关系到进行分立的公司的股东及债权人利益,因此法律明确规定了分立的相关程序，只有按法定程序分立才产生法律效力。

　　我国《公司法》规定，公司分立，其财产作相应的分割。公司分立时，应当编制资产负债财产清单，公司应当自作出分立决议之日起10日内通知债权人，并于30日内在报纸上公告。债权人自接到通知书之日起30日内，未接到通知书的自公告之日起45日内，有权要求公司清偿债务或提供相应的担保，不清偿债务或不提供相应担保的，公司不得分立。本案中，云天公司在分立过程中，既没有编制资产负责及财产清单，也没有履行债权人保护程序，因此该分立行为无效。

　　(2)本案中，云天有限公司分立为华宇有限公司与虹雨有限公司，目的是为了逃避债务，而且该分立行为程序违法，分立无效，那么该分立协议书也应无效。

【法规文献链接】

1.《中华人民共和国公司法》(2013-12-28全国人民代表大会常务委员会修订，2014-3-1起实施)

2.《中华人民共和国合同法》(1999-3-15全国人民代表大会常务委员会发布，1999-10-1起实施)

【任务训练】

　　根据任课教师给定的拟合并或分立的有限责任公司或股份有限公司信息资料，拟定一份公司合并或分立的协议书。

思考与拓展

1. 公司合并的含义及方式有哪些？
2. 我国《公司法》对公司合并的程序是怎样规定的，公司合并后将产生哪些法律效果？
3. 公司解散的原因及公司解散后将会产生哪些法律效果？
4. 公司清算有哪些法律意义？
5. 公司解散时清算的程序是什么？
6. 案例分析

某市机械公司于2011年经上级主管部门批准，分立为A机器设备公司(以下简称A公司)和B构件厂(以下简称B厂)。机械公司分立时，其财产做了相应的分割，编制了资产负债表及财产清单。A公司与B厂就机械公司分立前的债务达成协议，全额由A公司承担。公司于2011年5月5日做出分立决议后，5月15日前通知了债权人，并在5月5日至6月5日连续在报纸上就分立事宜公告了三次。机械公司的债权人刘某接到通知书后，于5月20日向机械公司提出了清偿债务的要求；债权人王某接到通知书后，于5月30日向机械公司提出了提供相应债务担保的请求。机械公司对债务人刘某清偿了债务，并对债权人王某的要求做出了承诺。2011年6月1日，公司正式分立。机械公司在外地的债权人赵某未接到分立通知书，于2011年8月2日才知晓机械公司已分立，于是分别向A公司和B厂主张债权，但A公司和B厂均以公司早已分立为由拒绝了赵某的要求。赵某遂诉诸法院。

问题：

(1)公司分立时，应如何通知已知的债权人及其他债权人？

(2)债权人刘某与王某的要求是否符合公司法的规定？

(3)债权人赵某的主张是否有法律依据？

附:公司合并协议

(参考范本)

_____公司合并协议书(新设合并)

甲方:X 有限责任公司

(住所、法定代表人、电话、传真、邮政编码、开户银行、户名及账号)

乙方:Y 有限责任公司

(住所、法定代表人、电话、传真、邮政编码、开户银行、户名及账号)

合并后公司名称:Z 股份有限公司(暂定名,最终以工商登记为准)

(住所、法定代表人、电话、传真、邮政编码、开户银行、户名及账号)

由于,甲乙双方拟进行合并,成立 Z 有限责任公司,现根据我国《公司法》等有关法律规定,订立如下条款,共同信守。

第一条 合并的方式

X 有限责任公司与 Y 有限责任公司合并后设立 Z 有限责任公司,合并后原有公司注销。

第二条 合并各方资产及债权债务

(一)X 有限责任公司:资产总额_____万元,负债总额_____万元,净资产_____万元;

(二)Y 有限责任公司:资产总额_____万元,负债总额_____万元,净资产_____万元;

详见 X 和 Y 有限责任公司财务报表。

第三条 合并后 Z 公司经营项目内容:_____

_____。

第四条 合并后公司注册资本

Z 有限公司注册资本总额_____万元。

第五条 合并后公司资本构成

(一)X 有限责任公司股东出资,计_____万元,占公司资本总额的_____%;

(二)Y 有限责任公司股东出资,计_____万元,占公司资本总额的_____%。

第六条 合并后公司职工的安排

新设公司承继 X 和 Y 有限责任公司所有劳动关系,继续履行原劳动合同规定的权利和义务,合同主体要进行变更。(本条款表述的基本上是公司职工劳动关系的变化,包括合并后新公司与职工的劳动关系,原公司与职工劳动关系的解除及经济补偿等条款。)

第七条 合并后公司的章程

根据公司合并后的具体情况,重新制定公司章程。

第八条 合并后公司的董事事项

(其中包括董事的选任、报酬、各方人员的安排等)

第九条 资产的交接与交接前资产的管理

X 和 Y 有限责任公司共同成立"新设合并公司筹备处",负责 X 和 Y 有限责任公司新设合并事项。筹备处在_____年_____月_____日前在工商管理部门办理完毕 Z 公司设立登记。双方在

_____年_____月_____日前将各方的资产、债务和业务等移交给 Z 公司，在交接之前，双方要对公司资产、债务及公司业务尽善管注意义务。

第十条　合并程序及时间

本协议经由甲乙双方董事会分别通过后签订，并分别提经各公司股东会决定后发生效力，并由双方依照本协议条款的规定共同向工商局申请办理相关合并所需手续。

合并各方召开股东会批准协议的时间应当是_____年_____月_____日前。

甲乙双方于股东会通过后，应编制截止_____年_____月_____日的资产负债表、资产债务目录等，向各自债务人通知；向各债权人分别通知并公告。

X 有限责任公司与 Y 有限责任公司合并时间为_____年_____月_____日。

第十一条　禁止行为

（一）未经甲、乙双方同意，禁止任何一方私自以公司名义进行业务活动；如其业务获得利益归公司，造成的损失按实际损失进行赔偿。

（二）禁止甲、乙双方参与经营与本公司竞争的业务；

（三）除本协议另有约定或者经甲、乙双方同意外，甲、乙双方不得同本公司进行交易。

（四）甲、乙双方不得从事损害本公司利益的活动。

第十二条　违约责任

甲、乙双方在本协议约定内未按协定方式准时、足额出资的，应当赔偿由此给另外一方造成的损失。

第十三条　其他本合并协议未尽事宜，依有关法律规定办理，未规定者，由双方董事会协商办理。

第十四条　本协议一式两份，合伙人各执一份。协议经甲、乙双方签名、盖章后生效。

甲方（公章）：　　　　　　　　　　乙方（公章）：

法定人代表（或授权代表）：　　　　法定人代表（或授权代表）：

签约时间：　年　月　日　　　　　签约时间：　年　月　日

签约地点：

项目三　编制"规范市场行为　有效参与竞争"的规则体系

任务一　编制一份企业正当竞争行为守则

任务目标

市场经济是一种竞争经济。有序竞争、合法竞争、有效竞争，既是企业得以生存和发展的重要条件，也是市场功能得以实现的重要基础。正当竞争应当鼓励和支持，不正当竞争必须予以制止。企业应当自觉遵守"市场游戏规则"。为此，编制正当竞争规范也就成为了企业的重要内容之一。自觉依法确定并执行正当竞争规则，是现代企业的责任和使命。

通过本项任务相关法规内容的学习与思考，根据企业实际，编制一份"××公司正当竞争行为守则"。

导入案例

案　例　一

哈药集团制药六厂与阜阳 A 保健品有限公司不正当竞争纠纷案(摘要)

时间：2006-06-15　来源：(2006)哈民五初字第 12 号(转自：110 网"裁判案例")

制药六厂于 2004 年 3 月 12 日申请，2004 年 9 月 15 日获得 ZL200430015075.4 包装盒(2)外观设计专利权，该专利说明书摘要注明：请求保护的外观设计包含有色彩。制药六厂将该专利使用于其产品新盖中盖牌高钙片的包装盒。该包装盒长 5.2 cm，宽 5.2 cm，高 10.1 cm，整体基色为蓝白色。盒体正面基色由下向上从蓝色向白色变化，蓝色占 2/3；正面上部位于蓝白基色交接处为大字"新盖中盖"，"新"为红框白字，"盖中盖"从左到右由红、黄、绿、黄、红逐渐变化，其右下角为红色小字"牌"，左上角为蓝色保健食品标志和批准文号，右上角为蓝色"盖中盖"文字商标；正面中部为蓝色大字"高钙片"，其下方橘黄色长条横框内为白色小字"每片中含：钙 500 mg 维生素 D100IU"，再下方为激光防伪图案"盖中盖"文字商标；正面下部底端为红白两条横线，横线上方为白框红色字"哈药集团制药六厂"，其上方左侧的橘黄色小椭圆内为白色小字"低糖"，右侧为白色小字"净含量：2.5 g×30 片"。盒体背面除没有正面的激光防伪图案外，其余相同。

A 公司新钙中王高钙片的包装盒，长 5.1 cm，宽 5.1 cm，高 10 cm，整体基色为蓝白色。盒体正面基色由下向上从蓝色向白色逐渐变化，蓝色占 3/5；正面上部为大字"新钙中王"，"新"为红框白字，"钙中王"从左到右由红、黄、绿、黄、红逐渐变化，左上角为"金源"文字和图形商标；中部位于蓝白基色交接处为蓝色大字"高钙片"，其下方红色长条横框内为白色小字母"HIGHCALCIUN-MSLICE"，再下方为白色小字"一天一片健康永伴你……"；底端为红色横线，横线上方为白框红色字"阜阳 A 保健品有限公司"，其上方为白色小字"净含量：1.8 g×30 片"。盒体背面与正面相同。盒体侧面印有与盒体正面相同的"新钙中王"和白色"高钙片"文字，其下方印有卫生许可证号阜泉卫食字(2004)第 0592 号，公司地址安徽阜阳市阜太路 383 号，生产日期 2005 年 9 月 8 日。

制药六厂举示了影响新盖中盖牌高钙片销售情况的说明，主要内容为：自 2004 年开始，新盖中盖牌高钙片销售利润逐年下降，被告的产品上市对制药六厂销售利润的影响约 300 万元。

问题：

阜阳 A 保健品公司是否构成不正当竞争行为？若构成，属于何种行为性质？

案 例 二

中、小学教学用书分为教材(教科书)和教辅(辅导材料)两种。依照国家有关规定，教材是学生必须人手一册的必订书；教辅则属于课外读物，是选订书，教育部门和学校可以向学生推荐，但必须坚持自愿原则，不能强令学生购买。

某新华书店为了多推销教辅，与某县教育局签订了一份协议，约定书店每年支付教育局"宣传推广费"18 万元，教育局保证当年征订的教学用书不低于上年同期水平。依此协议，教育局在每年度教学用书征订工作中，指示各学校均按教材、教辅人手一册的比例计算出总价款，通知学生预交订书款。

某工商局认为，书店行为属于反不正当竞争法第八条规定的商业贿赂行为，遂依照该法第二十二条的规定，对其作出罚款 10 万元的行政处罚决定。

问题：

工商局对该书店的行为性质认定合法吗？为什么？

内容阐释

市场经济条件下，每个民事主体都要讲求基本的商业道德，遵守诚实守信的原则，既不应进行不正当竞争行为侵犯其他经营者的利益，也不能欺骗消费者。遵守法律，进行公平竞争才能提高自身的竞争力，同时也有利于净化整个市场经营环境，对各自企业的长远发展有百利而无一害。

前述几个案例反映出的现象只是现实市场竞争中种种不正当行为的冰山一角。但透过这样的例子，可以发现：增进经营者正当竞争意识，强化市场竞争监管，制止不正当竞争行为，净化竞争环境，是十分必要的。

前述几个案例所提及的问题的正确回答，当以我国《反垄断法》《反不正当竞争法》及其配套法规、规章等规定为依据。

一、市场竞争的含义及价值、不正当竞争的含义

(一)市场竞争的含义及价值

市场经济是一种竞争经济,是需要充分发挥竞争机制的功能实现资源有效配置和效益充分发挥的经济。建立正常、有序、健康、稳定的竞争秩序,运用法律手段维护公平的市场竞争秩序,是市场经济发展的内在要求,也是广大生产经营者和消费者的强烈愿望。因此,当代各国普遍重视竞争法律制度的建设。从 1889 年加拿大制定世界第一部竞争法——《预防和禁止贸易合并法》开始,随后,美国于 1892 年制定了《维护贸易与商业不受非法限制与危害法案》(《谢尔曼法》),德国于 1923 年制定了第一部反垄断法——《卡特尔条例》。二战后,在各国国内竞争立法迅速发展的同时,国际领域也在构筑统一的竞争法体系,1980 年 12 月第 35 届联合国大会正式通过了《控制限制性商业行为的公平原则和规则的多边协议》。在我国,1993 年 9 月 2 日八届全国人大常委会第 3 次会议通过了《中华人民共和国反不正当竞争法》,自 1993 年 12 月 1 日起施行;2007 年 8 月 30 日,十届全国人大常委会第 29 次会议通过了《反垄断法》,并于 2008 年 8 月 1 日起施行。这两个基本法律文件的制定和实施,为维护社会主义市场经济竞争秩序提供了法律保障。

一般地讲,所谓"竞争",是指具有平等法律地位的有关主体为了取得有利于自身生存发展的条件或者取得有利的某种优势或预期效果而"各显神通",在相互之间展开的一种合法、合理的比拼。商业竞争、学习竞争、体育竞技、就业竞争等,无不如此。而"市场竞争",一般是指各类经营活动主体在市场经营活动中,为了取得有利的经营和发展条件而进行的相互争胜活动。这种相互争胜的活动,是竞争者把自己生产经营的商品投入市场接受价值规律和消费者的检验,相互比较,优胜劣汰的活动。

市场竞争一般呈现出以下特点:第一,竞争是独立的商品生产经营者之间的个体(不是群体)竞争;第二,竞争是由双方经济力量的互相抗衡而引起的,竞争主要发生在力量基本足以相互抗衡的商品生产经营者之间;第三,处于劣势地位的经营者总是企图摆脱自己的不利地位,而处于相对优势地位的经营者总是希望保持住优势地位。

经营者为获得有利的市场地位所迸发和显现出的自觉、能动的进取性,是一种旺盛的活力。正是这种活力,会导致竞争形势的改变和竞争者地位的转移。也正因此而使竞争具有积极的进取性和排他性。它的这种特性和作用始终不懈地推动着市场经济的运行。

(二)不正当竞争的含义

"不正当竞争"这个术语一般认为出自 1883 年的《保护工业产权巴黎公约》。该公约规定,凡是在工商活动中违反诚实经营的竞争行为即构成不正当的竞争行为。此后,许多西方国家从不同的角度概括了不正当竞争的内涵,都把违反诚实信用原则和公平竞争原则的行为作为不正当竞争概念的核心内容。

在我国,不正当竞争,从广义的角度讲,是指违反《中华人民共和国反垄断法》和《中华人民共和国反不正当竞争法》规定的行为。从狭义上看,仅指违反《中华人民共和国反不正当竞争法》规定的行为。该法第二条第二款规定:"本法所称的不正当竞争,是指经营者违反本法规定,损害其他经营者的合法权益,扰乱社会经济秩序的行为。"

二、《反垄断法》规定的垄断及反垄断

(一)垄断的概念及危害

"垄断"意为独占,即一个市场上只有一个经营者或者一个经营者联盟,或者说是指一个或少数几个经营者对相应部门商品生产和销售或者服务提供的独占或联合控制。《中华人民共和国反

垄断法》第三条规定:"本法规定的垄断行为包括:(一)经营者达成垄断协议;(二)经营者滥用市场支配地位;(三)具有或者可能具有排除、限制竞争效果的经营者集中。"此外,根据《反垄断法》第五章的规定,还包括滥用行政权力限制、排除竞争的行为,即"行政垄断"。

市场经济是竞争型的经营,需要竞争,要在国家科学的宏观调控下,充分发挥市场功能,促进社会资源在竞争机制作用下,实现有效配置和效益最大化。而垄断则是背离市场经济这一特质的一种异物,它排除竞争或者限制竞争,与合法、正常、充分竞争格格不入,与竞争是对立的。因此,我国《反垄断法》第一条明确规定,制定该法的目的是"为了预防和制止垄断行为,保护市场公平竞争,提高经济运行效率,维护消费者利益和社会公共利益,促进社会主义市场经济健康发展"。

(二)垄断协议

1. 垄断协议的含义

《反垄断法》第十三条第二款规定:"本法所称垄断协议,是指排除、限制竞争的协议、决定或者其他协同行为。"2010年12月31日国家工商行政管理总局第53号令颁布并自2011年2月1日起实施的《工商行政管理机关禁止垄断协议行为的规定》第二条第二款对垄断协议的界定是:"垄断协议是指违反《反垄断法》第十三条、第十四条、第十六条的规定,经营者之间达成的或者行业协会组织本行业经营者达成的排除、限制竞争的协议、决定或者其他协同行为。"可见,形成垄断协议必须至少有两个经营者,而且它们之间存在事先通谋协商达成一致意思的行为,其内容一般确定、维持、变更或固定价格、限制产量、划分市场等,并以某种协议、决定或者具体协同行为加以反映,目的是达到排除竞争、限制竞争,使协议参与各方分享市场利益等。

垄断协议中的协议、决定可以是书面形式的,也可以是口头形式的;其他协同行为是指经营者虽未明确订立书面或者口头形式的协议或者决定,但实质上存在协调一致的行为。

垄断协议行为的构成要件主要有四个:第一,主体要件:有两个或者两个以上的同类商品经营者;第二,主观方面要件:参与协议的各方存在期望实现通过协议排除、限制竞争,分享市场利益甚至获取稳定、超额的不正当利益的目的;第三,客观方面要件:参与协议各方通谋协商达成一致意见,实施确定、维持、变更或固定价格、限制产量、划分市场等行为;第四,行为后果要件:破坏社会主义市场经济正常竞争秩序,损害其他同类商品经营者合法权益。

2. 垄断协议类型

(1)横向垄断协议。横向垄断协议是指具有竞争关系的经营者达成的垄断协议,即指同一产业中存在竞争关系的经营者之间达成的限制竞争的协议。这些经营者处于同一经济层面,如同类商品的经营者、销售同类产品或者提供同类服务的经营者。横向垄断协议对竞争的危害既直接又严重,因而是各国反垄断法规制的重点。方便面经营商集体涨价、瓶装矿泉水经营者集体定价、航空公司结成价格联盟规定机票最低折扣等,均属于横向垄断协议范畴。

《反垄断法》第十三条第一款规定:"禁止具有竞争关系的经营者达成下列垄断协议:(一)固定或者变更商品价格;(二)限制商品的生产数量或者销售数量;(三)分割销售市场或者原材料采购市场;(四)限制购买新技术、新设备或者限制开发新技术、新产品;(五)联合抵制交易;(六)国务院反垄断执法机构认定的其他垄断协议。"

对于《反垄断法》第十三条第一款规定的横向垄断协议类型中,属于工商行政管理机关管辖的第(二)(三)(四)(五)种情形,《工商行政管理机关禁止垄断协议行为的规定》作了进一步的明确。具体内容是:

第一,禁止具有竞争关系的经营者就限制商品的生产数量或者销售数量达成下列垄断协议:以限制产量、固定产量、停止生产等方式限制商品的生产数量或者限制商品特定品种、型号的生产数量;以拒绝供货、限制商品投放量等方式限制商品的销售数量或者限制商品特定品种、型号的销售数量。

第二,禁止具有竞争关系的经营者就分割销售市场或者原材料采购市场达成下列垄断协议:划分商品销售地域、销售对象或者销售商品的种类、数量;划分原料、半成品、零部件、相关设备等原材料的采购区域、种类、数量;划分原料、半成品、零部件、相关设备等原材料的供应商。

第三,禁止具有竞争关系的经营者就限制购买新技术、新设备或者限制开发新技术、新产品达成下列垄断协议:限制购买、使用新技术、新工艺;限制购买、租赁、使用新设备;限制投资、研发新技术、新工艺、新产品;拒绝使用新技术、新工艺、新设备;拒绝采用新的技术标准。

第四,禁止具有竞争关系的经营者就联合抵制交易达成以下垄断协议:联合拒绝向特定经营者供货或者销售商品;联合拒绝采购或者销售特定经营者的商品;联合限定特定经营者不得与其具有竞争关系的经营者进行交易。

第五,对于《工商行政管理机关禁止垄断协议行为的规定》未明确规定的其他垄断协议,除价格垄断协议外,由国家工商行政管理总局依法认定。

(2)纵向垄断协议。纵向垄断协议是指同一产业中在不同阶段中有买卖关系的企业间为限制竞争而达成的协议,如商品生产商和该类商品销售商之间达成的有关协议。《反垄断法》第十四条规定:"禁止经营者与交易相对人达成下列垄断协议:(一)固定向第三人转售商品的价格;(二)限定向第三人转售商品的最低价格;(三)国务院反垄断执法机构认定的其他垄断协议。"这是对纵向垄断协议作出的禁止性规定。

我国《反垄断法》还规定:行业协会应当加强行业自律,引导本行业的经营者依法竞争,维护市场竞争秩序;行业协会不得组织本行业的经营者从事本章禁止的垄断行为。

3. 垄断协议的豁免

垄断协议的豁免,也称垄断协议的适用除外,是指经营者之间达成的协议虽然具有排除、限制竞争的后果,符合《反垄断法》禁止的垄断协议行为的构成要件,但是由于其整体上有利于技术进步、经济发展和社会公共利益,符合法定免责条款,因而被从《反垄断法》的适用中予以排除。对此,《反垄断法》第十五条规定:"经营者能够证明所达成的协议属于下列情形之一的,不适用本法第十三条、第十四条的规定:(一)为改进技术、研究开发新产品的;(二)为提高产品质量、降低成本、增进效率,统一产品规格、标准或者实行专业化分工的;(三)为提高中小经营者经营效率,增强中小经营者竞争力的;(四)为实现节约能源、保护环境、救灾救助等社会公共利益的;(五)因经济不景气,为缓解销售量严重下降或者生产明显过剩的;(六)为保障对外贸易和对外经济合作中的正当利益的;(七)法律和国务院规定的其他情形""属于前款第一项至第五项情形,不适用本法第十三条、第十四条规定的,经营者还应当证明所达成的协议不会严重限制相关市场的竞争,并且能够使消费者分享由此产生的利益"。

(三)滥用市场支配地位

1. 滥用市场支配地位的含义

《反垄断法》第十七条第二款规定:"本法所称市场支配地位,是指经营者在相关市场内具有能够控制商品价格、数量或者其他交易条件,或者能够阻碍、影响其他经营者进入相关市场能力的市场地位。"

一般来说，市场支配地位本身不违法，并不必然会被反垄断法禁止或制裁，只有当具有市场支配地位的经营者滥用其市场支配地位危害竞争、损害公共利益和私人利益时，才会受到反垄断法的禁止或制裁。根据我国《反垄断法》及相关规定，所谓滥用市场支配地位，是指具有市场支配地位的经营者，在经济活动中，没有正当理由，利用其支配地位实施低购高售、不合理低价销售、拒绝交易、强制交易、搭售商品或者附加不合理交易条件、实行差别待遇等排除、限制竞争的违法行为。

关于市场支配地位的认定，应依照《反垄断法》和《工商行政管理机关禁止滥用市场支配地位行为的规定》进行。

2. 滥用市场支配地位的行为种类

根据《反垄断法》第十七条和《工商行政管理机关禁止滥用市场支配地位行为的规定》等规定，滥用市场支配地位的行为主要有以下七类：

第一，以不公平的高价销售商品或者以不公平的低价购买商品。此种行为属于价格垄断行为。一般来说，在市场缺乏竞争或者竞争不充分或者竞争法执法监管不力的环境下，往往发生拥有市场支配地位的经营者通过价格（垄断）策略获取垄断利润的盘剥行为。

第二，没有正当理由，以低于成本的价格销售商品。通过经营活动获得利润是所有经营者的基本目标，也是常识。为此，经营者通常不会亏本销售，更何况是具有市场支配地位的经营者，除非是因为销售鲜活商品、处理有效期限即将到期的商品等特殊情况。具有市场支配地位的经营者没有正当理由，却以低于成本的价格销售商品，其实质是借此举打压竞争对手甚至排挤对手，争夺市场份额，一旦达到目的，就会抬高价格。

第三，没有正当理由，拒绝与交易相对人进行交易。法律和行政规章明确禁止具有市场支配地位的经营者没有正当理由，通过下列方式拒绝与交易相对人进行交易：一是削减与交易相对人的现有交易数量；二是拖延、中断与交易相对人的现有交易；三是拒绝与交易相对人进行新的交易；四是设置限制性条件，使交易相对人难以继续与其进行交易；五是拒绝交易相对人在生产经营活动中以合理条件使用其必需设施。

需要指出的是，我国反垄断法关注的拒绝交易，主要是指由市场支配地位的公用企业（如天然气供应企业、自来水供应企业等）实施的拒绝交易行为。这些企业本身的特殊地位及提供商品和服务的特殊性，决定了具有普遍服务义务，违反该义务，拒绝与交易相对人交易，将会严重影响民众的日常生活和社会稳定。

第四，没有正当理由，限定交易相对人只能与其进行交易或者只能与其指定的经营者进行交易。此种行为属于"强制交易"行为。

第五，没有正当理由搭售商品，或者在交易时附加其他不合理的交易条件。此种行为一般俗称"捆绑式"销售。它是具有市场支配地位的经营者将其在特定市场、特定商品或特定服务上的竞争优势不公平地延伸到被搭售的产品或服务上，从而限制甚至排除与其搭售商品或者服务同类的商品或者服务的其他经营者的公平市场竞争权益；同时，因搭售商品或者附加条件也往往损害到消费者的合法权益。

第六，没有正当理由，对条件相同的交易相对人在交易价格等交易条件上实行差别待遇。法律禁止具有市场支配地位的经营者没有正当理由，对条件相同的交易相对人在交易条件上实行下列差别待遇：实行不同的交易数量、品种、品质等级；实行不同的数量折扣等优惠条件；实行不同的付款条件、交付方式；实行不同的保修内容和期限、维修内容和时间、零配件供应、技术指导等售后服务条件。

第七,国务院反垄断执法机构认定的其他滥用市场支配地位的行为。

需要指出的是,对前述滥用市场支配地位的行为中第三、四、五、六种行为中所谓"正当理由"的认定,应当综合考虑以下两个方面的因素:一是有关行为是否为经营者基于自身正常经营活动及正常效益而采取;二是有关行为对经济运行效率、社会公共利益及经济发展的影响。

(四)经营者集中

1. 经营者集中的含义

《反垄断法》第二十条规定:"经营者集中是指下列情形:(一)经营者合并;(二)经营者通过取得股权或者资产的方式取得对其他经营者的控制权;(三)经营者通过合同等方式取得对其他经营者的控制权或者能够对其他经营者施加决定性影响。"根据该条并结合其他相关规定精神,我们可以认为:所谓经营者集中,是指通过企业合并方式、取得股权或者资产方式、通过合同方式等,控制或者决定性地影响其他经营者,实现参与集中的经营者扩大市场份额及增强对市场的影响力甚至控制力的行为。

经营者集中是市场经济发展的必然产物,也是经济活动中的普遍现象,与经营者增强竞争力以适应竞争求得自身生存发展的追求密不可分。特别是随着市场空间的不断扩大,在全球市场一体化、资源全球流动的背景下,适度的经营者集中是有着一定的积极意义的,即经营者集中有利于形成规模经济,提高经营者的竞争力。但同时,经营者集中如果把握不当,往往会产生对竞争的限制、排除的后果。因此,各国反垄断法都对经营者集中实行必要的控制。控制的主要手段是对经营者集中实行事先或者事后申报制度,并由反垄断执法机构进行审查,决定是否允许经营者实施集中。

我国反垄断法规定了经营者集中事先申报制度。对此,《反垄断法》第二十一条明确规定:"经营者集中达到国务院规定的申报标准的,经营者应当事先向国务院反垄断执法机构申报,未申报的不得实施集中。"在我国,对经营者集中履行反垄断审查的职能机关是中央人民政府商务部。

2. 经营者集中的事先申报

对于申报标准,根据现行规定,经营者集中达到下列标准之一的,应当事先向国务院商务主管部门申报,未申报的不得实施集中:

(1)参与集中的所有经营者上一会计年度在全球范围内的营业额合计超过100亿元人民币,并且其中至少两个经营者上一会计年度在中国境内的营业额均超过4亿元人民币。

(2)参与集中的所有经营者上一会计年度在中国境内的营业额合计超过20亿元人民币,并且其中至少两个经营者上一会计年度在中国境内的营业额均超过4亿元人民币。

(3)未达到前两项规定的申报标准,但按照规定程序收集的事实和证据表明该经营者集中具有或者可能具有排除、限制竞争效果的。

但经营者集中有下列两种情形之一的,可以不向国务院反垄断执法机构申报:一是参与集中的一个经营者拥有其他每个经营者百分之五十以上有表决权的股份或者资产的;二是参与集中的每个经营者百分之五十以上有表决权的股份或者资产被同一个未参与集中的经营者拥有的。前者属于已形成控制与被控制关系的经营者之间的集中,后者属于受同一控制的经营者之间的集中。

经营者向国务院反垄断执法机构申报集中,应当提交下列五方面的文件、资料:一是申报书;二是集中对相关市场竞争状况影响的说明;三是集中协议;四是参与集中的经营者经会计师事务所审计的上一会计年度财务会计报告;五是国务院反垄断执法机构规定的其他文件、资料。经营者提交的文件、资料不完备的,应当在国务院反垄断执法机构规定的期限内补交文件、资料。经营者逾期未补交文件、资料的,视为未申报。

对于经营者集中达到国务院《规定》设定的申报标准,经营者"未依法申报经营者集中",将依照《反垄断法》和《未依法申报经营者集中调查处理暂行办法》的规定处理。

3. 经营者集中的审查程序

根据《反垄断法》规定,国务院反垄断执法机构应当自收到经营者提交的符合规定的文件、资料之日起30日内,对申报的经营者集中进行初步审查,作出是否实施进一步审查的决定,并书面通知经营者。国务院反垄断执法机构作出决定前,经营者不得实施集中。

国务院反垄断执法机构作出不实施进一步审查的决定或者逾期未作出决定的,经营者可以实施集中。对于国务院反垄断执法机构决定实施进一步审查的,应当自决定之日起90日内审查完毕,作出是否禁止经营者集中的决定,并书面通知经营者。作出禁止经营者集中的决定,应当说明理由。审查期间,经营者不得实施集中。

对于有下列情形之一的,国务院反垄断执法机构经书面通知经营者,可以延长前述进一步审查的期限,但最长不得超过60日:一是经营者同意延长审查期限的;二是经营者提交的文件、资料不准确,需要进一步核实的;三是经营者申报后有关情况发生重大变化的。国务院反垄断执法机构逾期未作出决定的,经营者可以实施集中。

特别需要注意的是,为了确保审查的实效性和科学性,切实达到对经营者集中适当和适度控制,维护和促进正常竞争,根据《经营者集中审查办法》,在审查过程中有以下三点值得关注:第一,审查机构应当广泛听取各方意见;第二,审查机构可以主动或应有关方面的请求决定召开听证会,调查取证;第三,允许参与集中的经营者提出对集中交易方案进行调整的限制性条件。

4. 经营者集中的实质性审查

对经营者集中的实质性审查,也就是关于经营者集中对竞争的影响的评估。该方面的审查应当根据《反垄断法》第二十七条规定办理:"审查经营者集中,应当考虑下列因素:(一)参与集中的经营者在相关市场的市场份额及其对市场的控制力;(二)相关市场的市场集中度;(三)经营者集中对市场进入、技术进步的影响;(四)经营者集中对消费者和其他有关经营者的影响;(五)经营者集中对国民经济发展的影响;(六)国务院反垄断执法机构认为应当考虑的影响市场竞争的其他因素。"

5. 外资并购的经营者集中审查及国家安全审查

近年来,随着全球产业结构的转移,发生在我国境内的外资并购份额日益扩大。这些并购不仅可能影响竞争,而且还引起了关于外资并购是否会危及国家安全的讨论。

《反垄断法》第三十一条规定:"对外资并购境内企业或者以其他方式参与经营者集中,涉及国家安全的,除依照本法规定进行经营者集中审查外,还应当按照国家有关规定进行国家安全审查。"商务部2009年第6号令发布的经修订的《关于外国投资者并购境内企业的规定》第三条规定:"外国投资者并购境内企业应遵守中国的法律、行政法规和规章,遵循公平合理、等价有偿、诚实信用的原则,不得造成过度集中、排除或限制竞争,不得扰乱社会经济秩序和损害社会公共利益,不得导致国有资产流失。"该规定同时在第五十一条规定:"依据《反垄断法》的规定,外国投资者并购境内企业达到《国务院关于经营者集中申报标准的规定》规定的申报标准的,应当事先向商务部申报,未申报不得实施交易。"

6. 经营者集中的禁止

《反垄断法》第二十八条规定,经营者集中具有或者可能具有排除、限制竞争效果的,国务院反垄断执法机构应当作出禁止经营者集中的决定。商务部《关于评估经营者集中竞争影响的暂行规定》第十三条明确规定:"经营者集中具有或者可能具有排除、限制竞争效果的,商务部应当作出禁

止经营者集中的决定。"

由于经营者集中对市场经济的发展和有序竞争具有双重作用,即使被认定对竞争有一定损害的经营者集中,只要其优化资源配置、提高经济效益、增强企业的国际竞争力、促进产业发展与转型、贯彻国家产业政策、促进就业等整体经济利益及社会公共利益等积极作用大于可能的消极作用,也可以获得批准。但是,《反垄断法》第二十八、二十九条规定:"对不予禁止的经营者集中,国务院反垄断执法机构可以决定附加减少集中对竞争产生不利影响的限制性条件。"

对附加条件准予集中的,商务部应当对参与集中的经营者履行限制性条件的行为进行监督检查,参与集中的经营者应当按指定期限向商务部报告限制性条件的执行情况。参与集中的经营者未依限制性条件履行规定义务的,商务部可以责令其限期改正;参与集中的经营者在规定期限内未改正的,商务部可以依照《反垄断法》相关规定予以处理。

(五)行政垄断

行政垄断,顾名思义,是指行政机关和法律、法规授权的具有管理公共事务职能的组织,利用所掌握的公权力,通过反垄断法禁止采取的方式,限制、排除市场竞争的违法行为。《反垄断法》和《工商行政管理机关制止滥用行政权力排除、限制竞争行为的规定》,初步构建了我国反行政垄断的法律制度体系框架。

我国反垄断法律制度予以禁止的行政垄断行为类型主要有:强制交易,地区封锁,强制经营者实施垄断,制定含有排除、限制竞争内容的规定。

1. 强制交易

强制交易是指行政机关和法律、法规授权的具有管理公共事务职能的组织滥用行政权力,以明确要求、暗示或者拒绝、拖延行政许可以及重复检查等方式限定或者变相限定单位或者个人经营、购买、使用其指定的经营者提供的商品或者限定他人正常的经营活动。

利用公权力实施强制交易,不仅危害了市场竞争,而且,这种行为也违背了《民法通则》和《合同法》关于主体平等、交易自由、等价有偿、诚实信用等市场交易的基本原则。而且,这种行为还往往蕴涵着"官商勾结、权钱交易"等腐败因素,其危害性极大。

2. 地区封锁

地区封锁行为,是指行政机关和法律、法规授权的具有管理公共事务职能的组织以公权力为后盾,违反反垄断法律制度的规定,阻挠本、外地间的商品流动或者阻挠外地投资者进入本区域市场,限制、排除市场竞争,以牟取地方利益的行为。主要有两种:

(1)阻挠本、外地间的商品流动的垄断行为。《反垄断法》第三十三条规定:"行政机关和法律、法规授权的具有管理公共事务职能的组织不得滥用行政权力,实施下列行为,妨碍商品在地区之间的自由流通:(一)对外地商品设定歧视性收费项目、实行歧视性收费标准,或者规定歧视性价格;(二)对外地商品规定与本地同类商品不同的技术要求、检验标准,或者对外地商品采取重复检验、重复认证等歧视性技术措施,限制外地商品进入本地市场;(三)采取专门针对外地商品的行政许可,限制外地商品进入本地市场;(四)设置关卡或者采取其他手段,阻碍外地商品进入或者本地商品运出;(五)妨碍商品在地区之间自由流通的其他行为。"

(2)阻挠外地投资者进入本区域市场的垄断行为。主要表现有:以设定歧视性资质要求、评审标准或不依法发布信息等方式,排斥或者限制外地经营者参加本地的招标投标活动;滥用行政权力,采取与本地经营者不平等待遇等方式,排斥或限制外地经营者在本地投资或设立分支机构或者妨碍外地经营者在本地的正常经营活动。

3. 强制经营者实施垄断行为

《反垄断法》第三十六条规定："行政机关和法律、法规授权的具有管理公共事务职能的组织不得滥用行政权力，强制经营者从事本法规定的垄断行为。"《工商行政管理机关制止滥用行政权力排除、限制竞争行为的规定》第三条中规定，行政机关和法律、法规授权的具有管理公共事务职能的组织不得滥用行政权力，"强制经营者之间达成、实施排除、限制竞争的垄断协议，强制具有市场支配地位的经营者从事滥用市场支配地位行为"。

同时，鉴于实践中经营者借用行政权力实施排除、限制竞争行为比较突出，因此，《工商行政管理机关制止滥用行政权力排除、限制竞争行为的规定》第五条规定，经营者不得从事下列行为：第一，以行政机关和法律、法规授权的具有管理公共事务职能的组织的行政限定为由，达成、实施垄断协议和滥用市场支配地位；第二，以行政机关和法律、法规授权的具有管理公共事务职能的组织的行政授权为由，达成、实施垄断协议和滥用市场支配地位；第三，以依据行政机关和法律、法规授权的具有管理公共事务职能的组织制定、发布的行政规定为由，达成、实施垄断协议和滥用市场支配地位。

4. 制定含有排除、限制竞争内容的规定

《反垄断法》第三十七条规定："行政机关不得滥用行政权力，制定含有排除、限制竞争内容的规定。"而且，《工商行政管理机关制止滥用行政权力排除、限制竞争行为的规定》第四条具体规定，行政机关不得滥用行政权力，以决定、公告、通告、通知、意见、会议纪要等形式，制定、发布含有排除、限制竞争内容的规定。同时，明确"前款规定适用于法律、法规授权的具有管理公共事务职能的组织"。

(六)反垄断调查程序

所谓反垄断调查，是指对涉嫌垄断行为实施的依法调查和处理的执法活动。我国《反垄断法》专章规定了"对涉嫌垄断行为的调查"。

(1)调查启动。《反垄断法》第三十八条规定，对涉嫌垄断行为，任何单位和个人有权向反垄断执法机构举报。反垄断执法机构应当为举报人保密。举报采用书面形式并提供相关事实和证据的，反垄断执法机构应当进行必要的调查。

(2)调查实施。反垄断执法机构调查涉嫌垄断行为，可以采取下列措施：第一，进入被调查的经营者的营业场所或者其他有关场所进行检查；第二，询问被调查的经营者、利害关系人或者其他有关单位或者个人，要求其说明有关情况；第三，查阅、复制被调查的经营者、利害关系人或者其他有关单位或者个人的有关单证、协议、会计账簿、业务函电、电子数据等文件、资料；第四，查封、扣押相关证据；第五，查询经营者的银行账户。需要注意的是，根据规定，采取上述调查措施时，执法人员应当向反垄断执法机构主要负责人书面报告，并经批准。

在调查过程中，反垄断执法机构及其工作人员对执法过程中知悉的商业秘密负有保密义务；反垄断执法机构应当尊重被调查的经营者、利害关系人的陈述意见权，并应当对被调查的经营者、利害关系人提出的事实、理由和证据进行核实，被调查的经营者、利害关系人或者其他有关单位或者个人应当配合反垄断执法机构依法履行职责，不得拒绝、阻碍反垄断执法机构的调查。

(3)调查的中止、终止、恢复。《反垄断法》第四十五条规定，对反垄断执法机构调查的涉嫌垄断行为，被调查的经营者承诺在反垄断执法机构认可的期限内采取具体措施消除该行为后果的，反垄断执法机构可以决定中止调查。中止调查的决定应当载明被调查的经营者承诺的具体内容，并且，反垄断执法机构应当对经营者履行承诺的情况进行监督。对于经营者认真履行了承诺的，可

以决定终止调查;但是,如果出现了下列情形之一的,反垄断执法机构应当恢复调查:一是经营者未履行承诺的;二是作出中止调查决定所依据的事实发生重大变化的;三是中止调查的决定是基于经营者提供的不完整或者不真实的信息作出的。

(4)垄断行为的认定与处理。反垄断执法机构对涉嫌垄断行为调查核实后,认为构成垄断行为的,应当依法作出相应的处理决定,并可以向社会公布。

三、《反不正当竞争法》规定的不正当竞争行为

《中华人民共和国反不正当竞争法》规定的不正当竞争行为有11种,但鉴于我们认为"公用企业或其他依法享有独占地位的经营者的限制竞争行为"和"政府及其所属部门限制竞争行为"与反垄断法相关内容相似,所以,在此只就其他九种行为加以介绍。

(一)搭售或附加其他不合理条件的行为

《反不正当竞争法》第十二条规定:"经营者销售商品,不得违背购买者的意愿搭售商品或者附加其他不合理的条件。"该条涉及的是附加条件交易行为。根据《民法通则》以及《合同法》的有关规定,在交易中一方或双方均可附加一定的条件,但附加条件必须合理、合法。否则,可能导致合同无效,或导致受害一方依《竞争法》提起诉讼。

搭售是附加不合理条件行为中的一种。搭售是指经营者出售商品时,违背对方的意愿,强行搭配其他商品的行为。其他不合理条件,是指搭售以外的不合理交易条件,如限制转售区域,限制技术受让方在合同技术的基础上进行新技术的研制开发等。

判断是否存在搭售,应从以下四个方面进行判断:第一,搭售行为的主体必须是经营者,如果是其他主体(如国家行政机关,有一定行政职能的事业单位等),则可能构成其他限制竞争行为而非搭售行为。第二,实施搭售的经营者凭借的是自身经营优势,若没有经营优势,商品本身可替代性很强的话,购买者可能转向其他供货方,搭售不可能实行。第三,搭售行为是违背购买者的意愿的。第四,搭售行为有损同行业竞争对手的合法权益。

(二)招标投标中非法串通行为

《反不正当竞争法》第十五条规定:"投标者不得串通投标,抬高标价或者压低标价。投标者和招标者不得相互勾结,以排挤竞争对手的公平竞争。"招标投标是一种竞争性缔约方式。在招标投标过程中,如果招标人与投标人或者投标人之间相互串通,使招标投标的竞争性降低或丧失,就完全失去了招标投标制度的意义和作用。因此,《反不正当竞争法》将其作为限制竞争行为予以禁止。《招标投标法》,使《反不正当竞争法》中关于禁止串通招标投标的规定更加完备和更易于操作。

依照前述法律规定,招标投标中的限制竞争行为可以分为两类:第一类是投标者之间串通投标;第二类是投标者和招标者相互勾结排挤竞争对手。

第一类行为的构成要件有三:一是行为主体是投标者(既可能是投标者中的一部分,也可能是全体投标者)。二是在客观方面,投标者之间实施了串通行为,其方式如进行联络、进行私下协议、做出共同安排等。三是串通的目的是通过某种安排排挤其他投标者或者使招标者得不到竞争利益,即理想的价位及其他合同条件。

第二类行为的构成要件也有三个:一是行为主体包含两方,即招标者和投标者。二是在客观方面,招标者和投标者之间有共谋行为。三是招标者和投标者之间实施共谋行为的目的是为了让参与共谋的投标者中标,以排挤其他投标者。(如果共谋其他与招标事项无关的内容,不构成招标投标中的限制竞争行为。)

(三)欺骗性交易行为

欺骗性交易行为,亦称混淆行为或者假冒仿冒行为,是指假借和冒充其他经营者或其商名的名称、商标、质量和产地标志等,以使人混淆产生误解的行为。其基本特点是滥用他人的商业信誉、商品声誉,采取欺诈手段,混淆真假,让消费者误认;目的是损害竞争对手,获得竞争优势或非法利益。

《反不正当竞争法》第五条规定:"经营者不得采用下列不正当手段从事市场交易,损害竞争对手:(一)假冒他人的注册商标;(二)擅自使用知名商品特有的名称、包装、装潢,或者使用与知名商品近似的名称、包装、装潢,造成和他人的知名商品相混淆,使购买者误认为是该知名商品;(三)擅自使用他人的企业名称或者姓名,引人误认为是他人的商品;(四)在商品上伪造或者冒用认证标志、名优标志等质量标志,伪造产地,对商品质量作引人误解的虚假表示。"

1. 假冒他人的注册商标

注册商标权是知识产权的重要权利之一。《商标法》对注册商标权的内容、行使方式、保护范围作了专门规定。《反不正当竞争法》将其作为不正当竞争行为予以禁止,其立法意图是编织更严密的法网,使假冒他人注册商标的行为受到来自《商标法》和《反不正当竞争法》两方面的防范和制裁。因此,在法律责任上,对此种行为依据《商标法》加以处罚。若不能适用《商标法》制裁,而行为人确实对他人注册商标造成损害的,可依据《反不正当竞争法》追究法律责任。

2. 与知名商品相混淆

根据《反不正当竞争法》第五条第二款规定,擅自使用知名商品特有的名称、包装、装潢,或者使用与知名商品近似的名称、包装、装潢,造成和他人的知名商品相混淆,使购买者误认为是该知名商品的,构成不正当竞争行为。

国家工商行政管理局发布的《关于禁止仿冒知名商品特有的名称、包装、装潢的不正当竞争行为的若干规定》,对保护知名商品作出了全面细致的规定。知名商品,是指在市场上具有一定知名度,为相关公众所知悉的商品。所谓知名商品特有的名称,是指知名商品独有的与通用名称有显著区别的名称。

对知名商品特有的名称、包装、装潢进行保护,是因为它们是权利人创造性劳动的成果。在它们的使用过程中,权利人投入了一定的人力财力进行宣传,才使其由普通商品成为知名商品。他人擅自使用知名商品特有的名称、包装、装潢,目的在于利用其良好的商品信誉和一定的知名度推销自己的商品或牟取其他非法利益,其不正当属性显而易见。

如果有多个主体使用特有的商品名称、包装、装潢,并主张其权利,应当依照使用在先的原则予以认定。

3. 擅自使用他人的企业名称或姓名,引人误认为是他人的商品

企业名称及自然人的姓名,是其拥有者最具特色的、最基本的识别性符号。企业名称权及姓名权是受法律保护的人格权和人身权中重要的组成部分。

在市场经营活动中,企业名称和生产经营者的姓名是区分商品生产者、经营者,或服务的提供者来源的重要标志,它能够反映出该企业或该生产经营者的商品声誉及商业信誉。擅自使用行为不仅侵犯他人合法在先权利,也是对消费者的欺骗,对市场竞争秩序的破坏。

4. 伪造、冒用各种质量标志和产地名称的行为

我国质量标志主要包括产品质量认证标志及名优标志。

产品质量认证标志,是指企业通过申请,经国际国内权威认证机构认可,颁发给企业的表示产

品质量已达认证标准的标志。使用认证标志,可提高商品的竞争力,增强用户的信任度。伪造、冒用认证标志,不仅损害了国家商品质量认证制度,而且还可能使含有事故隐患的商品流入市场,危及用户和消费者的生产、生命和财产安全。

名优标志是一种荣誉性质量标志。目前,国家给予产品的名优标志有金质奖章荣誉标志、银质奖章荣誉标志、"优"字标志三种。只有按法定程序,经专门机构认定,方可获得并使用。伪造、冒用有悖于诚实信用的商业道德,是十足的欺骗性行为。

产地名称是表示某项产品来源于某个国家或地区的说明性标志。当产品质量、特点与其产地存在某种固定联系时,产地名称所反映的不仅是产品与其产地之间的外部联系,同时还揭示出产品质量与产地之间的内在联系。这时的产地名称便成为一种质量标志,具有了识别功能。因此受到法律、主要是工业产权法的保护,而伪造、冒用产地名称的行为则被视为不正当竞争行为,受到《反不正当竞争法》的制裁。

(四)商业贿赂行为

商业贿赂是指经营者为争取交易机会,行为人以不正当手段和方式,给予交易对方有关人员和能够影响交易的其他相关人员以财物或其他好处的行为。在我国相当长一段时间内,回扣、折扣、佣金、咨询费、介绍费、免费度假、旅游、高档宴席、服务、赠送昂贵物品、房屋装修以及解决亲属子女入学、就业等多种商业贿赂现象非常普遍,并在相当程度上和范围内影响到了其他经营者的合法竞争权益。

为此,《反不正当竞争法》第八条规定:"(一)经营者不得采用财物或者其他手段进行贿赂以销售或者购买商品。在账外暗中给予对方单位或者个人回扣的,以行贿论处;对方单位或者个人在账外暗中收受回扣的,以受贿论处。(二)经营者销售或者购买商品,可以以明示方式给对方折扣,可以给中间人佣金。经营者给对方折扣、给中间人佣金的,必须如实入账。接受折扣、佣金的经营者必须如实入账。"

(五)虚假宣传行为

虚假宣传行为,是指经营者利用广告和其他方法,对产品的质量、性能、成分、用途、产地等作出引人误解的不实宣传的行为。

以广告或其他方式销售商品,是现代社会最常见的促销手段。但各类虚假广告和其他虚假宣传,或乱人视听,有害社会主义精神文明;或直接误导用户及消费者,使其作出错误的消费决策,引发了大量社会问题;或侵犯其他经营者,特别是同行业竞争对手的合法利益,造成公平竞争秩序的混乱。

《反不正当竞争法》第九条规定:"(一)经营者不得利用广告或者其他方法,对商品的质量、制作成分、性能、用途、生产者、有效期限、产地等作引人误解的虚假宣传。(二)广告的经营者不得在明知或者应知的情况下,代理、设计、制作、发布虚假广告。"《广告法》也明确规定,广告不得含有虚假的内容,不得欺骗和误导消费者。这里所说的"经营者",指从事商品生产、销售或提供服务的经营主体。在广告关系中,经营者是亲自或者委托他人对自己的产品、服务进行广告宣传的人,即广告主。所谓"广告经营者",是指以代理、设计、制作或发布等方式为他人的产品、服务进行广告宣传的人。

(六)侵犯商业秘密行为

侵犯商业秘密行为,是指以非法手段获取、披露、使用他人商业秘密的行为。

商业秘密作为市场竞争的自发产物。从本质上来讲,它是对于具有竞争价值的商业信息的一种事实上的垄断,天然地与竞争和垄断有着密不可分的联系。因此,许多国家都规定了商业秘密保护条款。关于商业秘密的保护,我国在《反不正当竞争法》《合同法》《劳动合同法》《公司法》等若干法律法规中均有相应的规定。

1. 商业秘密的概念及特征

《反不正当竞争法》第十条规定:"本条所称的商业秘密,是指不为公众所知悉、能为权利人带来经济利益、具有实用性并经权利人采取保密措施的技术信息和经营信息。"

美国《统一商业秘密法》第一条对于商业秘密的界定为:商业秘密是包括配方、模型、编辑、计划、设计、方法、技术、程序在内的信息。它必须:(1)因并不众所周知、无法由他人通过正当方法轻易获取、其泄漏或者使用能够使他人获取经济利益的具有现实的或潜在的独立价值;(2)已经合理的努力维持其秘密性。

世界贸易组织《与贸易有关的知识产权协议》中第七节对于商业秘密的规定是:其在下列意义上属于秘密,及其作为一个整体或作为其组成部分的确切构造或组合,未被通常从事该类信息工作的领域内的人们普遍知悉或者容易获得;由于是秘密而具有商业价值;合法控制该信息的人根据情况采取了合理的保密措施。

可见,在国际经济一体化的背景下,关于商业秘密的定义相互影响,具有了很大的趋同性。商业秘密具有4个基本特点:信息性、秘密性、保密性、商业价值性。

(1)商业秘密的"信息性",是指它是一种信息,是有关的技术信息和经营信息。商业秘密是包括设计、程序、模型、计划、产品配方、制作工艺、制作方法、管理诀窍、客户名单、货源情报、产销策略、招投标中的标底及标书内容等在内的信息。需要指出的是,从本质上讲,这些信息都是人类在实践中所创造的一种智力成果,具有无形性。但是,无形的信息必须借助于一定的载体方可储存和传播,因此,不能将有形的存储形式与无形的信息混为一谈。

(2)商业秘密的"秘密性",是指它是一种不为公众所知悉的信息。这里的不为公众所知悉,是指该信息是不能从公开渠道直接获取的。相对于非权利人而言,商业秘密具有相当程度的新颖性,即使是从事商业秘密内容所涉领域业务的专业人员,通常也是无法通过正常渠道获悉。

(3)商业秘密的"商业价值性",是指商业秘密的应用能够为其权利人带来现实的或者潜在的经济利益甚至竞争优势。值得注意的是,具有商业价值,并不意味着只有运用于商业上的信息才受法律保护,一些尚处于开发阶段的技术或者是即将投入实际运用的信息也是属于商业秘密范畴的。所以,对于商业秘密的保护不仅限于有实际价值的信息,也包括具有潜在价值的信息。

(4)商业秘密的"保密性",是指权利人对该商业秘密采取了适当的保密措施。这种保密措施包括对于内部人的,也包括对于外部人的,既包括物理性的(比如将绝密文件放进保险箱、在厂房外面修筑围墙等),也包括抽象性的(比如订立员工保密条款、要求订立合同的对方承担保密义务等)。所谓保密措施的"适当",并不要求权利人必须面面俱到,将所有可能泄漏秘密的渠道都有效地封堵,只要权利人努力维持其秘密性,采取一般正常水平的保密措施,尽到了合理的注意义务即可。《关于禁止侵犯商业秘密行为的若干规定》(修订)界定为:"本规定所称权利人采取保密措施,包括订立保密协议,建立保密制度及采取其他合理的保密措施。"

2. 侵犯商业秘密的行为

《反不正当竞争法》第十条以及1998年12月3日国家工商行政管理局令第86号令颁布的《关于禁止侵犯商业秘密行为的若干规定》(修订)第三条的规定,侵犯商业秘密的行为主要有以下几种:

(1)以盗窃、利诱、胁迫和其他不正当手段获取权利人的商业秘密。

（2）披露、使用或者允许他人使用以前一项手段获取的权利人的商业秘密。

（3）根据法律和合同，有义务保守商业秘密的人（包括与权利人有业务关系的单位、个人，在权利人单位就职的职工）披露、使用或者允许他人使用其所掌握的商业秘密。

（4）第三人明知或应知前述三种违法行为，获取、使用或者披露他人的商业秘密，视为侵犯商业秘密。在实践中，第三人的行为可能与侵权人构成共同侵权。

3. 侵犯商业秘密行为的认定

《关于禁止侵犯商业秘密行为的若干规定》（修订）第五条明确规定：“（一）权利人（申请人）认为其商业秘密受到侵害，向工商行政管理机关申请查处侵权行为时，应当提供商业秘密及侵权行为存在的有关证据。（二）被检查的单位和个人（被申请人）及利害关系人、证明人，应当如实向工商行政管理机关提供有关证据。（三）权利人能证明被申请人所使用的信息与自己的商业秘密具有一致性或者相同性，同时能证明被申请人有获取其商业秘密的条件，而被申请人不能提供或者拒不提供其所使用的信息是合法获得或者使用的证据的，工商行政管理机关可以根据有关证据，认定被申请人有侵权行为。”

实践中，根据《关于禁止侵犯商业秘密行为的若干规定》（修订）的规定，对侵犯商业秘密行为的认定一般采取推定的办法，并按下述“推定公式”加以认定：

首要条件：第一，行为人所使用的信息与权利人的商业秘密具有一致性或相同性；第二，行为人知悉或有获取权利人商业秘密的条件。

次要条件：行为人拒绝证明或无法证明其获得或使用有关信息的合法性。

结论：侵权行为成立。

（七）低价倾销行为

低价倾销行为，是指经营者为了排挤竞争对手而以低于成本的价格销售商品的行为。该种行为往往会严重冲击市场竞争秩序，损害其他经营者利益。国内外对此种行为均是予以禁止的。

我国《反不正当竞争法》第十一条第一款规定：“经营者不得以排挤竞争对手为目的，以低于成本的价格销售商品。”《价格法》第十四条规定：“经营者不得为排挤竞争对手或独占市场，以低于成本的价格倾销，扰乱正常的生产经营秩序，损害国家利益或者其他经营者的合法权益。”

低价倾销行为，除了行为人在主观上具有以排挤竞争对手为目的的主观故意外，还必须同时具备“低价”和“倾销”两个条件。所谓“低价”，是指在我国境内以显著低于市场上同类商品的一般平均成本的价格；所谓“倾销”，一般是指行为人相较于其过去的投放量，在一定期间内以过去投放量的若干倍向市场投放商品。

需要指出的是，《反不正当竞争法》第十一条第二款规定：“有下列情形之一的，不属于不正当竞争行为：（一）销售鲜活商品；（二）处理有效期限即将到期的商品或者其他积压的商品；（三）季节性降价；（四）因清偿债务、转产、歇业降价销售商品。”

（八）不正当有奖销售行为

不正当有奖销售是指经营者在销售商品或提供服务时，违反法律的规定，进行巨奖销售，或以提供奖项为诱饵，实则欺骗用户和消费者的行为。其目的在于争夺顾客、扩大市场份额、排挤竞争对手。

有奖销售是一种有效的促销手段，其方式大致可分两种：一是奖励给所有购买者的附赠式有奖销售，二是奖励给部分购买者的抽奖式有奖销售。法律并不禁止所有的有奖销售，而仅仅对违背正当竞争规则，可能对市场秩序造成不良后果的有奖销售加以禁止。

《反不正当竞争法》第十三条规定：“经营者不得从事下列有奖销售：（一）采用谎称有奖或者故

意让内定人员中奖的欺骗方式进行有奖销售;(二)利用有奖销售的手段推销质次价高的商品;(三)抽奖式的有奖销售,最高奖的金额超过五千元。"

国家工商行政管理局《关于禁止有奖销售活动中不正当竞争行为的若干规定》明确规定禁止以下列6种行为进行有奖销售:

(1)谎称有奖销售或对所设奖的种类,中奖概率,最高奖金额,总金额,奖品种类、数量、质量、提供方法等作虚假不实的表示。

(2)采取不正当手段故意让内定人员中奖。

(3)故意将设有中奖标志的商品、奖券不投放市场,或不与商品、奖券同时投放;故意将带有不同奖金金额或奖品标志的商品、奖券按不同时间投放市场。

(4)抽奖式的有奖销售,最高奖的金额超过5 000元。以非现金的物品或其他经济利益作为奖品的,按照同期市场同类商品或服务的正常价格折算其金额。

(5)利用有奖销售手段推销质次价高的商品。

(6)其他欺骗性有奖销售行为。

需要明确的是,不正当有奖销售行为的主体是经营者,其他主体如有奖募捐、彩票发行不受《反不正当竞争法》第十三条和《关于禁止有奖销售活动中不正当竞争行为的若干规定》的调整。

(九)诋毁商誉行为

商誉是社会公众对市场经营主体名誉的综合性积极评价。法律对经营者的商誉表示尊重并加以保护,对于侵犯竞争者商誉权的行为予以禁止、制止和制裁。

诋毁商誉行为,是指经营者捏造、散布虚假事实,损害竞争对手的商业信誉、商品声誉,从而削弱其竞争力,为自己取得竞争优势的行为。诋毁他人商誉将会削弱竞争对手对顾客的吸引力,损害竞争对手的市场竞争优势地位,甚至导致严重经济损失。因此,《反不正当竞争法》第十四条明确规定:"经营者不得捏造、散布虚伪事实,损害竞争对手的商业信誉、商品声誉。"

值得注意的是,一般来说,诋毁商誉是针对一个或多个特定的竞争对手,若针对的对象不特定,不构成诋毁商誉行为,但针对全行业的对比性广告构成诋毁商誉行为。

导入案例简析

根据上述关于反不正当竞争法有关制度规定,可以对"导入案例"所涉及的问题做如下分析:

案 例 一

《中华人民共和国反不正当竞争法》第五条第二款规定:"擅自使用知名商品特有的名称、包装、装潢,或者使用与知名商品近似的名称、包装、装潢,造成和他人的知名商品相混淆,使购买者误认为是该知名商品的,构成不正当竞争行为。"制药六厂是中国保健食品行业百强企业,曾多次获得有关方面授予的先进称号,拥有较好的商誉。在企业药品品牌专业调查中,制药六厂位居企业知名度前列。其盖中盖钙补品被认定为名牌产品和商品优、服务优推荐商品。制药六厂投入了巨额广告宣传费用,新盖中盖牌高钙片取得了较好的销售业绩。在城市居民家庭购买的十大保健品调查中,制药六厂的新盖中盖牌高钙片位居总体购买率和药店购买率以及品牌知名度前列。制药六厂的新盖中盖牌注册商标多次被认定为著名商标。应当认定,制药六厂的新盖中盖牌高钙片在市场上具有较高的知名度,为相关公众所知悉,是知名商品;其使用的包装具有相关公众能够据以判

断和识别商品来源的显著特征,并已于2004年3月12日申请,2004年9月15日获得外观设计专利权,属于知名商品的特有包装,受法律保护。

判断被控侵权包装物与知名商品的特有包装是否近似,应当以相关公众的一般注意力为标准,既要对包装物的整体比对,又要对包装物的主要部分比对。对比被控侵权包装物与制药六厂的知名商品新盖中盖牌高钙片的特有包装,两者存在诸多相同或相似之处:均使用于同一商品高钙片的包装;大小基本相同;整体基色都为蓝白色,盒体正面基色由下向上从蓝色向白色变化;中上部均为使用同样颜色和同样大号突出字体的"新钙中王"和"新盖中盖","新"字都是红框白字,"钙中王"和"盖中盖"都是从左到右由红、黄、绿、黄、红逐渐变化,其下方均是蓝色大字"高钙片";中部均为颜色相近的长条横框内标注白色字母和小字;下部均为用白色小字标注的净含量;底端均使用红色横线,上方均为白框红字企业名称。可见,被控侵权包装物的总体设计、构图、色彩组合、字体和整体效果,与制药六厂的新盖中盖牌高钙片的包装相比,无论是主要部分,还是整体效果,均相同或相似,足以造成混淆、误认。被告已构成不正当竞争,应承担相应的民事责任。

案 例 二

依照《反不正当竞争法》第二条第二款的规定,不正当竞争是指经营者违反《反不正当竞争法》规定,损害其他经营者的合法权益,扰乱社会经济秩序的行为。依国家工商行政管理局《关于禁止商业贿赂行为的暂行规定》(下称《暂行规定》)第2条第2款的规定,商业贿赂是指经营者为销售或者购买商品,而采用财物或者其他手段,贿赂对方单位或者个人的行为。据此分析,商业贿赂的主体是从事商品交易的经营者,可以是买方,也可以是卖方;在主观上表现为直接故意,并以销售或者购买商品为目的;在客观上表现为通过秘密的方式,采用财物或者其他手段,贿赂对方单位或者个人及其委托代理人的行为;侵害的客体是其他经营者的公平竞争权和社会经济秩序。

本案中,书店是从事包括教学用书在内的各种图书交易的经营者,符合商业贿赂的主体要件;在主观上,书店每年支付教育局18万元的目的,是让"教育局保证当年征订的教学用书不低于上年同期水平";在客观上,书店以"宣传推广费"的名义,每年支付18万元,贿赂对教辅征订数量极具影响力的教育局;侵害的客体,是其他教辅经营者的公平竞争权和国家关于教辅"属于课外读物,不能强令学生购买"的社会秩序。

基于上述分析,书店的行为已经构成商业贿赂行为。

【法规文献链接】

1.《中华人民共和国反垄断法》(2007-8-30第十届全国人民代表大会常务委员会第二十九次会议通过,2008-8-1起实施)

2.《工商行政机关禁止垄断协议行为的规定》(国家工商总局令第53号2010-12-31公布,2011-2-1起施行)

3.《工商行政机关禁止滥用市场支配地位行为的规定》(国家工商总局令第54号2010-12-31公布,2011-2-1起施行)

4.《工商行政管理机关制止滥用行政权力排除、限制竞争行为的规定》(国家工商总局令第55号2010-12-31公布,2011-2-1起施行)

5.《国务院关于经营者集中申报标准的规定》(国务院令第529号2008-8-3颁布实施)

6. 商务部《经营者集中申报办法》(商务部令2009-11-27公布,2010-1-1起施行)

7. 商务部《经营者集中审查办法》(商务部令2009年第12号2009-11-24公布,2010-1-1起施行)

8. 商务部《关于评估经营者集中竞争影响的暂行规定》(商务部公告2011年第55号2011-8-29公布,2011-9-5起施行)

9.《关于外国投资者并购境内企业的规定》(修订)(商务部令2009年第6号,2009-6-22公布)

10. 最高人民法院《关于审理因垄断行为引发的民事纠纷案件应用法律若干问题的规定》(法释〔2012〕5号 2012年1月30日最高人民法院审判委员会第1539次会议讨论通过)

11.《中华人民共和国反不正当竞争法》(1993-9-2主席令8届第10号公布,1993-12-1起施行)

12. 最高人民法院《关于审理不正当竞争民事案件应用法律若干问题的解释》(2006年12月30日最高人民法院审判委员会第1412次会议通过,法释〔2007〕2号自2007年2月1日起施行)

【任务训练】

请你联系生活和学习所获得的知识(必要时可先行调查),拟写一份"×××火锅店正当竞争行为规范"。

思考与拓展

1. 为什么要反对垄断和具体的不正当竞争行为?

2. 为什么要反对商业秘密侵犯行为? 如何认定侵权行为?

3. 案例分析:

案 例 一

原告:湖南某制药有限公司(以下简称湖南某公司)

被告:安徽某药业有限公司(以下简称安徽某公司)、某医药商业有限公司

"槐花"牌氟轻松维B6乳膏(原称维肤膏)系湖南某医药化工实业有限公司于1984年上市的药品,其"槐花"商标注册于1984年。1992年湖南某医药化工实业有限公司成立后,对"槐花"牌维肤膏启用了新的包装、装潢,外包装为长方形纸盒,在外包装纸盒左端采用半椭圆弧线循环交叉、在不同交叉区域分别填充不同颜色(浅蓝、粉红、橙色)的图案作为装潢。1993年"槐花"牌维肤膏在首届中国科技之星国际博览会上获金奖,并在1993常德全国星火计划成果展销洽谈会上被评为金奖。该公司自1995年开始,投入大量资金,通过电视等媒体在湖南、北京、江苏等地对"槐花"牌维肤膏进行了大量广告宣传,"槐花"牌维肤膏也多次被《湖南日报》等相关媒体积极宣传报道。2003年5月,湖南某医药化工实业有限公司设立子公司(原告湖南某公司),同时将"槐花"注册商标转让给湖南某公司。2004年,因药品名称修改,原告将包装盒上的"维肤膏WeiFUGAO"文字及拼音改为"氟轻松维B6乳膏 FUQINGSONG WeiB6RUGAO"。其中,拼音上下排列,标志于包装盒中央,字母W突出大写位于首位,并加长其中一笔以下画线的形式包含其他字母以黑色圆点结束,字母R部分羽化。"槐花"牌氟轻松维B6乳膏现销售范围已遍及北京、上海、黑龙江、甘肃、湖北、广西、福建等20多个省、直辖市、自治区。2007年"槐花"商标被评为湖南省著名商标,"槐花"牌维肤膏被授予湖南名牌产品称号。目前,原告实际使用的该药品装潢图案的颜色与过去使用的不完全一致。2009年3月2日,湖南某公司发现被告安徽某公司的"源尔康"牌氟轻松维B6乳膏装潢仿冒其特有装潢,遂诉至法院请求侵权损害赔偿。

原告称:"槐花"牌氟轻松维B6乳膏(曾用名维肤膏)系原告生产的主要药品,"槐花"牌氟轻松

维 B6 乳膏上述装潢最早由原告母公司湖南某医药化工实业有限公司 1993 年投入市场,从 2003 年开始由原告独家使用。2008 年以来,原告发现被告安徽某公司生产的"源尔康"牌氟轻松维 B6 乳膏商品的装潢与原告"槐花"牌氟轻松维 B6 乳膏商品特有装潢极为近似,并通过被告某医药商业有限公司在大量销售,侵犯了原告的合法利益。故请求法院判令:(1)被告安徽某公司立即停止仿冒原告知名商品"槐花"牌氟轻松维 B6 乳膏特有装潢的不正当竞争行为;(2)被告安徽某公司赔偿原告经济损失和原告为制止侵权行为所支付的合理开支共计 10 万元;(3)被告安徽某公司承担本案的诉讼费用。

被告辩称,被告是以生产薄荷脑为主的消毒剂公司,与原告不是同行业。被告未从事生产销售与原告商品相同的行为,本案涉及产品系他人假冒被告名义生产、销售的,被告无侵权行为。原告提供的证据不能证明其生产的氟轻松维 B6 乳膏是知名商品,该产品的外观装潢为特有,且原告未提供被告侵权的证据,应承担举证不能的责任。故请求法院驳回原告的诉讼请求。

(资料来源:法律界)

问题:

被告的行为是否构成不正当竞争? 构成了何种不正当竞争行为? 为什么?

案 例 二

山东省 A 无纺布厂于 1995 年组织技术人员经过 6 个多月研制成功了生产地板漆技术。

经查,厂方对该技术采取了一系列的保密措施。首先,A 无纺布厂于 1990 年制定的《技术厂长岗位责任制》中就有"有秘必严"的规定,且并未废止。其次,1996 年《A 厂关于保守产品秘密的若干规定》虽然形式不规范,但王某在车间宣读过该规定,故该规定中关于保守产品秘密的规定应适用于 A 工厂。再次,A 工厂生产地板漆的技术只限王某等 4 人掌握,严格限制接触或使用该技术的人员范围且在车间门口置有"非工作人员禁止进入车间"的警示牌。

王某原系 A 无纺布厂的技术副厂长,参与了该项技术的研制,掌握该技术配方和工艺,并负责生产所需原材料的订购工作。1997 年,王某擅自离开 A 工厂,开办了私营企业威海市 B 化工涂料厂,从 A 工厂原来的进货单位购进大批原材料,同年 8 月、9 月即生产出与 A 工厂相同的地板漆销往大连、烟台等地。

威海市工商局环翠分局在调查侵权投诉过程中,要求 B 涂料厂提供其生产地板漆的配方及工艺。B 涂料厂提供了两份材料,内容仅是一些原材料名称、价格,且拒不提供工艺记录;后又称配方及工艺是美国沙多玛公司驻北京的代表华某提供,经查实华某予以否认。故工商局环翠分局认定 B 涂料厂不能提供其生产地板漆的配方及工艺的合法来源,依据国家工商行政管理总局《关于禁止侵犯商业秘密行为的若干规定》,推定其侵犯了 A 工厂的商业秘密。于 1999 年 8 月 6 日作出处罚决定书,责令 B 涂料厂停止侵权行为并处罚款 16 万元。

B 涂料厂不服,提起行政诉讼。

问题:

B 涂料厂是否侵犯了 A 工厂的商业秘密? 威海市工商局环翠分局的处罚正确吗?

案 例 三

2008 年 2 月 6 日,全球矿业巨头必和必拓公司正式发布对另一家世界大型矿业企业力拓公司的收购要约,提出以 3.4 股必和必拓股票置换 1 股力拓股票,交易总额高达 1 474 亿美元。

必和必拓成立于 1885 年,总部设在墨尔本,是澳大利亚历史最悠久、规模最庞大的公司之一。

该公司在全球20个国家开展业务,主要产品有铁矿石、煤、铜、铝、镍、石油、液化天然气、镁、钻石等。2007年必和必拓公司全球营业额约475亿美元,在华营业额40亿美元。必和必拓在澳大利亚、伦敦和纽约的股票交易所上市。

力拓矿业公司成立于1873年的西班牙。1954年,公司出售了大部分西班牙业务。1962年至1997年,该公司兼并了数家全球有影响力的矿业公司,并在2000年成功收购了澳大利亚北方矿业公司,成为在勘探、开采和加工矿产资源方面的全球佼佼者。目前该公司总部在英国,澳大利亚总部设于墨尔本。2007年力拓公司全球营业额去年约335.18亿美元,在华营业额约达61亿美元。

另据海关总署提供的数据,2007年中国进口铁矿石38 300万吨,占全球铁矿石总量的46%。而"两拓"与巴西淡水河谷三大铁矿石供应商垄断了全球70%以上资源,中国理所当然成了"两拓"的主要购买商。合并后的企业将控制中国超过25%的铁矿石市场,并将拓展在中国备受追捧的煤、铜和其他商品的市场。

问题:

(1)该项合并是否受我国《反垄断法》调整,为什么?

(2)如果该项合并受我国《反垄断法》调整,应该向我国哪个反垄断执法机构提出反垄断审查申请,为什么?

(3)你认为我国反垄断执法机构是否会同意该项合并,为什么?

任务二　编制保障消费者权益行为规则

任务目标

消费者是"上帝"已成为经营者的共识,这既是一种口号,更是一种理念。有效保护消费者合法权益,既是宏观经济发展的现实需要,也是企业微观利益得以持久保障的必需。

学习者在正确认识和掌握消费者权益保护法规内涵条件下,站在经营者的角度,代企业编制一份"××公司保障消费者权益行为规则"。

导入信息

信　息　一
国务院促进住房旅游六大消费(摘要)

2014年10月30日　来源:新京报　(转自中国新闻网)

据新华社电 国务院总理李克强10月29日主持召开国务院常务会议,部署推进消费扩大和升级,促进经济提质增效;决定进一步放开和规范银行卡清算市场,提高金融对内对外开放水平;确定发展慈善事业措施,汇聚更多爱心扶贫济困。

出台深化收入分配制度改革配套措施

会议指出,消费是经济增长重要"引擎",是我国发展巨大潜力所在。在稳增长的动力中,消费需求规模最大、和民生关系最直接。要瞄准群众多样化需求,改革创新,调动市场力量增加有效供

给,促进消费扩大和升级,带动新产业、新业态发展,推动发展向中高端水平迈进,打造中国经济升级版。

一要增加收入,让群众"能"消费。分批出台深化收入分配制度改革配套措施和实施细则,多渠道促进农民增收,努力实现居民收入增长和经济发展同步。提高国有资本收益上缴比例,更多用于民生保障。

二要健全社保体系,让群众"敢"消费。提高医疗保险保障水平,全面推开大病保险。统筹推进社会救助体系建设。

三要改善消费环境,让群众"愿"消费。加强农产品流通等骨干网建设。推进消费品安全立法,严惩"黑心"食品、旅游"宰客"等不法行为。

会议决定,放开银行卡清算市场,符合条件的内外资企业,均可申请在我国境内设立银行卡清算机构。仅为跨境交易提供外币清算服务的境外机构原则上无需在境内设立清算机构。要完善管理,防范风险,维护持卡人合法权益,使开放的金融市场便利和惠及消费者。

积极探索金融支持慈善发展的政策

……

六大重点消费领域

● 扩大移动互联网、物联网等信息消费,提升宽带速度,支持网购发展和农村电商配送。加快健康医疗、企业监管等大数据应用。

● 促进绿色消费,推广节能产品,对建设城市停车、新能源汽车充电设施较多的给予奖励。

● 稳定住房消费,加强保障房建设,放宽提取公积金支付房租条件。

● 升级旅游休闲消费,落实职工带薪休假制度,实施乡村旅游富民等工程,建设自驾车、房车营地。

● 提升教育文体消费,完善民办学校收费政策,扩大中外合作办学。

● 鼓励养老健康家政消费,探索建立产业基金等发展养老服务,制定支持民间资本投资养老服务的税收政策。

■ 解读

"增加收入让群众'能'消费"

会议部署推进消费扩大和升级,指出消费是经济增长重要"引擎"。这无疑为我国打造中国经济升级版指明了方向。

国家行政学院经济学部主任张占斌说,当前我国经济发展的内在支撑条件和外部需求环境都已发生了深刻变化,经济增长正进入由高速向中高速转换的新常态。新常态下,要更加注重增强内需拉动经济增长的主引擎作用。

专家分析,当前制约释放大国消费红利的主要因素是体制机制障碍。根据国家统计局的历年数据,近二十年来,我国劳动者报酬占国民收入比重由1995年的51.1%下降到2013年的44.7%,呈现出逐年下降的趋势,而居民收入在国民收入初次分配中的收入占比也呈现出类似的下降趋势。

为克服体制机制障碍,此次国务院常务会议特别指出要增加收入,让群众"能"消费。分批出台深化收入分配制度改革配套措施和实施细则,多渠道促进农民增收,努力实现居民收入增长和经济发展同步。提高国有资本收益上缴比例,更多用于民生保障。

"现阶段经济增速本身没有过去那么重要,这时候要追求让老百姓真正受益的增长,而不是为了增长而增长。"中国社科院人口与劳动经济研究所副所长张车伟说。

信 息 二

四川省保护消费者权益委员会 2014 年第三季度消费者投诉信息统计分析(部分文稿)

2014 年 10 月 16 日　来源:四川 315 消费维权网　(转自四川省人民政府政务网)

2014 年第三季度,全省各级保护消费者权益委员会(含成都市消费者协会,以下简称消委组织)共受理消费者投诉 7 221 件,解决 7 048 件,投诉解决率 97.60%,为消费者挽回经济损失 804.88 万元,其中因经营者有欺诈行为消费者获得加倍赔偿金额 14.74 万元;全省各级消委组织接受消费者咨询 2.26 万人次,由消费者提供线索,消委组织移交有关监管部门实施行政处罚案件的金额为 1.37 万元。

一、投诉基本情况

(一)投诉性质类分析

在 2014 年第三季度的消费者投诉案件中,按投诉性质划分:涉及质量问题方面的投诉案件 3 723 件,占总量的 51.56%;售后服务问题 838 件,占 11.61%;合同问题 358 件,占 4.96%;价格问题 325 件,占 4.50%;虚假宣传问题 211 件,占 2.92%;计量问题 126 件,占 1.74%;假冒问题 90 件,占 1.25%;安全问题 81 件,占 1.12%;人格尊严问题 28 件,占 0.39%;其他问题 1 441 件,占 19.95%。

从统计数据来看,涉及商品服务质量问题的投诉仍较为突出,是消费者投诉的主要方面。与 2013 年同期相比,涉及合同和虚假宣传性质的投诉比例呈上升趋势。由此可见,一方面消费者对协商一致的合约意识有所增强,同时对商品广告宣传的维权意识也在不断提高;另一方面涉及质量、安全、价格、售后服务、计量、人格尊严和假冒方面的投诉有所下降,虽然质量类投诉居投诉总量首位,但在本季度下降幅度最大,这也反映出商品质量正逐步向好。(见表 1)。

表 1　投诉问题性质分类占比变化情况表

投诉类别	2013 年第三季度投诉量占投诉总量的比重(%)	2014 年第三季度投诉量占投诉总量的比重(%)	比较结果(百分点)
质量	53.09	51.56	↓1.53
售后服务	11.76	11.61	↓0.15
合同	3.31	4.96	↑1.65
价格	4.70	4.50	↓0.20
虚假宣传	1.9	2.92	↑1.02
计量	1.79	1.74	↓0.05
假冒	1.27	1.25	↓0.02
安全	1.87	1.12	↓0.75
人格尊严	0.42	0.39	↓0.03
其他	19.89	19.95	↑0.06

(二)商品类投诉分析

2014 年第三季度,在商品大类投诉中,家用电子电器类、服装鞋帽类、日用商品类投诉量居前三位。其中,涉及家用电子电器类、日用商品类、交通工具类、房屋(商品房)及建材类、首饰及文体用品的投诉与去年同期相比呈上升趋势,而其余种类均呈下降趋势,特别是涉及食品类的投诉今年连续三个季度呈下降态势,2014 年第一季度全省消委组织共受理食品类投诉 299 件,与去年同

期相比下降 2.68%,2014 年第二季度全省消委组织共受理食品类投诉 268 件,与去年同期相比下降 3.08%,2014 年第三季度全省消委组织共受理食品类投诉 262 件,与去年同期相比下降 4.32%。今年三季度以来,食品类投诉不仅从数量上有所下降,与去年同期相比较也呈下降趋势,且在本季度商品大类中下降幅度最大。这说明市场食品质量状况有所改善。(见表 2)。

表 2　商品大类占总投诉量变化表

商品大类	2013 年第三季度投诉量占投诉总量比(%)	2014 年第三季度投诉量占投诉总量比(%)	比较结果(百分点)
家用电子电器类	28.26	28.32	↑0.06
服装鞋帽类	11.57	10.47	↓1.10
日用商品类	6.82	6.87	↑0.05
交通工具类	4.19	6.44	↑2.25
房屋及建材类	5.16	6.25	↑1.09
食品类	7.95	3.63	↓4.32
首饰及文体用品类	2.36	2.47	↑0.11
烟、酒和饮料类	2.62	1.72	↓0.90
农用生产资料类	1.68	1.38	↓0.30
医药及医疗用品类	0.86	0.72	↓0.14

(三)服务类投诉分析

2014 年第三季度,消费者在服务领域投诉中,涉及生活、社会服务类,电信服务类和邮政业服务类(物流)的投诉量位居前列,与 2013 年同期相比,生活、社会服务类,公共设施服务类、旅游服务类、教育培训服务类投诉占比有所下降,而其余服务类投诉呈上升趋势,尤其是电信服务类投诉在今年前三季度投诉量居高不下,这也反映出消费者在接受电信服务类过程中平等主体间的契约意识不断增强。(见表 3)。

表 3　服务大类投诉量占比变化表

服务大类	2013 年第三季度投诉量占投诉总量比(%)	2014 年第三季度投诉量占投诉总量比(%)	比较结果(百分点)
生活、社会服务类	10.04	9.87	↓0.17
电信服务类	4.34	4.76	↑0.42
邮政业服务	1.67	2.62	↑0.95
互联网服务	2.23	2.52	↑0.29
销售服务	1.31	2.38	↑1.07
房屋装修及物业服务	2.13	2.37	↑0.24
公共设施服务	1.41	1.33	↓0.08
金融服务	0.46	0.79	↑0.33
文化娱乐体育服务	0.38	0.68	↑0.30
旅游服务	0.48	0.36	↓0.12
教育培训服务	0.29	0.22	↓0.07
卫生保健服务	0.12	0.17	↑0.05

二、投诉特点及热点分析

2014 年第三季度,恰逢《中华人民共和国旅游法》、《家用汽车产品修理、更换、退货责任规定》实施一周年、新修订的《中华人民共和国消费者权益保护法》实施半年之际。新的法律法规更广泛的保障了消费者的合法权益,进一步激发了广大消费者的维权主动性与积极性,与此相关的消费争议投诉也逐渐增多。

....

内容阐释

从上述【导入信息】中,我们不难发现,有效激发和满足消费者的消费需求,不仅是保障公民基本人权的现实体现之一,也是社会再生产和社会经济正常、健康、持久发展的客观需要,是坚持"以人为本,科学发展"的根本要求。同时,我们从信息中也发现,现实中发生的侵犯消费者合法权益的情况也确实为数不少。那么,应当怎样才能比较有效地减少甚至避免此类现象呢?我们认为,一方面要不断完善有关的立法和执法,并针对此类具体问题由相关部门依法加以坚决的制止;另一方面,更需要全社会特别是有关的经营者和消费者理解并切实依照《消费者权益保护法》及相关法律法规规范行为,经营者做到合法、合理经营,真正尊重"上帝",消费者养成应有的维权意识并积极依法维权。

至于信息中涉及问题的解决及经营者和消费者双方应怎样正确行为,通过学习和理解《消费者权益保护法》等,即可获得正确的答案。

一、消费者、消费者问题、消费者权益保护的含义

消费者权益保护法产生于社会消费经济领域中的"消费者问题"出现并日益严重的社会历史背景下。因此,理解消费者权益保护规则,必须首先认识"什么是消费"、"什么是消费者问题"、"消费者权益保护"等基本问题。

(一)消费、消费者的含义

消费者权益保护法中所称"消费",主要是生活消费,是个体社会成员为个人生活目的进行消费活动。这里之所以说"主要"是指生活消费,是因为《消费者权益保护法》第六十二条规定:"农民购买、使用直接用于农业生产的生产资料,参照本法执行。"农民购买直接用于农业生产的生产资料,虽不是为个人生活消费,但作为经营者的相对方,其弱者地位不言而喻,而坑农事件时有发生,农资市场假货、劣货充斥的现象在过去的一个时期比较严重。对此,《消费者权益保护法》通过这一规定,以法律手段对害农现象加以治理,不仅是必要的,而且也是合情合理的。

所谓"消费者",是指为了满足个人生活需要而购买、使用商品或接受服务的自然人。《消费者权益保护法》第二条规定:"消费者为生活消费需要购买、使用商品或者接受服务,……。"可见,消费者权益保护法所指的消费者具有这样的特点:第一,消费者是个人,即个体社会成员(自然人);第二,消费者主要是获取生活资料,满足自身生活消费需要的个人;第三,消费者是通过商品交换获取生活资料和接受生活消费服务的个人;第四,消费者是从经营者手中获取生活消费商品或接受服务的个人;第五,消费者是由国家专门法律确认其消费法律关系主体地位和保护其消费权益的个体社会成员。

国际标准化组织消费者政策委员会将"消费者"定义为"为了个人目的购买或者使用商品和接

受服务的个体社会成员"。因此,任何社会组织、团体、单位均应排除在"消费者"之外。当然,一般来说,对于购买生活消费品以满足本单位个人成员消费需要的组织,也可以包括在"消费者"中。

(二)消费者问题、消费者权益保护的涵义

所谓"消费者问题",是指消费者利益受到损害的问题。即指消费者自身以外的组织或个人,以及他们出售的商品或提供的商品性服务,给消费者人身健康或财产造成损害、侵犯消费者合法权益的问题。消费者问题是人类社会发展到商品经济阶段才产生的,它是市场经济的必然产物。

消费者问题主要产生于生产关系,但与生产力也有一定的联系。

消费者问题越来越显现出其危害性:消费者的人身、健康得不到安全保障;消费者的财产和利益损失;危害其他经营者的经营活动和利益;影响社会经济秩序和社会安全;影响国家声誉。因此,消费者问题激起了消费者权益保护运动。消费者问题最大限度地解决以及对消费者权益的最强有力的保护,归根结底,还是主要靠法律手段。所以,消费者权益保护法应运而生。

需要强调指出的一点是,消费者权益的维护涉及若干方面,如产品质量、服务标准、竞争规则、法制健全程度、执法力度与执法质量以及消费者和经营者的法治意识等方面,单靠《消费者权益保护法》及其配套规章是不够的。可以说,消费者权益保护和保障是一个系统工程。

二、正确认识保障消费者权益对社会和企业的必要性

为了切实做到有效地保护消费者合法权益,社会各方,特别是对消费者权益的保障负有特使使命的经营者,必须科学认识该项系统工程的价值所在,从而增强自觉性、主动性。人类经济和社会发展的历史已经并将继续证明,保护好消费者的应有权益,不仅具有重大的现实意义,而且更具有深远的历史意义。

首先,保障消费者权益的经济发展与社会进步的需要。消费,是社会再生产的重要环节之一,是生产、交换、分配的目的与归宿,它包括生产消费和生活消费两方面,而其中的生活消费是人类的基本需要。失去了消费环节,社会再生产将难以继续,也就意味着经济发展成为不可能,社会的进步将停滞。为此,消费活动必须由法律加以规制,否则,既无助于消费者权益的保障和实现,最终更无助于社会经济健康发展。

其次,保障消费者权益是保障人权的要求。《消费者权益保护法》所保护的生活消费,是作为社会成员的每一个自然人获得生存和发展所必需的。保障消费者权益,首先和最重要也是最基本的就是要保护消费者消费过程中的人身健康安全、重要财产安全、人格尊严安全。试想,如果因为消费,使消费者遭受到人身健康的伤害甚至生命的丧失,遭受到赖以生存的主要物质条件的重大损失,遭受到人格尊严的被肆意践踏,这难道不是对消费者基本人权的侵犯吗?如此一来,哪里还谈得上人权的保障呢?这与我们的时代要求不符,与我们的社会主义制度的主张相悖。

再次,保障消费者权益是维护社会稳定的需要。如前所述,消费者问题发展到一定程度,必然引起作为现实的或者潜在的消费者的社会公众的不满,他们也必然会为了有效地保护自身合法、正当且事关基本人权的消费权益,联合起来,开展消费者保护运动等。这样,势必会对社会秩序产生冲击,破坏大好的安定局面和良好的经济秩序。

最后,从现实的角度讲,保障消费者权益是发展经济的必需。保障消费者权益,鼓励消费者的消费积极性,是我们面临国际经济环境不良状况时,刺激消费、拉动内需,促进经济发展的客观要求。1998年东南亚金融危机以及2008年全球金融危机发生后,我国均通过采取科学举措,刺激消费、拉动内需,有力地促进了经济稳定、健康发展。

三、消费者的权利

消费者的权利是指消费者为了满足生活消费的需要，依法为或不为一定的行为，以及要求经营者和其他有关主体为或不为一定行为的法律许可（或资格）。其具体内容归根结底是由一国的社会、经济发展水平、文化水平和法制水平所决定的。马克思指出："权利决不能超出社会的经济结构以及由经济结构制约的社会的文化发展"。我国现行的《中华人民共和国消费者权益保护法》，根据我国的国情，为消费者设立了既独立又相互关联的十项权利：安全保障权、知悉真情权、自主选择权、公平交易权、获得赔偿权、依法结社权、相关知识获得权、受尊重权、个人信息安全保障权、监督批评权。

（一）安全保障权

《中华人民共和国消费者权益保护法》第七条规定："消费者在购买、使用商品和接受服务时享有人身、财产安全不受损害的权利。消费者有权要求经营者提供的商品和服务，符合保障人身、财产安全的要求。"

案例 3.1	安全保障权

邢某在用从本县蜂窝煤厂购进的蜂窝煤做饭时，突然发生爆炸，邢某因在外面与邻居聊天而未受伤，但厨房内放置的电冰箱等物品却被炸坏，损失 3 000 多元。此一事件，使消费者的人身安全权受到了直接的严重威胁，财产安全权受到了直接的侵害。事后查明，此次爆炸是因为煤中混有雷管所致。邢某有权要求蜂窝煤厂承担责任。

（二）知悉真情权

消费者知悉有关商品或服务的真实情况，是消费者比较、选择并作出是否消费的基础。

《中华人民共和国消费者权益保护法》第八条："消费者享有知悉其购买、使用的商品或者接受的服务的真实情况的权利。""消费者有权根据商品或者服务的不同情况，要求经营者提供商品的价格、产地、生产者、用途、性能、规格、等级、主要成份、生产日期、有效期限、检验合格证明、使用方法说明书、售后服务，或者服务的内容、规格、费用等有关情况。"

案例 3.2	知悉真情权

消费者王某在某商店见到一双某品牌男皮鞋，有意购买。售货员谎称皮鞋鞋盒丢了，可以送他个塑料袋，并下降50元。成交后，售货员以"降价又没有鞋盒"和方便商店结算为由在发票写上"处理"二字。王某未在意。王某回去穿此鞋半月后，发现鞋不但表面亮度全无，最可恨的是鞋底掉了下来。王某持鞋找到商店负责人，答称："此鞋为处理品，一旦售出概不负责。"王某又找到当地消费者协会咨询，得知处理品系指质量有问题的商品，购此类产品，质量问题无法解决。至此，王某恍然大悟，明白了售货员为何要写"处理"二字，于是诉至法院。此处，商店售货员的行为就侵犯了王某的知悉真情权。

（三）自主选择权

《中华人民共和国消费者权益保护法》第九条："消费者享有自主选择商品或者服务的权利。""消费者有权自主选择提供商品或者服务的经营者，自主选择商品品种或者服务方式，自主决定购

买或者不购买任何一种商品、接受或者不接受任何一项服务。""消费者在自主选择商品或者服务时,有权进行比较、鉴别和挑选。"

案例 3.3　　　　　　　　　　　自主选择权

某市农民姚某到本市金丝家具公司选购家具。他在一套标价 25 000 元的红木家具中的一把椅子上坐了一下,不料椅子靠背断裂。家具公司人员围住姚某,先要求出 25 000 元买下家具,后又要他赔 10 000 元,最后在姚某的喊冤叫屈和一再哀求下以赔付了 5 000 元了事。此案中,姚某试坐行为是合法的,家具公司的要求是不合法的,因为姚某有权对商品进行比较、鉴别和挑选,至于被坐椅子的断裂是由于质量不合格所致。

需要指出的是,2013 年 10 月新修改后的《消费者权益保护法》第二十五条规定,"经营者采用网络、电视、电话、邮购等方式销售商品,消费者有权自收到商品之日起七日内退货,且无需说明理由,……"。这就是在新兴非店面销售方式下,法律赋予消费者的"后悔权"。此种权利,也是消费者自主选择权的重要内容。

(四)公平交易权

《中华人民共和国消费者权益保护法》第十条规定:"消费者享有公平交易的权利。""消费者在购买商品或者接受服务时,有权获得质量保障、价格合理、计量正确等公平交易条件,有权拒绝经营者的强制交易行为。"

如前例中家具公司要求姚某出 25 000 元买下家具,属于强制交易行为。

公平交易权体现在两个方面:一是交易条件公平,即消费者在购买商品后接受服务时,有权获得质量保证、价格合理计量正确等公平条件;二是不得强制交易,即消费者有权按照自己的真实意愿从事交易活动,有权拒绝经营者的强制交易行为。

(五)获得赔偿权

根据《中华人民共和国消费者权益保护法》规定,消费者因购买、使用商品或者接受服务受到人身、财产损害的,享有依法获得赔偿的权利。经营者提供商品或者服务,造成消费者或者其他受害人人身伤害的,应当赔偿医疗费、护理费、交通费等为治疗和康复支出的合理费用,以及因误工减少的收入。造成残疾的,还应当赔偿残疾生活辅助具费和残疾赔偿金。造成死亡的,还应当赔偿丧葬费和死亡赔偿金。对于经营者侵害消费者的人格尊严、侵犯消费者人身自由或者侵害消费者个人信息依法得到保护的权利的,应当停止侵害、恢复名誉、消除影响、赔礼道歉,并赔偿损失。经营者有侮辱诽谤、搜查身体、侵犯人身自由等侵害消费者或者其他受害人人身权益的行为,造成严重精神损害的,受害人可以要求精神损害赔偿。

《关于处理侵害消费者权益行为的若干规定》第六条规定:"经营者提供商品或者服务,造成消费者人身、财产损害的,应当按照法律法规的规定、与消费者的约定或者向消费者作出的承诺,以修理、重作、更换、退货、补足商品数量、退还货款和服务费用或者赔偿损失等方式承担民事责任。""经营者在消费者有证据证明向其提出承担民事责任的合法要求之日起超过 15 日,并且两次以上没有正当理由拒不承担民事责任的,视为故意拖延或者无理拒绝。但经营者能够证明由于不可抗力的原因超过时限的除外。"

如前例中邢某使用蜂窝煤发生爆炸所造成的损失,有权向蜂窝煤厂要求赔偿。

需要特别强调的是，依照法律规定，享有获得赔偿权的主体，不仅包括商品购买者、使用者和服务的接受者，而且还包括第三人，即消费者以外的因商品、服务引起的事故而受到损害的人。

(六)依法结社权

《中华人民共和国消费者权益保护法》第十二条规定："消费者享有依法成立维护自身合法权益的社会团体的权利。"具体讲，我国消费者有权在法律许可和政府鼓励下成立各级消费者协会和其他消费者组织。消费者协会和其他消费者组织是依法成立的对商品和服务进行社会监督的保护消费者合法权益的社会团体。

消费者组织对沟通消费者与政府的联系，为制定有关消费者方面的法律、法规和政策时提供重要参考意见，缓解与解决经营者与消费者间的矛盾，更好地保护消费者权益，起着积极的重要作用。

(七)相关知识获取权

《中华人民共和国消费者权益保护法》第十三条规定："消费者享有获得有关消费和消费者权益保护方面的知识的权利。""消费者应当努力掌握所需商品或者服务的知识和使用技能，正确使用商品，提高自我保护意识。"

此处的所谓"消费知识"，是指有关商品和服务的知识；所谓"消费者权益保护知识"，是指有关消费者权益保护方面及权益受侵害时如何有效解决方面的法律知识。

(八)维护尊严权

《中华人民共和国消费者权益保护法》第十四条规定："消费者在购买、使用商品和接受服务时，享有人格尊严、民族风俗习惯得到尊重的权利，……。"

人格权是消费者人身权的主要组成部分。尊重他人的人格尊严和不同民族的风俗习惯，是文明进步的标志，也是法律对人权保障的基本要求。尊重民族风俗习惯也是党和国家民族政策的要求和具体体现。

在现实生活中偶发的有些商家无故怀疑消费者有"偷"的嫌疑而非法搜身的行为，就属于严重侵犯消费者人身权的现象。对此种行为，经营者应停止侵害，并向消费者赔礼道歉、恢复名誉，消除影响，消费者还可以要求商家赔偿。

(九)个人信息安全保障权

在现代社会生活中，诸多领域由于现代网络信息技术的广泛应用，纷纷要求消费者提供若干相应的个人信息，如移动通信服务、网购、网银……。因此，如何保护消费者的个人信息安全，成为了事关个人隐私权、个人生活安宁甚至社会秩序稳定等的重要事项。基于此种环境，新修改后的《消费者权益保护法》第十四条规定："消费者在购买、使用商品和接受服务时，……，享有个人信息依法得到保护的权利。"

个人信息属于个人隐私范畴，侵犯个人信息安全的行为属于侵权行为。《中华人民共和国侵权责任法》第二条明确规定："隐私权是民事主体依法享有的一种民事权益。"同时，该法第三十六条规定："网络用户、网络服务提供者利用网络侵害他人民事权益的，应当承担侵权责任。"《全国人大常委会关于加强网络信息保护的决定》也明确规定："国家保护能够识别公民个人身份和涉及公民个人隐私的电子信息；网络服务提供者和其他企业事业单位及其工作人员对在业务活动中收集的公民个人电子信息必须严格保密，不得泄露、篡改、毁损，不得出售或者非法向他人提供；公民发现泄露个人身份、散布个人隐私等侵害其合法权益的网络信息，或者受到商业性电子信息侵扰的，有

权要求网络服务提供者删除有关信息或者采取其他必要措施予以制止。"

（十）监督批评权

《中华人民共和国消费者权益保护法》第十五条规定："消费者享有对商品和服务以及保护消费者权益工作进行监督的权利。消费者有权检举、控告侵害消费者权益的行为和国家机关及其工作人员在保护消费者权益工作中的违法失职行为，有权对保护消费者权益工作提出批评、建议。"

消费者的监督批评权的内容一般包括三个方面的内容：一是有权对经营者的商品和服务进行监督，在权利受到侵害时有权提出检举、控告；二是有权对有关国家机关及其工作人员进行监督，对其在保护消费者权益工作中的违法失职行为进行检举、控告；三是对消费者权益工作的批评、建议权。

四、经营者的义务

经营者和消费者是消费经济关系的基本主体。由于消费者购买、使用的商品或接受的服务是由经营者提供的，因此，从历史和现实两方面看，消费者正当权益受到损害现象往往发生在其与经营者的消费交易中。虽然不排除某些情况下可能消费者也有过错，但一般都是由于经营者的原因而导致。所以，保护消费者的合法权益，经营者承担着特别重要的义务，负有特别重要的责任。再从权利和义务相对应的特点和法律对消费者权益特别保护的原则等方面分析，经营者对维护和实现消费者权益承担着特殊的使命。鉴于此，《消费者权益保护法》专章规定了经营者应尽的十二项义务。

（一）履行法定或者约定义务

《消费者权益保护法》第十六条规定："经营者向消费者提供商品或者服务，应当依照本法和其他有关法律、法规的规定履行义务。""经营者和消费者有约定的，应当按照约定履行义务，但双方的约定不得违背法律、法规的规定。""经营者向消费者提供商品或者服务，应当恪守社会公德，诚信经营，保障消费者的合法权益；不得设定不公平、不合理的交易条件，不得强制交易。"

《关于处理侵害消费者权益行为的若干规定》第一条也明确要求："经营者提供商品或者服务，应当按照法律法规的规定、与消费者的约定或者向消费者作出的承诺履行义务。经营者与消费者有约定或者经营者向消费者作出承诺的，约定或者承诺的内容有利于维护消费者合法权益并严于法律法规强制性规定的，按照约定或者承诺履行；如果约定或者承诺的内容不利于维护消费者合法权益并且不符合法律法规强制性规定的，按照法律法规的规定履行。"

（二）听取意见和接受监督义务

《消费者权益保护法》第十七条规定："经营者应当听取消费者对其提供的商品或者服务的意见，接受消费者的监督。"

经营者正确履行这一义务，不仅是维护消费者权益的需要，且对经营者也大有裨益。

经营者应当通过各种途径，如设立消费者投诉机构，处理消费者投诉；设置消费者投诉箱，收集消费者意见；设立市场机构或消费者服务机构，主动征询消费者意见等，容忍消费者对其商品或者服务作出的否定性评价并把它作为提高商品质量和改善服务的重要参考因素。只有这样，经营者才能有效地了解消费者的需求，不断地改善其经营管理。对于消费者而言，经营者承担这一法定义务是实现其监督权的重要保障，可以有效促进消费者地位的提高。

（三）保障消费者人身、财产安全义务

人身安全权和财产安全权直接关系到消费者的生命健康和物质财产，同时保障他人人身和财

产安全也是宪法和民事法律规定的每个公民的基本义务在消费领域中的具体要求。

根据《消费者权益保护法》第十八条的规定："经营者应当保证其提供的商品或者服务符合保障人身、财产安全的要求。对可能危及人身、财产安全的商品和服务，应当向消费者作出真实的说明和明确的警示，并说明和标明正确使用商品或者接受服务的方法以及防止危害发生的方法。""宾馆、商场、餐馆、银行、机场、车站、港口、影剧院等经营场所的经营者，应当对消费者尽到安全保障义务。"

《关于处理侵害消费者权益行为的若干规定》进一步具体规定："经营者发现其提供的商品或者服务存在严重缺陷，即使正确使用商品或者接受服务仍然可能对人身、财产安全造成危害的，应当立即停止销售尚未售出的商品或者停止提供服务，并报告工商行政管理等有关行政部门；对已经销售的商品或者已经提供的服务除报告工商行政管理等有关行政部门外，还应当及时通过公共媒体、店堂告示以及电话、传真、手机短信等有效方式告之消费者，并且收回该商品或者对已提供的服务采取相应的补救措施。对经营者不履行前述义务的行为，工商行政管理部门应当在职权范围内责令其改正，并在市场主体信用监管信息中予以记载。"

需要指出的是，综观消费者权益保护法的规定，消费者权益保护法在三个层次上对经营者的商品、服务安全保证义务作了规定：其一，经营者提供的商品或服务应符合通常的安全性要求，目前在我国是指符合国家安全标准和行业安全标准，没有标准的，则指不存在不合理的危险；其二，对于一些由于自身性质或现有技术水平限制不可能完全杜绝危险性的商品和服务，经营者必须履行警示义务；其三，经营者一旦发现自身提供的商品或服务存在严重缺陷时，必须马上采取补救措施，尽量减少损失。应当注意的是，如果经营者的补救措施未能避免消费者损失的发生，除非消费者有重大过失，否则不能免除经营者的赔偿责任。因此，经营者提供给消费者的商品或服务一旦存在严重缺陷，经营者必须采取积极有效的补救措施以防止危害发生。产品召回制度即是其中一项非常重要的措施。

《消费者权益保护法》第十九条规定："经营者发现其提供的商品或者服务存在缺陷，有危及人身、财产安全危险的，应当立即向有关行政部门报告和告知消费者，并采取停止销售、警示、召回、无害化处理、销毁、停止生产或者服务等措施。采取召回措施的，经营者应当承担消费者因商品被召回支出的必要费用。"产品召回是指由缺陷产品的制造商、进口商或者经销商选择更换、赔偿等积极有效的补救措施消除其产品可能引起人身伤害、财产损失的缺陷的过程。从产品召回的方式来看，有制造商主动召回和政府主管部门指令召回两种方式。从产品召回制度的最终目的来看，它是为了保障产品消费领域的消费者安全权而设立的特殊的消费者保护制度，因此，它属于产品质量消费领域的消费者权益保护制度。

（四）提供真实信息义务

《消费者权益保护法》第二十条规定："经营者向消费者提供有关商品或者服务的质量、性能、用途、有效期限等信息，应当真实、全面，不得作虚假或者引人误解的宣传。经营者对消费者就其提供的商品或者服务的质量和使用方法等问题提出的询问，应当作出真实、明确的答复。经营者提供商品或者服务应当明码标价。例如，旅行社所作广告应当符合国家有关法律、法规的规定，不得进行虚假广告宣传；所提供的服务项目应明码标价，质价相符；而且，旅行社组织旅游者旅游，应当与旅游者签订合同明确约定"旅游行程安排"（包括乘坐交通工具、游览景点、住宿标准、餐饮标准、娱乐标准、购物次数等）、旅游价格等。"

案例 3.4	提供真实信息义务

消费者刘女士于2014年5月13日通过短信提示在某公司四川分公司(以下简称经营者)官方网站订购了30元包500 MB 3 G流量包,服务短信未明确说明该业务有效期限,导致刘女士误以为该业务属一次性消费,次月失效。2014年9月1日刘女士通过查询话费发现自2014年5月起话费均有30元的月使用费,通过进一步查证发现该话费产生于订购的30元包500 MB 3 G流量包。刘女士受到短信误导,知情权受到侵犯,遂向四川省消委会投诉。经调查,刘女士于5月13日通过短信提示订购的30元包500 MB 3 G流量包,6月开始无使用记录,且定制短信中未告知此为长期流量包,此行为违反新《消法》第二十条"经营者向消费者提供有关商品或者服务的质量、性能、用途、有效期限等信息,应当真实、全面,不得作虚假或者引人误解的宣传。"之规定,经四川省消委会调解,双方达成一致意见:由经营者退还刘女士2014年6至9月30元包500 MB流量包费用合计120元,并表示对此问题要求业务部门整改。

(资料来源:【导入信息2】所述的四川省消委的"统计分析")

《消费者权益保护法》第二十八条还规定:"采用网络、电视、电话、邮购等方式提供商品或者服务的经营者,以及提供证券、保险、银行等金融服务的经营者,应当向消费者提供经营地址、联系方式、商品或者服务的数量和质量、价款或者费用、履行期限和方式、安全注意事项和风险警示、售后服务、民事责任等信息。第二十八条规定的核心是保障消费者的知情权。要求经营者提供经营地址、联系方式,有助于明确经营主体,解决非现场购物面临的突出问题;安全注意事项和风险警示等信息有助于消费者全面、客观地进行分析和决策;售后服务、民事责任事前明确,便于发生问题从速解决。"

(五)真实标识经营者名称和标记义务

《消费者权益保护法》第二十一条规定:"经营者应当标明其真实名称和标记;租赁他人柜台或者场地的经营者,应当标明其真实名称和标记。"

需要指出的是,真实标识义务的规定一方面是为了确保消费者对其面对的经营者及经营者提供的商品、服务能够作出正确的判断和选择,另一方面,也便于消费者获得救济。该义务的重点是关于租赁他人柜台或场地的经营者标明其真实名称和标记的义务,主要是防止经营者借租赁柜台或场所之便,冒用他人名称或标记,以误导、欺骗消费者。

(六)出具凭证或者单据义务

《消费者权益保护法》第二十二条规定:"经营者提供商品或者服务,应当按照国家有关规定或者商业惯例向消费者出具购货凭证或者服务单据;消费者索要购货凭证或者服务单据的,经营者必须出具。"《关于处理侵害消费者权益行为的若干规定》第四条进一步规定:"消费者接受经营者提供的商品或者服务后,向经营者索要发票、收据、购货卡、服务卡、保修证等购货凭证或者服务单据的,经营者必须出具,并不得加收任何费用。""消费者索要发票的,经营者不得以收据、购货卡、服务卡、保修证等代替。有正当理由不能即时出具的,经营者应当按照与消费者协商的时间、地点送交或者约定消费者到指定地点索取。经营者约定消费者到指定地点索取的,应当向消费者支付合理的交通费用。"

购货凭证或服务单据是经营者与消费者间存在法律关系的证据,是日后经营者履行有关义务、明确责任解决纠纷等的依据之一。

(七)质量保证义务

《消费者权益保护法》第二十三条规定："经营者应当保证在正常使用商品或者接受服务的情况下其提供的商品或者服务应当具有的质量、性能、用途和有效期限；但消费者在购买该商品或者接受该服务前已经知道其存在瑕疵，且存在该瑕疵不违反法律强制性规定的除外。""经营者以广告、产品说明、实物样品或者其他方式表明商品或者服务的质量状况的，应当保证其提供的商品或者服务的实际质量与表明的质量状况相符。""经营者提供的机动车、计算机、电视机、电冰箱、空调器、洗衣机等耐用商品或者装饰装修等服务，消费者自接受商品或者服务之日起六个月内发现瑕疵，发生争议的，由经营者承担有关瑕疵的举证责任。"

需要指出的是，此处的规定减轻了消费者的举证责任，更加有利于消费者维权和促进经营者正确履行相关义务。现实中，消费者维权难主要表现在四个方面：一是市场缺诚信。经常出现消费者购货退还难，索赔更难，交涉过程中经营者有的不认账，有的拒绝退换，更谈不上惩罚性赔偿；二是诉讼举证难；三是维权成本高；四是精力耗不起。为解决消费者维权难、维权成本高的问题，新修改的《消费者权益保护法》规定对部分商品和服务的举证责任进行倒置。

但是，同时也必须注意两点：第一，举证责任倒置并非免除消费者的全部举证责任。消费者应当举证证明其向经营者购买了争议的上述商品或者服务，且该商品不能正常使用或者服务出现瑕疵。第二，除了"新消法"第二十三条规定的情形外，其他商品或者服务出现瑕疵，仍然按照谁主张谁举证的规则，由消费者承担举证责任。

(八)承担"三包"责任义务

《消费者权益保护法》第二十四条规定："经营者提供的商品或者服务不符合质量要求的，消费者可以依照国家规定、当事人约定退货，或者要求经营者履行更换、修理等义务。没有国家规定和当事人约定的，消费者可以自收到商品之日起七日内退货；七日后符合法定解除合同条件的，消费者可以及时退货，不符合法定解除合同条件的，可以要求经营者履行更换、修理等义务。""依照前款规定进行退货、更换、修理的，经营者应当承担运输等必要费用。"

"三包"规定是实现产品质量担保的一种方式，指的是修理、更换、退货。而商品和服务的质量，关系消费者的日常生活，涉及消费者人身、财产安全。因此，一直以来，"三包"既是经营者应有的义务，但同时往往也是一个让消费者和经营者均感纠结的问题。而随着社会发展，原有"三包"制度也存在一些问题，如覆盖范围过窄、退货时限过短、有些商品实行"三包"的限制条件过多、折旧费收取过高等。

因此，基于进一步保障消费者权益、强化经营者义务力度，新修改的《消费者权益保护法》对"三包"作出了顺应时势的新规定。其主要内涵有三：第一，明确了消费者的优先退货权。商品或者服务不符合质量要求的，消费者可以依照国家规定和当事人约定退货、更换、修理；对消费者来说，退货、更换、修理应该是免费的。第二，扩大了"三包"规定的适用范围，大大强化了对消费者保护力度。原"三包"规定涉及电视、洗衣机、空调、固定电话机、移动电话机、台式电脑和笔记本电脑等 20余种商品。新法规定，没有国家规定和当事人约定的，消费者可以自收到商品之日起七日内退货，并明确了七日之后经营者应承担退货、修理、更换义务的情形，等于把面扩大到所有的商品。第三，规定了进行退货、更换、修理的，经营者应当承担运输等必要的费用。

最后，需要我们特别注意的一点是，"三包"的前提是："经营者提供的商品或者服务不符合质量要求"。这与"非店面销售方式下的七日无理由接受退货"是不同的。

（九）"非店面销售方式"下的接受七日无理由退货义务

《消费者权益保护法》第二十五条规定："经营者采用网络、电视、电话、邮购等方式销售商品，消费者有权自收到商品之日起七日内退货，且无需说明理由，但下列商品除外：（一）消费者定作的；（二）鲜活易腐的；（三）在线下载或者消费者拆封的音像制品、计算机软件等数字化商品；（四）交付的报纸、期刊。""除前款所列商品外，其他根据商品性质并经消费者在购买时确认不宜退货的商品，不适用无理由退货。""消费者退货的商品应当完好。经营者应当自收到退回商品之日起七日内返还消费者支付的商品价款。退回商品的运费由消费者承担；经营者和消费者另有约定的，按照约定。"

现实生活中，据有关方面信息，以网络购物为主体的媒体购物的投诉量在服务投诉中遥遥领先，其主要问题一般是：宣传与实物差距大；商品质量良莠不齐；格式合同有待规范；物流配送问题频出；货款支付存在风险；售后服务争议突出；欺诈行为屡禁不止；信息安全亟待加强；评价搜索玄机重重。面对这些问题，如何保障消费者权益，同时又怎样才能积极促进有关经营者提升服务品质、促进"非店面销售方式"的环境净化和健康发展？例如，李小姐在网上看中了一款皮包，货品到手一看，色差极大，淡米黄色变成土黄色，拉链根本没有照片上的质感，而且到处是线头，做工粗糙。李小姐想退货，却以无质量问题被拒。新法赋予消费者在适当期间单方解除合同的权利，即无理由退货制度，这应该是促进问题解决的一种有效选择。

无理由退货制度的前提是退货时不需要任何理由，只要不喜欢就可以退货，这就给予了消费者单方解除合同的权利。运费由消费者承担，是从利益平衡的角度考虑的，有利于这个行业的健康发展，也有利于促进消费者在退货时要理性。

需要注意的是，该制度规定的是"无理由退货"，而不是"无条件退货"。其实这一规定有一个条件，就是"消费者退货的商品应当完好"。而且，法律明文规定"四类商品"不适用"无理由退货"。

（十）不得做出不公平、不合理规定义务

《消费者权益保护法》第二十六条规定："经营者在经营活动中使用格式条款的，应当以显著方式提请消费者注意商品或者服务的数量和质量、价款或者费用、履行期限和方式、安全注意事项和风险警示、售后服务、民事责任等与消费者有重大利害关系的内容，并按照消费者的要求予以说明。经营者不得以格式条款、通知、声明、店堂告示等方式，作出排除或者限制消费者权利、减轻或者免除经营者责任、加重消费者责任等对消费者不公平、不合理的规定，不得利用格式条款并借助技术手段强制交易。格式条款、通知、声明、店堂告示等含有前款所列内容的，其内容无效。"

对于此类问题，《关于处理侵害消费者权益行为的若干规定》第三条作了更加具体的明确，即："经营者拟订的格式合同、通知、声明、店堂告示中不得含有下述对消费者不公平、不合理的内容：让消费者承担应当由经营者承担的义务；增加消费者的义务；排除、限制消费者依法变更、解除合同的权利；排除、限制消费者依法请求支付违约金、损害赔偿、提起诉讼等法定权利。""对经营者拟订的格式合同、通知、声明、店堂告示中含有上述内容的，以及减轻、免除其损害消费者合法权益应当承担的民事责任的行为，工商行政管理部门应当责令其改正，并在市场主体信用监管信息中予以记载。"

（十一）不得侵犯消费者人身权义务

《消费者权益保护法》第二十七条规定："经营者不得对消费者进行侮辱、诽谤，不得搜查消费者的身体及其携带的物品，不得侵犯消费者的人身自由。"

案例 3.5	不得侵犯消费者人身权义务

1997年12月,女青年梁某与祝某到郑州某商厦购买电视机。两人决定购买"高路华"牌彩电,便向服务员要求挑选。服务员说不交钱不能挑选,梁某便掏出电视机款2 600元交给了服务员。服务员协助两人挑选完毕后开具了发票,梁、祝二人抬着电视机走出了商厦。正当他们在门口打出租车时,卖电视机的服务员跑出来拦住了二人,把电视机抱回,称怀疑二人将放在桌子上的电视机款又拿走了。梁、祝二人称钱已交付未再拿回。二人被带进一间小屋子,被商厦女保卫人员脱衣搜身,但未搜到电视机款。二人被关在屋子里不准出去,直至晚上,商厦才在扣下电视机的情况下让又饥又渴的梁某、祝某离开。当晚,梁某和祝某向郑州市某电视台哭诉了被辱的经过。第二天,商厦经理和卖电视机的服务员来到梁、祝的住址,送来"高路华"彩电和现金500元,并对二人说:"不要再闹下去,否则大家都不好看。"梁、祝未收彩电和500现金,决心状告商厦。

问题:

商厦的行为侵犯了梁、祝二位消费者的什么合法权益? 应如何处理?

【参考分析】

根据《消费者权益保护法》第十条和第十四条的规定,商厦的行为侵犯了梁、祝二位消费者的公平交易权和维护尊严权。而且,本案中,商厦还侵犯了二人的人身自由权。商厦的行为属于严重的违法行为。

根据《消费者权益保护法》第二十七条关于"经营者不得对消费者进行侮辱、诽谤,不得搜查消费者的身体及其携带的物品,不得侵犯消费者的人身自由"以及第五十条关于"经营者侵害消费者的人格尊严、侵犯消费者人身自由或者侵害消费者个人信息依法得到保护的权利的,应当停止侵害、恢复名誉、消除影响、赔礼道歉,并赔偿损失"的规定,本案中的商厦应当向梁、祝二人赔礼道歉;根据实际损害后果,还可以根据《消费者权益保护法》第五十一条的规定,要求商厦承担精神损害赔偿。

(十二)保障消费者信息安全义务

案例 3.6	保障消费者信息安全义务

2011年12月25日,一消费者在某婚纱摄影机构全款预定了一款5 888套系的婚纱照套餐,并约定了相关内容。2012年4月初经与该机构预约,确定2012年4月15日进行为期一天的婚纱拍摄。就在消费者拍摄婚纱照后第二天,即有一个婚庆机构电话方式主动与其联系,推销婚庆策划产品,消费者怀疑本人信息被擅自泄露。

案例中的消费者的个人信息是否是被经营者泄露的? 也许吧。但此类情况现实生活中还真的不少。对此,《消费者权益保护法》第二十九条规定:"经营者收集、使用消费者个人信息,应当遵循合法、正当、必要的原则,明示收集、使用信息的目的、方式和范围,并经消费者同意。经营者收集、使用消费者个人信息,应当公开其收集、使用规则,不得违反法律、法规的规定和双方的约定收集、使用信息。经营者及其工作人员对收集的消费者个人信息必须严格保密,不得泄露、出售或者非法向他人提供。经营者应当采取技术措施和其他必要措施,确保信息安全,防止消费者个人信

息泄露、丢失。在发生或者可能发生信息泄露、丢失的情况时,应当立即采取补救措施。经营者未经消费者同意或者请求,或者消费者明确表示拒绝的,不得向其发送商业性信息。"

五、正确解决涉及侵犯消费者权益的争议

(一)争议解决途径

《消费者权益保护法》第三十九条规定:"消费者和经营者发生消费者权益争议的,可以通过下列途径解决:一是与经营者协商和解;二是请求消费者协会或者依法成立的其他调解组织调解;三是向有关行政部门投诉;四是根据与经营者达成的仲裁协议提请仲裁机构仲裁;五是向人民法院提起诉讼。"

1. 与经营者协商和解

此种方式应作首先,特别是因误解产生的争议。协商和解是由消费者与经营者在自愿平等基础上进行协商,通过解释、谦让及其他补救措施化解矛盾,达成解决方案,平息双方争议。消费者可直接与经销者解决争议,也可委托代理人为之。若因纠纷重大,立场对立,难以协商和解的,应寻求其他途径解决。

2. 请消费者协会或者其他调解组织调解

消费者协会和其他消费者组织是依法成立的对商品和服务进行社会监督的保护消费者合法权益的社会团体。消费者协会是依法成立的为全体消费者服务的履行法定职能的公益组织。它没有会员、不收会费,具有法定性、公益性、外部保护性等特点,与一般的社会团体有本质区别。

消费者协会的职责属于公益性职责。新消费者权益保护法在充分考虑消协成立三十年来维权工作的情况以及近些年来消费维权过程中特点的基础上,对消费者协会维权工作以及职能进行了重新界定,对其赋予了一些新职责:一是在首项职责中增加了引导文明、健康、节约资源和保护环境的消费方式的职责;二是增加参与制定有关消费者权益的规章和强制性标准职责;三是修改委托具备资格的鉴定人鉴定职责;四是增加提起公益诉讼职责。

值得特别强调的是"公益诉讼"职责。《消费者权益保护法》第四十七条规定:"对侵害众多消费者合法权益的行为,中国消费者协会以及在省、自治区、直辖市设立的消费者协会,可以向人民法院提起诉讼。"公益诉讼是特定的主体依照法律规定,为保障社会公共利益而提起的诉讼。新消保法规定了公益诉讼制度,为从根本上扭转消费者维权难提供了法律支撑,不仅排除了消费者解决耐用商品等争议的举证障碍,消费者协会可以代表消费者起诉,方便了消费者维权,而且从实体上加大了保护消费者权益的力度,也为人民法院解决消费者维权提供了强大武器。"消协"的公益诉讼有两个鲜明的特点:一是消费者协会免费替消费者打官司。这不仅减轻了消费者的诉累,有利于解决消费者维权难,而且消费者协会并不从中分享任何利益;二是消费者协会以自己的名义提起诉讼。

作为消费者,应当注意的是,消费者协会对经查明属实的下列九方面的投诉内容不予受理:一是经营者之间购、销活动方面的纠纷;二是消费者个人私下的交易纠纷;三是商品超过规定保修期和保证期;四是商品标明是"处理品"的(没有真实说明处理原因的除外);五是未按商品使用说明安装、使用、保管、自行拆动而导致商品损坏或人身危害的;六是被投诉方不明确的;七是争议双方曾达成调解协议并已执行,而且没有新情况、新理由的;八是法院、仲裁机构或有关行政部门已受下调查和处理的;九是不符合国家法律、法规有关规定的。

受理投诉中,消费者协会可作为中间调解人,在消费者与经营者之间进行调解。此种情况下的消费者协会并非消费者代理人,应依法公平调解。在调解中,消费者协会应坚持自愿原则、合法原则。

需要明确的是,由消费者协会作为中间协调人参加的调解是民间调解,属于非权力机构调解,不具有强制性效力。

3. 向有关行政部门投诉

政府有关部门(如物价、工商、质监等部门)依法具有规范经营者经营行为,维护消费者合法权益和市场秩序的职能,因此,消费者在其认为权益受损时根据具体情况分别向有关政府部门投诉,寻求行政救济。有关部门对消费者的投诉及其与经营者的争议,可依法进行调解,可依职权作出处理决定;对违法经营行为进行处罚。

对于行政部门处理消费者的投诉,《消费者权益保护法》还专门规定了时间要求,即:消费者向有关行政部门投诉的,该部门应当自收到投诉之日起七个工作日内,予以处理并告知消费者。

4. 提请仲裁

仲裁,是指民事、经济纠纷的当事人按事先或事后达成的协议,自愿将有关争议提交仲裁机构,仲裁机构以第三者的身份依据一定的程序对争议的事实作出裁决以解决争议,当事人并有义务履行裁决的一种法律制度。采用此种方式时需要注意,仲裁必须以双方订立的书面仲裁协议或书面仲裁条款为前提条件。

应当注意的是,仲裁与诉讼这两种争议的解决途径是相互排斥的,仲裁裁决具有终局性效力。换言之,如果消费者根据仲裁协议选择了向仲裁机构申请仲裁,那么他就不能再选择向法院起诉,也不能要求再次仲裁。这就是仲裁制度中的"一裁终局制"。如果裁决后一方不自觉履行裁决,对方还可以向法院申请强制执行仲裁裁决。

5. 向人民法院起诉

诉讼解决是消费争议解决的最终途径。它和仲裁不同,法院是行使审判权的司法机关,向法院起诉不需要消费者和经营者在诉讼前达成协议,只要消费者向有管辖权的法院起诉,经法院立案受理后,经营者必须应诉。若消费者对法院一审判决结果不服,还可以在一审判决生效期内向上一级人民法院上诉,第二审法院作出的判决为终审判决,判决作出后立即生效。

(二)向消费者承担赔偿责任的责任主体的确定

依法主动承担因商品问题或者服务问题等给消费者带来的权益损害,是每一个经营者依法应尽的义务;同时,主动承担责任,也是经营者打动顾客、留住顾客、巩固市场、完善市场形象的重要一环。

通常情况下,消费者因购买和使用哪个经营者提供的商品或者服务而遭受损害,就应当由该经营者承担责任并向其索赔。但是,《消费者权益保护法》侧重从保护消费者利益出发,从便于充分保护消费者合法权益和消费者实现求偿权的角度,在确定向消费者承担赔偿责任的主体问题上,实际上针对不同情形,设置了三种制度:先行赔偿制度、代位赔偿制度、连带赔偿责任制度。

1. 先行赔偿制度

《消费者权益保护法》第四十条第二款规定:"消费者或者其他受害人因商品缺陷造成人身、财产损害的,可以向销售者要求赔偿,也可以向生产者要求赔偿。属于生产者责任的,销售者赔偿后,有权向生产者追偿。属于销售者责任的,生产者赔偿后,有权向销售者追偿。"这里规定的就是先行赔偿制度。该制度的内容和操作,用俗话说,就是:因商品缺陷造成人身、财产损害的,对该缺陷产品的生产者和销售者而言,先不问到底哪方是实质性责任方,受损害的消费者或者受害人找到谁就由谁先向消费者承担赔偿责任;赔偿了消费者或者受害人后,再具体去明确生产者和销售者谁是实质性的责任人,谁应当承担实际的赔偿责任;最后,在明确了真正责任主体的条件下,通过追

偿制度来完成实质性的赔偿责任承担。

需要强调指出的是,先行赔偿制度作为一种相对特殊的制度,是针对相对特殊情况而规定的。因为商品缺陷造成消费者等人身、财产侵害的,属于特殊侵权行为,需加重对消费者的保护。该制度正是特殊保护的具体体现之一。如果并非因缺陷产品造成的损害,属于一般合法权益受到损害的,一般不宜按该制度办理(应按《消费者权益保护法》第35条第四十条第一款办理)。

2. 代位赔偿制度

代为赔偿制度,是指在特定条件下,消费者难以直接向损害责任人提出并追究赔偿责任时,由依法应当承担连带责任的相应经营者代位向消费者承担赔偿责任的制度。代位承担赔偿责任的经营者向消费者赔偿后,可以依法向实际责任人追偿。注意:代位赔偿是有条件的。

《消费者权益保护法》规定的涉及代位赔偿的情形主要有以下几种:

第一,商品销售者或服务提供者赔偿

《消费者权益保护法》第四十条第一款规定,消费者在购买、使用商品时,其合法权益受到损害的,可以向销售者要求赔偿。销售者赔偿后,属于生产者的责任或者属于向销售者提供商品的其他销售者的责任的,销售者有权向生产者或者其他销售者追偿。该条第3款规定,消费者在接受服务时,其合法权益受到损害的,可以向服务者要求赔偿。

第二,企业合并、分立的赔偿责任人的确定。

根据《消费者权益保护法》第四十一条的规定,消费者在购买、使用商品或者接受服务时,其合法权益受到损害,因原企业分立、合并的,可以向变更后承受其权利义务的企业要求赔偿。

第三,使用他人执照的赔偿责任人的确定。

根据《消费者权益保护法》第四十二条的规定,使用他人营业执照的违法经营者提供商品或者服务,损害消费者合法权益的,消费者可以向其要求赔偿,也可以向营业执照的持有人要求赔偿。

第四,租赁柜台经营的损害赔偿责任人的确定。

根据《消费者权益保护法》第四十三条的规定,消费者在展销会、租赁柜台购买商品或者接受服务,其合法权益受到损害的,可以向销售者或者服务者要求赔偿。展销会结束或者柜台租赁期满后,也可以向展销会的举办者、柜台的出租者要求赔偿。展销会的举办者、柜台的出租者赔偿后,有权向销售者或者服务者追偿。

第五,虚假广告损害赔偿责任人的确定。

《消费者权益保护法》第四十五条的规定,消费者因经营者利用虚假广告提供商品或者服务,其合法权益受到损害的,可以向经营者要求赔偿。广告的经营者发布虚假广告的,消费者可以请求行政主管部门予以惩处。广告的经营者不能提供经营者的真实名称、地址的,应当承担赔偿责任。

第六,网络交易平台提供者赔偿。

《消费者权益保护法》第四十四条第一款规定,消费者通过网络交易平台购买商品或者接受服务,其合法权益受到损害的,可以向销售者或者服务者要求赔偿。网络交易平台提供者不能提供销售者或者服务者的真实名称、地址和有效联系方式的,消费者也可以向网络交易平台提供者要求赔偿;网络交易平台提供者作出更有利于消费者的承诺的,应当履行承诺。网络交易平台提供者赔偿后,有权向销售者或者服务者追偿。

3. 连带赔偿责任制度

第一,网络交易平台提供者存在过错时连带赔偿责任。

《消费者权益保护法》第四十四条第二款规定,网络交易平台提供者明知或者应知销售者或者服务者利用其平台侵害消费者合法权益,未采取必要措施的,依法与该销售者或者服务者承担连带责任。

第二,关系消费者生命健康的商品或者服务的虚假广告或虚假宣传中的连带赔偿责任。

《消费者权益保护法》第四十五条第二款规定,广告经营者、发布者设计、制作、发布关系消费者生命健康商品或者服务的虚假广告,造成消费者损害的,应当与提供该商品或者服务的经营者承担连带责任。同时,该条第三款还规定,社会团体或者其他组织、个人在关系消费者生命健康商品或者服务的虚假广告或者其他虚假宣传中向消费者推荐商品或者服务,造成消费者损害的,应当与提供该商品或者服务的经营者承担连带责任。

六、侵犯消费者合法权益的民事法律责任

虽然侵犯消费者合法权益产生的法律责任涉及或者可能涉及三种:民事法律责任、行政法律责任、刑事法律责任。但是,由《消费者权益保护法》的特点决定,侵犯消费者权益往往大量涉及的责任性质属于民事法律责任。所以,《消费者权益保护法》的"法律责任"以大量条款具体规定了经营者的民事法律责任。

具体内容主要包括以下几方面:

(一)经营者违反《产品质量法》等法律、法规应承担的民事责任

《消费者权益保护法》第四十八条第一款规定,经营者提供商品或者服务有下列九种情形之一的,除承担其他责任的外,除《消费者权益保护法》另有规定外,应当依照《产品质量法》和其他有关法律、法规的规定,承担民事责任:第一,商品存在缺陷的;第二,不具备商品应当具备的使用性能而出售时未作说明的;第三,不符合在商品或者其包装上注明采用的商品标准的;第四,不符合商品说明、实物样品等方式表明的质量状况的;第五,生产国家明令淘汰的商品或者销售失效、变质的商品的;第六,销售的商品数量不足的;第七,服务的内容和费用违反约定的;第八,对消费者提出的修理、重作、更换、退货、补足商品数量、退还货款和服务费用或者赔偿损失的要求,故意拖延或者无理拒绝的;第九,法律、法规规定的其他损害消费者权益的情形。

第四十八条第二款还同时规定,经营者对消费者未尽到安全保障义务,造成消费者损害的,应当承担侵权责任。

(二)侵犯人身、财产权益应承担的民事责任

1. 致人伤亡的民事责任

《消费者权益保护法》第四十九条规定,经营者提供商品或者服务,造成消费者或者其他受害人人身伤害的,应当赔偿医疗费、护理费、交通费等为治疗和康复支出的合理费用,以及因误工减少的收入。造成残疾的,还应当赔偿残疾生活辅助具费和残疾赔偿金。造成死亡的,还应当赔偿丧葬费和死亡赔偿金。

2. 侵犯其他人身权的民事责任

《消费者权益保护法》第五十条规定,经营者侵害消费者的人格尊严、侵犯消费者人身自由或者侵害消费者个人信息依法得到保护的权利的,应当停止侵害、恢复名誉、消除影响、赔礼道歉,并赔偿损失。

《消费者权益保护法》第五十一条规定,经营者有侮辱诽谤、搜查身体、侵犯人身自由等侵害消费者或者其他受害人人身权益的行为,造成严重精神损害的,受害人可以要求精神损害赔偿

3. 造成财产损坏的民事责任

《消费者权益保护法》第五十二条规定,经营者提供商品或者服务,造成消费者财产损害的,应当依照法律规定或者当事人约定承担修理、重作、更换、退货、补足商品数量、退还货款和服务费用

或者赔偿损失等民事责任。

(三)违反约定应承担的民事责任

这主要包括两方面内容：

一是不符合质量要求的民事责任。《消费者权益保护法》第二十四条规定，经营者提供的商品或者服务不符合质量要求的，消费者可以依照国家规定、当事人约定退货，或者要求经营者履行更换、修理等义务。没有国家规定和当事人约定的，消费者可以自收到商品之日起七日内退货。七日后符合法定解除合同条件的，消费者可以及时退货，不符合法定解除合同条件的，可以要求经营者履行更换、修理等义务。依照前款规定进行退货、更换、修理的，经营者应当承担运输等必要费用。

二是违反预收款方式的民事责任。《消费者权益保护法》第五十三条规定，经营者以预收款方式提供商品或者服务的，应当按照约定提供。未按照约定提供的，应当按照消费者的要求履行约定或者退回预付款；并应当承担预付款的利息、消费者必须支付的合理费用。

(四)欺诈行为应承担的民事责任

《消费者权益保护法》第五十五条规定，经营者提供商品或者服务有欺诈行为的，应当按照消费者的要求增加赔偿其受到的损失，增加赔偿的金额为消费者购买商品的价款或者接受服务的费用的三倍；增加赔偿的金额不足 500 元的，为 500 元。法律另有规定的，依照其规定。经营者明知商品或者服务存在缺陷，仍然向消费者提供，造成消费者或者其他受害人死亡或者健康严重损害的，受害人有权要求经营者依照本法第四十九条、第五十一条等法律规定赔偿损失，并有权要求所受损失两倍以下的惩罚性赔偿。

关于经营者实施欺诈消费者的行为的界定问题，国家工商行政管理总局颁布的《关于消费欺诈行为处罚办法》对《消费者权益保护法》所称的"欺诈"行为进行了细化规定，增强了操作性。主要内容包括：

第一，经营者在向消费者提供商品中，有下列 13 种情形之一的，属于欺诈消费者行为：销售掺杂、掺假，以假充真，以次充好的商品的；采取虚假或者其他不正当手段使销售的商品份量不足的；销售"处理品""残次品""等外品"等商品而谎称是正品的；以虚假的"清仓价""甩卖价""最低价""优惠价"或者其他欺骗性价格表示销售商品的；以虚假的商品说明、商品标准、实物样品等方式销售商品的；不以自己的真实名称和标记销售商品的；采取雇佣他人等方式进行欺骗性的销售诱导的；作虚假的现场演示和说明的；利用广播、电视、电影、报刊等大众传播媒介对商品作虚假宣传的；骗取消费者预付款的；利用邮购销售骗取价款而不提供或者不按照约定条件提供商品的；以虚假的"有奖销售""还本销售"等方式销售商品；以其他虚假或者不正当手段欺诈消费者的行为。

第二，推定的欺诈行为。经营者在向消费者提供商品中，有下列 5 种情形之一，且不能证明自己确非欺骗、误导消费者而实施此种行为的，应当承担欺诈消费者行为的法律责任：销售失效、变质商品的；销售侵犯他人注册商标权的商品的；销售伪造产地、伪造或者冒用他人的企业名称或者姓名的商品的；销售伪造产地、伪造或者冒用他人商品特有的名称、包装、装潢的商品的；销售伪造或者冒用认证标志、名优标志等质量标志的商品的。

另外，《中华人民共和国侵权责任法》第四十七条规定："明知产品存在缺陷仍然生产、销售，造成他人死亡或者健康严重损害的，被侵权人有权请求相应的惩罚性赔偿。"

(五)提请行政机关认定不合格商品的民事责任

《消费者权益保护法》规定，依法经有关行政部门认定为不合格的商品，消费者要求退货的，经营者应当负责退货。

导入信息简析

从国务院 2014 年 10 月 29 日常务会议推进消费扩大和升级,指出消费是经济增长重要"引擎"等会议信息,我们不难清晰地发现,消费问题特别是群众消费问题,不仅仅是群众自己的需要,更是经济发展和社会进步的需要,保障群众消费权益、激发群众消费积极性,不仅具有微观必要性和经济与社会发展的现实价值,更具有宏观性的战略意义和深远的历史意义。但同时,从国务院常务会议和四川省消委的统计分析报告,我们也不难看到,由于种种客观条件和现实中损害消费者行为的广泛存在,也在一定程度上制约甚至抑制了群众的消费需求和消费积极性。因此,为了从微观到宏观、从现实到长远的发展目标的实现,全社会应当千方百计、群策群力,切实通过建立和保护有效的消费秩序、坚决制止甚至严厉打击各种侵害消费者合法权益的不良行为。为此,作为消费者自身,应当懂得自己依法享有的消费权益的种类及其具体内涵;作为经营者,应当切实依法经营、合理经营,明确自己对于消费者权益的保障所承担的义务,正确处理好与消费者之间的关系,特别是要勇于制止有关的不良行为、勇于承担应有的责任;作为有关的执法部门,应当坚决依法办事,当好消费秩序和消费法律关系中各方主体合法利益的坚定维护者。

【法规文献链接】

1.《中华人民共和国消费者权益保护法》(2013 - 10 - 25 第十二届全国人大常委会第五次会议修正 2014 - 3 - 15 起施行)

2.《中华人民共和国产品质量法》(修正)(中华人民共和国主席令第 33 号 2000 - 7 - 8 公布 2000 - 9 - 1 起施行)

3.《中华人民共和国反不正当竞争法》(1993 - 9 - 2 第八届全国人民代表大会常务委员会第三次会议通过 1993 - 12 - 1 起施行)

4.《关于处理侵害消费者权益行为的若干规定》(国家工商行政管理总局 2004 - 3 - 12 工商消字[2004]第 35 号)

5.《关于禁止仿冒知名商品特有的名称、包装、装潢的不正当竞争行为的若干规定》(国家工商行政管理总局令第 33 号 2003 - 12 - 3)

6.《中华人民共和国侵权责任法》(2009 - 12 - 26 第十一届全国人大常委会第十二次会议通过 2010 - 7 - 1 起施行)

7.《家用汽车产品修理、更换、退货责任规定》(2012 - 12 - 29 国家质检总局第 150 号令公布 2013 - 10 - 1 起施行)

8.《全国人民代表大会常务委员会关于加强网络信息保护的决定》(2012 - 12 - 28 第十一届全国人大常委会第三十次会议通过)

9.《中华人民共和国民法通则》(1986 - 4 - 12 第六届全国人大第四次会议通过 2009 - 8 - 27 第十一届全国人大常委会第十次会议《关于修改部分法律的决定》修正)

【任务训练】

假如你是经营餐饮娱乐休闲服务的某有限公司餐饮部经理,为了公司经营发展的需要,请你拟制一份本部门保护消费者正当权益的业务工作守则。

思考与拓展

1. 保护消费者权益有必要吗?
2. 消费者的权益主要有哪些?
3. 消费者权益受损时的赔偿责任谁承担?如何承担?
4. 案例分析:

案 例 一

任某在一次展销会上看中了一套由"肯特公司生产"的组合家具,价值 5 600 元。销售人员刘某称该公司为中外合资企业,生产出口系列产品。于是,双方签订了订货合同,任某交了 560 元定金。在按规定时间交货时,任某发现货品与样品不符,并且存在质量问题。交货人员表示可以上门修理。任某交付了 4 400 元,其余 640 元待家具修理好后再付清。半个月后,家具不但没有修理好,而且出现了更加严重的质量问题。在多次与销售人员刘某交涉无效的情况下,任某找到家具展销会主办单位兴华公司反映情况,要求协助解决,并提出退货要求,兴华公司许诺一个月内解决。十几天后,任某被告知肯特公司已撤出展销会,兴华公司无法履行退货承诺。于是任某来到消费者协会寻求支持。经查,刘某不是肯特公司业务人员,而且所售家具只有一件是肯特公司产品。在消费者协会的支持下,任某起诉到法院,要求兴华公司返还货款并加倍赔偿 5 600 元,承担经济损失 2 800 元。

问题:

任某的要求是否合法?为什么?

案 例 二

2008 年,甘肃等地报告多例婴幼儿泌尿系统结石病例,调查发现患儿多有食用"三鹿"牌婴幼儿配方奶粉的历史。经相关部门调查,高度怀疑石家庄三鹿集团股份有限公司生产的"三鹿"牌婴幼儿配方奶粉受到三聚氰胺污染。三聚氰胺是一种化工原料,可导致人体泌尿系统产生结石。此外,江苏、陕西、湖北等地医疗机构也陆续收治了多例婴儿泌尿系统结石患者,婴儿均处于哺乳期,均曾经服用过或仍在服用"三鹿"品牌奶粉。经过精心救治,大多数患儿已经康复出院。

2008 年 9 月 11 日,甘肃省卫生厅召开新闻发布会,首次向媒体通报了部分婴儿泌尿系统结石病因调查情况,该省共上报病例 59 例,死亡 1 例,以农村患儿为多。早在 7 月 16 日,甘肃省卫生厅就已开始调查部分婴儿泌尿系统结石病因。当日,当地一家医院通过电话向卫生厅报告,称今年该院收治的婴儿患泌尿系统结石病例明显增多,近几个月已达十几例,经了解均食用了"三鹿"品牌的配方奶粉。接到该报告后,甘肃省卫生厅立即组成调查组展开调查。在初步调查之后,甘肃省卫生厅随即向卫生部做了汇报,并根据卫生部要求展开流行病学调查。

事件发生后,国务院相关部门对此事也是高度重视。国家质检总局派出调查组赴三鹿奶粉生产企业调查事故原因,并在全国范围内对同类产品进行专项检查;工商总局加强了对市场上婴幼儿配方奶粉的监督检查;卫生部组织联合调查组开展该事件的调查处理,并在全国范围内对可能由此造成的婴幼儿患病情况进行全面调查,同时紧急组织专家研究制定了诊疗方案。其他相关部门也采取了相应措施。

与此同时，石家庄三鹿集团股份有限公司 2008 年 9 月 11 日晚发布产品召回声明，称经公司自检发现 2008 年 8 月 6 日前出厂的部分批次"三鹿"婴幼儿奶粉受到三聚氰胺的污染，市场上大约有700 吨。为对消费者负责，三鹿集团公司决定立即对 2008 年 8 月 6 日以前生产的"三鹿"婴幼儿奶粉全部召回。三鹿集团公司有关负责人表示，公司将密切关注奶粉致病事件，已派人赴相关地区了解情况，并全力配合有关部门调查。

经调查，初步怀疑此事件是由于不法奶农为获取更多的利润向鲜牛奶中掺入三聚氰胺所致，警方目前正在抓捕中。卫生部提醒公众，立即停止使用"三鹿"牌奶粉，已食用该奶粉的婴幼儿如出现小便困难等异常症状，要及时就诊；同时，卫生部已要求各医疗机构及时报告类似病例，有关调查处理的进展情况将及时向社会发布。

问题：

请根据《消费者权益保护法》的有关规定，谈谈你的看法。

案 例 三

"必青神"保健鞋系列产品是北京某医药科技发展中心研制生产的，属医疗器械类，并经有关医疗器械行政管理部门批准生产。1996 年 7 月 31 日，必青神×专卖店将电视广告内容报送××省医药管理局审查通过并发给广告审查批准号，批准该产品广告内容主要是以画面的形式介绍从古代到现代，人们都重视按摩、药贴足部疗法，突出宣传"上病下治"的道理和必青神保健鞋的保健作用。但是，必青神×专卖店未严格按照××省医药管理局审查批准的内容发布广告，擅自在1996 年 12 月 16 日××报上刊登了"热烈庆祝第一届必青神健康之星评选活动圆满成功"的广告，广告内容以赠送奖品回报消费者为名，使用所谓"必青神"健康金、银星等患者的名义证明必青神系列产品对高血压、糖尿病、风湿性关节炎、胃炎、气管炎、腰腿痛、神经性皮炎、前列腺炎、颈椎病、肩周炎等多种疾病有明显的疗效。

问题：

请根据《消费者权益保护法》谈谈：北京某医药科技发展中心的广告有哪些违法之处？

任务三　编制履行企业产品质量责任行为规则

任务目标

"数量是基础，质量是生命"，只有以高品质的产品服务于社会，企业才能营造利于自身健康、持续、高效发展的生存环境。自觉遵循产品质量规则，积极履行产品质量义务，是每一个经营者的使命。

同时，联系到前一个任务看，产品质量义务还紧紧与消费者权益保护相关联。建立和完善产品质量责任制度，实质上就是完善保护消费者权益的制度。从某种角度上讲，没有了产品质量义务意识和负责的态度与行为，也就无从谈起对消费者权益的有效保护。缺乏甚至根本没有质量责任意识的企业，最终必将被消费者唾弃，被市场无情地淘汰！

通过学习，为企业拟订一份"××公司××××（产品）质量义务基本行为规范"。

导入案例

案 例 一

宋某在商场购买一台彩色电视机,并附有产品合格证。宋某使用两个多月后,电视机出现图像不清的现象,后来音像全无。宋某去找商场要求更换,商场言称电视机不是他们生产的,让宋某找电视机厂进行交涉。

问题:

销售者应当承担怎样的责任?

案 例 二

丁某于 1995 年 6 月从市场买回一只高压锅,一开始高压锅能正常使用,未有异常。1996 年 9 月 6 日,丁某做饭时,高压锅发生爆炸,锅盖飞起,煤气灶被损坏,天花板被冲裂,玻璃被震碎。发生事故后,丁某找高压锅的生产厂家某日用品厂要求赔偿。日用品厂提出,丁某是于 1995 年买的锅,已经过去一年多了,早已过了规定的保修期,因此对发生的损害不负责任。丁某与日用品厂进行多次交涉未果。

问题:

该日用品厂的理由是否成立?

案 例 三

刘某与某机械厂的王某是好朋友,一日李某到机械厂办事,顺便找王某聊天。刘某走时发现自行车没气了,就问王某有无气筒,王某顺手拿起一个气筒递给刘某说:"这是我们厂新出的一批气筒的样品,你用吧。"当刘某拿起气筒打气时,气筒栓塞脱落,栓塞飞到刘某脸上造成伤害,刘某花去医疗费 1 600 元,要求机械厂予以赔偿。

问题:

机械厂是否应当承担产品质量法的损害赔偿责任?刘某如何保护自己的合法权益?

内容阐释

前述例举的三个案例,均是人们日常生活中可能遭遇的涉及产品质量问题的情况。看到这样的情形发生,人们不禁为受害者担忧,同时也会谴责缺乏质量意识和质量责任的经营者。而且,这样一些案例用活生生的事实表明:消费者权益的保障和实现,离不开经营者严肃、严谨的依法履行产品质量责任的行为。

《产品质量法》第四条规定:"生产者、销售者依照本法规定承担产品质量责任。"那么,经营者等有关主体应当承担和履行怎样的产品质量义务呢?法律制度对此的要求是怎样的呢?

一、产品、产品质量、产品质量责任的含义

(一)产品的含义

从一般意义上讲,产品是指人们运用劳动手段对劳动对象进行加工而成,用于满足人们生产和生活需要的物品。我国《产品质量法》中的"产品",仍属于一般意义上的产品范畴,但又具有一定

时代的经济特性和法律标志。《产品质量法》中的"产品"，是指商品经济社会中用作商品交换关系客体的，并且由国家有关法律予以明确界定的产品，实际属于"物"范畴的有形商品。也就是说，《产品质量法》意义上的产品与经济学上讲的产品是有差异的，与我们生产、生活中通常所说的产品也有区别。

《产品质量法》第二条规定："本法所称的产品是指经过加工、制作，用于销售的产品。建设工程不适用本法规定，但建设工程使用的建筑材料、建筑构配件和设备，属于规定的产品范围。"并且，该法第七十三条还规定："军工产品质量监督管理办法，由国务院、中央军事委员会另行制定。"

根据这一法律的界定，产品质量法中的"产品"具有以下几个基本法律特征：

第一，经过加工、制作。《产品质量法》所说的产品，是指生产者、销售者通过工业加工或者手工制作，能够对其质量加以控制的产品，即经过"加工、制作"的产品，而不包括内在质量主要取决于自然因素的产品。因此，按照本条的规定，各种直接取之于自然界，未经加工、制作的产品，如子棉、稻、麦、蔬菜、饲养的鱼虾等种植业、养殖业的初级产品，采矿业的原油、原煤等直接开采出来未经炼制、洗选加工的原矿产品等，不属于《产品质量法》所指的产品。该等商品的质量及相关的责任应依照《合同法》、《民法通则》的规定处理。

第二，用于销售。《产品质量法》调整的产品应当是加工、制作后进入流通领域进行销售营利的产品。非用于销售的产品，即不作为商品的产品，如自己制作、自己使用或馈赠他人的产品，不属于国家进行质量监督管理的范围。

第三，属于动产。动产是指能够空间位移而一般不会损害其价值或用途的物。不动产是指不能移动或者若移动则会损害其价值或用途的物。我国的这一界定与有关产品责任的国际公约和一些国家关于产品责任的法律中对产品的定义是大体一致的。如欧洲共同体关于产品责任的指令和德国等国的产品责任法规定，产品是指所有动产，但未经加工的种植业、畜牧业、渔业的产品除外。

根据上述规定可见，纳入我国《产品质量法》调整的产品范围中有两点需要特别注意：

一是关于建设工程的原材料、构配件和设备，虽然"建设工程"不属于产品质量法调整范围，但建设工程使用的建筑材料、建筑构配件和设备，属于产品质量法所界定的产品范围的，则适用这部法律的规定。

二是关于从事经营性服务所使用的材料和零配件，如汽车修理用的零配件等，根据产品质量法第六十二条的规定，将其视同销售，纳入产品质量法的调整范围。

（二）产品质量的含义

一般而言，质量的基本含义是指产品的适用性。国际标准中对质量所下的定义是：反映实体满足明确和隐含需要的能力特性总和。这里所称"明确的需要"是指在标准、规范、图样、技术要求和其他文件中已经作出规定的需要；"隐含的需要"则是指，消费者和社会对实体或称产品的期望，人们公认的、不言而喻的、不必明确的需要。因此，可以说，生产者、销售者在向消费者、向社会提供产品时，这种明确的需要和隐含的需要就应当转化为产品的质量特性，即产品是能适应消费者、社会需要的，是符合法律、法规及其他规定的要求的，具有满足消费者需要、社会需要的的功能。

从法律上讲，产品质量是指国家有关法规、质量标准对产品适用、安全和其他特性的要求。我国《产品质量法》第二十六条第二款规定："产品质量应当符合下列要求：（一）不存在危及人身、财产安全的不合理的危险，有保障人体健康和人身、财产安全的国家标准、行业标准的，应当符合该标准；（二）具备产品应当具备的使用性能，但是，对产品存在使用性能的瑕疵作出说明的除外；（三）符

合在产品或者其包装上注明采用的产品标准,符合以产品说明、实物样品等方式表明的质量状况。"根据这样的产品质量界定,产品质量问题也就大体也可分为两类:一是产品不适用;二是产品不安全。前者多由于产品瑕疵而形成;后者则由于产品缺陷而发生。

需要明确的是,产品质量的具体内涵要求具有动态变化的特点,并非一成不变。产品质量的内容也会随着经济的发展、科技的进步以及人们价值观念和需要的变化而变化。

(三)产品质量责任的含义

确立产品质量责任,是保证各有关主体切实履行产品质量义务,保障相应法律主体权益,维护健康的市场经济秩序的基础条件。

《产品质量法》确立了我国的产品质量责任制度。其主要内容包括以下方面:一是生产者、销售者是产品质量责任的承担者,是产品质量的责任主体;二是生产者应当对其生产的产品质量负责,产品存在缺陷造成损害的,生产者应当承担赔偿责任;三是由于销售者的过错使产品存在缺陷,造成损害的,销售者应当承担赔偿责任;四是因产品缺陷造成损害的,受害人可以向生产者要求赔偿,也可以向销售者要求赔偿;五是产品质量有瑕疵的,生产者、销售者负瑕疵担保责任,采取修理、更换、退货等救济措施;给购买者造成损失的,承担赔偿责任;六是产品质量应当是不存在危及人身、财产安全的不合理的危险,具备产品应当具备的使用性能,符合在产品或者其包装上注明采用的产品标准,符合以产品说明、实物样品等方式表明的质量状况;七是禁止生产、销售不符合保障人体健康和人身、财产安全的标准和要求的工业产品;八是产品质量应当检验合格,不得以不合格产品冒充合格产品;九是产品质量责任主体违反产品质量法规定的产品质量责任,应当依法承担相应的民事、行政甚至刑事法律责任。

根据上述产品质量责任制度的要点,结合《产品质量法》法条的具体内容,不难发现,"产品质量责任"是指产品的生产者、销售者不履行产品质量法规定的保证产品质量的义务,所应当承担的法律后果,包括产品质量民事责任和违反本法规定的行政责任、刑事责任。

要正确理解产品质量责任,还应当注意正确区别"产品质量责任"与"产品责任"。

"产品质量责任"与"产品责任"是两个既有联系又不能等同的概念。二者的主要差异是:第一,责任性质上,产品质量责任是一种综合责任,包括民事责任、行政责任、刑事责任;产品责任则仅有其中的民事责任中的一种特殊侵权责任。第二,责任原因上,产品质量发生原因众多,有违反产品质量监督管理法规的,有违反合同的,也有违反产品质量法造成人身、财产损害的;产品责任则仅有一种发生原因,即只能由于产品缺陷致使人身、财产损害才能发生。第三,责任主体方面,产品质量责任主体包括产品生产经营过程中所有应对产品质量问题负责的组织或个人:有生产者、设计者、原材料和零部件的供应者、销售者,还包括承运者、仓储者,以及他们的领导和直接责任人员;而产品责任主体则只限于生产者、销售者。第四,责任发生阶段(时间)方面,产品质量责任可发生于产品生产运营过程的任何环节上,即可能发生于产品生产、运输、保管、使用、消费等任何一个环节;而产品责任则只发生于产品销售后的消费、使用过程。

二、产品质量的监督管理

产品质量是一个关涉多方的内容,保障产品质量,解决产品质量问题,是一项长期性的系统工程。为此,首先需要国家系统地建立相应的监管制度,需要产品质量监管机关的经常性检查、督促,还需要社会其他方面特别是消费者积极参与监督。

(一)国家产品质量监督制度的基本内容

在市场经济条件下,一般的产品质量问题,主要依靠市场竞争来解决。但是,政府作为社会经济活动的宏观组织者和管理者,也必须对产品质量承担起监管之责,以维护社会经济秩序,保护消费者的合法权益。因此,《产品质量法》以法律形式确立并强化了适应新形势要求的国家对产品质量监督的基本制度。

1. 产品质量监督管理的体制

《产品质量法》是一部为了加强对产品质量的监督管理而制定的法律,确立了我国产品质量监督管理基本体制,确定了不同主体之间的职能分工,形成产品质量监督管理的基本框架。其要点是:

(1)产品质量管理的主体是企业,产品质量是企业活动的结果,因此规定生产者、销售者应当建立健全内部产品质量管理制度,依法承担产品质量责任。对此,《产品质量法》第 4 条明确规定:"生产者、销售者依照本法规定承担产品质量责任。"

(2)政府应当对产品质量实施宏观管理,将提高产品质量纳入国民经济和社会发展规划,加强统筹规划和组织领导,引导、督促生产者、销售者加强产品质量管理,提高产品质量。为此,《产品质量法》第七条规定:"各级人民政府应当把提高产品质量纳入国民经济和社会发展规划,加强对产品质量工作的统筹规划和组织领导,引导、督促生产者、销售者加强产品质量管理,提高产品质量,组织各有关部门依法采取措施,制止产品生产、销售中违反本法规定的行为,保障本法的施行。"

(3)政府产品质量监督部门主管产品质量监督工作,国家对产品质量实行监督检查制度。对此,《产品质量法》第八条规定:"(一)国务院产品质量监督部门主管全国产品质量监督工作。国务院有关主管部门在各自的职责范围内负责产品质量监督工作。(二)县级以上地方产品质量监督部门主管本行政区域内的产品质量监督工作。县级以上地方人民政府有关部门在各自的职责范围内负责产品质量监督工作。(三)法律对产品质量的监督部门另有规定的,依照有关法律的规定执行。"

2. 国家产品质量监管制度的基本内容

《产品质量法》确立的国家对产品质量实施监督制度的内容主要包括以下 4 个方面:

第一,对涉及保障人体健康和人身、财产安全的产品实行严格的强制监督管理的制度;

第二,产品质量监督部门依法对产品质量实行监督抽查并对抽查结果进行公告的制度;

第三,推行企业质量体系认证和产品质量认证的制度;

第四,产品质量监督部门和工商行政管理部门对涉嫌在产品生产、销售活动中从事违反本法的行为可以依法实施强制检查和采取必要的查封、扣押等强制措施的制度等。

上述这些法定的基本制度,既为加强对产品质量的监督管理提供了法律依据,又为产品质量监督部门对产品质量监督行政执法活动提供了必须遵守的行为规范。

产品质量法还就具体实施国家对产品质量监管的主要内容方面进行了比较明确的规定。其基本内容包括:第一,产品质量监督部门与有关部门依法主管或负责产品质量监督工作;第二,国家对产品质量实行以抽查为主要方式的监督检查制度;第三,对依法进行的产品质量监督检查,生产者、销售者不得拒绝,有拒绝行为的,依法追究责任,予以处罚;第四,在对产品质量进行监督检查时,发现产品质量不合格的,依法可以采取责令改正、予以公告、责令停业、限期整顿、吊销营业执照等一系列强制措施;第五,产品质量监督部门对涉嫌违反产品质量法的行为进行查处时,可以依照有关规定行使现场检查,查阅、复制有关资料,查封或者扣押用于生产违法产品的原辅材料、包装物、生产工具等职权;第六,产品质量监督部门依法定期发布监督抽查的产品质量状况公告;第七,对以暴力、威胁方法阻碍产品质量监督部门或者工商行政管理部门的工作人员依法执行职务的,依法追究刑事责任。

(二)产品质量出厂检验制度

"产品应当检验合格"是对产品质量的基本要求,也是产品出厂的最基本条件。《产品质量法》第十二条规定:"产品质量应当检验合格,不得以不合格产品冒充合格产品。"

1. 产品质量应当检验合格

产品出厂前,都应当经过生产者的内部质量检验部门或者检验人员的检验,未经检验及检验不合格的产品,不得出厂销售。产品质量"合格",是指产品的质量指标符合有关的标准和要求。

作为合格产品,应当同时具备以下条件:第一,必须符合保障人体健康,人身、财产安全的强制性国家标准、行业标准和地方标准,不存在危及人身、财产安全的不合理的危险。第二,符合生产者自行制定的产品质量的企业标准或技术要求,但该企业标准或技术要求不得与强制性的国家标准、行业标准和地方标准相抵触,并应保证产品具备应当具有的使用性能;对在产品买卖合同中约定了产品质量标准的,或者在产品或者其包装上注明了所采用产品标准的,或者生产者以产品说明、实物样品等方式表明了产品的质量状况的,应当符合相关的标准或质量状况。

2. 对不合格产品,不得冒充合格产品出厂

不合格产品是指不符合上述要求的产品。不合格产品分为劣质产品和处理品。

对劣质产品,主要应从以下两个方面判定:一是看其是否符合保障人体健康,人身、财产安全的强制性的国家标准、行业标准和地方标准,不符合上述标准的产品是劣质产品。如电冰箱不符合国家用电安全标准,该电冰箱为劣质电冰箱;二是看其是否具备产品应当具备的使用性能,不具备使用性能的是劣质产品。如电冰箱不制冷,该电冰箱为劣质产品。劣质产品不得出厂销售,更不得冒充合格产品出厂。

处理品是指不存在危及人体健康和人身、财产安全的危险,仍有使用价值,但产品在使用性能上有瑕疵或者产品的质量与其包装上注明采用的产品标准所规定的质量指标、产品说明中明示的质量指标,以及以实物样品等方式表明的质量状况不符的产品。企业在日常生产过程中难免会生产出一些残次品,这些产品在不违反国家有关规定的前提下可以以较低的价格出厂销售,但根据本条的要求,这类产品出厂时必须向消费者明示该产品的实际质量状况,不得将这类产品冒充质量合格的产品出厂、销售。

需要指出的是,对于产品出厂检验合格的制度,《产品质量法》第十三条还作了进一步的具体规定:"(一)可能危及人体健康和人身、财产安全的工业产品,必须符合保障人体健康和人身、财产安全的国家标准、行业标准;未制定国家标准、行业标准的,必须符合保障人体健康和人身、财产安全的要求。(二)禁止生产、销售不符合保障人体健康和人身、财产安全的标准和要求的工业产品。具体管理办法由国务院规定。"

《产品质量法》第五十条明确规定,在产品中掺杂、掺假,以假充真,以次充好,或者以不合格产品冒充合格产品的,将严肃、严格地依法给予严厉处罚直至追究其刑事责任。

(三)质量认证制度

《产品质量法》第十四条第一款规定:"国家根据国际通用的质量管理标准,推行企业质量体系认证制度。企业根据自愿原则可以向国务院产品质量监督部门认可的或者国务院产品质量监督部门授权的部门认可的认证机构申请企业质量体系认证。经认证合格的,由认证机构颁发企业质量体系认证证书。"第二款规定:"国家参照国际先进的产品标准和技术要求,推行产品质量认证制度。企业根据自愿原则可以向国务院产品质量监督部门认可的或者国务院产品质量监督部门授权的部门认可的认证机构申请产品质量认证。经认证合格的,由认证机构颁发产品质量认证证书,准许企业在产品或者其包装上使用产品质量认证标志。"这是关于推行企业质量体系认证制度和产品质量认证制度的规定。

1. 企业质量体系认证制度

"企业质量体系认证",是指由国家有关部门认可的认证机构,依据认证标准,按照规定的程序,对企业的质量保证体系,包括企业的质量管理制度、企业的生产、技术条件等保证产品质量的诸因素进行全面的评审,对符合条件要求的,通过颁发认证证明书的形式证明企业的质量保证能力符合相应标准要求的活动。《产品质量法》第十四条所规定的"国际通用的质量管理标准",主要是指国际标准化组织制定的并已为许多国家普遍采用的 ISO 9000 系列国际标准。目前这些标准已转化为我国的国家标准。

企业的质量体系通常包括以下 4 方面的构成要素:一是保证质量体系有效运行的组织机构;二是保证质量体系运行的物质和人力等资源;三是企业有关质量管理的各项规章制度,包括各岗位人员在质量体系运行中应尽的质量职责、质量管理工作的程序等;四是产品自原材料输入到成品输出的全过程的质量管理和质量保证。

质量体系认证即由认证机构对上述各方面所包含的全部要素进行审查,确认这些要素是否符合相应的标准,从而确定企业是否具有质量保证能力。企业通过质量体系的认证,获得认证证书,有助于提高企业在市场上的信誉,增强竞争能力。

按照产品质量法的规定,申请企业质量体系认证实行自愿的原则。

2. 产品质量认证制度

产品质量认证,是由依法取得产品质量认证资格的认证机构,依据有关的国际先进标准和技术要求,按照规定的程序,对申请认证的产品进行工厂审查和产品检验,对符合条件要求的,通过颁发认证证书和认证标志以证明该项产品符合相应标准要求的活动。

推行产品质量认证制度的目的,是通过对符合认证标准的产品颁发认证证书和认证标志,便于消费者识别,同时也有利于提高经认证合格的企业和产品的市场信誉,增强产品的市场竞争能力,以激励企业加强质量管理,提高产品质量水平。

根据《产品质量法》的规定,实施产品质量认证的机构,是国务院产品质量监督管理部门认可的或者经国务院产品质量监督部门授权的部门认可的认证机构。

企业根据自愿原则,向产品质量认证机构申请产品质量认证,须符合下列 3 个条件:一是企业的产品符合有关的国家标准或行业标准及有关的技术要求;二是有合理的理由证明其产品质量稳定,并能够正常批量生产;三是企业质量体系符合有关国家标准或国际标准的要求。

经产品质量认证机构审查、检验,对符合条件要求的,批准认证,颁发认证证书,并准许使用认证标志。

产品质量认证标志是一种由产品质量认证机构设计,用以证明某项产品符合规定标准或者技术规范,经认证机构允许,可以在获准认证的产品上使用的一种产品质量专用标志。产品质量认证标志都是向消费者表明产品质量的证明,必须真实、有效。任何人不得伪造、涂改,不得将未获认证的产品冒充认证产品欺骗消费者。国务院产品质量监督部门对认证标志的作用有较为严格的规定,主要包括:使用认证标志的企业需是持有产品质量认证证书的企业,在证书规定的型号、规格的产品上使用认证标志;认证证书持有企业可以用认证标志标示在产品、产品铭牌、包装物、产品使用说明书、出厂合格证上;使用认证标志的企业应当保持其企业的质量体系始终符合认证要求;其认证产品的质量长期稳定合格等。

需要注意的是,企业质量体系认证与产品质量认证是有区别的:第一,企业质量体系认证是对企业质量保证体系整体的认证,产品质量认证则只是对企业某一产品的质量认证;第二,申请产品质量认证的企业,其企业质量体系应符合国家质量管理和质量保证标准及补充要求;第三,获得企业质量体系认证,并不意味着就直接获得产品质量认证。

三、生产者、销售者的产品质量义务

(一)产品生产者的质量责任和义务

产品生产者是指从事产品的生产、加工、制作的人,包括自然人、法人和其他组织。产品质量法所称的生产者仅指最终产品的生产者。

《产品质量法》第二十六条第一款明确规定:"生产者应当对其生产的产品质量负责。"生产者对产品质量所负的责任与义务包括:产品内在质量符合法定要求;产品包装标识符合法定要求;特殊产品包装符合要求;不得违反《产品质量法》的禁止性规定。

1. 产品内在质量符合法定要求

《产品质量法》第二十六条第二款的规定,生产者生产的产品,其质量应当符合下列要求:

(1)不存在危及人身、财产安全的不合理的危险,有保障人体健康和人身、财产安全的国家标准、行业标准的,应当符合该标准。

(2)具备产品应当具备的使用性能,但是,对产品存在使用性能的瑕疵作出说明的除外。

(3)符合在产品或者其包装上注明采用的产品标准,符合以产品说明、实物样品等方式表明的质量状况。

以上3项是法律对生产者产品质量的要求,属于法定要求。3项义务必须同时做到。

2. 产品包装标识符合法定要求

产品标识,是指载附于产品或产品包装上用于揭示产品及其特征、特性的各种文字说明、符号等。产品标识有产品质量检验合格证、说明性标签、生产许可证、商标、产品质量认证标志、警示标志等,是产品外在质量的重要组成部分。

法律规定,产品或者其包装上的标识必须真实,并符合下列要求:第一,有产品质量检验合格证明;第二,有中文标明的产品名称、生产厂厂名和厂址;第三,根据产品的特点和使用要求,需要标明产品规格、等级、所含主要成分的名称和含量的,用中文相应予以标明,需要事先让消费者知晓的,应当在外包装上标明,或者预先向消费者提供有关资料;第四,限期使用的产品,应当在显著位置清晰地标明生产日期和安全使用期或者失效日期;第五,使用不当,容易造成产品本身损坏或者可能危及人身、财产安全的产品,应当有警示标志或者中文警示说明。

但是,裸装的食品和其他根据产品的特点难以附加标识的裸装产品,可以不附加产品标识。

3. 特殊产品包装符合要求

特殊产品指《产品质量法》第二十八条所列举的易碎、易燃、易爆、有毒、有腐蚀性、有放射性等危险物品以及储运中不能倒置和其他有特殊要求的产品。这些特殊产品的包装质量必须符合相应要求,依照国家有关规定作出警示标志或者中文警示说明,标明储运注意事项。

4. 不得违反《产品质量法》的禁止性规定

生产者违反法律的禁止性规定,不仅要对用户、消费者承担违约责任、产品责任,而且还要向国家承担行政责任。这些禁止性规定包括4项:

(1)不得生产国家明令淘汰的产品。国家明令淘汰的产品包括:产品性能落后、耗能高、污染环境严重的产品;危及人体健康和人身、财产安全的产品;违反法律规定的产品,如非法定计量单位的计量器具。对于国家明令淘汰的产品，国家都要颁布具体的淘汰时间，在这个时间以后，禁止生产、销售该淘汰产品。国家明令规定即表明具有普遍约束力，生产者理应严格遵守，不得违反，违者将依法追究责任。

（2）不得伪造产地，不得伪造或冒用他人的厂名、厂址。这里，对生产者禁止性行为的规定有两种：

一是生产者不得伪造产地。产地是指产品生产的所在地。一些产品因产地不同，其性能和质量指标可能会有较大的差异。特别是一些土特产品，与产地的气候、地质条件、环境状况有着密切的联系。如我国的名酒"茅台"，其质量就是与茅台酒厂所在地茅台镇的水质、气候条件密切相关，在其他地方，用同样的原料、同样的技术制造出来的酒与在茅台镇制造的茅台酒，口感、质量就有很大的差别。同时，有的产地在某一方面有独到的生产、制造与加工手段，拥有较好的技术优势。总之，产地这种标志，在一定程度上也表示产品的质量与信誉，对消费者起到了诱购的作用。生产者在甲地生产产品，却在产品标识上标注乙地的地名，以利用消费者对乙地产品的信赖，造成消费者的误解，是一种典型的欺骗行为，也是法律所不允许的。

二是生产者不得伪造或者冒用他人的厂名、厂址。伪造，是指生产者捏造、编造不真实的生产厂的厂名和厂址；冒用，是指生产者非法使用他人的厂名、厂址。厂名、厂址被明确具体地标注在企业的营业执照上，自企业宣告成立时就已确定。

企业对其厂名享有名称权，任何人未经其允许，使用其厂名，都是侵犯企业名称权的行为，应承担侵权责任。而企业的厂址往往是与厂名联系在一起的，特定厂名的企业有特定的厂址，冒用他人的厂址在实践中与冒用他人厂名的效果一样，都是利用消费者对被冒用企业的信赖，欺骗消费者，因此也是不允许的。

（3）不得伪造或冒用认证标志、名优标志等质量标志。质量标志是有关主管部门或者组织，按照规定的程序颁发给生产者，用以表明该企业生产的产品的质量达到相应水平的证明标志。我国比较常见的质量标志是产品质量认证标志，主要有：由国务院产品质量监督部门认可的专门机构颁发的方圆认证标志、长城认证标志、PRC 认证标志和由国际羊毛局颁发的纯羊毛认证标志等。质量认证标志等产品质量标志表明的是产品质量所达到的水平和质量状态，只有经具备认证资格的机构经过一定的程序对达到一定条件的企业授权后，企业才能使用质量标志。因此，任何以非法手段使用、冒充这些质量标志的行为，都是对产品质量事实真相的隐瞒，是对消费者的欺骗，应为法律所禁止。

（4）生产者生产产品，不得掺杂、掺假，不得以假充真、以次充好，不得以不合格产品冒充合格产品。该项禁止性规定对生产者有 3 项要求：一是生产者生产产品，不得掺杂、掺假。"掺杂、掺假"是指生产者在产品中掺入杂质或者造假，致使产品中有关物质的成分或者含量不符合国家有关法律、法规、标准规定的欺骗行为。二是生产者生产产品，不得以假充真、以次充好。"以假充真"是指生产者以牟取非法利润为目的，用一种产品冒充另一种与其特征、特性不同的产品的欺骗行为；"以次充好"是指生产者以低等级、低档次的产品，冒充高等级、高档次的产品的欺骗行为，也包括用废、旧、弃产品冒充新产品的行为。这类行为的行为人的目的是为了牟取非法利润，一般为故意，结果是造成了对消费者的欺骗，损害消费者的合法权益。三是生产者生产产品，不得以不合格产品冒充合格产品。所谓合格产品，对于有国家强制性标准的产品来说，是指符合国家的强制性标准；对于没有国家强制性标准的产品来说，是指符合生产者在产品上明确标注所采用的标准。以不合格产品冒充合格产品，是对消费者的欺骗行为，会造成消费者的财产损失，对于可能危及人体健康

和人身财产安全的产品,甚至会造成消费者的人身伤害。

上述 4 项中的后 3 项均属于经济欺诈行为。

(二)销售者的产品质量责任和义务

1. 执行进货检查验收制度

《产品质量法》第三十三条规定:"销售者应当建立并执行进货检查验收制度,验明产品合格证明和其他标识。"进货检查验收,是指交易双方根据相应标准和合同的规定,检查、检验产品的产地、生产者名称、质量、品种、数量、等级、规格、产品标识、产品感官、必要的产品内在质量等,以分清双方责任的一项活动。

进货查验质量,是销售者对国家的义务和对用户、消费者的义务。检查、验收货物本属销售者基于自身利益而必须做、必然做的行为。但现实中,产品质量问题和经济纠纷,除故意违法、违约的之外,也有许多是由于疏忽大意和不负责任造成的。故《产品质量法》作出规定,将销售者自身本来应为的行为上升为义务性规范,以加强销售者的"注意义务",通过进货时的质量验收,以期及时发现质量问题,查明问题,分清责任,解决问题,减少有质量问题的产品流入用户手中。

2. 采取措施,保持产品质量

《产品质量法》第三十四条规定,销售者应当采取措施,保持销售产品的质量。生产者生产的产品通过销售者到达用户、消费者那里,中间常有一段"时间差"。在此期间内,可能因销售者未采取应有的保质措施而招致产品发生瑕疵或缺陷。这一要求其实也是销售者从本身利益考虑所应采取的措施。《产品质量法》之所以将其上升为法律规范也有着与前一条同样的性质和目的,是为了加重销售者的注意义务和行为义务,减少纠纷,维护经济秩序,保护那些"未来"用户和消费者的利益。这一义务性规定也体现了销售者、消费者与国家根本利益的一致性。

这里所谓"销售者应当采取措施",是指销售者应当根据产品的不同特点,采取不同的措施,如:按照药品管理法第十四条的规定,药品仓库必须制定和执行药品保管制度,采取必要的冷藏、防潮、防虫、防鼠等措施。

3. 销售产品标志符合法定要求

《产品质量法》第三十六条要求销售产品的标志应当符合第二十五条的规定,即与生产者有同样的义务(共 5 项内容)。但销售者还有应注意的问题,如应"严把产品标识关",应向生产者索要合法、齐全的标志和说明,不可妥协地接受其不合格甚至假冒的产品标志。销售者尤其不可"另起炉灶",搞假冒产品标识。销售者对用户、消费者还负有直接地告知产品警示标志和说明的义务。

4. 不得违反《产品质量法》的禁止性规定

该部分内容与生产者的义务性规定基本一致。需要注意的是,销售者还应当遵循"不得销售失效、变质的产品"的禁止性规定。

失效、变质两个概念不能等同。这里讲的"失效",是指产品失去了本来应当具有的效力、作用。这里讲的"变质",是指产品内在质量发生了本质性的物理、化学变化,失去了产品应当具备的使用价值。

还应注意,失效、变质与超过安全使用期和失效日期的关系,即已经超过安全使用期和失效日期的产品,虽多数是失效、变质产品,但并非全是;而尚未超过安全使用期和失效日期的产品,也可能会发生产品变质,应以实际检测结果为依据。

四、产品质量的法律责任

如前所述,产品质量责任制度的建立和完善,特别是责任制度获得一体的遵循和切实执行,是保障产品质量,保护生产和生活消费者合法权益,维护正常、健康的市场秩序,促进经济发展的客观需要和要求。经营者违反其依法应尽的产品质量责任和义务,应当承担相应的法律责任,包括行政责任、民事责任甚至刑事责任。

此处,我们依据《产品质量法》的立法体例和主要关注点,主要考察和学习《产品质量法》关于产品质量的民事法律责任部分。

(一)产品质量民事法律责任概述

1. 产品质量民事责任的类型

产品质量的民事责任包括两类:产品质量的合同责任、产品责任。

第一,产品质量的合同责任。产品的出售和购买,在销售者和购买者之间构成买卖合同关系,不论这种合同关系是以事先订立书面合同的形式出现,还是以消费者与零售商之间用即时清结方式买卖商品的形式出现。在商品买卖合同关系中,销售者应在合理范围内,对其出售商品的质量向购买者承担合理的保证责任。违反这一责任的,构成买卖合同中的产品质量违约行为,应依照《产品质量法》第四十条的规定及《合同法》的有关规定承担包括修理、更换、退货及赔偿损失等相应违约责任。

对于产品质量的合同责任,《产品质量法》第四十条规定:"售出的产品有下列情形之一的,销售者应当负责修理、更换、退货;给购买产品的消费者造成损失的,销售者应当赔偿损失:(一)不具备产品应当具备的使用性能而事先未作说明的;(二)不符合在产品或者其包装上注明采用的产品标准的;(三)不符合以产品说明、实物样品等方式表明的质量状况的。销售者依照前款规定负责修理、更换、退货、赔偿损失后,属于生产者的责任或者属于向销售者提供产品的其他销售者(以下简称供货者)的责任的,销售者有权向生产者、供货者追偿。销售者未按照第一款规定给予修理、更换、退货或者赔偿损失的,由产品质量监督部门或者工商行政管理部门责令改正。生产者之间、销售者之间、生产者与销售者之间订立的产品买卖合同、承揽合同有不同约定的,合同当事人按照合同约定执行。"

第二,产品责任。产品责任,是指因产品存在缺陷而给他人人身、财产造成损害的侵权责任。《产品质量法》参照国际上有关产品责任问题的通行规定及发展趋势,在第四十一~四十五条对有关产品责任问题,包括产品责任的构成要件、责任主体、归责原则、诉讼时效等问题作了明确规定(具体见"赔偿责任"部分)。

2. 产品质量民事纠纷的解决途径

根据《产品质量法》第四十七条的规定,发生产品质量民事纠纷时,有关当事人可以通过以下途径解决:一是双方自行协商解决,或者在第三方的调解下协商解决;二是当事人不愿通过协商、调解解决或者协商、调解不成的,可以根据当事人各方的协议向仲裁机构申请仲裁;三是当事人未达成仲裁协议或者仲裁协议无效的,可以直接向人民法院起诉。

同时,为了取得足以证明是否存在产品质量问题的权威证据,《产品质量法》第四十八条规定,仲裁机构或者人民法院可以委托具备相应的检测条件和能力的产品质量检验机构,对有关产品质量进行检验。

(二)赔偿责任

此处所称赔偿责任,是指《产品质量法》针对缺陷产品造成的人身损害或者其他财产损害所引起的赔偿责任。也就是常说的产品责任,属于侵权民事责任范畴。

1. 产品缺陷的含义

所谓缺陷产品,是指存在着缺陷的产品。根据《产品质量法》第四十六条的规定,所谓"缺陷",是指产品存在危及人身、他人财产安全的不合理的危险;产品有保障人体健康和人身、财产安全的国家标准、行业标准的,是指不符合该标准。

为利于认定产品责任,确保产品责任的责任主体和消费者双方的合法权益,我国《产品质量法》借鉴一些国家的做法,并根据我国的实际情况,对产品缺陷作出上述的界定。这一规定,从法律上确立了判断产品是否存在缺陷的基本标准。实践中如何具体运用这项法定标准来判断产品是否存在缺陷,是个事实问题,需要根据每一案件、每种产品的情况具体分析,作出结论。

根据我国《产品质量法》的规定,缺陷产品的缺陷有两种情况:一是产品存在"不合理危险";二是产品不符合有关的"强制性标准"。

(1)一般来说,产品存在"不合理危险",大体有以下两种情况:一是产品本身不应当存在危及人身、财产安全的危险(如儿童玩具),但因设计、制造上的原因,导致产品存在危及人身、财产安全的危险,这种危险即为"不合理的危险"。二是某些产品因本身的性质而具有一定的危险(如易燃易爆产品),但如在正常合理使用的情况下,不会发生危害人身、财产安全的危险,但因产品设计、制造等方面的原因,导致该产品在正常使用的情况下也存在危及人身、财产安全的危险,这种危险就属于"不合理危险"。产品存在不合理危险的情形具体有设计缺陷、制造缺陷、告知缺陷、指示缺陷、说明缺陷五种。

(2)产品不符合有关强制性标准。《产品质量法》规定,对于产品有保障人体健康,人身、财产安全的国家标准、行业标准的,产品缺陷"是指不符合该标准"。

按照标准化法的规定,对需要在全国范围内统一的技术要求,由国务院标准化行政主管部门制定国家标准。对没有国家标准而又需要在全国某个行业范围内统一的技术要求,可以由国务院有关行政主管部门制定行业标准,并报国务院标准化行政主管部门备案。保障人体健康,人身、财产安全的标准是强制性标准;强制性标准,必须执行。不符合强制性标准的产品,禁止生产、销售和进口。产品不符合"保障人体健康,人身、财产安全的国家标准、行业标准的",属于产品不符合强制性标准,即为违法产品。这种违法产品一旦进入市场就有可能给消费者造成人身、财产上的损害。因此,《产品质量法》第四十六条将不符合"保障人体健康,人身、财产安全的国家标准、行业标准的"产品规定为缺陷产品。当然,如果产品的各项性能指标都符合该产品的强制性标准,那是否可据此判定该产品不存在缺陷呢?当然不能笼统作肯定回答,也要具体分析。因为某一产品的强制性标准,可能并未覆盖该产品的安全性能指标(特别对某些新产品更是如此),在这种情况下,如果因该产品中的某项属于强制性国家标准、行业标准中未作规定的性能指标不符合保障人身、财产安全的要求,可能造成他人损害的,仍可判定该产品存在缺陷。

2. 赔偿责任主体、归责原则、举证责任

《产品质量法》第四十一条第一款规定:"因产品存在缺陷造成人身、缺陷产品以外的其他财产(以下简称他人财产)损害的,生产者应当承担赔偿责任。"第四十二条规定:"(一)由于销售者的过错使产品存在缺陷,造成人身、他人财产损害的,销售者应当承担赔偿责任;(二)销售者不能指明缺陷产品的生产者也不能指明缺陷产品的供货者的,销售者应当承担赔偿责任。"

根据上述规定,产品缺陷赔偿责任主体包括生产者、销售者。

但是,生产者和销售者承担产品责任的归责原则有别:对产品生产者而言,实行无过错责任原则(严格责任原则),对销售者则实行过错责任原则。具体讲,根据《产品质量法》,产品责任的责任主体是产品的生产者,生产者对因产品存在缺陷造成他人损害的,除证明有法定免责条件外,应承担无过错责任。而销售者只是在因其过错使产品存在缺陷并损害他人人身、财产时承担赔偿责任，或者在不能指明缺陷产品生产者也不能指明缺陷产品供货者时承担赔偿责任。

基于归责原则，对因产品存在缺陷而引起损害赔偿诉讼中，受害人要求销售者承担赔偿责任的，应当承担证明销售者有过错的举证责任。但受害人要求生产者赔偿时，无须证明生产者是否存在过错。而是由生产者依照《产品质量法》的规定，对其生产的产品是否具有法定的免责事由，是否具备法定的免责条件，承担举证责任，即实行"举证责任的倒置"的原则。因为随着科学技术的发展，产品的技术性能和制造工艺越来越复杂，要求处于产品生产过程之外，并不具备各种产品专业知识的消费者对生产者的过错承担举证责任，难以做到，也不公平。

3. 生产者产品责任的免责事由与条件

《产品质量法》第四十一条第二款规定："生产者能够证明有下列情形之一的，不承担赔偿责任：（一）未将产品投入流通的；（二）产品投入流通时，引起损害的缺陷尚不存在的；（三）将产品投入流通时的科学技术水平尚不能发现缺陷的存在的。"

（1）生产者能够证明未将产品投入流通的，不承担赔偿责任。这里所谓"未将产品投入流通"，是指生产者生产的产品虽然经过了加工制作，但是根本没有投入销售。根据《产品质量法》第二条规定关于"产品是经过加工、制作，用于销售的产品"的规定，"未将产品投入流通"的，不应适用《产品质量法》。

（2）生产者能够证明产品投入流通时，引起损害的缺陷尚不存在的，不承担赔偿责任。所谓"产品投入流通时""引起损害的缺陷尚不存在"，是指生产者能够证明其将产品投放市场，转移到销售商或者直接出售给购买者时，产品并不存在缺陷。

（3）生产者能够证明将产品投入流通时的科学技术水平尚不能发现缺陷的存在的，不承担赔偿责任。由于科学技术的发展，根据新的科学技术，可能会发现过去生产并投入流通的产品会存在一些不合理的危险。对这种不合理的危险在产品投入流通时的科学技术水平是不能发现的，生产者也不承担责任。这是新产品开发过程中产生的风险，该风险是开发过程中产生的，生产者是难以预见到的，对其免除责任是合理的。对此国外也均规定免除责任。这里需要指出的是，评断产品是否能为投入流通时的科技水平所发现，是以当时整个社会所具有的科学技术水平来认定的，而不是依据产品生产者自身所掌握的科学技术来认定的。

4. 赔偿责任承担的条件（"产品责任的构成要件"）

根据《产品质量法》第四十一条、第四十二条的规定，生产者和销售者承担产品责任的要件分别是：

（1）生产者承担缺陷产品的民事责任须具备4方面的条件：一是产品存在缺陷，即"产品存在危及人身、他人财产安全的不合理的危险"，产品不符合"保障人体健康，人身、财产安全的国家标准、行业标准"。二是存在损害事实，即消费者人身或者他人人身、缺陷产品以外的财产已经存在损害。三是消费者人身或者他人人身、财产存在损害是由于产品缺陷造成的，即二者有直接的因果关系。四是不存在法定免责事由。4个条件须同时具备，生产者方可承担产品责任。

（2）销售者承担缺陷产品的民事责任须同时具备下述条件：一是销售者须存在过错。销售者的过错包括两个方面：一个方面是由于销售者积极的行为（作为）而使产品存在缺陷；另一个方面是由于销售者不积极的行为（不作为）而使产品存在缺陷，比如不在适宜的条件下保存产品，结果造成产品缺陷。二是须有损害事实的存在，即已经造成了人身、他人财产损害。三是损害事实是由于销售者的过错使产品存在缺陷而引起的。

5. 受害人要求损害赔偿的途径

《产品质量法》第四十三条规定:"因产品存在缺陷造成人身、他人财产损害的,受害人可以向产品的生产者要求赔偿,也可以向产品的销售者要求赔偿。属于产品的生产者的责任,产品的销售者赔偿的,产品的销售者有权向产品的生产者追偿。属于产品的销售者的责任,产品的生产者赔偿的,产品的生产者有权向产品的销售者追偿。"这是关于受害人要求损害赔偿的途径和先行赔偿人具有追偿权的规定。

(1)所谓"受害人",是指因产品存在缺陷造成人身、财产损害之后,有权要求获得赔偿的人。包括直接买受缺陷产品的人,也包括非直接买受缺陷产品但受到缺陷产品损害的其他人。

(2)《产品质量法》从方便消费者维护自己合法权益的角度出发,规定受害人要求损害赔偿的两个途径:一个是可以要求产品的生产者赔偿;另一个是也可要求产品的销售者赔偿。也就是说,只要是缺陷产品引起的损害赔偿,受害人可以向生产者和销售者中的任何一方提出赔偿请求。如果二者不予赔偿,受害人可以生产者和销售者中的任何一方或者双方为被告提起民事诉讼。

(3)因为产品责任,生产者或者销售者中,先行赔偿的一方有权向应承担责任的一方追偿自己已经向受害人垫付的赔偿费用。也就是说,没有责任的生产者或者销售者,对因缺陷产品而引起的赔偿请求时,预先替对方垫付了赔偿费用。垫付的一方有权要求有责任的一方支付自己已经垫付的赔偿费用。如果有责任的一方拒绝支付,垫付赔偿费用的另一方可以依照法定程序要求对方支付。

另外,在产品责任的诉讼中,除生产者、销售者承担举证责任外,受害人也应当对自己的主张,提出相应的证据,比如受到损害的证据、损害是由缺陷产品引起的证据、自己完全按照说明书的要求使用的证据等。

6. 损害赔偿范围

《产品质量法》第四十四条规定:"(一)因产品存在缺陷造成受害人人身伤害的,侵害人应当赔偿医疗费、治疗期间的护理费、因误工减少的收入等费用;造成残疾的,还应当支付残疾者生活自助具费、生活补助费、残疾赔偿金以及由其扶养的人所必需的生活费等费用;造成受害人死亡的,并应当支付丧葬费、死亡赔偿金以及由死者生前扶养的人所必需的生活费等费用。(二)因产品存在缺陷造成受害人财产损失的,侵害人应当恢复原状或者折价赔偿。受害人因此遭受其他重大损失的,侵害人应当赔偿损失。"这一规定确定了因产品存在缺陷造成受害人人身伤害和财产损失的赔偿范围。

7. 损害赔偿的诉讼时效期间和保护期限

《产品质量法》第四十五条规定:"(一)因产品存在缺陷造成损害要求赔偿的诉讼时效期间为两年,自当事人知道或者应当知道其权益受到损害时起计算。(二)因产品存在缺陷造成损害要求赔偿的请求权,在造成损害的缺陷产品交付最初消费者满十年丧失;但是,尚未超过明示的安全使用期的除外"。这是关于因产品存在缺陷造成损害要求赔偿的诉讼时效期间和最长保护期限的规定。

(1)诉讼时效期间。诉讼时效是请求人民法院保护自己合法权益的法定的有效期限。在法定的有效期限内,人民法院对当事人的请求权予以保护;超过法定的有效期限的,人民法院对当事人的请求权不予保护。

当事人的产品缺陷损害赔偿请求权受到保护的期限为两年。两年的起算日期为当事人知道或者应当知道其权益受到损害之时。所谓"知道"是指当事人已经了解到自己的权利受到侵害的事实,同时也了解到具体的侵权人;所谓"应当知道"是指查不清受害人是否知道被侵权和侵权人的情况下，法律推定或者视为知道。

（2）缺陷产品引起的请求权的最长保护期限。因产品存在缺陷造成损害要求赔偿的请求权，在造成损害的缺陷产品交付最初消费者之日起十年内受法律保护；满十年之日起，该请求权丧失。也就是说，自产品交给第一个消费者之日起算，在以后的十年内，如果产品存在缺陷并给消费者造成了人身或者财产上的损失，受害人有权利要求侵害人给予赔偿。十年以后，即使产品造成了受害人人身或者财产上的损失，受害人也无权要求赔偿，侵害人也无义务赔偿。

但是，如果生产者明示产品的安全使用期在十年以上的，在明示超过十年的安全期间内，因产品存在缺陷造成损害的，受害人有权要求生产者赔偿。

导入案例简析

案 例 一

宋某购买的电视机出现严重质量问题，销售者与生产者或供货者在订立买卖合同时又未明确地约定事后处理纠纷的方式，则销售者依法负有产品瑕疵担保责任，应根据消费者宋某的要求予以修理、更换或者退货。因为本案中宋某所购电视机已经达不到使用的要求，商场应予以更换；如宋某要求退货，商场也不得拒绝。

案 例 二

《产品质量法》规定产品质量诉讼时效期间为两年，产品责任的两年诉讼时效从当事人知道或应当知道其权利受到损害时起计算，即因产品存在缺陷，造成人身伤害和财产损失后，受害人必须在两年的期限内向人民法院提起诉讼，否则就丧失了损害赔偿的胜诉权。《产品质量法》规定的诉讼时效期间为两年，《民法通则》规定的产品致人伤害的诉讼时效为1年。《产品质量法》是特别法，根据特别法优于普通法的原则，产品责任的诉讼时效应依《产品质量法》的规定。因产品存在缺陷造成损害赔偿的请求权，在造成伤害的缺陷产品交付最初用户、消费者满10年丧失。

本案中，丁某购买的高压锅虽然超过了保修期，但并不影响产品的诉讼时效。丁某购买的高压锅仍然在诉讼时效期内，他有权就高压锅出现的产品质量问题要求日用品厂赔偿损失，日用品厂应当赔偿丁某的全部经济损失。

案 例 三

气筒确实存在缺陷，但该气筒只是机械厂的样品，未投入流通，刘某并非消费者或用户，因此，气筒因缺陷造成刘某的损害不适用《产品质量法》解决而应依《民法通则》的规定进行处理。

【法规文献链接】

1.《中华人民共和国产品质量法》（修正）（中华人民共和国主席令第33号 2000-7-8公布，2000-9-1起施行）

2.《中华人民共和国产品质量认证管理条例》（2003-9-3国务院第390号令公布）

【任务训练】

假如你投资开了一个包子铺（门店），请你在了解包子加工制作相关知识的基础上，拟制一份可行的"包子质量保障规则"，作为员工行为准则。

思考与拓展

1. 什么叫产品质量? 法律关于产品质量的要求是怎样规定的?

2. 根据法律关于产品质量的具体规定,你以为在日常生活中选购商品时应注意什么基本问题?

3. 因缺陷产品造成的损害赔偿问题,《产品质量法》是怎样规定的?

4. 案例分析:

案 例 一

曾经,媒体曝光了一起IT界的丑闻:国内某知名度颇高的电脑生产厂家打着笔记本电脑专用CPU(芯片)的名义,实际上却安装了台式计算机的CPU,并且在销售的时候没有明示。看到这条消息,有人马上找出自己的笔记本电脑以及使用说明书,想看看他的笔记本电脑安的是什么芯。但左看右看看不出头绪,只好作罢。

在笔记本电脑上使用台式电脑芯片的生产厂商推脱自己的责任时有三点理由:其一,在笔记本电脑上使用台式电脑的芯片是近年来的国际发展趋势,世界上许多著名厂商都在这样制造自己的产品;其二,使用台式机的芯片能够降低成本,消费者最终也会从中受益;其三,国内有关质量标准中没有明确规定笔记本电脑使用台式机芯片必须明确标注,所以这样做也不算违法。

问题:

生产商的理由成立吗? 为什么?

案 例 二

凤庆县工商局查处熊某(当事人)经营不合格成品食用油。经查明,当事人2004年以来,从昆明购进杂物油、调合油等食用油21桶(180千克/铁桶),共计3 780千克,标值金额30 020.00元。在鲁史、诗礼等地街场批发零售。商品为"三无产品"(无生产厂厂名和厂址、无中文标识、无生产日期和保质期),且不能提供质量检验合格证明和相关票证,并在销售过程中分别以"菜籽油""大豆油""精炼油"的名义进行销售。

问题:

熊某的行为是什么行为? 他违反了什么法律制度?

案 例 三

2007年7月28日,王某从某超市买了几瓶冰镇啤酒。回家后,王某在打开一瓶啤酒时,"砰"的一声,瓶体爆炸了,泡沫及玻璃碎片满地都是。王某的双手被划破,脸部刺了很深的切口,送医院缝了八针,花掉医药费2 000元。之后,王某向法院起诉,要求其维护其合法权益。经法院调查,王某开瓶没有过错,而是厂家的啤酒质量不合格导致。

问题:

(1)王某在本案中获得赔偿的前提条件是什么? 是否符合条件?

(2)王某应向谁请求赔偿? 如何赔偿?

项目四　正确把握合同规则
科学处理合同事务

任务一　订立有效的交易合同

任务目标

　　企业经营离不开交易，而合同是交易的法律形式。订立有效交易合同是企业员工应具备的基本知识和能力。为预防所订合同不能顺利生效，因此，本任务项目中，将合同的订立与合同的效力结合在一起介绍，以助形成一个整体认识。

　　在学习本部分内容的基础上，请在编制"合同订立活动预案"的基础上，代某公司草拟一份能顺利生效的"×××（物品）买卖合同"。

导入案例

　　某年7月，陈某在宏图电脑公司选购了一台联宝CL50-40G笔记本电脑，价格为8 800元。得到新电脑的陈某满心欢喜，不料，没过多久，陈某便发现，这台"新"电脑里竟然有该电脑公司工作人员的照片，很明显，这是台被使用过的旧机器。陈某于是向工商所投诉，在工商所组织的调解中，该公司承认这台电脑曾被作为样机使用，但公司反复强调陈某在购买机器时对这一情况已知晓。由于双方各执一词，调解不成，陈某遂向法院提出诉讼。

　　问题：

　　陈某与宏图电脑公司之间的买卖合同是否有效，应如何处理？

内容阐释

一、合同概说

(一)合同的概念与特征

想一想:在哪些情况下需要使用合同?

- 购物、销售、到食堂买饭菜、买书……
- 借钱、借物、送红包、发压岁钱……
- 租房、租书、租车、租设备……
- 建房、售房、买商铺……
- 乘车、船、飞机……
- 寄存包裹、寄停车辆……
- 加工定做、委托他人办事……

在市场经济时代,作为商品交易重要形式的合同几乎无处不在,了解和掌握合同以及合同法的相关法律知识与实务技能非常重要。市场经济离不开"市场",市场是交易的场所,而合同是交易的法律形式。因此,认识合同,掌握合同的订立与效力认定,诚信履约,是生活的需要,也是事业发展的需要。

合同,也叫契约,是两个以上当事人之间为实现一定目的而达成的协议。合同在东西方文化中有着不同的起源。在我国历史上自古就有"立契为据"的说法,契约作为中国古代社会对当事人行为进行约束的书证由来已久。《合同法》第二条规定:"本法所称合同是平等主体的自然人、法人、其他组织之间设立、变更、终止民事权利义务关系的协议。婚姻、收养、监护等有关身份关系的协议,适用其他法律的规定。"从这一规定看,《合同法》所指的合同为债权合同,身份上的合同不适用该法。

合同具有以下主要特征:

1. 合同是一种民事法律行为

合同是合同当事人意思表示的结果,是以设立、变更、终止财产性的民事权利义务为目的,且合同的内容即合同当事人之间的权利义务是由意思表示的内容来确定的。因而,合同是一种民事法律行为。

2. 合同是一种双方或多方或共同的民事法律行为

首先,合同的成立须有两个或两个以上的当事人;其次,合同的各方当事人须互相或平行作出意思表示;再次,各方当事人的意思表示须达成一致,即达成合意或协议,且这种合意或协议是当事人平等自愿协商的结果。

3. 合同是以在当事人之间设立、变更、终止财产性的民事权利义务为内容

首先,合同当事人签订合同的目的,在于为了各自的经济利益或共同的经济利益,因而合同的内容为当事人之间财产性的民事权利义务;其次,合同当事人为了实现或保证各自的经济利益或共同的经济利益,以合同的方式来设立、变更、终止财产性的民事权利义务关系。

4. 合同属于合法行为

合同的主体必须合法,订立合同的程序必须合法,合同的形式必须合法,合同的内容必须合法,合同的履行必须合法,合同的变更、解除必须合法,等等。

5. 合同依法成立,即具有法律约束力

所谓法律约束力,是指合同的当事人必须遵守合同的规定,如果违反,就要承担相应的法律责任。

导入案例中宏图电脑公司与陈某之间以买卖电脑为目的订立买卖合同的意思表示真实且一致,双方订立的买卖合同合法有效,双方受合同拘束,如有违约应当承担相应的法律责任。

(二)合同的种类

经济活动中的合同各式各样,按不同的分类标准可以分为不同的种类:口头合同与书面合同;有偿合同与无偿合同;双务合同与单务合同;有名合同与无名合同;诺成合同与实践合同;要式合同与不要式合同;格式合同与非格式合同;主合同与从合同;为本人利益的合同与为第三人利益的合同;本合同与预约合同;确定合同与射幸合同。我国《合同法》在分则当中,就有15大类合同。在此,我们对一些重要的合同种类进行介绍。

1. 单务合同和双务合同

根据当事人双方权利义务的分担方式,可以将合同分为单务合同与双务合同。

单务合同是指当事人一方只享有权利,另一方只承担义务的合同。如赠与合同就是单务合同。在赠与合同中赠与人承担交付赠与物的义务,受赠人享有受领赠与物的权利,受赠人对赠与人没有债务关系。

双务合同是指当事人双方相互享有权利、承担义务的合同。如买卖、互易、承揽、运送、保险等合同为双务合同。又如租赁合同,出租人负有将租赁物交付承租人的义务,享有收取租金的权利,承租人享有使用租赁物的权利,负有支付租金的义务。陈某与电脑公司之间的合同即是典型的双务合同。

2. 有偿合同与无偿合同

根据当事人取得权利是否以偿付为代价,可以将合同分为有偿合同与无偿合同。

有偿合同是指当事人一方只享有合同规定的权益,必向对方偿付相应代价的合同。

无偿合同是指当事人一方只享有合同规定的权益,不必向对方偿付任何代价的合同。

有些合同只能是有偿的,如买卖、互易、租赁等合同;有些合同只能是无偿的,如赠与等合同;有些合同既可以是有偿的也可以是无偿的,由当事人协商确定,如委托、保管等合同。双务合同都是有偿合同,单务合同原则上为无偿合同,但有的单务合同也可为有偿合同,如有息贷款合同。导入案例中的合同即为有偿合同。

3. 有名合同与无名合同

根据法律是否设有规范并赋予一个特定名称为标准,合同可分为有名合同与无名合同。

有名合同又称典型合同,是指法律设有规范,并赋予一定的名称的合同。如我国《合同法》规定的买卖、借款、租赁等15大类合同均为有名合同。

无名合同又称非典型合同,是指法律尚未特别规定,未赋予一定名称的合同。

对于有名合同,由于专门法律对其有详细的规定,因而首先适用这些规定;没有规定的,才适用一般的原则性规定。对于无名合同,只能在适用我国《合同法》总则的同时,根据合同的性质,比照适用近似的有名合同的规定。

4. 诺成合同与实践合同

根据合同的成立是否以交付标的物为要件,可将合同分为诺成合同与实践合同。

诺成合同又称不要物合同,是指当事人意思表示一致即可成立的合同。这种合同双方意思表

示达成合意,合同即告成立,不需要其他形式和手续,也不需要以物的交付为成立条件。如陈某与电脑公司之间的电脑买卖合同。

实践合同又称要物合同,是指除当事人意思表示一致外,还须交付标的物方能成立的合同。换句话说,这种合同是在当事人达成合意之后,还必须由当事人交付标的物和完成其他给付以后才能成立。如寄存合同,寄存人将寄存物交付保管人后,寄存合同方为成立。

5. 要式合同与不要式合同

根据合同的成立是否需要特定的形式,可将合同分为要式合同与不要式合同。

要式合同是指法律要求必须具备一定的形式和手续的合同。如书面合同属于要式合同。

不要式合同是指法律不要求必须具备一定形式和手续的合同。

6. 主合同与从合同

根据合同间是否有主从关系,可将合同分为主合同与从合同。

主合同是指不依赖其他合同的存在即可独立存在的合同。从合同是指须以其他合同的存在为前提而存在的合同。例如保证合同与设立主债务的合同之间的关系,主债务合同是主合同,相对其而言,保证合同即为从合同。

7. 为订约当事人利益的合同与为第三人利益的合同

根据订立的合同是为谁的利益,可将合同分为为订约当事人利益的合同与为第三人利益的合同。

为订约当事人利益的合同是指仅为了订约当事人自己享有合同权利和直接取得利益的合同。这种合同,第三人与合同当事人相互之间不得主张合同权利和追究合同责任。

为第三人利益的合同是指订约的一方当事人不是为了自己,而是为第三人设定权利,使其获得利益的合同。在这种合同中,第三人既不是缔约人,也不通过代理人参加订立合同,但可以直接享有合同的某些权利,可直接基于合同取得利益,合同不得为第三人设定任何义务。合同生效后,第三人可以接受该合同权利,也可以拒绝接受该项合同权利。如为第三人利益订立的保险合同。

8. 格式合同与非格式合同

格式合同又称标准合同、定式合同,是指当事人一方为了重复使用而预先拟定,并在订立合同时未与对方协商的条款。采用格式条款订立的合同就是格式合同,比如保险合同、旅游合同。

非格式合同是指合同条款全部由双方当事人在订立合同时协商确定的合同。

对于格式合同,对方当事人只能对格式条款表示愿意或不愿意接受,一般不能对其进行修改。因此,对方当事人在签订此类合同时容易处于不利地位。

二、合同的订立

合同的订立是指当事人通过一定程序、协商一致在其相互之间建立合同关系的一种法律行为。

(一)订立合同的主体、形式、条款

1. 订立合同的主体

合同当事人包括公民和法人。合同的当事人需要一定的资格,也就是指在订立合同时公民应当具有相应的民事行为能力,法人应当具有相应的民事权利能力。《合同法》第九条规定:"当事人订立合同,应当具有相应的民事权利能力和民事行为能力""当事人依法可以委托代理人订立合同"。

2. 订立合同的形式

合同的形式是指订立合同的当事人各方协商一致而成立合同的外在表现方式。我国《合同

法》第十条规定："当事人订立合同，有书面形式、口头形式和其他形式。法律、行政法规规定采用书面形式的，应当采用书面形式。当事人约定采用书面形式的，应当采用书面形式。"

口头形式是指合同当事人通过谈话的方式进行意思表示而达成协议的形式。

书面形式的最大优点是有据可查，便于分清责任。《合同法》第十一条规定："书面形式是指合同书、信件和数据电文（包括电报、电传、传真、电子数据交换和电子邮件）等可以有形地表现所载内容的形式。"

其他形式是指口头形式和书面形式以外的，当事人以某种表明法律意图的行为间接地表示合同内容的形式。这种形式称为默示形式，这种形式可以根据当事人的行为或者特定的情形推定合同成立。如《合同法》第三十七条规定，采用合同书形式订立合同，在签字或者盖章之前，当事人一方已经履行主要义务，对方接受的，该合同成立。又如，《合同法》第一百七十一条规定："试用买卖的买受人在试用期内可以购买标的物，也可以拒绝购买。试用期间届满，买受人对是否购买标的物未作表示的，视为购买。"

3. 订立合同的条款

当事人依程序订立合同，意思表示一致，便形成合同条款，构成作为法律行为的合同内容。合同条款固定了当事人各方的权利义务，成为法律关系意义上的合同的内容。

合同条款根据不同角度，可以分为性质、地位、作用差异的不同类型：提示性条款和实际条款；主要条款和普通条款；格式条款和非格式条款。

（1）提示性的合同条款。《合同法》第十二条列举的八个条款应属于"提示性条款"。提示性的合同条款是指为了给当事人起提示和示范作用，并非是每一合同必备的条款。具体合同的具体条款，应当根据当事人的具体约定依法确认。

第一，当事人的名称或者姓名和住所。法人或者其他组织应当写单位的全称，公民应当写自己的真实姓名。

第二，标的。标的是合同双方当事人的权利义务指向的对象。标的主要有3类：一是财产，包括有形财产和无形财产；二是劳务；三是一定的工作成果。

第三，数量。数量是标的量的规定，是标的的计量。数量是标的的具体化，直接决定着当事人双方权利和义务的程度，因此在签订数量条款时，应当写明计量单位和计量方法，误差幅度与正负尾数差和自然损耗数，毛重或者净重。标的是通过数字和计量单位来表示的，因此，在合同中必须使用国家统一规定的度量衡和法定单位，统一计算方法。

第四，质量。质量是标的质的规定性，是标的的具体化。质量也是确定合同标的的具体条件。质量主要包括标的的化学和物理成分、标的规格、标的性能、标的款式等要素。标的的质量一般以品种、规格、型号、等级等体现出来，因此，合同中应当对这些项目作出规定。条款应当具体载明对产品质量负责的期限和条件，对质量提出异议的条件和时间。同时，质量条款还必须符合国家有关规定和标准化要求。

第五，价款或报酬。价款或报酬是有偿合同的条款，是一方当事人向对方当事人所付代价的货币支付。具体说，价款是取得标的物所支付的代价，一般是指对提供财产的一方当事人支付的货币，如财产租赁合同中的租金。报酬是获得服务所应支付的代价，一般是指向提供劳务或者完成特定工作成果的当事人支付的货币，如建筑工程承包合同中的设计费、工程价款等。

第六，履行的期限、地点和方式。履行期限是指合同中规定义务方交付标的物或者价款、报酬、履行劳务、完成工作的时间界限。履行期限可以规定为即时履行，也可以规定为定时履行，还可以

规定为在一定期限内履行。

履行地点是指履行合同义务和直接接受履行的地点，它是确定验收地点的依据，是确定运输费用由谁负担、风险由谁承受的依据，有时是确定标的物所有权是否移转、何时移转的依据，是确定诉讼管辖的依据之一。

履行方式是指合同义务人履行其义务的方式，它涉及当事人的物质利益。交付方式是一次性交付还是分期分批交付等事项应当在合同中明确约定。

第七，违约责任。违约责任是指当事人一方或者双方由于自己的过错，造成合同不能履行或者不能完全履行时，按照法律的规定或合同的约定所承担的民事责任。

第八，解决争议的方法。解决争议的方法是指有关解决争议运用什么程序、适用何种法律、选择哪家检验或鉴定机构等内容。我国目前在合同领域解决争议的方法主要有四种：一是当事人协商解决；二是合同争议双方请求其他上级主管机关主持调解；三是当事人向仲裁机关提出仲裁申请，请求仲裁解决；四是双方当事人的任何一方都可以直接向人民法院提起诉讼。

(2)合同的主要条款。根据合同当事人对内容的关注程度，条款可分为主要条款和次要条款（普通条款）。

合同的主要条款，是指合同成立所必须具备的条款。合同的主要条款，有时是由法律直接规定的，当法律直接规定某种特定合同应当具备某些条款时，这些条款就是主要条款。合同的主要条款当然是由合同的类型和性质决定的，因此合同的主要条款也可以由当事人约定产生。

(3)格式条款。《合同法》第三十九条第二款规定："格式条款是当事人为了重复使用而预先拟定，并在订立合同时未与对方协商的条款。"

格式条款在当代社会的经济生活中，使用数量和频率呈日益上升态势。因而，有必要加以认真对待和正确认识。

格式条款的要求——《合同法》第三十九条第一款规定：采用格式条款订立合同的，提供格式条款的一方应当遵循公平原则确定当事人之间的权利和义务，并采取合理的方式提请对方注意免除或者限制其责任的条款，按照对方的要求，对该条款予以说明。

格式条款的无效——《合同法》第四十条规定：格式条款具有法定"合同无效"情形以及法定"免责条款无效"情形的，或者提供格式条款一方免除其责任、加重对方责任、排除对方主要权利的，该条款无效。《合同法》第五十二条规定："有下列情形之一的，合同无效：（一）一方以欺诈、胁迫的手段订立合同，损害国家利益；（二）恶意串通，损害国家、集体或者第三人利益；（三）以合法形式掩盖非法目的；（四）损害社会公共利益；（五）违反法律、行政法规的强制性规定。"第五十三条规定："合同中的下列免责条款无效：（一）造成对方人身伤害的；（二）因故意或者重大过失造成对方财产损失的。"

格式条款的解释——《合同法》第四十一条规定："对格式条款的理解发生争议的，应当按通常理解予以解释。对格式条款有两种以上解释的，应当作出不利于提供格式条款一方的解释。格式条款和非格条式款不一致的，应当采用非格式条款。"

(二)合同订立程序之一：要约

订立合同主要有两个程序，即要约和承诺。

《合同法》第十三条规定："当事人订立合同，采取要约、承诺方式。"当事人双方通过要约和承诺才能达到意思表示一致，合同才能成立。例如：

❖ 甲：谁有书？我要买。

❖ 乙:你要买什么书?

❖ 甲:我要买中国铁道出版社出版的高职高专教材《新编经济法》。

❖ 乙:你要买几本?

❖ 甲:我要买一本。

❖ 乙:我刚好有一本,你买不买?(要约)

❖ 甲:我买。(承诺)

1. 要约的概念和要件

《合同法》第十四条规定:"要约是希望和他人订立合同的意思表示。"可见,要约是一方当事人以缔结合同为目的向对方当事人发出的意思表示,是订立合同必经的阶段。发出要约的人称为要约人,接受要约的人则称为受要约人、相对人。

要约一般分为口头形式和书面形式。要约的口头形式,是指要约人以直接对话或电话方式向相对人发出要约。要约的书面形式,是指采用交换信函、电报、电传和传真等文字形式进行要约。

要约作为一种订约的意思表示,它能够对要约人和受要约人产生一种拘束力,尤其是要约人在要约的有效期限内,必须受要约的拘束。根据《合同法》第九条、第十四条的规定精神,一项要约要发生法律效力,必须具备特定的有效要件,否则,不具备这些要件,要约在法律上不能成立,也不能产生法律效力。

能够促成合同关系成立的要约的主要构成要件有五个:

(1)主体要件——要约是由具有订约能力的特定人作出的意思表示。由于要约人以订立某种合同为目的而发出某种要约,因此,它(他)必须具有订立合同的行为能力。《合同法》第九条规定:"当事人订立合同,应当具有相应的民事权利能力和民事行为能力。"因此,要约人应当具有缔约能力,无行为能力或依法不能独立实施某种行为的限制行为能力人发出欲订立合同的要约,不应产生行为人预期的效果。

(2)目的要件——要约必须具有订立合同的意图。根据《合同法》第十四条,要约是希望和他人订立合同的意思表示。由于要约具有订约意图,因此,要约一经承诺,就可以产生合同,要约人要受要约的约束。也就是说,要约必须是表明经受要约人承诺,要约人即受该意思表示约束。在收到要约后如果受要约人同意要约的内容,要约人就负有与受要约人订立合同的义务。

(3)内容要件——要约的内容必须具体确定。根据《合同法》第十四条,要约的内容必须具体确定。

"具体"是指要约的内容必须具有足以使合同成立的主要条款。如果不能包含合同的主要条款,承诺人难以作出承诺,即使作了承诺,也会因为这种合意不具备合同的主要条款而使合同不能成立。当然,合同的主要条款,应当根据合同的性质和内容来加以判断。

"确定"是指要约的内容必须明确,不能含糊不清,使受要约人不能理解要约人的真实含义,否则无法承诺。

(4)效力要件——表明经受要约人承诺,要约人即受该意思表示约束。要约的本质在于赋予受要约人以承诺权,把成立合同的最终决定权交给受要约人。

要约发出后,非依法律规定或受要约人同意,不得变更、撤销要约的内容。要约与不能产生预期法律效果的事实行为是不同的。

(5)生效要件——要约必须送达受要约人才能生效。要约是一种意思表示,须于到达受要约人时方能生效,因为只有当对方看到或听到要约人的表述才会了解到要约的内容。在"交叉要约"中,

由于要约都没有生效,任何一方的意思表示都不是对对方意思表示的答复,所以,不能成立合同。

还应当注意的是,要约原则上应向特定人发出,但并不严格禁止要约向不特定人发出。一方面,法律在某些情况下允许向不特定人发出要约,如悬赏广告可明确规定为要约;另一方面,要约人愿意向不特定人发出要约,并自愿承担由此产生的后果,在法律上也是允许的。但必须具备两个条件:

第一,必须明确表示其作出的建议是一项要约而不是要约邀请。这里所说的"明确表示"可以以各种方式表示,如在广告中注明"本广告构成要约"或注明"本广告所列的核准商品将售予最先支付现金或最先开来信用证的人"等。

第二,必须明确承担向多人发出要约的责任,尤其是具有在合同成立后向不特定的受要约人履行合同的能力。

请分析:

下列情形属于要约吗?

A. 本商场欲购春装,如有 2015 年新款式,请附图样及说明,我商场将派人前往洽谈购买事宜。

B. 某市食品公司要建造一栋大楼急需水泥,基建处遂向本省的三个水泥厂发出函电。函电中称:"我公司急需标号为 150 型号的水泥 100 吨,如贵厂有货,请速来函电,我公司愿派人前往洽谈购买。"

C. 某建筑公司,因施工急需 100 吨水泥。因该公司怕将来停工待料,造成损失,故于 1 月 8 日同时向三个水泥厂发函求援。电文是:"如贵厂有 300 号矿渣水泥现货,吨价不超过 1 100 元,请于 10 天内发货 100 吨。货到付款。"

D. 上班时间,出租车司机将车停在出租车站台,亮"空车"灯。

另外,要注意正确区分要约和要约邀请,不能将二者混为一谈。

知识拓展

要约邀请是希望他人向自己发出要约的意思表示,是当事人在处于订约的准备阶段的一种预备行为,但并非是订立合同的一种必经程序。要约邀请只能唤起他人的要约,不可能导致他人承诺。我国《合同法》第十五条规定:"寄送的价目表、拍卖公告、招标公告、招股说明书、商业广告等为要约邀请""商业广告的内容符合要约规定的,视为要约"。

要约邀请只是引诱他人发出要约,它不能因相对人的同意而成立合同。在发出要约邀请以后,要约邀请人撤回其邀请,只要没有给善意相对人造成信赖利益损失,要约邀请人一般不承担法律责任。

---

2. 要约的效力

即要约的法律效力。合法生效的要约,即对要约人和受要约人产生一定的拘束力。

(1)要约的生效时间。要约的生效时间既关系到要约从什么时间起对要约人产生拘束力,也涉及承诺期限问题。《合同法》第十六条第一款规定:"要约到达受要约人时生效。"在这里,需要注意两个关键问题:一个是何谓"到达",另一个是何谓之到达。

到达,一般指将要约通过一定方式送达受要约人。但送达并不是要一定送达到受要约人及其代理人手中,只要要约送达受要约人所能够控制的地点即为送达,如送达受要约人的信箱等。

(2)要约的效力存续期限。要约的存续时间是指要约可以在多长时间内发生法律效力。通常情况下,要约的存续时间是完全可以由要约人自己来决定的,但如果要约人没有确定,则只能以要约的具体情况来确定合理期限。

(3)要约的效力内容。第一,要约对要约人的拘束力。要约对要约人的拘束力又称为要约的形式拘束力,是指要约一经生效,要约人即受到要约的拘束,不得撤回、随意撤销,或对受要约人随意加以限制、变更和扩张。第二,要约对受要约人的拘束力。要约对受要约人的拘束力又称要约的实质拘束力,在民法上也称为承诺适格,是指受要约人在要约生效时即取得依其承诺而使合同成立的法律地位。它实际上是法律赋予受要约人以承诺的权利。

(4)要约的撤回和撤销。要约在发出后未生效之前,还可以撤回;甚至在要约到达受要约人,开始生效后,还可以撤销。《合同法》第十七条规定:“要约可以撤回。撤回要约的通知应当在要约到达受要约人之前或者与要约同时到达受要约人。”由于撤回要约时要约还未生效,因此不会影响受要约人的利益。《合同法》第十八条规定:“要约可以撤销。撤销要约的通知应当在受要约人发出承诺通知之前到达受要约人。”但是,《合同法》第十九条同时规定,有下列情形之一的,要约不得撤销:一是要约人确定了承诺期限或者以其他形式明示要约不可撤销;二是受要约人有理由认为要约是不可撤销的,并已经为履行合同作了准备工作。

要约的撤回或撤销都是要约人作出的使要约不发生法律效力的意思表示。

案例 4.1　　　　　　　　　　　　　**要约撤销**

苏州某塑料制品有限公司于某年 8 月 3 日向南京某商贸有限公司发出要约,要卖给南京某商贸有限公司一台机器设备,要求十天内答复。苏州某塑料制品有限公司的要约于 8 月 6 日到达南京某商贸有限公司。8 月 4 日,苏州某塑料制品有限公司去信,称该设备现本公司需要使用,不能出售,敬请南京某商贸有限公司原谅。第二封信于 8 月 7 日到达。南京某商贸有限公司 8 月 8 日回信表示接受苏州某塑料制品有限公司的要约条件,该回信 8 月 11 日到达,苏州某塑料制品有限公司拒绝交货。

请问:苏州某塑料制品有限公司 8 月 4 日给南京某商贸有限公司的去信构成要约的撤消吗?

---

(5)要约的失效。根据我国《合同法》第二十条的规定,能够引起要约失效的原因有:第一,拒绝要约的通知到达要约人;第二,要约人依法撤销要约;第三,承诺期限届满,受要约人未作出承诺;第四,受要约人对要约的内容作出实质性变更。对于其中的第四种情形,《合同法》还规定:“受要约人对要约的内容作出实质性变更的,为新要约。有关合同标的、数量、质量、价款或者报酬、履行期限、履行地点和方式、违约责任和解决争议方法等的变更,是对要约内容的实质性变更。”(第三十条)“承诺对要约的内容作出非实质性变更的,除要约人及时表示反对或者要约表明承诺不得对要约的内容作出任何变更的以外,该承诺有效,合同的内容以承诺的内容为准。”(第三十一条)

另外,特定条件下要约人或受要约人死亡。其条件为:合同具有人身履行的性质;要约含有或推定含有在此情况下使要约失效的意思;要约的相对人知悉要约人死亡的事实。

(三)合同订立程序之二:承诺

1. 承诺的概念及构成要件

承诺又叫接受提议,是指受要约人同意要约的意思表示。承诺是受要约人作出的同意要约的内容,并表示愿意与要约人订立合同的意思表示。《合同法》第二十一条规定:“承诺是受要约人同

意要约的意思表示。"

承诺一旦生效,将导致合同的成立,因此,一项有效的承诺必须具备以下构成要件:

(1)主体要件。承诺必须由受要约人向要约人作出。如果不是向要约人作出的同意的意思表示,则不构成承诺。向要约人授权的代理人作出承诺,也应视为向要约人作出。要约人发出要约后死亡,如果合同的履行不具有特定的人身性质,要约仍然有效,受要约人可以向要约人的继承人作出承诺从而成立合同。

(2)内容要件。承诺的内容应当与要约的内容一致。在承诺中,受要约人必须表明其愿意按照要约的全部内容与要约人订立合同。原则上承诺须是无条件的,对要约的内容应当全部接受。如果受要约人对要约的内容进行实质性扩张、限制或者变更,应视为对要约的拒绝,由此构成新要约。在此情况下,新要约必须经过新的受要约人即原要约人的承诺后才能成立合同。

(3)期限要件(时间要件)。承诺必须在要约的有效期限内到达要约人。

《合同法》第二十三条第二款规定:"要约没有确定承诺期限的,承诺应当依照下列规定到达:(一)要约以对话方式作出的,应当即时作出承诺,但当事人另有约定的除外;(二)要约以非对话方式作出的,承诺应当在合理期限内到达。"对承诺期限的计算方法,《合同法》第二十四条规定:"要约以信件或者电报作出的,承诺期限自信件载明的日期或者电报交发之日开始计算。信件未载明日期的,自投寄该信件的邮戳日期开始计算。要约以电话、传真等快速通讯方式作出的,承诺期限自要约到达受要约人时开始计算。"

(4)方式要件。承诺的方式必须符合要约的规定。要约人在要约中对承诺方式提出具体要求的,承诺必须按规定方式作出,否则,承诺不发生法律效力。《合同法》第二十二条规定:"承诺应当以通知的方式作出,但根据交易习惯或者要约表明可以通过行为作出承诺的除外。"

需要注意,以行为作出承诺,不包括单纯的沉默或不作为,因为单纯的沉默或不作为作为意思表示在司法实践中容易产生纠纷,所以,除法律有特别规定或双方另有约定外,沉默或不作为是不能被视为承诺的。

2. 承诺的生效

我国合同法对承诺的生效采用到达主义原则。承诺通知到达要约人时生效。承诺不需要通知的,根据交易习惯或者要约的要求作出承诺的行为时生效。

3. 承诺迟延和承诺撤回

(1)承诺迟延。所谓承诺迟延,是指受要约人未在承诺期限内发出承诺。对于超过期限而作出的承诺,要约人可以承认其有效,但要约人应及时通知受要约人。

应当注意的是,除了迟延,承诺迟到也属于到达要约人时承诺超过了承诺期的情形。对两种情形应加以区别,以便准确确定其法律效力。对此,《合同法》第二十八条规定:"受要约人超过承诺期限发出承诺的,除要约人及时通知受要约人该承诺有效的以外,为新要约。"第二十九条规定:"受要约人在承诺期限内发出承诺,按照通常情形能够及时到达要约人,但因其他原因承诺到达要约人时超过承诺期限的,除要约人及时通知受要约人因承诺超过期限不接受该承诺的以外,该承诺有效。"

(2)承诺撤回。所谓承诺撤回,是指受要约人在发出承诺通知以后,在承诺生效之前撤回其承诺。受要约人撤回承诺的通知必须先于或与承诺同时到达要约人,才发生撤回的效力。如果撤回承诺的通知在承诺之后到达,但依通常情形下应先于或同时到达的,要约人应将此情况通知受要约人,不发生撤回承诺的效力。否则,承诺撤回有效,合同不成立。

(四)合同成立的时间、地点

1. 合同成立的时间

合同成立的时间,是指当事人通过要约承诺方式确立的债权债务关系的时间。根据《合同法》规定,合同成立的时间有以下几种情形:

(1)当事人采用合同书形式订立合同的,自双方当事人签字或者盖章时合同成立。

(2)当事人采用信件、数据电文等形式订立合同的,可以在合同成立之前要求签订确认书,则签订确认书时合同成立。

(3)承诺通知到达要约人时合同成立。

(4)根据交易习惯或者根据要约的要求,受要约人作出承诺行为时合同成立。

案例 4.2	习惯性交易合同的成立

甲商家与乙厂家有常年的订货关系,只要甲通知乙需要货物若干,乙不必再向甲发出承诺通知,就可直接将所需货物送到甲。某次,时值国庆促销,甲通知乙需要若干货物,乙依然如数交货,结果,由于甲方某环节出现问题难以支付货款,便以乙未经承诺就送货为由拒绝接货,遂甲乙就此问题发生纠纷。乙向法院出示了此前双方交易的证据,证明双方存在此交易习惯,甲应当履约接货。最后,法院判决支持乙厂家的诉求。

2. 合同成立的地点

合同成立的地点往往与合同成立的时间紧密联系在一起,合同成立的时间是确定合同成立地点的重要因素。如根据我国《合同法》的规定,合同自承诺生效时成立。而承诺一般是在到达要约人时生效,则合同成立的地点一般就是要约人的住所地。

(1)当事人采用合同书形式订立合同的,双方当事人签字或者盖章的地点为合同成立的地点。当事人采用合同书形式订立合同,合同成立地点为各方当事人签字盖章的地点。签字或盖章不在同一地点的,以最后签字或盖章的地点为合同成立的地点。

(2)承诺生效的地点为合同成立的地点。我国《合同法》第二十六条规定,承诺到达要约人时生效,承诺的到达在以对话方式作出要约时,受要约人即时作出承诺的,承诺生效的地点有三种情况:一是要约人所在地或主营业地;二是承诺人所在地或主营业地;三是当事人所在地的以外的地点,这要根据具体情况来确定。对于以信函作出要约的承诺通知须到达要约人时生效,这时承诺生效的地点一定是要约人所在地或者主营业地或者是住所地。

(3)采用数据电文形式订立合同的地点。采用数据电文形式订立合同的,收件人的主营业地为合同成立的地点。这里的收件人是指要约人即收取承诺文件的人,主营业地应指收件人的主要营业场所所在地。如果收件人没有主营业地,其经常居住地为合同成立的地点。当事人还可以在订立合同时约定合同成立的地点。

(五)缔约过失责任

1. 缔约过失责任的概念

缔约过失责任,是指在合同订立过程中,一方因违背其依据诚实信用原则所应尽的义务,而致使另一方的信赖利益遭受损失时,所应承担的民事责任。在缔约过失责任中,由于合同尚未成立,不能使有过失的一方承担违约责任,因为违约责任以合同的有效成立为条件。同时又由于缔约过失责任对当事人的注意义务的要求较之侵权领域的注意义务更高,因此缔约过失责任既是

一种独立的违反先合同义务的民事责任,又是介于"违约责任"与"侵权责任"之间的一种特殊的民事责任。

2. 缔约过失责任的构成要件

(1)缔约过失责任发生于订立合同的过程中。

(2)一方违反其依诚实信用原则所应负的先合同义务。

(3)造成了另一方信赖利益损失。

(4)违反先合同义务一方缔约人在主观上必须存在过错。

(5)违反先合同义务的行为与损失之间有因果关系。

案例 4.3　　　　　　　　　　　缔约过失

甲公司与乙公司签订了《中外合资意向书》。随后,在乙公司的一再要求下,甲公司派人开始了前期准备工作,进行了包括可行性研究、环境影响评估、接入系统设计、委托项目管理公司等工作。与此同时,甲公司与乙公司就合资合同、章程、协作作了多次洽谈,最终达成一致意见。正当双方要签字时,乙公司通知甲公司,终止双方之间的合作。甲公司因此损失 1 000 多万元。事后,甲公司查明,乙公司与另一公司签订了合作协议。

本案中,乙公司的行为即构成了缔约过失责任,应当对甲公司 1 000 多万元的损失负赔偿责任。

---

3. 缔约过失责任的类型

(1)假借订立合同,恶意进行磋商。订立合同是双方当事人意思表示一致的结果,其追求的目的是实现某种权利,因而合同双方当事人应当本着平等、自愿、等价有偿、诚实信用、合法等原则进行善意的协商。而假借订立合同,恶意进行磋商是指当事人根本没有订立合同的目的,假借订立合同,而损害相对人利益的行为。所谓恶意,特别是指一方当事人在无意与对方达成协议的情况下,开始或继续进行谈判。

案例 4.4　　　　　　　　　　李某诉陈某赔偿损失案

李某经营的饭馆准备转让,其价格比较优惠。刘某有购买的想法,并与李某进行了商谈。此时,陈某也有一饭馆要转让。他得知此事后,想让刘某买自己开办的饭馆,于是故意以商价购买李某的饭馆为由向李某做出意思表示,并进行了长时间的谈判。而陈某则暗地里与刘某签订了转让协议。随后,陈某找借口不与李某签订购买饭馆合同,造成李某饭馆卖不出去,最终不得不以更低的价格卖给别人。事后,当李某得知陈某的所作所为之后,认为自己在饭馆的转让过程中所遭受的损失完全是由于陈某的行为造成的,要求陈某赔偿损失,陈某不同意。在遭到陈某的拒绝后,李某向法院提起诉讼。

请问:李某的诉求会得到支持吗?

---

(2)故意隐瞒与订立合同有关的重要事实或者提供虚假情况。在订立合同的过程中,当事人负有如实告知义务。如实告知义务主要包括:第一,在订立合同时如实告知自己财产状况与履约能力,使对方了解自己的情况,以便自愿选择是否与自己订立合同。第二,如实告知对方关于标的物的真实情况,是否存在瑕疵等。第三,如实告知对方当事人标的物的性能和使用方法。如果一方故意隐瞒不履行如实告知义务,从而给对方造成损失的,即产生缔约过失责任。

(3)泄露或不正当地使用商业秘密。

(4)有其他违背诚实信用原则的行为。

三、合同的效力

(一)合同生效的含义及生效条件

1. 合同生效的含义

合同的成立和生效是两个不同的概念。按《民法通则》和《合同法》的规定,合同的成立产生合同的一般法律约束力,合同的生效产生合同的权利和义务效力。

合同的成立与生效是不同的法律概念。合同成立与否取决于当事人是否就合同的内容达成合意,而合同的生效则取决于合同是否符合法律规定的有效条件。也即是说,成立了的合同不一定会生效,但生效了的合同必定已经成立。合同的成立仅是当事人意志的体现,而生效则体现了当事人意志和国家意志的统一。合同是否成立解决的是合同是否存在的问题,是一种事实状态;合同的效力解决的是合同是否具有法律约束力的问题,属于法律上的价值判断。

合同生效的内容:第一,合同得到法律的认可和保护;第二,在当事人之间以及当事人和第三人之间形成了法律约束力;第三,履行合同能够产生当事人预期的法律后果。

2. 合同生效的条件与生效时间

合同的生效有着与合同成立完全不同的法律要件,适于一切合同生效的必备要件有三个:当事人具有相应的民事行为能力;意思表示真实;合同内容合法。如果三个要件缺一则导致合同不能生效。

适于某些特殊合同生效的是为特别要件:附生效条件或生效期限的合同,条件的成就或期限的到来;法律、法规规定应办理批准、登记等手续的合同,手续的完成。在上述情况下,合同虽然已经成立,但是可能因条件未成就或者期限未届或者手续未完备而使已经成立的合同不能顺利生效或自始无效。

关于上述特殊生效条件,《合同法》第四十四条规定:"依法成立的合同,自成立时生效""法律、行政法规规定应当办理批准、登记等手续生效的,依照其规定"。第四十五条:"当事人对合同的效力可以约定附条件。附生效条件的合同,自条件成就时生效。附解除条件的合同,自条件成就时失效""当事人为自己的利益不正当地阻止条件成就的,视为条件已成就;不正当地促成条件成就的,视为条件不成就"。第四十六条:"当事人对合同的效力可以约定附期限。附生效期限的合同,自期限届至时生效。附终止期限的合同,自期限届满时失效。"

根据前述《合同法》第四十四、四十五、四十六条规定,合同生效时间的确定,具体包括以下几种情形:第一,通常情况下,依法成立的合同,自成立时生效;第二,需要登记或审批的合同,自登记审批后生效;第三,当事人可以约定合同的附期限,附期限的合同,自期限届满时生效;第四,附条件合同,自条件成就时生效;第五,附解除条件的合同,自条件成就时失效。当事人为自己的利益不正当地阻止条件成就的,视为条件成就;当事人为自己的利益不正当地促成条件成就的,视为条件不成就。

(二)无效合同

1. 无效合同的概念

合同无效是相对于合同有效而言的,它是指合同欠缺有效要件,自始、确定、当然不发生法律效力,这样的合同,称为无效合同。无效合同的特点是:

(1)不具备合同的有效要件且不能补救。合同的有效要件是主体合格、意思表示真实、不违反

法律和社会公共利益,三个要件同时具备,则合同有效。不具备其中的任一要件且不能补救的,是无效合同。

(2)对当事人自始不应具有法律效力。依法成立的合同,自成立时起对当事人有法律约束力,而无效的合同是自始无效。即使是当事人的意思表示真实,愿意履行,法律也只能认定其自始无效,不允许当事人履行,已经履行的应当恢复原状。

(3)由国家予以取缔。无效合同必须予以取缔,但合同法并不允许当事人享有宣告合同无效的权利,因为它可能被当事人特别是因订立合同而有风险的一方当事人滥用,发生了这种情形,那就事与愿违,反而扰乱了交易秩序。所以,对无效合同的确认和取缔的权力属于国家审判机关。仲裁机构虽然不是国家机关,不享有国家权力,但依据《仲裁法》第十九条的规定,仲裁机构有权确认合同的效力包括有权确认合同无效。

2. 合同无效的原因

(1)效力待定的合同,其效力要件未得到补足。效力待定的合同,若效力得到补救,即为有效合同;若效力未得到补救,则应为无效合同。

(2)一方以欺诈、胁迫的手段订立合同且损害国家利益。欺诈,是指一方当事人故意欺骗他人,使他人陷入错误认识而与之订立合同的行为。欺骗的方法包括故意告知对方虚假情况,也包括故意隐瞒真实情况。欺骗的目的是为了使对方当事人陷入错误认识与之订立合同。

那么,导入案例中,电脑公司故意隐瞒真实情况将样机作为新机提供给陈某,并不能提供相关的证据,证明陈某购买电脑时已明知是样机,是明显的欺诈行为。该行为是否导致该合同无效呢?为了充分尊重合同当事人双方的意愿,对一方以欺诈行为签订的合同并没有一概归于无效,只将此类中损害了国家利益的合同规定为无效,没有损害国家利益的合同,由当事人(被欺诈方)按自己的意愿处理。

(3)合同当事人恶意串通,损害国家、集体或者第三人利益。恶意串通,是指当事人在明知或者应当知道其行为会造成损害他人利益的结果而仍然故意串通在一起,共同实施该行为。恶意串通合同,就是合同的双方当事人非法勾结,为谋取私利而共同订立的损害国家、集体或者第三人利益的合同。

(4)以合法形式掩盖非法目的。以合法形式掩盖非法目的,是指当事人通过实施合法的行为来掩盖其非法的目的,或者其行为在形式上合法,但在内容上违法。

(5)损害社会公共利益。在法律、行政法规无明确规定,但合同又明显地损害了社会公共利益时,可以适用"损害社会公共利益"条款确认合同无效。如,甲和乙赌博,乙输给甲5000元但无钱支付,双方订立了赌债还款合同。此赌债合同是否无效,法律没有明确规定。但由于赌博是损害社会道德风尚的行为,对赌债不应支持,应确认该合同无效。

(6)违反法律、行政法规的强制性规定。这里的法律,是指全国人民代表大会及其常务委员会颁布的法律。行政法规,是指由国务院颁布的法规。强制性规定,是指强制性的法律规范,包括义务性规范和禁止性规范。义务性规范是应当履行不得违反的,如《消费者权益保护法》规定的经营者应承担的10项义务。禁止性规范是指民商事主体不得作出的行为,如《反不正当竞争法》规定公用企业"不得限定他人购买其指定的经营者的商品"。

3. 合同无效的法律后果

(1)合同自始无效。合同被确认为无效,从合同成立之时起无效。我国《合同法》第五十六条的规定与《民法通则》第五十八条的规定"无效的民事行为,从行为开始起就没有法律约束力"是一致的。无效合同，即使当事人追认，也不能使其生效，更不能产生当事人所预期的法律效果。

（2）合同部分无效，不影响其他部分效力的，其他部分仍然有效。合同部分无效，是指有些合同条款虽然违反法律的规定，归于无效，但并不导致整个合同的无效，整个合同效力继续存在。如买卖合同的标的物超过了国家限制性规定，则超过的部分无效，而整个合同效力继续存在；又如涉外合同当事人约定的法律适用条款违反了我国法律的规定，该法律适用条款无效，但其他条款仍然有效。

（3）合同无效，不影响有关解决争议方法的条款的效力。解决争议条款的效力是独立于合同效力的，因为合同是否有效，均有产生争议事实的可能。因此，解决争议的条款，不仅适用于有效合同，而且也适用于无效合同。解决争议方法的条款包括仲裁条款，选择受诉法院的条款，选择检验、鉴定机构的条款，法律适用条款。对于具有涉外因素的合同，除我国具有专属管辖权的合同和与我国的社会公共利益、主权、安全等密切相关的合同以外，当事人可以依法选择处理合同争议所适用的法律。当事人选择的法律适用条款具有独立的效力。

（4）不再履行。合同被确认为无效，当事人无须履行，也不应再履行合同规定的义务。

（5）返还财产、折价补偿和赔偿损失。返还财产，是指合同当事人在合同被确认为无效前已经履行或部分履行的，对已交付对方的财产有权请求返还，已接受该财产的当事人则有返还该财产的义务。折价补偿，如果财产不能返还或者没有必要返还，应当折价补偿。"不能返还"有事实上的不能返还和法律上的不能返还。赔偿损失，合同被确认为无效以后，有过错的一方给对方造成损失的，应承担损害赔偿责任。

（6）收归国有或者返还集体、第三人。当事人恶意串通，损害国家、集体或者第三人的利益，因此而取得的财产收归国家所有，或者返还集体、第三人。就是说，恶意串通损害国家利益的无效合同，当事人一方或者双方取得的财产都应当收缴国库；因损害集体利益的无效合同所取得的财产应当返还给集体；因损害第三人的利益的无效合同取得的财产应当返还给第三人。

（三）效力待定合同

1. 效力待定合同的概念与特征

效力待定的合同是指合同虽已成立，但由于不完全符合有关生效要件的规定，能否发生当事人预期的法律效力尚未确定，只有经过有权人的追认，才能发生当事人预期的法律效力的合同，有权人在一定期间内不予追认，合同便归于无效。

效力待定合同的特征：

（1）效力待定的合同不完全符合合同生效的要件。但它并非是行为人故意违反法律的禁止性规定及社会公共利益，也不是因意思表示不真实，而是因有关当事人缺乏缔约能力、代订合同的资格及处分能力所造成。

（2）效力待定合同须经权利人的承认才生效。

（3）法律赋予效力待定合同相对人催告权和撤销权。

2. 效力待定合同的种类

（1）限制民事行为能力人依法不能独立订立的合同。除纯获利益的合同、日常生活和学习所必需的合同、处分自有财产的合同、经法定代理人许可的合同以外，其他合同均不许限制民事行为能力人独立订立，而应由其法定代理人代为订立。一旦独立订立，就须经法定代理人追认，否则，合同不发生效力。

（2）无权代理人订立的合同。无权代理人以被代理人的名义与相对人订立合同，非经被代理人追认，对于被代理人不发生法律效力，除非构成表见代理。

（3）无处分权人订立的合同。无处分权人与相对人订立了处分他人财产权的合同,经权利人追认或者行为人于订立合同后取得处分权时,合同自始有效。行为人未取得处分权,权利人又不追认的,合同无效。但该无效不得对抗善意第三人。

3. 效力待定合同效力的补救

（1）主体资格欠缺的合同。主体资格欠缺的合同有两种情形:

第一,无民事行为能力人签订的合同。无民事行为能力人除某些与其年龄相适应的细小的日常生活方面的合同外,不能独立订立合同,只能由其法定代理人代订合同,或经其法定代理人事前允许或事后承认才能生效。至于订立法律上纯获利益的合同,则无须法定代理人追认便可生效。

第二,限制民事行为能力人依法不能独立订立的合同。《合同法》第47条规定:"限制民事行为能力人订立的合同,经法定代理人追认后,该合同有效,但纯获利益的合同或者与其年龄、智力、精神健康状况相适应而订立的合同,不必经法定代理人追认""相对人可以催告法定代理人在一个月内予以追认。法定代理人未作表示的,视为拒绝追认。合同被追认之前,善意相对人有撤销的权利。撤销应当以通知的方式作出"。即是说,限制民事行为能力人订立的合同,在经法定代理人追认前,效力是处于待定状态的。如果法定代理人追认,合同将是有效的,如果法定代理人不追认或善意相对人行使撤销权,合同将无效。

（2）无权代理合同。无代理权的人代理他人从事民事行为所订立的合同为无权代理合同。有三种情形:

第一,根本没有代理权而签订的合同。签订合同的人根本没有经过被代理人的授权,就以被代理人的名义签订的合同。

第二,超越代理权而签订的合同。代理人与被代理人之间有代理关系存在,但是代理人超越了被代理人的授权范围与他人签订了合同。

第三,代理关系终止后签订的合同。指行为人与被代理人之间原有代理关系,但是由于代理期限届满、代理事务完成或者被代理人取消委托关系的原因,被代理人与代理人之间的代理关系已不复存在,但原代理人仍以被代理人的名义与他人签订的合同。在此种情形下,要注意"表见代理"的有效性。

（3）无处分权人订立的合同。无处分权人订立的合同,是指行为人没有处分他人财产的权利而以自己的名义与相对人订立了处分他人财产的合同。

案例4.5　　　　　　　　　　　效力待定合同

甲多年在外国留学打工,后在国内买了套商品房,因其长期住在国外,该房交由甲父管理。后因城市房屋增值,甲父擅自将房屋出售给乙,并已交付房屋,约定一个月后办过户手续,逾期支付违约金。甲在得知卖房之事后,表示坚决反对,甲根据物权法规定提起诉讼要求乙归还房产,法院判决乙退出房屋。乙因此损失了部分房屋装修、搬家等费用,还因未及时购得房产而遇到房产涨价导致损失,乙遂根据合同法状告甲父。

本案中,由于甲父没有处分权而擅自处分了甲的房产,在事后又没有获得甲的追认,也没有取得处分权,所以该合同属于无处分权人订立的效力待定合同。

（四）可变更、可撤销合同

请分析下列案例,你以为应当如何处理期间发生的有关纠纷?

案例4.6   **可撤销合同**

陈某路过照相器材商店，发现该店销售的某型号日本进口照相机非常便宜，售价只有1 000元。陈某于是买了一台该型号照相机。到月底，商店盘店，发现标价员将上述型号的照相机售价10 000元误标成了1 000元。商店于是起诉到法院，要求撤销和陈某的买卖合同。

案例4.7   **可变更合同**

黄某于2002年10月1日深夜一点钟得知其儿子患急性阑尾炎，在市医院做外科手术。黄某得知消息时，在某县城。该县城距离市区医院约36千米，但深夜没有出租车。赵某恰巧驾私家车路过，黄某拦住赵某的车，说明原委，要求搭车到市区。赵某提出要600元，黄某心急如焚，当即答应。到医院后，赵某收了黄某的600元扬长而去，黄某记住了赵某的车牌号。一个月后，黄某找到赵某，称当地36公里的出租车费仅为80元，要求赵某退还500元。赵某不同意，黄某于是提起诉讼，请求法院判令赵某退还500元。

案例4.8   **不可撤销的合同**

甲向首饰店购买钻石戒指二枚，标签标明该钻石为天然钻石，买回后即被人告知实为人造钻石。甲遂多次与首饰店交涉，历时一年零六个月，未果。现甲欲以欺诈为由诉请法院撤销该买卖合同关系。

案例4.9   **可变更、可撤销合同**

甲将祖传的一幅画出让给乙。交付后，乙将该画送权威部门鉴定，结果为赝品。乙要求退货并返还价款。经查，在买卖合同达成之时，对于此画甲也不知真假。

案例4.10   **可变更、可撤销合同**

某官员甲欲将一套住房以50万元出售。某报记者乙找到甲，出价40万元，甲拒绝。乙对甲说："我有你贪污的材料，不答应我就举报你。"甲信以为真，以40万元将该房卖与乙。乙实际并无甲贪污的材料。

---

1. 可变更、可撤销合同的概念与特点

可变更、可撤销合同又称为可撤销合同，是指因订立合同时当事人意思表示不真实，法律允许撤销权人通过行使撤销权，使已经生效的合同归于无效的合同。其特征如下：

(1)可撤销的合同是意思表示不真实的合同。

(2)对可撤销合同的撤销，要由撤销权人通过行使撤销权来实现。但撤销权人是否行使撤销权，则应由权利人自由决定。

(3)可撤销合同在未被撤销以前，仍然是有效的。即使合同具有可撤销的因素，但撤销权人未

在规定的期限内行使撤销权,合同仍然有效,当事人仍应依合同规定履行义务。任何一方不得以合同具有可撤销的因素为由而拒不履行其合同义务。

2. 可变更、可撤销合同的类型

《合同法》第五十四条第一款规定:"下列合同,当事人一方有权请求人民法院或者仲裁机构变更或者撤销:(一)因重大误解订立的;(二)在订立合同时显失公平的""一方以欺诈、胁迫的手段或者乘人之危,使对方在违背真实意思的情况下订立的合同,受损害方有权请求人民法院或者仲裁机构变更或者撤销"。

(1)因重大误解订立的合同。重大误解,指合同的当事人由于本身的原因在作出意思表示时,对涉及合同法律效果的重要事项存在着认识上的显著缺陷,其后果是使其利益受到较大损失或者达不到其订立合同的目的。误解可以是单方的误解,也可以是双方的误解。

《最高人民法院关于贯彻执行〈中华人民共和国民法通则〉若干问题的意见》(以下简称"民法意见")第七十一条规定:"行为人因对行为的性质、对方当事人、标的物的品种、质量、规格和数量等的错误认识,使行为的后果与自己的意思相悖,并造成较大损失的,可以认定为重大误解。"

(2)显失公平的合同。显失公平的合同,是指一方当事人在紧迫或者缺乏经验的情况下订立的,使当事人之间享有的权利和承担的义务严重不对等的合同。"民法意见"第七十二条:"一方当事人利用优势或利用对方没有经验,致使对方的权利与义务明显违反公平、等价有偿原则的,可以认定为显失公平。"

显失公平的合同具有如下特点:合同对双方当事人明显不公平;一方获得的利益明显超过了法律所允许的限度;受损失的一方是在缺乏经验或者紧迫的情况下签订的合同。它之所以被规定为可变更、可撤销的合同,是因为其违背了合同的公平原则。

同时,"合同法解释二"第十九条第二款对"明显超过了法律所允许的限度"分两种情况作出具体解释。其一,"以明显不合理的低价转让财产"是指,以交易当地一般经营者的判断,并参考交易当时交易地的物价部门指导价或市场交易价,结合其他相关因素综合考虑予以确认。转让价格达不到交易时交易地的指导价或市场指导价70%的,一般可以视为明显不合理的低价。其二,"以明显不合理的高价收购他方财产"是指,对转让价格高于当地指导价或市场交易价30%的,一般可视为明显不合理的高价。

(3)利用欺诈、胁迫手段订立的合同。欺诈,是指一方当事人故意欺骗他人,使他人陷入错误认识而与之订立合同的行为。

"民法意见"第六十八条规定:"一方当事人故意告知对方虚假情况,或者故意隐瞒真实情况,诱使对方作出错误意思表示的,可以认定为欺诈行为。"

所谓胁迫,是指以给他人的人身或财产造成损害为要挟,使对方产生恐惧并因此而订立合同的行为。"民法意见"第六十九条规定:"以给公民及其亲友的生命健康、荣誉、名誉、财产等造成损害,或者以给法人的荣誉、名誉、财产等造成损害为要挟,迫使对方作出违背真实的意思表示的,可以认定为胁迫行为。"

利用欺诈、胁迫手段订立的合同,若未产生损害国家利益后果的,属于可撤销合同;如果产生损害国家利益的,则属于前述之无效合同。

(4)乘人之危订立的合同。所谓乘人之危,是指行为人利用对方的为难处境或紧迫需要,迫使对方接受某种明显不公平的条件并作出违背其真实意志的意思表示的现象。其具有以下的构成要件:①合同一方订立合同时利用了对方的危难,包括经济上的窘迫,生命、健康、名誉等人身上的危难,亲友的危难等;②对方当事人出于危难,违背真实意愿而订立了合同;③合同一方所取得的利益超出了法律允许的限度。

3. 撤销权的消灭

《合同法》第五十五条规定:"有下列情形之一的,撤销权消灭:(一)具有撤销权的当事人自知道或者应当知道撤销事由之日起一年内没有行使撤销权;(二)具有撤销权的当事人知道撤销事由后明确表示或者以自己的行为放弃撤销权。"

4. 合同被撤销、变更的法律后果

对可变更、可撤销合同的处理,《合同法》第五十四条第二款规定:"当事人请求变更的,人民法院或者仲裁机构不得撤销。"

可撤销的合同被撤销,产生如下法律后果:合同自始无效;合同履行终止;被履行了的恢复原状;返还原物、折价补偿、有过错的一方致他方损失的应予赔偿。

合同变更的法律后果:合同变更后原合同之债消灭,产生新合同之债,即合同变更的实质是以变更后的合同内容取代原有的合同内容。因此,合同变更后,当事人不得再按原合同履行,而必须按变更后的合同履行。

但合同的变更只对合同未履行的部分有效,不对合同已经履行的内容发生效力,且不影响当事人请求损害赔偿的权利。

四、《合同法》关于"买卖合同"的基本规定

(一)买卖合同的概念和法律特征

买卖合同,是出卖人交付标的物并转移标的物的所有权于买受人,买受人支付价款的合同。买卖合同具有以下法律特征[①]:

1. 买卖合同是双务合同

买卖合同的双方当事人在享有合同权利的同时,都负担相应的合同义务,其中,出卖人负有交付标的物并转移其所有权于买受人的义务,买受人负有向出卖人支付价款的义务。

2. 买卖合同是有偿合同

买卖合同中,出卖人所负担的交付标的物并转移其所有权于买受人的义务,与买受人所负担的支付价款的义务,互为对价。

3. 买卖合同是诺成合同

除法律另有规定或当事人另有约定外,买卖合同自双方当事人意思表示一致之时起成立,并不以一方当事人标的物的交付或合同义务的履行作为合同的成立要件。

4. 买卖合同为不要式合同

除非法律或行政法规另有规定,买卖合同不需要采用特定的形式,因此,买卖合同为不要式合同。

(二)买卖合同的种类

1. 根据标的物性质的不同,分为特定物买卖合同与种类物买卖合同

特定物买卖合同是以特定物为标的物的买卖合同。种类物买卖合同是以种类物为标的物的买卖合同。在特定物买卖合同中,合同的履行只能交付合同约定的标的物,标的物灭失时构成履行不能。在种类物买卖合同中,同种类、同质量的标的物具有替代性,部分标的物灭失不构成履行不能。

---

① 王凤民,杨金刚. 合同法学[M]. 哈尔滨:东北林业大学出版社,2006:102-103.

2. 根据合同订立方式的不同,分为竞争性买卖合同与非竞争性买卖合同

竞争性买卖合同是指以公开竞价的形式,将特定物品转让给最高应价者而成立的合同。拍卖和招投标是典型的竞争性买卖合同。非竞争性买卖合同是指当事人双方通过单独协商签订的买卖合同,其订立过程是一对一式的。法律对该两类合同有着不同的调整,主要是对竞争性买卖合同往往有特殊的规定。

3. 根据履行时间的不同,分为即时买卖合同和非即时买卖合同

即时买卖是指标的物和货款在订立合同时即时清结的合同;非即时买卖合同是指按照约定一方或者双方当事人在合同成立之后履行债务的合同。即时买卖合同的权利义务即时了结,使债权债务关系不易发生纠纷,一般采取口头形式。非即时买卖合同的订立时间与履行时间不一致,如不将合同内容形成文字,容易发生权利义务的争议,因此常常需要采用书面形式。

4. 根据当事人的买卖是否一次性完结,分为一次性买卖合同与连续交易性合同

一次性买卖合同指当事人双方只进行一次交易就终结合同关系的合同;连续交易性合同是指当事人双方在一定期限内,定期或者不定期地供给标的物并支付价款的协议,其间每次交易都相关联。

5. 根据法律有无特别规定,分为一般买卖合同和特种买卖合同

一般买卖合同是指适用合同法的一般规定、法律未做特别规定的买卖合同;特种买卖合同是指法律对其种类或者内容有特别规定的买卖合同。我国《合同法》规定特种买卖合同包括试验买卖、样品买卖、分期付款买卖、拍卖、房屋买卖、连续交易的买卖以及互易合同等。

(三)买卖合同的内容

买卖合同的订立除了应具备当事人的名称或者姓名和住所、标的、数量、质量、价款或者报酬、履行期限、地点和方式、违约责任、解决争议的方法等条款之外,还可以就包装方式、检验标准和方法、结算方式以及合同使用的文字及其效力等内容进行约定。

1. 包装方式

标的物的包装方式既可以指包装物的材料,又可以指包装的操作方式,尤其对一些易腐、易碎、易潮以及化学物品等更具有重要作用。有特殊要求或采用包装代用品的,还应征得运输部门的同意,并在合同中明确规定。

2. 检验的标准和方法

标的物的检验是指买受人收到出卖人交付的标的物时,对其等级、质量、重量、包装、规格等情况的查验、测试或鉴定。检验的标准,如有国家或行业标准的,应当执行国标或行标,没有国标或行标的,当事人可以对其作特殊约定,如没有约定或约定不明确,则依照《合同法》第 61 条、157 条、158 条补充确定。检验的方法,应当在合同中予以明确规定。

3. 结算方式

结算方式应在合同中约定,并以约定为准。目前合同的结算,主要有两种:现金结算和转账结算。无论是法人之间款项往来的结算,或者是法人与个体工商户、农村承包经营户之间的结算,都应遵守中国人民银行结算办法的规定,除法律或者行政法规另有规定以外,必须用人民币计算和支付。

4. 合同使用的文字及其效力

在涉外买卖合同及国际买卖合同中,合同使用的文字及其效力条款是重要条款。若合同在中国履行,最好明确规定两种文本在解释上有争议时,以中文文本为准;在外国履行的合同则可考虑接受以外文文本为准。

(四)买卖合同的成立与效力

合同法规定,当事人之间没有书面合同,一方以送货单、收货单、结算单、发票等主张存在买卖合同关系的,人民法院应当结合当事人之间的交易方式、交易习惯,以及其他相关证据,判定该买卖合同是否成立。对账确认函、债权确认书等函件、凭证没有记载债权人名称,买卖合同当事人一方以此证明存在买卖合同关系的,人民法院予以支持。但是,如果有相反证据足以推翻的情形除外。

当事人签订认购书、订购书、预订书、意向书、备忘录等预约合同,约定在将来一定期限内订立买卖合同,一方不履行订立买卖合同的义务,对方请求其承担预约合同违约责任或者要求解除预约合同并主张损害赔偿的,人民法院应予支持。

买卖合同的效力是指有效的买卖合同所具有的法律效果,体现为买卖双方的权利和义务。

1. 出卖人的义务

(1)交付标的物。

买卖合同中,出卖人应将买卖合同的标的物交付买受人,这是出卖人的主要合同义务。所谓交付标的物,即转移标的物的占有。交付可分为现实交付和观念交付两种。

标的物如果是无需以有形载体交付的电子信息产品,当事人对交付方式约定不明确,并且,按照《合同法》第六十一条的规定仍然不能确定的,则以买受人收到约定的电子信息产品或者权利凭证为交付。

(2)转移标的物的所有权。

转移标的物的所有权,是指物的所有权的主体发生变更,标的物所有权的转移,买受人获得标的物所有权。依据《合同法》第一百三十三条的规定,标的物的所有权自标的物交付时起转移,但法律另有规定或者当事人另有约定的除外。可见,不同标的物的所有权的转移方法也各有不同。

除有特别规定或当事人另有约定的以外,动产标的物的所有权依交付而移转。只要出卖人将标的物按双方约定或法律规定的时间、地点交付给买受人,标的物的所有权也就由出卖人转移到买受人手中。对于船舶、航空器、车辆等价值较大的动产,所有权的转移应当依照法律的规定,办理登记手续,未办理登记手续的,所有权的转移不具有对抗第三人的效力。

不动产所有权的转移须依法办理所有权的转移登记。未办理登记的,买卖合同生效,但标的物的所有权不发生转移。

出卖人因未取得所有权或者处分权致使标的物所有权不能转移的,买受人有权要求出卖人承担违约责任或者要求解除合同并主张损害赔偿。

(3)瑕疵担保责任。

瑕疵担保责任包括两个方面,一是指权利瑕疵担保义务,出卖人就应付的标的物,负有保证第三人不得向买受人主张任何权利的义务。二是指物的瑕疵担保义务,出卖人就其所交付的标的物,负有保证其不存在可能使价值或使用价值降低的缺陷或者其他不符合合同约定的品质问题的义务[①]。

合同约定减轻或者免除出卖人对标的物的瑕疵担保责任,但如果出卖人故意或因重大过失不告知买受人标的物的瑕疵的,不得减轻或者免除出卖人的瑕疵担保责任。

---

① 郑辉. 合同法教程[M]. 西安:西北工业大学出版社,2010:166.

买受人在缔约时知道或者应当知道标的物质量存在瑕疵,主张出卖人承担瑕疵担保责任的,人民法院不予支持,但是,如果买受人在缔约时不知道该瑕疵会导致标的物的基本效用显著降低的除外。

(4)交付有关单证和资料。

出卖人应按约定或者交易习惯向买受人交付提取标的物单证以外的有关单证和资料。根据合同法的最新解释,这些"单证和资料"主要应当包括保险单、保修单、普通发票、增值税专用发票、产品合格证、质量保证书、质量鉴定书、品质检验证书、产品进出口检疫书、原产地证明书、使用说明书、装箱单等。

2. 买受人的义务

(1)支付价款。

买受人支付价款应按照合同约定的数额、地点、时间和方式进行。

买受人应当按照约定的数额支付价款。对价款没有约定或约定不明确的,可以协议补充;不能达成补充协议的,按照合同有关条款或者交易习惯确定。如仍不能确定,按照订立合同时履行地的市场价格履行,依法应当执行政府定价或者政府指导价的,按照规定履行。当事人在合同中约定执行政府定价的,在合同约定的交付期限内政府价格调整时,按照交付时的价格计价。逾期交付标的物的,遇价格上涨时,按照原价格执行;价格下降时,按照新价格执行。逾期提取标的物或者逾期付款的,遇价格上涨时,按照新价格执行;价格下降时,按照原价格执行。

(2)受领标的物。

买受人有依照合同约定或者交易惯例受领标的物的义务,对于出卖人不按合同约定条件交付的标的物,例如多交付、提前交付、交付的标的物有瑕疵等,买受人有权拒绝接受。未及时受领的,买受人构成迟延受领,应承担相应的违约责任。

买受人受领标的物后,不能以出卖人在缔约时对标的物没有所有权或者处分权为由主张合同无效。

(3)检验义务。

买受人收到标的物时,有及时检验义务。当事人约定检验期间的,买受人应当在约定期间内,将标的物的数量或质量不符合约定的情形通知出卖人,买受人怠于通知的,视为标的物的数量或质量符合约定。当事人没有约定期间的,买受人应当在发现或者应当发现标的物或质量不符合约定的合理期间内通知出卖人。买受人在合理期间内未通知或者自标的物收到之日起 2 年内未通知出卖人的,视为标的物数量或质量符合约定;但对标的物有质量保证期的,适用质量保证期,不适用该 2 年的规定。

(4)保管义务。

在特定情况下,如出卖人多交付、提前交付、交付的标的物有瑕疵等,买受人有权拒绝接受。买受人对于出卖人所交付的标的物,虽可作出拒绝接受的意思表示,但有暂时保管并应急处置标的物的义务。买受人在拒绝接受交付时为出卖人保管及紧急变卖标的物的行为必须是基于善良的动机,不得扩大出卖人的损失。

(五)买卖合同的特殊终止事由与表现

(1)因标的物的主物不符合约定而解除合同的,解除合同的效力及于从物。因标的物的从物不符合约定被解除的,解除的效力不及于主物。

(2)标的物为数物,其中一物不符合约定的,买受人可以就该物解除,但该物与他物分离使标的物的价值显受损害的,当事人可以就数物解除合同。

（3）出卖人分批交付标的物的,出卖人对其中一批标的物不交付或交付不符合约定,致使不能实现合同目的的,买受人可以就该批标的物解除。出卖人不交付其中一批标的物或交付不符合约定,致使今后其他各批标的物的交付不能实现合同目的的,买受人可以就该批以及其他各批标的物解除。出卖人已经就其中一批标的物解除,该批标的物与其他各批标的物相互依存的,买受人可以就已经交付和未交付的各批标的物解除。

(六)标的物毁损、灭失的风险负担及利益承受

1. 风险负担

标的物毁损、灭失的风险负担是指在买卖合同订立后,标的物因不可归责于任何一方的事由而发生毁损、灭失的风险由何方承担的问题。我国法律对风险承担采用"交付转移风险"原则,标的物毁损、灭失的风险,在标的物交付之前由出卖人承担,交付之后由买受人承担。但是,法律另有规定或者当事人另有约定的除外。

2. 利益承受

利益承受是指标的物在买卖合同订立后所生孳息的归属。按照法律规定,以交付时间为界,即标的物在交付之前产生的孳息归出卖人所有,交付后产生的孳息,归买受人所有。

导入案例简析

宏图电脑公司与陈某之间订立的买卖合同合法有效。电脑公司故意隐瞒真实情况将样机作为新机提供给陈某,并且不能提供相关的证据,证明陈某购买电脑时已明知是样机,欺诈行为成立。经营者提供商品或服务有捏造、歪曲、掩盖事实等欺诈行为对消费者权益造成损害的,按照《合同法》和2014年新修订施行的《消费者权益保护法》应当由陈某提出诉求,要求宏图电脑公司退一赔三(且如果增加赔偿的金额不足500元的,为500元)。

【法规文献链接】

1.《民法通则》(全国人大1986-4-12发布)

2.《合同法》(全国人大1999-3-15发布)

3.《民事诉讼法》(全国人大常委会2007-10-28发布)

4.《仲裁法》(全国人大常委会1994-8-31发布)

5.《消费者权益保护法》(全国人大常委会1993-10-31发布)

【任务训练】

请草拟一份"××××(物品)买卖合同"(可以结合思考与拓展案例中的材料拟定)。

(建议:1. 两人一组操作;2. 物品宜选择相对比较熟悉的种类,如服装、蔬菜等)

附:买卖合同范本(供参考)

买卖合同

合同编号:_____ 签订日期:_____

签订地点:_____

经供方:_____需方:_____充分协商,签订本合同。

在执行中,任何一方不履行合同,应承担违约责任。

1. 商品：

品名	规格	单位	数量	单价	金额	备注

货款共计人民币(大写)：

2. 商品质量：

3. 作价办法：

4. 交货时间：

5. 包装要求及费用负担：

6. 质量检验及验收方式：

7. 结算方式：

8. 运输办法：

9. 供方违约责任：

(1)产品品种、规格、质量不符合规定，需方同意收货的，按质论价；需方不同意收货的，由供方负责处理，并承担因此造成的损失。

(2)未按合同规定的数量交货，而需方仍有需要的，应照数补交，按延期交货处理。完不成合同任务，不能交货的，应偿付需方应交货总值_____%的违约金。

(3)包装不符合规定，必须返修或重新包装，应承担支付的费用和损失；需方不要求返修或重新包装，要求赔偿损失的应予赔偿损失。

(4)未按合同规定时间交货，每延期交货一个月，应偿付需方以延期交货部分货款总额的违约金。

(5)不符合合同规定的产品，在需方代保管期内，应偿付需方实际支付的保管、保养费。

(6)产品错发到货地点或接货单位，除按合同规定负责运达到货地点或接货单位外，并承担因而多付的运杂费和造成延期交货的责任。

10. 需方违约责任：

(1)变更产品品种、规格、质量或包装规格给供方造成损失时，应赔偿供方实际损失。

(2)中途无故退货，应偿付供方以退货部分货款总值_____%的违约金。

(3)自提产品未按规定日期提货，每延期一天，按照银行延期付款规定，偿付供方违约金。

(4)未按合同规定的验收办法和时间验收，应偿付供方因延期验收造成的损失；无故延期验收超过三个月即按中途退货处理。

(5)未按合同规定日期付款，每延期一天，按照银行延期付款规定偿付供方违约金。

(6)实行送货或代运的产品无故拒绝接货，应承担因此造成的损失和运输部门的罚金。

11. 风险的承担：

12. 争议解决的办法：

13. 供需双方由于人力不可抗拒和非企业本身造成的原因而不能履行合同时,应当立即通知对方,经双方协商或合同管理机关查实证明,可免予承担经济责任。

14. 上述条款如有未尽事宜,应以书面补充作为附件。

有效日期自_____年_____月_____日起至_____年_____月_____日止。

供方:	需方:
代表:	代表:
地址:	地址:
电话:	电话:
开户银行:	开户银行:
账号:	账号:

思考与拓展

1. 联系实际谈谈:为什么说合同是当代社会中人们生活和事业的必需?

2. 什么叫要约、承诺? 他们之间的关系怎样?

3. 举例说明:怎样建立起一个有效的合同法律关系?

4. 仔细看下图,回答之后所提的问题

问题:

(1)如果你按图中信息去购电脑,你和商家之间可以完成合同订立吗? 为什么?

(2)你对"本次活动的最终解释权归广州太平洋数码广场所有"作何法律评价?

5. 案例分析:

案 例 一

甲公司与俄罗斯某公司签订了一份贸易合同书。双方约定:甲公司从俄罗斯购进2 000吨废旧综合捕捞船一艘,船到大连港交货,价格为400万元人民币,船的质量以能开到大连港为准,根据俄罗斯提供的材料还有2年使用期,甲公司在合同签订后一周内交抵押金50万元等。俄方按约定将船开到大连港,甲公司验收后,双方签署了交接手续。但甲公司接船后,大连海关经实地考察,认为该船已无再航能力,令甲公司拆船。甲公司认为俄方用废船顶替旧船,隐瞒真相,欺骗与之签了交接手续。遂起诉要求法院认定所签订的合同无效。

问题:

(1)甲公司的诉讼请求法院会予以支持吗?为什么?

(2)如果你是法官,应当怎么裁决?

案 例 二

被告崔某为一个体户,长期在外经商。2000年5月初被告返回家乡时发现原告(某街道幼儿园)房屋年久失修,且拥挤不堪,便主动提出愿捐款100万元为原告盖一栋小楼,但原告同时也必须为此投入一笔配套资金。原告当即表示同意。同年5月25日,原告又与被告协商确定资金到位时间和开工时间,被告提出其捐款将在9月底到位,在此之前请原告作好开工准备,包括准备必要的配套资金。同年7月初原告开始将其原有5间平房拆除,并于7月底找到一家信用社贷款50万元,期限为1年。同年9月初,原告找到被告催要捐款,被告提出因其生意亏本暂时无力捐款。原告提出可减少捐款,但被告表示仅能捐出数万元。双方不能达成协议,原告遂向法院提起诉讼,要求被告履行诺言,否则赔偿原告遭受的全部损失。被告辩称双方并没有签订书面合同,他没有义务必须捐款,至于原告遭受的损失是由于其自己原因造成的,他不应承担任何责任。

问题:

(1)本案中的赠与合同成立否?为什么?

(2)崔某应否承担法律责任?如果应承担法律责任,那是什么责任?为什么?

案 例 三

2010年5月,正在兴建某住宅小区的盛大工程公司突然接到河沙供应商云天河沙厂的加急电报,称因连降大雨,致使洪水泛滥,运送河沙的铁路被洪水冲毁,故无法再按时运送河沙,请工程公司另想良策购买河沙。因正值施工旺季,工地需要大量河沙,而冲毁的铁路又难以在短期内通车,工程公司为不影响施工进度,遂向西营河沙厂和东方河沙厂发出电报,电报称:"我工程公司急需建筑用河沙200吨,如贵厂有沙,请于见电报之日起2日内电报通知我公司,我公司将派技术员前往验货并购买。"西营河沙厂和东方河沙厂收到电报后,均向工程公司拍发了电报,并向工程公司提供了河沙的型号及价格,而东方河沙厂在拍发电报的同时,又向铁路车站报领了车皮,用火车将100吨河沙运往工程公司所在的车站。在该批河沙到达工程公司所在地的车站前,工程公司已派技术员张某到西营河沙厂验货并签订了买卖合同,合同签订后的第二天上午,西营河沙厂和技术员张某一起给工程公司发电报,称货已发出。下午,东方河沙厂的河沙运到。盛大工程公司认为自己已购买了西营河沙厂的河沙,无钱再购买东方河沙厂的河沙,而东方河沙厂认为工程公司既然发出了要约,而自己又在要约规定的有效期限内作出了承诺,工程公司应受要约的约束。双方协商不成,为此,东方河沙厂起诉至法院,请求依法判令被告盛大工程公司给付河沙款。

问题:

法院会判令被告盛大工程公司给付河沙款吗?为什么?

任务二　编制一份合同履行中的风险防范预案

任务目标

正确履行合同义务,维护各方合同权益,努力避免发生合同风险或者将可能的风险降到最低程度。这是每一合同当事人的基本愿望,也是保障交易安全的基本要求。企业合同管理工作往往少不了风险防范内容。

通过认真理解我国合同法律规范的内容,初步掌握合同履行中风险防范预案的内容和编制方法,是对学习者的基本要求。

导入案例

2008年10月,凤凰村的何某和李某与虹桥种植专业合作社签订了《小麦繁种合同》,合同约定:乙方何某和李某受甲方虹桥种植专业合作社委托,繁育旺达二号小麦种100亩,种子收获后,甲方在2009年的7月5日前按小麦当日市场价每斤加价8%进行回收。

可是,约定的时间已过去半月,虹桥种植专业合作社仍然迟迟没来回收小麦种。后来,虹桥合作社的负责人张某提出,何某和李某两户的十万斤麦种可以按每斤加价一分钱进行收购,另外每亩地再给他们补偿40元钱。按照这个方案,他们两家损失仍然十分惨重,但为了避免更大的损失,他们只好答应了。

但是,他们更想知道今后应当如何避免合同履行中的风险,保护自己的合法权益?

内容阐释

一、合同履行的含义及原则

(一)合同履行的含义

所谓合同的履行,是指合同生效以后,合同当事人依照合同的约定,全面、适当地完成合同义务的行为。当事人订立合同的目的,必须通过合同的履行方能得以实现。履行行为,即是实施属于合同标的行为,这里的行为,根据合同性质的不同,表现为交付某种货物、完成某项工作、提供某种劳务或者支付价款等等。

(二)合同履行的原则

合同没有履行,固然会失去订立合同的意义,但是,合同债务人如若不当地履行合同,也将阻碍合同债权人实现其债权,因此,合同债务人在履行中必须遵循合同履行的原则。而所谓的合同履行原则,是指当事人在履行合同债务过程中所必须遵循的基本准则。这些基本准则,又可以分为两类:一是合同法的基本原则,包括诚实信用原则、公平原则、平等原则等;二是专属于合同履行的原则,包括适当履行原则、协作履行原则、经济合理原则、情势变更原则等。

1. 适当履行原则

适当履行原则,也叫全面履行原则或者正确履行原则,它要求当事人按照合同规定的标的、数

量、质量,由适当的主体在适当的履行期限、履行地点,以适当的履行方式,全面完成合同规定的义务的履行原则。

适当履行原则要求履行主体适当、履行标的适当、履行期限适当、履行方式适当等。

> **知识拓展**
>
> 实际履行原则仅仅要求的是履行标的的适当,对于其他方面没有进一步的要求;而适当履行原则,它所要求的不仅仅是履行标的的适当,还包括了履行主体的适当、履行期限的适当、履行方式的适当等综合的因素,所以,适当履行原则比实际履行原则更进了一步。

2. 协作履行原则

协作履行原则要求当事人在合同的履行中不仅要全面、适当地履行合同的约定,还要基于诚实信用原则的要求,给对方当事人的履行行为提供必要的协助,使之能够更好、更方便地履行合同义务。协作履行原则要求当事人做到:第一,及时通知;第二,相互协作。

3. 经济合理原则

合同的履行是一种市场交易行为,也要遵循市场经济规律所要求的经济合理原则,即在履行合同时,讲求经济效益,以最小的成本投入,取得最佳的产出效益,获得最佳的合同利益。

4. 情势变更原则

情势变更原则,是指合同订立生效后,因不可归责于双方当事人的原因发生情势变更,致使合同的基础发生动摇或者丧失,如果继续维持合同原有的效力、要求继续履行则显失公平,则允许变更合同内容或者解除合同的履行原则。

> **知识拓展**
>
> 情势变更原则在适用时要求当事人双方是没有过错的,情势变更的发生也是不可归责于合同当事人的;当事人双方在订约时并没有预见到未来可能发生的情势会导致当事人利益不平衡,利益失衡并不是当事人所要追求的结果;其适用将发生合同变更和解除的效果。
>
> 显失公平的适用常常要考虑当事人在交易过程中是否存在缺陷,一方是否利用了另一方的轻率、无经验、对市场行情的不了解等而诱使其订立合同;通常适用于一方在订立合同时就意识到该合同所产生的不公平的结果,并且努力追求这种结果的发生;一方当事人可以在出现显失公平的情况下要求变更或撤销合同。

二、约定不明确或者涉及第三人的合同履行规则

(一)合同约定不明确时的履行规则

1. 质量不明确条款的履行

按照国家标准、行业标准履行。没有国家标准、行业标准的,按照通常标准或者符合合同目的特定标准履行。

2. 价款或者报酬不明确条款的履行

按照订立合同时履行地的市场价格履行;依法应当执行政府定价或者政府指导价的,按照规定履行。

3. 履行地点不明确条款的履行

给付货币的,在接受货币一方所在地履行;交付不动产的,在不动产所在地履行;其他标的,在履行义务一方所在地履行。

4. 履行期限不明确条款的履行

按照随时履行为履行时间的规则,债务人可以随时履行,债权人也可以随时要求履行,但应当给对方必要的准备时间。

5. 履行方式不明确条款的履行

按照有利于实现合同目的的原则进行。"有利于实现合同目的"即要求对履行方式的选择要能满足当事人在订立合同时所期待的法律效果的实现。

6. 履行费用负担不明确条款的履行

按照由履行义务一方当事人负担履行费用的规则履行。

【导入案例】 中的何某和李某遇到的麻烦,关键就在他们签订的合同不规范,条款约定不明确。何某和合作社双方签订《小麦繁种合同》约定:"乙方何某和李某受甲方虹桥种植专业合作社委托,繁育旺达二号小麦种100亩,种子收获后,甲方在2009年的7月5日前按小麦当日市场价每斤加价8%进行回收。"据此可知:第一,这是一个委托合同,委托方是合作社,受委托方是何某和李某,委托的事项是受委托方代委托方繁育旺达二号小麦种100亩。第二,合同履行日是2009年的7月5日前。第三,履行时合作社向何某和李某支付的回收价款是一个浮动价格,即按小麦当日市场价每斤加价8%支付。

该合同在"履行地点和方式""违约责任""解决争议的方法"这三个方面都有所欠缺。对于合作社付钱的条款,只约定了合同中的浮动价格,在哪里付钱,用什么方式付钱都没有明确约定,据何某和李某事后回忆说,当时"就是在地里说的地头给钱,当时就是这么口头说了一下"。对于"违约责任""解决争议的方法"就更没有想到要写进合同里了。正是因为合同约定内容存在这些个缺陷,事后,合作社一直拖延时间,不回收小麦,也不付钱,最后何某和李某为了减少小麦的损失,不得不向合作社妥协。

(二)合同涉及第三人履行的规则

涉及第三人合同又叫涉他合同,是指当事人约定,向第三人履行债务或者由第三人向债权人履行债务的合同。

(1)当事人约定由债务人向第三人履行债务的,债务人未向第三人履行债务或者履行债务不符合约定,应当向债权人承担违约责任。

(2)当事人约定由第三人向债权人履行债务的,第三人不履行债务或者履行债务不符合约定,债务人应当向债权人承担违约责任。

无论是由第三人履行的合同还是向第三人履行的合同,第三人均不是合同的当事人,因此应当由债务人向债权人承担违约责任,与第三人无关。例如,债权人甲与债务人乙约定由乙向丙履行债务,乙未履行,则应当由债务人乙向债权人甲承担违约责任,而非乙应向丙承担违约责任。

三、合同履行中当事人的抗辩权

抗辩权,是指对抗他人行使权利的权利,它的作用在于"对抗""反对",阻止他人行使权利,但他人的权利并不因此而消灭。

合同履行抗辩权是一种法律赋予合同当事人的"自助权",其意义在于:

第一,通过暂缓履行义务保护自己的权益;

第二,督促对方履行义务或提供履行担保。

根据我国《合同法》的相关规定,双务合同中的抗辩权一般分为 3 类:同时履行抗辩权、后履行抗辩权和不安抗辩权。

(一)同时履行抗辩权

《合同法》第六十六条:"当事人互负债务,没有先后履行顺序的,应当同时履行。一方在对方履行之前有权拒绝其履行要求。一方在对方履行债务不符合约定时,有权拒绝其相应的履行要求。"这就是关于同时履行抗辩权的法律规定。

1. 同时履行抗辩权的含义

同时履行是指当事人互负债务,没有先后履行顺序的,应当同时履行。同时履行抗辩权,是指在没有规定履行先后顺序的双务合同中,一方在对方履行之前有权拒绝其履行请求;一方在对方履行债务不符合约定时,有权拒绝其相应的履行请求,或者说在没有规定履行顺序的双务合同中,当事人一方在对方当事人未为对待给付以前,有权拒绝先为给付。

同时履行抗辩权是在双务合同中产生的,在双务合同当中,当事人一方负有给付义务,他方负担对待给付义务。例如买卖合同,出卖人负担的是转移买卖标的物之所有权的义务,与此同时,买受人则负有支付价金的义务。

同时履行抗辩权的法律依据在于双务合同的牵连性,在双务合同中,一方的权利与另一方的义务之间是相互依存、互为因果的关系。

同时履行包括这两种情形:双方明确约定应同时履行的;双方未约定履行先后顺序的,应推定为同时履行。

2. 同时履行抗辩权的适用条件

(1)当事人由于同一双务合同产生互负的债务。

(2)在合同中没有约定履行顺序,双方互负的债务同时届清偿期。

(3)对方当事人未履行债务或者未按照约定正确履行债务。

(4)对方的对待给付是完全能够履行的义务。

案例 4.11　　　　　　　　　　　合同抗辩

甲公司与乙公司于 2012 年 9 月 3 日签订了一份买卖合同,双方约定:甲公司购买乙公司货物一宗,价款总计 10 万元,双方不迟于 9 月 30 日履行完毕。

问题:

如果乙公司为筹款进货,要求甲公司于 9 月 15 日付款,甲公司能否拒绝该请求?

(二)先履行抗辩权

《合同法》第六十七条规定:"当事人互负债务,有先后履行顺序,先履行一方未履行的,后履行一方有权拒绝其履行要求。先履行一方履行债务不符合约定的,后履行一方有权拒绝其相应的履行要求。"此乃先履行抗辩权的法律规定。

1. 先履行抗辩权的含义

在双务合同中,如果法律规定或者当事人约定了合同的先后履行顺序,后履行的一方当事人有权要求应当先履行的一方先履行自己的义务,如果应当先履行的一方未履行义务或者履行义务不符合约定,那么,后履行的一方当事人就有权拒绝应当先履行一方的履行请求或者拒绝其相应的履行请求。这种由后履行的一方当事人行使的抗辩权与同时履行抗辩权是相比较而言的,被称之为"先履行抗辩权"。先履行抗辩权,有时也称"后履行抗辩权"或"先违约抗辩权"。

2. 先履行抗辩权的适用条件

(1)由同一双务合同产生互负的债务。

(2)债务的履行有先后顺序。如果无先后顺序之分,则适用同时履行抗辩权。

(3)应当先履行的一方当事人未履行或者履行不符合约定。

(4)应当先履行的债务有履行的可能。先履行的债务如果不可能履行则谈不上先履行抗辩权问题。

(三)不安抗辩权

案例 4.12　　　　　　　　　　不安抗辩

2010 年 5 月 20 日,甲商贸公司(需方)与乙化工厂(供方)签订了买卖合同,合同约定:甲商贸公司购买乙化工厂高压聚丙烯共 100 吨,单价 9 000 元,甲商贸公司于 5 月底以前付清全部款项,款项付清后由甲商贸公司到乙化工厂提货,违约金 10 万元。合同签订后,甲公司发现乙化工厂因拒不履行合同而被几家公司告上法庭。5 月 25 日,乙化工厂催促甲商贸公司付款。

甲商贸公司负责人一方面担心付款后不能如期取得货品,另一方面担心不按期付款就要支付高额的违约金。

要求:

请大家给这位负责人想想办法。

---

1. 不安抗辩权的含义

不安抗辩权是一种自助权,负有在先履行义务的当事人有证据表明后履行合同义务的一方当事人有不能为对待给付的现实危险时,可以中止履行合同,而无须对方同意或者经过诉讼、仲裁程序。

2. 不安抗辩权的适用条件

(1)适用于双务合同,并且当事人有先后履行顺序。

(2)后履行债务的一方当事人的债务尚未届履行期限。

(3)后履行债务的一方当事人有丧失或者可能丧失履行债务能力的情形(比如:经营状况严重恶化;转移财产、抽逃资金,以逃避债务;丧失商业信誉;有丧失或者可能丧失履行债务能力的其他情形)。

关于不安抗辩权的适用条件,《合同法》第六十八条规定:"应当先履行债务的当事人,有确切证据证明对方有下列情形之一的,可以中止履行:(一)经营状况严重恶化;(二)转移财产、抽逃资金,以逃避债务;(三)丧失商业信誉;(四)有丧失或者可能丧失履行债务能力的其他情形""当事人没有确切证据中止履行的,应当承担违约责任。"

3. 不安抗辩权行使的程序性要求

《合同法》第六十九条规定:"当事人依照本法第六十八条的规定中止履行的,应当及时通知对方。对方提供适当担保时,应当恢复履行。中止履行后,对方在合理期限内未恢复履行能力并且未提供适当担保的,中止履行的一方可以解除合同。"

案例 4.13　　　　　　合同不安抗辩

　　甲公司和乙公司订立买卖合同，约定甲公司于8月5日前交货，乙公司于收到货物后10日内付款。8月1日，甲公司听说乙公司正在申请破产，但无确切证据。甲公司决定中止履行合同并通知乙公司，要求其提供适当担保。乙公司答复上述说法纯属谣传，拒绝提供担保，并要求甲公司如期履行合同。甲公司坚持要求乙公司提供担保，乙公司因急需货物，无奈之下，向甲公司提供了银行出具的保证书。

　　在本案中，甲公司仅仅因"听说"乙公司正在申请破产，并没有确切的证据来对此予以证明，便中止履行合同并要求乙公司提供适当的履行担保，该行为不符合不安抗辩权的适用条件，甲应当向乙公司承担违约责任。

四、合同的保全

（一）合同保全的含义

　　合同关系成立之后，债务人的全部财产便成为债权实现的一般担保，民法上称之为"责任财产"。法律为防止债务人的责任财产不当减少而危及债权的实现，创设了债权人的代位权与撤销权制度，即合同的保全制度。其中，债权人代债务人之位，以自己的名义向第三人行使债务人的权利的法律制度，称为债权人的代位权制度；债权人请求法院撤销债务人与第三人的法律行为的制度，称为债权人的撤销权制度。

（二）代位权

　　《合同法》第七十三条规定："因债务人怠于行使其到期债权，对债权人造成损害的，债权人可以向人民法院请求以自己的名义代位行使债务人的债权，但该债权专属于债务人自身的除外""代位权的行使范围以债权人的债权为限。债权人行使代位权的必要费用，由债务人负担"。这是关于代位权的基本规定。

　　1. 代位权的概念和特征

　　债权人的代位权是指当债务人怠于行使其对第三人（次债务人）的权利而危及债权时，债权人为确保其债权得以受偿，可以自己的名义替代债务人行使对第三人财产权利的制度。

　　代位权具有如下特点：第一，代位权针对的是债务人怠于行使其权利的行为；第二，代位权是债权人以自己的名义代位行使债务人的债权；第三，代位权的行使必须向法院提起诉讼，请求法律允许债权人行使代位权，而不能通过诉讼外的请求方式来行使。

　　2. 代位权的成立要件

　　（1）债权人对债务人的债权具有合法性、确定性。

　　（2）债务人怠于行使其到期债权，并对债权人造成损害。

　　（3）债务人的债权已到期。

　　（4）债务人的债权不是专属于债务人自身的债权。

　　专属于债务人自身的债权，是指与债务人身份和特定生活需要（不可或缺的需要）密切相关的债权，这些权利都是自然人的权利，对于个人生活甚至幸福、自由具有特殊的重要性，法律给予特殊保护，使他们处于代位权的范围之外。[①]

---

①　隋彭生. 合同法要义[M]. 北京：中国政法大学出版社，2005：243.

最高人民法院在《合同法解释一》第十二条中,规定了专属于债务人自身的债权范围:"合同法第七十三条第一款规定的专属于债务人自身的债权,是指基于扶养关系、抚养关系、赡养关系、继承关系产生的给付请求权和劳动报酬、退休金、养老金、抚恤金、安置费、人寿保险、人身伤害赔偿请求权等权利。"

根据上述规定,专属于债务人自身的不能由债权人行使代位权的权利包括:第一,基于人格关系产生的利益以及人身伤害的损害赔偿;第二,基于身份关系产生的利益,如基于扶养关系、抚养关系、赡养关系、继承关系等产生的给付请求权;第三,基于劳动关系产生的利益费等,但某人向他人提供如退休金、劳动报酬、养老金、抚恤费等,但某人向他人提供一定的劳务以后,对方未支付一定的费用,该项债权可以由债权人代位行使;第四,人寿保险金,因为人身保险同人的身体具有密切的联系,所以不能成为代位权的客体;第五,其他不得扣押的权利,如救济金、抚恤金以及执行程序中的所保留的生活必需品等。这些权利直接关系到有关公民的基本生活和生存的问题,不能强制执行,当然也不能作为代位权的客体。

3. 代位权的行使

(1)代位权行使与诉讼的主体。代位权属于债权固有的权能,因此一切债权,除不能代位保全的外,其所有的债权人均享有代位权。各债权人既可以独立行使代位权,也可以共同行使代位权。债务人对次债务人所享有的同一债权,一个债权人行使后,他人就不得再为行使。

代位权诉讼中,债权人为原告,次债务人为被告。债务人属于无独立请求权的第三人。

(2)代位权行使方法:诉讼。债权人提起代位权诉讼的,由被告住所地人民法院管辖。两个或者两个以上债权人以同一次债务人为被告提起代位权诉讼的,人民法院可以合并审理。

(3)代位权行使的范围。代位权行使的范围,以债权人的债权为限。对此,法律规定:在代位权诉讼中,债权人行使代位权的请求数额超过债务人所负数额或者超过次债务人对于债务人所负债务数额的,对超出部分人民法院不予支持。在代位权诉讼中,债权人胜诉的,诉讼费由次债务人负担,从实现的债权中优先拨付。

4. 代位权行使的效力

(1)对于债权人的效力。代位权行使的结果应直接归属于债务人,如债务人怠于受领,债权人可代位受领,但债务人仍有权请求交付所受领的财产。

(2)对于债务人的效力。依债权平等原则,债权人的代位权行使效果应直接归属于债务人。

(3)对于第三人的效力。对于次债务人而言,无论是债务人对其行使权利,还是债权人代位行使权利,其法律地位及其利益均无影响,故凡第三人得对抗债务人的一切抗辩,均得用以对抗债权人。

(4)诉讼时效的中断。债权人提起代位权诉讼,将产生债权人的债权诉讼时效中断与债务人的债权诉讼时效中断的双重效果。

(三)撤销权

《合同法》第七十四条规定:"因债务人放弃其到期债权或者无偿转让财产,对债权人造成损害的,债权人可以请求人民法院撤销债务人的行为。债务人以明显不合理的低价转让财产,对债权人造成损害,并且受让人知道该情形的,债权人也可以请求人民法院撤销债务人的行为""撤销权的行使范围以债权人的债权为限。债权人行使撤销权的必要费用,由债务人负担"。这是关于撤销权的基本规定。

案例 4.14　　　　　　　　　　撤销权的行使

张三开了一家养鸡场，因受禽流感威胁被迫停业。2013 年 11 月 1 日，张三将养鸡场所有设备连同房屋(总价值 5 万元)赠送给了远房侄子李四。

王五长期给张三供应饲料，张三尚欠王五饲料款 5 万元(已到期)。11 月 2 日，王五到养鸡场索款，发现养鸡场已经易主，遂于次日找到张三要求其还钱，发现张三的全部财产所剩无几，仅价值 2 万。

问题：

王五如何要回饲料款？请大家给他支支招。

---

1. 撤销权的概念

债权人的撤销权，是指债权人对于债务人所为的有害债权的行为，可以请求法院予以撤销的权利。

知识拓展

撤销权制度起源于罗马法，名为废罢诉权。因为它是罗马法学家保列斯所创设的概念，故又称为保列斯诉权(actio pauliana)。罗马法废罢诉权制度对后世的民法产生了重大影响，许多国家的民法都继受移植了它。法国、德国、日本、我国台湾地区的民法均有撤销权的法律规定。我国《合同法》第 74 条、第 75 条亦确立了债权人的撤销权制度。

---

2. 撤销权的成立要件

(1)债权人方面的要件。第一，可行使撤销权的债权必须合法有效；第二，可行使撤销权的债权类型应限于以财产给付为标的的债权；第三，债权人的债权，清偿期未届满或其金额尚未最终确定，对行使撤销权并无影响。

(2)债务人方面的要件。债权人行使撤销权，必须是债务人实施了一定的有害于债权的行为。

(3)受益人、受让人方面的要件。债权人行使撤销权的前提对于受益人或受让人来讲是应当主观上具有恶意。受益人、受让人的恶意，系指其在取得财产或受有利益时，知道债务人所为的行为会减损责任财产，有害于债权人的债权。该主观恶意须在受益时为恶意，受益后方生恶意的，债权人不得行使撤销权。对于受益人、受让人的主观恶意，债权人能证明债务人有害于债权，受益人、受让人依当时具体情形应能知晓的，即可推定其为恶意，无须证明后者是否具有故害损害债权人的意图，或者是否曾与债务人恶意串通。

综合起来，简单说，根据《合同法》第七十四条的规定，行使撤销权的条件要求如下：

在无偿交易中，不论交易双方主观状况如何，一律可以撤销交易。

在有偿交易中，当第三人为恶意时，撤销权得以行使；当第三人为善意时，撤销权虽成立，但交易不可撤销。

有偿交易中，第三人主观恶意，应由债权人证明。第三人的主观恶意以其知道其所为的有偿交易行为会害及债权人债权为已足，而无须与债务人有害及债权实现的串通。

案例 4.15　　　　　　　　　　**撤销权的成立**

　　甲公司在乙公司处有一笔100万元的债权,虽然已经到期,但乙公司以缺乏资金为由一拖再拖,拒不还款。其间乙公司悄悄将一栋价值100多万元的门面房以20万元转让给丙公司,还无偿赠送了一个价值10万元的车库。丙公司购得后投资数万元把房子装修改建成酒店。甲公司得知后,催乙公司还债未果,认为乙公司的上述行为侵犯了其合法权益,遂向法院提起诉讼请求撤销乙公司低价转让门面房和无偿赠送车库的行为。

　　本案中甲公司行使撤销权符合《合同法》规定的成立要件,所以,法院最后支持甲公司的诉讼请求,判令撤销乙公司低价转让门面房和无偿赠与车库的行为,并判令丙公司将门面房和车库返还给乙公司。

　　3.撤销权的行使

　　(1)撤销权的行使主体与诉讼主体。债权人撤销权的行使必须由享有撤销权的债权人以自己的名义向法院提起诉讼,请求法院撤销债务人不当处分财产的行为。如果债权人为多数人,可以共同享有并行使撤销权。

　　在撤销权诉讼中,债权人为原告,债务人为被告,受益人或受让人只能作为诉讼中的第三人。

　　(2)撤销权的行使范围。《合同法》第七十四条规定,撤销权的行使范围以债权人的债权为限。对债务人不当处分财产的行为超出债权保全的必要部分,不应发生撤销的效力。

　　(3)撤销权行使的方式与期间。撤销权只能由债权人以自己的名义并以诉讼的方式行使。

　　撤销权应自债权人知道或者应当知道撤销事由之日起一年内行使,自债务人的行为发生之日起五年内没有行使撤销权的,该撤销权消灭。

　　4.撤销权行使的效力

　　(1)撤销权行使对债务人的效力。债务人的行为一旦被撤销,则该行为应是自始无效、绝对无效。原来脱离债务人的财产或替代利益,应复归于债务人。撤销之后,受益人或受让人具有不当得利返还义务。

　　(2)撤销权行使对受益人、受让人的效力。在债务人不当处分财产的行为被撤销后,如果财产已经为受益人占有或受益的,应向债务人返还其财产和收益;如果原物不能返还则应折价赔偿。受让人从债务人处获得的利益,应根据不当得利返还给债务人。如果占有标的物的,也负有返还标的物的义务。

　　(3)撤销权行使对债权人的效力。债权人行使撤销权后,对取回的财产不具有优先受偿的权利,该财产归入债务人的责任财产范围,由债务人的全体债权人平等受偿。

五、合同的担保简说

(一)合同担保的含义

　　合同担保,有时也称为债的担保,是指法律为保证特定债权人利益的实现而特别规定的以第三人的信用或者以特定财产保障债务人履行债务,债权人实现债权的制度。其担保形式主要有保证、抵押、质押和留置。

(二)保证

　　1.保证的概念

　　保证,是指保证人和债权人约定,当债务人不履行债务时,保证人按照约定履行债务或者承担

责任的行为。

2. 保证的特征

(1)保证具有从属性。保证与所担保的债形成主从关系,保证之债是一种从债,保证合同是主合同的从合同,保证债务是主债务的从债务。

(2)保证具有相对独立性。保证债务虽为主债务的从债务,依主债务的存在而存在,随主债务的消灭而消灭,但是保证合同是独立于主合同的单独合同,保证债务是独立于主债务的单独债务。

(3)保证具有无偿性。保证合同是无偿合同。在保证关系中,债权人享有保证债权,并不以偿付一定的代价为条件,保证人承担保证债务也不以从债权人取得一定代价为前提。

(4)保证具有单务性。保证合同是单务合同,在保证之债中只有保证人一方负担义务即负有保证债务,而债权人一方原则上仅享有权利,而不负担义务。即使当事人约定债权人也负一定义务,如债权人应定期报告债务履行情况,债权人的义务与保证人的保证债务也不具有对待给付性质。所以,保证之债中,双方的权利义务并不具有对等性,不发生义务的履行顺序问题。

(5)保证具有补充性。保证债务不仅是对主债务的加强,而且是对主债务的一种补充。因为只有"当债务人不履行债务时",保证人才"按照约定履行债务或者承担责任",所以保证债务具有补充性。债权人要求保证人承担保证责任时,不仅要证明保证债务的存在,而且须证明主债务人未履行债务的事实。

(三)抵押

1. 抵押的概念

抵押,是指债务人或第三人不移转对特定财产的占有而将该财产作为债权担保的行为。提供财产的债务人或第三人称为抵押人,接受担保的债权人称为抵押权人,被提供为担保的财产称为抵押物。抵押权人对于抵押人不移转占有而提供为担保的财产,于债务人不履行债务时,可以将其变价优先受偿的权利,称为抵押权。

2. 抵押权的特征

抵押权是典型的担保物权,具有担保物权的一般特征,但抵押权与其他的担保物权也存在着不同,具有自身独特的属性。抵押权的特征主要体现为以下几个方面:

(1)从属性。抵押权与其所担保的债权形成主从关系,抵押权是从权利,受抵押权担保的债权为主权利。在抵押权与所担保的债权的关系上,抵押权具有从属性。

(2)不可分性。抵押权的不可分性,是指抵押权的效力不可分,抵押权担保债权的全部并及于抵押财产的全部。

(3)特定性。抵押权的特定性,是指抵押物和抵押权担保的债权是特定的。抵押权是以抵押财产的价值来担保债权实现的,因此抵押物只能是特定的,对于不特定的财产,当事人无法估价其价值,就不能起到担保的作用。抵押财产的特定性是指抵押标的物的价值特定,而不是标的物的形态特定。抵押权所担保的债权也必须是特定的,只有这样才能确定抵押权担保的限度。

(4)物上代位性。抵押权的物上代位性,是指抵押权的效力及于抵押物的代替物。当抵押物损毁、灭失而得到的赔偿金或保险金,抵押权人可以就该抵押物的代替物即赔偿金或保险金之上行使权利。

(5)顺序性。抵押权的顺序性,是指在同一财产上设定有数个抵押权时,各抵押权之间有一定的先后顺序。抵押权的实质是优先受偿权,在同一财产上有数个抵押权时就应当有一定的顺序。

顺序在先的抵押权优于顺序在后的抵押权,在实现抵押权时只有先顺序的抵押权人受偿后,后顺序的抵押权人才能就抵押物余下的价值受偿。

(6)追及性。抵押权的追及性,是指不论抵押财产落入何人之手,抵押权人均可以追及该财产行使权利。抵押权人擅自将抵押财产转让给他人时,抵押权人不受影响,抵押权人可追及抵押物并行使抵押权。抵押财产受到他人不法侵害时,抵押权人可基于抵押权而请求排除妨碍。

(四)质押

1. 质押的概念

质押是设定质权的行为,是指债务人或第三人将动产或权利交由债权人占有,作为债务履行担保的行为。

2. 质押的特征

(1)质权具有从属性。质权是以担保债权实现为目的的权利,与其所担保的债权形成主从关系。被担保的债权为主权利,质权为从权利,质权具有从属性。

(2)质权具有不可分性。质权与抵押权一样地具有不可分性,即质物的全部价值担保债权的全部。质权的效力及于质权标的全部,即使债权部分受清偿也不受影响。

(3)质权具有物上代位性。质权的物上代位性表现在质物发生毁损、灭失或者在其价值形态发生改变时,质权的效力及于质物的代位物上。我国《担保法》第73条明确规定:"质权因质物灭失而消灭。因灭失所得的赔偿金,应当作为出质财产。"

(4)质权具有优先受偿性。质权虽由质权人占有质物,于债务履行前有留置的效力。但质权的根本效力不在于留置,而在于以质物的价值优先受偿。

3. 质权的分类

根据质物的类别,可将质权分为动产质权、不动产质权和权利质权。

(1)动产质权,是指以动产为标的物的质权。因为动产是以占有为公示方法的,多数动产并无登记或注册制度,因而以动产作担保的,应采用设定质权的方式。

(2)不动产质权,是指以不动产为标的的质权。我国《担保法》不承认不动产质权,以不动产提供担保的只能设定抵押权。

(3)权利质权,是指以债权或其他财产权利为标的物的质权。

(五)留置

留置,是指债权人按照合同约定占有债务人的动产,债务人不按照合同约定的期限履行债务的,债权人有权依照法律规定留置该财产,以该财产折价或者以拍卖、变卖该财产的价款优先受偿。留置权,是指债权人依合同约定占有债务人的动产,在债务人不按照合同约定的期限履行债务时,债权人得留置该动产,以作为债权担保的权利。

留置权具有下列法律性特征:

1. 留置权为他物权

留置权的他物权性体现在:首先留置是直接以物为标的的权利,其效力直接及于留置物;留置权人得排他地占有留置物,不仅得对抗债务人的返还请求而且优先受偿其债权,而无须债务人为一定行为。其次留置权为他物权,而不属于自物权。因为留置权是债权人对于其占有的债务人财产的权利,亦即对他人之物的权利,而不是对自己财产的支配权,在自己的财物上不能存在自己的留置权。

2. 留置权为担保物权

由于留置权的功能是担保债权的实现,留置权人留置标的物也好,于一定条件下将留置物变价也好,其目的都在于确保债权的受偿,而不在于对标的物为使用收益。留置权不是以对物为使用收益为内容的用益物权,而属于担保物权。

3. 留置权为法定担保物权

留置权虽为担保物权,但其与一般担保物权不同,它不能由当事人自行约定,而只能依法律规定的条件直接发生。

4. 留置权为从权利,具有从属性

由于留置权是为担保债权的目的而存在的,因此,留置权为从属于所担保的债权的从权利。留置权依所担保的主债权的存在而存在,依所担保的主债权消灭而消灭。留置权转移的从属性有特殊之处,在留置权所担保的债权法定转移时,留置权也应随之转让,但在债权依当事人的约定让与时,非经债务人一方的同意,留置权不随所担保的债权的转移而转移。

5. 留置权具有不可分性

不可分性是担保物权共性,也是留置权的一个重要特征。留置权的不可分性表现在:一方面留置权所担保的为债权全部,而不是部分;另一方面留置权的效力及于债权人所留置占有的债务人财产的全部,留置权人得对留置物全部行使而非仅得对部分行使留置权。

六、合同的变更、转让与终止

案例 4.16　　　　　　　　　　　　合同变更

某旅行社和王先生签订了去内蒙古旅游的合同,王先生交纳了全额团费。合同对住宿的约定是:住蒙古包一晚,住三星级酒店三晚。合同签订后的第四天,由于旅行社未能招徕到足够的游客,旅行社取消了团队行程。旅行社通知王先生,请他随另一家旅行社去内蒙古旅游,并且住宿已经变更为蒙古包二晚,住三星级酒店二晚。王先生拒绝了旅行社的要求,遂起纠纷。

案例 4.17　　　　　　　　　　　　合同转让

游客张先生和某国际旅行社签订了出境游旅游合同。由于有重要客户需要接待,张先生无法按约前往旅游。根据合同约定,假如张先生就此放弃旅游,损失会很大。张先生向旅行社提出,由张先生的朋友李先生顶替该名额。旅行社担心办理护照、签证等相关手续繁琐,拒绝了张先生的要求。

(一)合同的变更

1. 合同变更的概念

此处的合同变更仅指狭义的合同变更,是指有效成立的合同在尚未履行或未履行完毕之前,由于一定法律事实的出现而使合同内容发生改变。如增加或减少标的物的数量、推迟原定履行期限、变更交付地点或方式等。

2. 合同变更的法律特征

(1)合同变更须以有效成立的合同关系为前提。

(2)合同变更的对象是合同内容。合同的变更指狭义的合同变更,不包括合同主体的变更,仅指合同内容的变更,因此合同内容发生变化是合同变更不可或缺的条件。合同内容的变更具体包括:标的物数量的增减;标的物品质的改变;价款或酬金的增减;履行期限的变更;履行地点的改变;履行方式的改变;结算方式的改变;所附条件的增添或除去;单纯债权变为选择债权;担保的设定或消失;违约金的变更;利息的变化等。

导入案例中,合作社提出的解决方案是降价回收小麦种。这一方案没有改变合同标的,但是改变了价款,构成了合同变更。根据合同法的相关规定,"合同的变更不影响当事人要求赔偿的权利。原则上,提出变更的一方当事人对对方当事人因合同变更所受损失应负赔偿责任"。何先贵他们在履行完合同后仍然可以要求合作社赔偿损失。

(3)合同变更因为一定的法律事实而发生。已经存在的合同关系使有效成立并具有法律效力,如果要对其变更,必须具有合法的根据,既具备符合合同法规定的能够引起合同关系变更的客观事实。依照合同法的规定,这些客观事实包括当事人双方协商一致和法律规定的事由两种。

(4)合同变更须遵守法律要求的方式。

3. 合同变更的效力

合同的变更,以原合同关系的存在为前提,变更部分不超出原合同关系之外,原合同关系有对价关系的仍保有同时履行抗辩;原合同债权所有的利益与瑕疵仍继续存在,只是在增加债务人负担的情况下,非经保证人或物上保证人同意,保证不生效力;物的担保不及于扩张的债权价值额。合同的变更原则上向将来发生效力,未变更的权利义务继续有效,已经履行的债务不因合同的变更而失去法律根据。合同的变更不影响当事人要求赔偿损失的权利。至于何种类型的合同变更与损害赔偿并存,应视具体情况而定。例如,基于情事变更原则而变更合同,不存在损害赔偿;因重大误解而成立的合同予以变更,在相对人遭受损失的情况下,误解人应赔偿相对人的损失。

(二)合同的转让

1. 合同转让的基本规定

合同转让,是指在合同当事人一方依法将其合同的权利和义务全部地或部分地转让给第三人。按照其转让的权利义务的不同,可分为合同权利的转让、合同义务的移转及合同权利义务概括移转三种形态。

(1)合同转让的特征:

第一,合同转让是合同主体的变化。合同转让是由第三人替代当事人一方成为合同当事人,或者第三人加入合同而成为当事人。合同主体的变更是重大事项的变化,与合同的其他内容的变化有着重大的不同,因而《合同法》将其与合同内容的变化区别开来。

第二,合同转让不引起合同内容的变化。合同的转让只是当事人一方将合同的权利或义务全部或者部分地转让给第三人,合同的权利义务本身并没有发生变化。转让后的合同内容与转让前的合同内容具有同一性,是由债权债务的稳定性及转让的性质所决定的。

第三,合同的转让涉及两种不同的法律关系。合同转让涉及原合同当事人双方之间的关系、转让人与受让人之间的关系。合同的转让主要是在转让人和受让人之间完成的,但因为合同的转让关涉到原合同当事人利益,所以法律要求义务的转让应取得原合同当事人另一方的同意,而转让权利应及时通知当事人另一方。

(2)合同转让的构成要件:

第一,必须有合法有效的合同关系存在。合同的有效存在,是该合同中的权利义务能够被让

与的基本前提。如果合同根本不存在或者已被宣告无效,或者已经被解除,在此情况下所发生的转让行为都是无效的,转让人并应对善意的受让人所遭受的损失承担损害赔偿责任。

第二,合同的转让应当符合法律规定的程序。由于转让涉及原合同当事人的权益,因此,法律要求在转让合同的义务或权利时,应当取得原合同当事人另一方的同意或者及时通知另一方。

第三,必须在让与人与受让人之间达成协议。合同的让与本身需要由转让人与受让人之间达成合意才能完成,此种合同的当事人是转让人和受让人,当事人订立转让合同必须符合民事法律行为的有效要件。

第四,合同转让必须合法且不得违背社会公共利益。合法,是指转让的内容和形式必须符合法律规定。如法律禁止转让或者当事人特别约定不得转让的权利,权利人不得对此做出转让。如果违反社会公共利益,也应当被宣告无效,有过错的当事人应当承担相应的法律责任。

2. 合同权利的转让

(1)合同权利转让的概念和法律特征。所谓合同权利的转让,又称为债权转让,是指合同债权人通过协议将其债权全部或部分地转让给第三人的行为。合同权利的转让是合同转让的典型形式。不管债权如何转让,都不得增加债务人的负担,否则转让人或者受让人应承担由此产生的费用和相关损失。

合同权利的转让有下列法律特征:

第一,合同权利转让的主体是债权人和第三人。合同转让是指不改变合同权利的内容,由债权人将权利转让给第三人。因而,权利转让的主体是债权人和第三人,债务人不是也不可能是合同权利转让的当事人。

第二,合同权利转让的对象是合同债权。债权本身是一种无体权利,以实存利益为基础,因此可作为转让的标的。

第三,合同权利转让既可以全部转让,也可以是部分转让。在权利全部转让时,受让人将完全取代转让人的地位而成为合同当事人,原合同关系消灭,而产生了一个新的合同关系。在权利部分转让情况下,受让人作为第三人将加入到原合同关系之中,与原债权人共同享有债权。

(2)合同权利转让的限制。根据《合同法》第七十九条的规定,下列合同权利不允许转让:

第一,根据合同的性质不得转让的权利。如根据个人人身信任关系而发生的债权、雇佣人对受雇人的债权、委任人对受托人的债权等。

第二,根据当事人的特别约定而不得转让的合同权利。根据合同自由原则,当事人可以在订立合同时或订立合同后特别约定,禁止任何一方转让合同权利,只要此约定不违反法律的禁止性规定和社会公共道德,就应当产生法律效力。

第三,法律规定禁止转让的合同权利。根据《民法通则》第十一条,依照法律规定应当由国家批准的合同,当事人在转让权利义务时,必须经过原批准机关批准;如原批准机关对权利的转让不予批准,则权利的转让无效。

(3)合同权利转让的程序。《合同法》第八十条规定:"债权人转让权利的,应当通知债务人。未经通知,该转让对债务人不发生效力。债权人转让权利的通知不得撤销,但经受让人同意的除外。"

(4)合同权利转让的法律效力。合同权利转让所发生的法律效果,可分为内部效力与外部效力两个方面:

第一,合同权利转让的对内效力。合同权利转让的对内效力,是指合同权利让与在转让双方即转让人(原债权人)和受让人(第三人)之间发生的法律效力。此种效力具体表现在5方面:

①是合同权利及其从权利转让于受让人。

②是让与人对让与的合同权利负瑕疵担保义务。

③是让与人应对受让人承担相应的义务。这些义务包括：告知受让人关于主张债权所必要的一切情况，特别是合同书中记载不明的有关事项，如债务人的住所、履行方法等。让与人还应将债权的证明文件、占有的质物交付受让人。债权转让而增加的债务履行费用应当由让与人承担。此外，根据诚实信用原则，让与人有义务提供受让人行使债权所需要的一些必要的合作。

④是除非让与人与受让人明确约定，否则让与人对债务人的履行能力不负担保责任。

⑤是转让人在某项权利转让给他人以后，不得就该项权利再做出转让。

第二，合同权利转让的对外效力。合同权利转让的对外效力，是指合同权利转让对债务人所具有的法律效力。合同权利转让后针对债务人产生如下 4 方面的效力：

①是债务人不得再向转让人即原债权人履行债务。

②是债务人应负有向受让人即新债权人做出履行的义务，同时免除其对原债权人所负的责任。

③是债务人在合同权利转让时已经享有的对抗原债权人的抗辩权，在合同权利转让之后，仍然可以对抗新债权人。

④是在债权转让的事实通知债务人时，如果债务人对转让人也享有债权，而此种债权已届清偿期，债务人可以向受让人主张抵消。

案例 4.18   **合同权利转让**

    甲公司对乙公司享有 50 万元债权，对丙公司、丁公司各有 40 万元货款未付。现甲公司决定将其 50 万元债权转让给戊公司，将对丙的债务转让给己公司。另出于营业需要，从甲公司分出新公司庚。甲公司与庚公司达成债务分配协议，约定丁公司的债务由庚公司承担。请分析甲乙丙戊之间的债权债务关系。

    本案中，甲将对乙的债权转让给戊，属于债权转让，不需要债务人同意，所以甲不需要征得乙的同意。甲将对丙的债务转让给己的行为属于债务承担，必须征得债权人丙的同意。

(三)合同的终止

1. 合同终止的概念

合同终止，是指因一定事由的产生或出现而使合同权利义务归于消灭，合同关系在客观上不复存在。合同关系反映财产流转关系，其本身性质决定它不能永久存续，是一种动态关系，有着从发生到消灭的过程。如果合同债权永续存在，债务人就将无限期地承担积极给付责任，是债务人长期蒙受不利和负担的约束，对债务人来讲是不公平的，因此合同的终止是必然要发生的。

2. 合同终止事由

终止事由是指引起合同终止的各种原因。合同终止的事由大致分为 3 类：一是根据当事人的意思终止；二是基于合同的目的已经达到或合同已无继续的必要；三是源于法律的直接规定。《合同法》第九十一条规定："合同的权利义务由于下列情形终止：①债务已经按照约定履行；②合同解除；③债务相互抵销；④债务人依法将标的物提存；⑤债权人免除债务；⑥债权债务同归于一人；⑦法律规定或者当事人约定终止的其他情形。"

其中：

抵销是指当事人既互负到期债务，又互享债权，双方经协商一致或者依照法律的规定，各自以自己的债权来充当债务进行清偿，从而使双方的债务在对等的额度内相互消灭。《合同法》第九十九条规定："当事人互负到期债务，该债务的标的物种类、品质相同的，任何一方可以将自己的债务与对方的债务抵销，但依照法律规定或者按照合同性质不得抵销的除外""当事人主张抵销的，应当通知对方。通知自到达对方时生效。抵消不得附条件或者附期限"。

提存是指由于债权人的原因，债务人无法向其交付合同标的物时，债务人将该标的物交给有关提存部门保存，以使合同关系归于消灭的行为。《合同法》第一百零一条规定："有下列情形之一，难以履行债务的，债务人可以将标的物提存：（一）债权人无正当理由拒绝受领；（二）债权人下落不明；（三）债权人死亡未确定继承人或者丧失民事行为能力未确定监护人；（四）法律规定的其他情形""标的物不适于提存或者提存费用过高的，债务人依法可以拍卖或者变卖标的物，提存所得的价款"。并且，《合同法》第一百零二、一百零三、一百零四条还进一步规定：标的物提存后，除债权人下落不明的以外，债务人应当及时通知债权人或者债权人的继承人、监护人。标的物提存后，毁损、灭失的风险由债权人承担。提存期间，标的物的孳息归债权人所有。提存费用由债权人负担。债权人可以随时领取提存物，但债权人对债务人负有到期债务的，在债权人未履行债务或者提供担保之前，提存部门根据债务人的要求应当拒绝其领取提存物。债权人领取提存物的权利，自提存之日起五年内不行使而消灭，提存物扣除提存费用后归国家所有。

3. 合同终止的效力

（1）合同关系终止后，便失去法律上的效力，除法律另有规定外，原债权人不得再主张合同债权，债务人也不再负合同义务，债权债务关系归于消灭。

（2）合同关系的终止，合同的担保及其他从权利和义务归于消灭。如抵押权、违约金债权、利息债权和主债权一样也归于消灭。

（3）合同关系终止后，一切有关合同关系的手续失去效力。如负债字据的返还与注销、负债字据为证明债权债务关系的证明。

（4）合同关系中，依据诚实信用原则及交易惯例，合同当事人还负有一定后合同义务。《合同法》第九十二条规定："合同的权利义务终止后，当事人应当遵循诚实信用原则，根据交易习惯履行通知、协助、保密等义务。"

导入案例简析

何某和李某和合作社之间的《小麦繁种合同》是双方自愿达成一致而签订的，故该合同合法有效。后来，在合同履行过程中出现了合同的变更，双方应按照变更后的约定履行。同时，何某和李某有权依法要求合作社赔偿其因违约造成的损失。

【法规文献链接】

1.《关于适用〈中华人民共和国合同法〉若干问题的解释（一）》（最高人民法院 1999 - 12 - 1 发布）

2.《提存公证规则》（司法部 1995 - 6 - 2 发布）

【任务训练】

请你根据合同履行中可能出现的一般情况，结合"任务一"【任务训练】中所订买卖合同的实际，拟制一份预防该买卖合同的"履行风险防范要点"。

思考与拓展

1. 什么是合同履行中的抗辩权？各类抗辩权行使要求分别是什么？法律确立抗辩权制度的目的何在？

2. 什么是代位权和撤销权？它们的行使有什么样的法律规定？

3. 联系实际谈谈：合同履行中，为了防范风险，应当注意些什么主要问题？

4. 终止合同关系的常见情形有哪些？你能够试着各举一例说明吗？

5. 案例分析：

案 例 一

2010年11月2日，某县政府出面要求该县农业银行为该县国有企业压力锅厂的企改发放贷款，并且指令该县电力公司提供担保。次日，该县农业银行分别与压力锅厂、电力公司签订了借款合同及保证担保合同，约定：压力锅厂向农业银行借款人民币150万元，月利率8‰，借款期限一年，电力公司为压力锅厂的上述借款设定连带保证担保。保证期限为借款期限届满之日起六个月。合同签订后，农业银行依约向压力锅厂发放了贷款。借期届满后，压力锅厂无力偿还该笔借款本息，农业银行遂提起诉讼，请求判令压力锅厂清偿借款本息及由电力公司承担连带保证责任。对此诉讼请求，压力锅厂未提出异议，电力公司则以县政府指令担保，违背自己的意志，保证合同无效为由，提出抗辩。法院判决电力公司应承担连带保证责任，偿还该笔贷款的本息。

问题：

法院的判决根据是什么？

案 例 二

2012年12月30日前周某因承包工程需资金周转向雷某借款50 000元，而后，雷某多次向周某催讨借款，周某以工程款未收回为由，一直未履行还款义务。于是，雷某于2013年10月13日向人民法院提起诉讼，同年10月28日周某在诉讼期间将其所有的房屋无偿转让给其弟，并在房产部门办理了产权过户手续。事后，雷某以周某无偿转让其房产的行为侵犯了债权人的合法权益为由，将周某告上法庭。

问题：

雷某控告周某的理由成立吗？为什么？

案 例 三

东湖村委会曾有一辆"蓝鸟"汽车，2005年夏发生交通事故致部分毁损。为便于处理事故、确定损失数额，交警部门和保险公司代村委会进行了维修招标，兴利水利汽修厂中标。在车辆修理期间，东湖村委会与市对外供应公司达成换车协议，双方约定东湖村委会将该车作价10万元转让给外供公司，外供公司将一辆"皇冠公爵王"汽车作价24万元转让给东湖村委会，差价款14万元由东湖村委会补偿给外供公司，事故车修理事宜由外供公司负责，东湖村委会应获的保险赔偿金由外供公司享有。后外供公司交付东湖村委会"皇冠公爵王"汽车一辆，收取东湖村委会车款13.8万元，并向兴利水利汽修厂支付修车费3.5万元，提走了事故车，领取了修理费发票并办

理了保险索赔事宜。后汽车大修厂诉至法院,要求东湖村委会支付尚欠修车费 1.4 万元及利息损失 1 000 元。

问题:

汽车大修厂的诉讼请求可以获得满足吗?为什么?

案　例　四

2010 年 1 月 9 日,李某与中国建设银行某支行所属的房地产信贷部签订借款合同,由李某向该银行借款 5 万元,借期为一年。借款到期后,该行多次向李某催收,李某以该款是替朋友史某所借为由拒不偿还,史某也表示李某所借 5 万元由其偿还。该行信贷部工作人员在多次催收未果的情况下,为了中断该债权的诉讼实效,应李某的要求,在银行的办公室为史某起草了一份声明:"2010 年 1 月 9 日李某在贵行贷款 5 万元,实属本人所贷,其贷款本息全部由我负责归还。"史某在声明上签了字,当时信贷部主任也在场。该行信贷部保留了该声明。之后,李某、史某均未履行还款义务。为此,该行以史某为被告,将其起诉至法院。

问题:

中国建设银行某支行起诉史某合法吗?为什么?

任务三　有理有据地追究他方的违约责任

任务目标

诚信履约,努力实现各方当事人的合同利益,是对合同主体的基本要求。但是,由于种种原因,违约现象时有发生。面对他方违约损害己方利益的行为,应当如何予以追究和维权呢?对此,必须坚持"以事实为依据,以法律为准绳"的原则,有理有据地追究他方的违约责任。

在学习、思考的基础上,依照有关法律法规的规定,有理有据地编制一份追究他方的违约责任的"合同争议解决方案"。

导入案例

2010 年 9 月 3 日 5 时许,浙江省江山市碗窑乡周某驾驶大货车从浙江省常山县驶往江苏省昆山市,途经 320 国道一施工路段时,与前方同向行驶的由桐乡市沈某驾驶的警用桑塔纳巡逻车发生追尾碰撞,致使警车翻车。周某在左驾方向过程中,又与江苏省海安县缪某驾驶的桑塔纳轿车正面相撞。此次事故造成三车严重受损,海安车承运人缪某(驾驶员)及车内乘客纪某、吴某三人受伤,系特大交通事故。事故发生后,纪某被送往浙江省桐乡市第二人民医院治疗,被诊断为右髋臼骨折、髋关节半脱位、颌面挫裂伤。住院治疗一段时间后,遵医嘱带骨牵引回当地医院进一步诊治。法医学鉴定后认为,纪某的伤残等级为 9 级。后经核实,纪某在事故中共造成医药费、误工费、住院伙食补助费、残疾赔偿金等损失共计 75 084.5 元。2011 年 5 月 8 日,纪某选择客运合同纠纷,以承运人缪某为被告,一纸诉状告上法庭。请求法院判决缪某赔偿医药费、误工费、二次手术费、住院伙食补助费、残疾赔偿金等共计 113 964.02 元。

问题：

纪某与缪某之间是否存在合同有效的客运合同？纪某有权要求缪某承担违约责任还是侵权责任？

内容阐释

一、违约责任的概念与特征

违约责任，是指合同当事人因违反合同约定的义务而应承担的法律后果。

违约责任的特征主要有：

1. 违约责任是民事责任的一种形式

民事责任是指民事主体在民事活动中，因违反法律规定的义务或者合同约定的义务应承担的民事法律后果。违约责任是一种具有经济内容的责任，当合同一方当事人不履行或者不完全履行合同义务时，就应以经济利益为内容的违约责任加以补救。

2. 违约责任是合同当事人不履行合同约定义务所产生的责任

这是违约责任不同于其他民事责任的重要特点。这个特点包含两方面的意思：其一，违约责任的产生以合同义务的存在为前提，有义务就存在责任的可能性，没有义务，就根本谈不上责任；其二，违约责任以合同当事人不履行义务为条件，有效合同约定的义务与法律规定的义务一样，合同当事人必须履行，否则，就会产生违约责任。

3. 违约责任具有相对性

违约责任只能在特定的当事人之间产生，合同关系以外的人不负违约责任。也就是说，合同当事人不得为他人设定合同义务，他人当然没有违约的可能性，从而也就不存在负违约责任的问题。

4. 违约责任可以由合同当事人约定

合同当事人在合同中当然可以约定违约责任的方式、违约金的数额幅度、损害赔偿的计算方法、免责条件等。

5. 违约责任具有补偿性和制裁性双重属性

违约责任具有补偿性，一般通过支付违约金、赔偿金和其他方式来体现，使受害人的实际损失得到全部补偿或部分补偿。同时，在合同当事人有过错时，违约责任还体现了对责任人的制裁性，这一般通过支付相当于实际损失数额的赔偿金或高于或等于实际损失数额的违约金来体现，还可以通过强制实际履行、同时支付违约金或赔偿金来体现。

二、违约责任追究的条件

(一)违约责任的归责原则

我国《合同法》中所确立的合同责任的归责原则并不是仅仅以无过错原则为唯一的归责原则，在一些具体的合同责任形式或具体合同中有时也采用过错责任的原则，因此我国《合同法》中违约责任的归责原则以无过错原则为基础，以过错责任原则为补充，是两项归责原则并存的体系。

1. 无过错责任原则

无过错责任原则，又称为严格责任原则，是指一方当事人不履行或者不适当履行合同义务给

另一方当事人造成损害,就应当承担违约责任。

我国《合同法》第一百零七条规定:"当事人一方不履行合同义务或者履行合同义务不符合约定的,应当承担继续履行、采取补救措施或者赔偿损失等违约责任。"本条的规定将违约责任的归责原则明定为严格责任原则。此项归责原则的特点在于:一是它不同于过错责任原则,即违约行为发生后,违约方即应当承担违约责任,而不以违约方的主观过错作为其承担违约责任的依据,非违约方无须就违约方的过错承担举证责任。而过错责任原则要求受害人就对方的过错承担举证责任。二是它不同于过错推定责任原则,即只有法定的抗辩事由可以作为免责事由,违约方没有过错不能作为免责的依据。而过错原则承认"无过错即无责任",一旦违约方能够证明自己没有过错就不承担违约责任。

我国《合同法》中无过错责任原则调整的范围是:违约责任中的继续履行责任,采取补救措施责任,以及违约金责任;无效合同责任中的返还财产和适当补偿责任。

2. 过错责任原则

过错责任原则,是指一方当事人不履行或者不适当履行合同义务时,应以该当事人的主观过错作为确定违约责任构成的依据。我国《合同法》明确将无过错责任原则作为违约责任的基本规则原则,但是过错责任的归责原则在《合同法》中同样适用,具体表现在以下方面:

(1)预期违约责任应当适用过错责任原则。《合同法》第一百零八条明确规定"当事人一方明确表示""以自己的行为表明"。"明确表示"和"行为表明"都说明必须是在主观上的故意所为;因此可以确定,立法者关于预期违约责任的主观要件的要求,应当是故意的,明知是必要的要件。所以,预期违约的合同责任应适用过错责任原则。

(2)违约责任中的损害赔偿应当适用过错责任。《合同法》第一百一十二条规定:"当事人一方不履行合同义务或者履行合同义务不符合约定的,在履行义务或者采取补救措施后,对方还有其他损失的,应当赔偿损失。"该条文确认违约责任中的损害赔偿责任的归责原则是过错责任原则。《合同法》第一百一十三条规定:"当事人一方不履行合同义务或者履行合同义务不符合约定,给对方造成损失的,损失赔偿额应当相当于因违约所造成的损失,包括合同履行后可以获得的利益,但不得超过违反合同一方订立合同时预见到或者应当预见到的因违反合同可能造成的损失。经营者对消费者提供商品或者服务有欺诈行为的,依照《中华人民共和国消费者权益保护法》的规定承担损害赔偿责任。"该条对商业欺诈行为的惩罚性赔偿中所要求的"欺诈",就是以故意为构成要件的,不能以无过错责任原则为归责原则。《合同法》第一百二十条规定:"当事人双方都违反合同的,应当各自承担相应的责任。"

(3)在同一个合同责任中,有时要同时运用两种归责原则。《合同法》第五十八条规定:"合同无效或者被撤销后,因该合同取得的财产,应当予以返还;不能返还或者没有必要返还的,应当折价补偿。有过错的一方应当赔偿对方因此所受到的损失,双方都有过错的,应当各自承担相应的责任。"可见,无效合同责任中的返还财产、适当补偿责任,应当适用无过错责任原则归责,不适用过错责任原则;无效合同责任的归责问题,适用两个归责原则,一是过错责任原则,二是无过错责任原则。分别调整不同的责任方式的归责,即过错责任原则调整无效合同责任的赔偿责任,无过错责任原则调整合同无效的返还财产和适当补偿责任。

(4)在《合同法》分则中,有时要适用过错责任原则。我国《合同法》虽然在"总则"中就违约责任的归责原则实行严格责任,但过错责任原则亦散见于"分则"之中。如《合同法》第二百六十五条规定:"承揽人应当妥善保管定作人提供的材料以及完成的工作成果,因保管不善造成毁损、灭失的,应当承担损害赔偿责任。"此处的"保管不善"即为保管人的过错。如果保管人善尽保管之义务则无过错,就不承担损害赔偿的违约责任。但需注意的是违约责任的过错通常采用推定的方法加以证明,受害人并不承担举证责任。

(5)在无偿合同中应当适用过错责任原则。违约责任是由合同义务转化而来,由当事人双方约定,不是法律强加,法律确认合同具有拘束力,在当事人一方不履行或者不适当履行合同时追究其违约责任,是执行当事人的意愿。无偿合同一般都是单务合同,一方当事人给予他方利益并不取得相应对价,如果非义务人主观过错致使违约却要求其承担责任,这显然与公平原则相悖,容易导致合同一方当事人刻意追究无过错违约方的责任,不利于合理界定义务人的法律责任。我国《合同法》分则很多条文中直接规定和体现了无偿合同的过错归责原则。如,第一百八十九条规定:"因赠与人故意或者重大过失致使赠与的财产毁损、灭失的,赠与人应当承担损害赔偿责任。"第三百七十四条规定:"保管期间,因保管人保管不善造成保管物毁损、灭失的,保管人应当承担损害赔偿责任,但保管是无偿的,保管人证明自己没有重大过失的,不承担损害赔偿责任。"第四百零六条规定:"有偿的委托合同,因受托人的过错给委托人造成损失的,委托人可以要求赔偿损失。无偿的委托合同,因受托人的故意或者重大过失给委托人造成损失的,委托人可以要求赔偿损失。",等等。

(二)违约责任的一般构成要件

在违约责任的构成上,大陆法系传统的法律与理论,都认为应具备四个要件:违约行为,损害事实,违约行为与损害事实之间的因果关系,以及违约人主观上的过错。[①] 在采用严格责任原则的情况下,违约责任的构成要件只有一个——违约行为。只要有违约行为,而不论当事人主观上是否有过错,也不论该行为是否造成了实际损失,当事人都必须承担违约责任,其法定的免责事由只有一个——不可抗力。当然也有例外,在个别采用过错责任原则的情况下,除了需要有违约行为外,还需要当事人主观上具有过错,例如《合同法》第三百零三条规定:"在运输过程中旅客自带物品毁损、灭失,承运人有过错的,应当承担损害赔偿责任。"[②]

1. 违约行为

违约行为是指合同当事人违反合同义务的行为。违约行为也常被称为不履行合同债务的行为。

2. 损害后果

损害本身有广义和狭义两种理解。从广义上说包括对各种权利和利益的侵犯所造成的后果,包括人身伤亡、精神损害。从狭义上理解,损害仅指财产损失。就违约损害赔偿来说,因其仅限于财产损失,不包括非财产损失;就违约损害赔偿来说,因其仅限于财产损失,不包括非财产损害。违约责任所要承担的损害后果体现为两个特点:一是损害是实际发生的损害,对于尚未发生的损害,不能赔偿;二是损害是可以确定的,损害能够通过金钱加以计算,并且它是债权人能够通过举证加以确定的,这尤其体现在可得利益的损害方面。

损害包括直接损失和间接损失两种。直接损失是指实存的财产利益的减损。比如买卖合同中,卖方依约交付货物,而买方却违约未支付价款,卖方付出的货物即直接损失。直接损失的结果是本来不应该减损的财产发生了减损;间接损失是指未来可以得到的利益的丧失,这种损失并不是实际存在的财产损失,而是未来可以得到的但因违约行为而没有得到的利益。这种未来的利益

---

① 王利明,崔建远.合同法新论·总则[M].北京:中国政法大学出版社,1996:684.

② 郑辉主编.合同法教程[M].西安:西北工业大学出版社,2010:136.

具有取得的可能性,它不是抽象的、假设的,而可以直接转化为实在的财产利益。

3. 违约行为与损害后果之间的因果关系

在违约责任的归责原则实行严格责任的情况下,因果关系是归责的重要前提。在因果关系的判断上许多国家的判例和学说采纳了可预见性理论。该理论认为,违约损害赔偿责任不得超过违约方在订立合同时已经预见或应当预见到的因违约造成损失。我国合同法也采纳了可预见性原则。当事人将对其应当预见到的损害负赔偿责任。只有当违约所造成损害是可以预见的情况下,才能认为损害结果与违约之间具有因果关系;如果损害是不可预见的,则不存在因果关系,违约当事人也不应承担对这些损害的赔偿责任。

三、承担违约责任的方式

(一)继续履行

继续履行又叫实际履行、强制实际履行、特定履行,是指当事人一方不履行合同义务或者履行合同义务不符合约定时,另一方当事人可要求其在合同履行期届满后继续按照原合同所约定的主要条件继续完成合同义务的行为。继续履行是适用于一切生效合同没有实际履行或者没有完全履行的场合,并且该合同能够履行、合同也有继续履行的必要。继续履行不仅适用于实际违约,还适用于预期违约。

继续履行具有以下三个特征:

一是继续履行是承担违约责任的形式之一。继续履行是在当事人未能按照合同约定履行义务时,由法律强制其继续履行义务,因此属于责任的范畴。但它是一种独立的违约责任形式,不需要以其他违约责任是否能够适用为前提条件。

二是继续履行的内容是强制违约方交付按照合同约定本应交付的标的。合同的正常履行固然是常态,但不履行或不完全履行合同的现象也在所难免,此时强制实际履行即继续履行就不失为一项补充或延伸。

三是继续履行可以与违约金、赔偿损失、定金罚则并用,但不能与解除合同并用。解除合同导致合同关系不复存在,债务人也不再负履行义务,因此解除合同与继续履行是完全对立的补救方法,两者不能并用。

继续履行可以分为金钱债务违约的继续履行和非金钱债务违约的继续履行两类。

第一,金钱债务违约的继续履行

金钱债务又叫货币债务。当事人未履行金钱债务的违约行为,即未支付价款或报酬的行为,包括完全未支付价款或报酬和不完全支付价款或报酬两方面。《合同法》第一百零九条规定:"当事人一方未支付价款或者报酬的,对方可以要求其支付价款或者报酬。"这里既包括了完全不履行,也包括了不完全履行,即无论是完全不履行,还是不完全履行,违约方都应承担支付相应价款或报酬的义务,守约方都有要求违约方支付相应价款或报酬的权利。

第二,非金钱债务违约的继续履行

非金钱债务如提供货物、提供劳务、完成工作等,此种债务不同于金钱债务,其债务标的往往更具有特定性和不可替代性,所以非金钱债务的履行更加强调实际履行原则。当事人未履行非金钱债务的违约行为,包括不履行非金钱债务和履行非金钱债务不符合约定,通常守约方都可以请求违约方实际履行。

由于非金钱债务的履行与金钱债务的履行的表现形式存在着极大的不同,故《合同法》对非金钱债务违约的继续履行作出了一定的限制。根据《合同法》第一百一十条的规定,对于非金钱债务的违约,有下列情形之一的,权利人不能再向债务人提出继续履行的请求:法律上或者事实上不能履行;债务的标的不适于强制履行或者费用过高;债权人在合理期限内未要求继续履行。

(二)采取补救措施

采取补救措施主要适用于质量不符合约定的情况。根据《合同法》第一百一十一条的规定:"质量不符合约定的,应当按照当事人的约定承担违约责任。对违约责任没有约定或者约定不明确,依照本法第六十一条仍不能确定的,受损害方根据标的的性质以及损失的大小,可以合理选择要求对方承担修理、更换、重作、退货、减少价款或者报酬等违约责任。"即可以合理选择法律推定的责任形式,具体包括:

第一,修理。必须在有修理的可能并且债权人需要的情况下,主要适用于买卖合同、承揽合同等。

第二,更换。必须在没有修理的可能,或修理费用过高或时间过长的情况下,多适用于买卖合同。

第三,重作。是指在基本建设工程承包合同、承揽合同中,由债务人重新做工作成果。

第四,退货。退货就意味着解除合同,只有在卖方提供的标的物质量瑕疵致使不能实现合同目的,买方才可选择退货。

第五,减少价款或者报酬。

(三)赔偿损失

赔偿损失是指合同当事人由于不履行合同义务或者履行合同义务不符合约定,给对方造成财产上的损失时,由违约方以其财产赔偿对方所蒙受的财产损失的一种违约责任形式。这是世界各国所一致认可的也是最重要的一种违约救济方法,是违约责任中的一种重要形式。《合同法》第一百一十二条规定了赔偿损失适用的场合:"当事人一方不履行合同义务或者履行合同义务不符合约定的,在履行义务或者采取补救措施后,对方还有其他损失的,应当赔偿损失。"第一百一十三条规定了赔偿损失的方法,此外,在第一百一十九条、第一百二十条和第一百二十一条也有相关规定。可见在一切造成损失的合同领域中,都可以适用损害赔偿责任。

赔偿损失具有以下特征:

(1)是合同违约方违反合同义务所产生的责任形式。违约赔偿损失的前提是当事人之间存在有效的合同关系,并且违约方违反了合同约定的义务。

(2)具有补偿性。违约赔偿损失是强制违约方给非违约方所受损失的一种补偿,一般是以违约所造成的损失为标准,这与定金责任、违约金责任等违约责任有所区别。

(3)具有一定的随意性。《合同法》允许合同当事人事先对违约赔偿损失的计算方法予以约定,或者直接约定违约方付给非违约方一定数额的金钱,体现了合同自由的原则。

(4)以赔偿非违约方受到的实际全部损失为原则。合同当事人一方违约,对方会遭到财产损失和可得利益的损失,这些损失都应当得到补偿。

赔偿损失的原则主要有以下5个:

1. 完全赔偿原则

完全赔偿原则是指因违约方的违约行为使受害人遭受的全部损失,都应由违约方负赔偿责任,即违约方不仅应赔偿对方因其违约而引起的现实财产的减少,而是应赔偿对方因合同履行而得到的履行利益。这是对受害人利益实行全面的、充分的保护的有效措施。

《合同法》第一百一十三条的规定:"损失赔偿额应当相当于因违约所造成的损失,包括合同履

行后可以获得的利益。"这里的损失仅指财产损失。也就是说，违约方不仅应赔偿受害人遭受的全部实际损失，还应赔偿可得利益损失，即合同履行后可以获得的利益损失。

2. 合理预见原则

《合同法》第一百一十三条规定："赔偿损失不得超过违反合同一方订立合同时预见到或者应当预见到的因违反合同可能造成的损失。"这就是合理预见原则，又叫可预见性规定。

3. 减轻损害原则

减轻损害原则也叫采取适当措施避免损失扩大原则，是指在一方违约并造成损害后，受害人必须采取合理措施以防止损害的扩大，否则，受害人应对扩大部分的损害负责，违约方此时也有权请求从损害赔偿金额中扣除本可避免的损害部分。也就是将减轻损害作为受害人的一项义务看待，并以此限制违约方的赔偿责任。《合同法》第一百一十九条规定："当事人一方违约后，对方应当采取适当措施防止损失的扩大；没有采取适当措施致使损失扩大的，不得就扩大的损失要求赔偿。当事人因防止损失扩大支出的合理费用，由违约方承担。"

4. 责任相抵原则

责任相抵原则是指按照债权人与债务人各自应负的责任确定责任范围。《合同法》第一百二十条规定："当事人双方都违反合同的，应当各自承担相应的责任。"这就是责任相抵原则。在我国合同法理论上，责任相抵是一种形象的说法，不是指当事人的责任抵消，是在确定各自应负的责任基础上确定赔偿责任。

5. 经营欺诈惩罚性赔偿原则

针对交易中各种严重的欺诈行为，《消费者权益保护法》第四十九条明确规定："经营者提供商品或者服务有欺诈行为的，应当按照消费者的要求增加赔偿其受到的损失，增加赔偿的数额为消费者购买商品的价款或接受服务的费用的一倍。"这就在法律上确立了经营欺诈惩罚性损害赔偿制度。

（四）支付违约金

违约金是指不履行或者不完全履行合同义务的违约方按照合同约定，支付给非违约方一定数量的金钱。

适用违约金责任方式，当事人在合同中应当事先约定，按照约定，在一方当事人违约的时候，对方按照约定给付违约金。违约金的适用范围，在实际违约、预期违约和加害给付中，都可以根据约定适用。约定违约金的高低，法律没有限制，但是，按照《合同法》第一百一十四条第二款的规定，应当受到实际损失的限制。

支付违约金作为违约责任的一种承担方式，具有以下三个特征：违约金是由合同当事人约定的；违约金的数额是由当事人预先确定的；违约金条款是否适用，取决于合同当事人是否违约。

违约金按不同的标准分为以下几类：

第一，约定违约金和法定违约金。由合同双方当事人在合同中约定的违约金，属于约定违约金。《合同法》第一百一十四条第一款明确规定，当事人可以约定一方违约时应当根据违约情况向对方支付一定数额的违约金，也可以约定因违约产生的损失赔偿额的计算方法。而直接由法律规定的违约金，属于法定违约金。

第二，惩罚性违约金和赔偿性违约金。惩罚性违约金是由合同约定或法律规定由违约方支付一笔金钱，作为对违约行为的惩戒。而赔偿性违约金是合同双方预先估计的损害赔偿总额。

第三，不履行的违约金和迟延履行的违约金。对于没有约定迟延履行违约金，或者约定不明确的,应当视为不履行违约金;明确约定迟延履行违约金的,违约方在支付了违约金后,还应当履行债务。

案例 4.19　　　　　　违约金责任

某年6月18日,某房地产开发有限公司与某建筑工程公司签订了一份建设工程施工合同。该合同约定:开发公司将位于本市新城区某小区的四幢楼房的基础、主体普通装饰、水电安装等发包给建筑公司承包,承包形式为自筹资金和包工包料;开工期为当年6月21日,竣工期为次年6月20日;违反合同约定,须向对方依法支付违约金。

竣工期满,其中一幢楼房未按期完工,就违约金支付问题,双方协商无果。于是,开发商诉至法院,请求终止双方签订的建设工程施工合同并要求建筑公司支付违约金14万元。

本案中,如何理解"依法支付违约金"成为审案关键。我国《合同法》第二百八十一条规定,"因施工人的原因致使建设工程质量不符合约定的,发包人有权要求施工人在合理期限内无偿修理或者返工、改建。经过修理或者返工、改建后,造成逾期交付的,施工人应当承担违约责任"。这里的违约责任包括赔偿发包人因逾期交付受到的损失、按照约定向发包人支付违约金、减少价款、执行定金罚则等。同时,依法支付违约金属于当事人对违约金约定不明的情形,按照《合同法》第一百一十三条关于"当事人一方不履行合同义务或者履行合同义务不符合约定,给对方造成损失的,损失赔偿额应当相当于因违约所造成的损失,包括合同履行后可以获得的利益,但不得超过违反合同一方订立合同时预见到或者应当预见到的因违反合同可能造成的损失"的规定,明确规定了不履行合同义务或者履行合同义务不符合约定给对方所造成的损失即为违约损失,违约金数额一般以给损失方所造成的实际损失为限,同时损失方负有举证义务,以证明对方有违约行为以及因对方违约给自己所带来的实际损失数额。故本案中,建筑公司应向开发商支付14万元违约金。

同时,为了体现公平、诚实信用的原则,合同法对违约金责任作了必要的限制。《合同法》第一百一十四条第二款规定:"约定的违约金低于造成的损失的,当事人可以请求人民法院或者仲裁机构予以增加;约定的违约金过分高于造成的损失的,当事人可以请求人民法院或者仲裁机构予以适当减少。"合同当事人约定过高或过低的违约金会造成合同双方权利义务的明显不相符,有悖于民法的公平、等价有偿原则,如果不给予必要的公力救济,将显失公平。所以,约定过高或过低违约金的合同行为属显失公平的民事行为,是可变更的民事行为,当事人仅享有请求变更权,而不享有请求撤销权。

当事人对于过高或过低违约金的变更不能主动调整违约金的数额,亦不能单纯向相对人作出变更的意思表示,而是应当向人民法院或仲裁机构提出请求,由人民法院或仲裁机构决定是否变更。人民法院或仲裁机构不能干涉当事人自由,违反意思自治的原则,主动提出变更要求。

(五)定金罚则

定金是合同当事人为了确保合同的履行,依据法律规定或者当事人双方的约定,由当事人一方在合同订立时,或者订立后、履行前,按合同标的额的一定比例,预先给付对方当事人的金钱或者其他代替物。

《合同法》规定:"当事人可以依照《中华人民共和国担保法》约定一方向对方给付定金作为债权的担保。债务人履行债务后,定金应当抵作价款或者收回。给付定金的一方不履行约定的债务的,

无权要求返还定金;收受定金的一方不履行约定的债务的,应该双倍返还定金。"在实践活动中,定金罚则的适用也容易产生纠纷,常见的情况便有定金与诚意金的混淆。

示例:张某(原告)与一房地产中介公司签订一份《房地产居间合同》,约定,该公司为张某购买房屋一套(总价款60万元),并按购房总价1‰支付卖方(被告)诚意金6 000元,该款后来由该公司收取后转交给卖方。后来,由于被告未能及时办妥房产证等原因,导致双方没有签订房屋买卖合同。原告要求被告双倍返还买房定金12 000元。被告认为原告没有购买房屋的诚意,反悔在先,6 000元诚意金不应当返还。法院审理后,认为定金罚则只适用于法律规定的情形,本案中的诚意金不适用定金罚则,同时,房屋买卖合同未能签订的原因主要是被告未能办妥房产证,原告没有过错。故法院判决:被告返还原告买房诚意金6 000元。案件受理费由原被告各负担一半。

四、因第三人原因造成的违约

在合同履行中,如果违约是由第三人造成的,即是因第三人原因造成的违约。《合同法》第一百二十一条规定:"当事人一方因第三人的原因造成违约的,应当向对方承担违约责任。当事人一方和第三人之间的纠纷,依照法律规定或者按照约定解决。"

因第三人原因造成一方当事人违约的,由当事人先行向对方承担违约责任。当事人一方与第三人之间的纠纷分不同情形处理。第一种,如果该第三人存在过错,则该当事人承担违约责任后,应当向第三人追偿。第二种,如果因第三人构成意外事故致使一方当事人违约,且第三人无力赔偿的,损失由双方当事人分担。第三种,如果属于法律规定因第三人原因造成违约第三人直接承担责任的,第三人应当直接承担责任。

案例 4.20   **第三人原因违约**

王先生在展销会上购买了一台电磁炉,邀请几位好友到家做客,并使用该电磁炉煮火锅聚餐。吃到一半,电磁炉突然发生爆炸,将王先生及在场的几位朋友都炸伤了。事后,王先生想找电磁炉的销售商索赔,销售商却不知去向。

本案属于因第三人造成的违约,依照《消费者权益保护法》,消费者因商品缺陷造成人身、财产损害的,可以向出售商品的销售者请求赔偿,也可以向制造商品的生产者请求赔偿,受损害的消费者直接请求生产者赔偿的,生产者应当赔偿。据此,王先生和几位受伤的朋友既可以向电磁炉销售商索赔,也可以直接向电磁炉的生产商索赔。

五、责任竞合

竞合是指由于某种法律事实的出现而导致两种或两种以上的权利产生,并使这些权利之间发生冲突的现象。责任竞合是指某种行为同时具备两种或两种以上的法律责任构成要件,从而使该行为人有可能承担两种以上的法律责任的现象。

(一)责任竞合的特点

1. 责任竞合是因为某个违反义务的行为而引起

一个不法行为同时违反了两个以上的义务,产生两个以上的法律责任,就是责任竞合。若行为人实施了两个以上的行为,违反了两个以上的义务,从而应承担两个以上的法律责任,这种情况不是责任竞合。

2. 某个违反义务的行为符合两上或两个以上的责任构成要件

行为人虽然仅实施了一个行为,但该行为同时违反了数个义务,并符合法律关于不同责任的构成要件的规定,由此使该行为人承担一种法律责任还是多种法律责任,需要在法律上给一个明确的答案。造成这种情况的原因,可能是因为行为自身的复杂性,也可能是因为法律本身的交叉规定。原因不同,不影响责任竞合的形成。

3. 数个责任之间相互冲突

相互冲突,一方面是指行为人承担不同的法律责任,在后果上是不同的;另一方面,相互冲突意味着数个责任既不能相互吸收,也不应同时并存。所谓相互吸收,是指一种责任可以包容另一种责任。如在某些情况下,适用补偿性违约金可以包容损害赔偿责任;所谓同时并存,是指行为人依法应承担数种责任形式。如返还原物之后不足以弥补受害人的损失的,还有权要求不法行为人承担损害赔偿责任。若数种责任是可以相互包容和同时并存的,则行为人所应承担的责任已经确定,不发生责任竞合问题。

(二)违约责任和侵权责任竞合的处理

违约行为和侵权行为的区别主要体现在不法行为人与受害人之间是否存在着合同关系,不法行为人违反的是约定义务还是法定义务,侵害的是相对而言权(债权)还是绝对权(物权、人身权等),以及是否造成受害人的人身伤害等。然而在现实生活中,上述的区别可能只是相对的,同一违法行为可能符合不同的责任构成要件,具体来说:

(1)合同当事人的违约行为同时侵害了法律规定的强行性义务,包括保护、照顾、保密、忠实等附随义务和其他法定的不作为义务。

(2)在某些情况下,侵权行为直接构成违约的原因,这就是所谓侵权性的违约行为。如保管人依据保管合同占有对方的财产并非法使用,造成财产毁损灭失。同时违约行为也可能造成侵权的后果,这就是违约性侵权行为。如供电部门因违约中止供电,导致对方财产和人身遭受损害。

(3)不法行为人实施故意侵害他人权利并造成损害的侵权行为时,如果加害人与受害人之间事先存在一种合同关系,那么加害人对受害人的损害行为,不仅可以作为侵权行为对待,也可以作为违反了当事人事先规定的义务的违约行为对待。

(4)一种违法行为虽然只符合一种责任构成要件,但是法律从保护受害人的利益出发,要求合同当事人根据侵权行为制度提出请求和提起诉讼,或者将侵权行为责任纳入到合同责任的范围内(如产品责任)。

《合同法》第一百二十二条规定:"受损害方有权选择依照本法要求其承担违约责任或者依照其他法律要求其承担侵权责任。"表明我国已经明确了出现责任竞合时,当事人具有请求选择权的处理原则。

导入案例中,缪某同意原告纪某乘坐其所驾驶的车辆并承诺将纪某运输到约定的地点起,原、被告之间的客运合同关系即告成立。作为承运人的缪某负有在约定期间或合理期间内将旅客纪某安全运输到约定地点的法定义务。交通事故发生后,纪某作为合同相对方和受害人,既可选择侵权之诉也可以选择违约之诉进行诉讼。

六、合同争议的解决方法

《合同法》第一百二十八条规定:"当事人可以通过和解或者调解解决合同争议。当事人不愿和解、调解或者和解、调解不成的,可以根据仲裁协议向仲裁机构申请仲裁。涉外合同的当事人可以根据仲裁协议向中国仲裁机构或者其他仲裁机构申请仲裁。当事人没有订立仲裁协议或者仲裁协议无效的,可以向人民法院起诉。当事人应当履行发生法律效力的判决、仲裁裁决、调解书;拒不履行的,对方可以请求人民法院执行。"据此可知,合同履行如果发生争议,解决方法主要有和解、调

解、仲裁和诉讼。

(一)和解

和解一般发生在民事诉讼中,由当事人双方自己处分自己的诉讼权利和实体权利,当事人在诉讼中和解的,应由原告申请撤诉,经法院裁定撤诉后结束诉讼。和解协议不具有执行力。

(二)调解

调解是指在有关组织、机关、机构、个人或法院的主持下,对当事人之间的纠纷进行裁决的活动。一般对民事纠纷、经济纠纷适用。分为诉讼外调解和法院调解(诉讼中调解)。

(三)仲裁

仲裁是指纠纷当事人在自愿的基础上达成协议,将纠纷提交非司法机构(仲裁委员会)的第三者审理,并作出对争议各方均有约束力的裁决的一种解决纠纷的制度和方式。仲裁适用于平等主体的公民、法人和其他组织之间发生的合同纠纷和其他财产利益纠纷。婚姻、收养、监护、扶养、继承纠纷及依法应当由行政机关处理的行政争议不能仲裁。劳动争议和农业承包合同纠纷的仲裁,由法律另行规定,不适用仲裁法的规定。

(四)诉讼

诉讼是一种法定的司法程序,是在有关国家司法机关的主持或主要作用下,由有关诉讼参加人或参与人参加,依照法定程序,解决当事人之间的争议的一种活动。

无论是仲裁还是诉讼,必须在时效期限内提出,时效届满即无权再提起诉讼和仲裁。《民法通则》规定,向人民法院请求保护民事权利的诉讼时效期限为 2 年,法律另有规定的除外。《合同法》第一百二十九条规定:"因国际货物买卖合同和技术进出口合同争议提起诉讼或者申请仲裁的期限为 4 年,自当事人知道或者应当知道其权利受到侵害之日起计算。因其他合同争议提起诉讼或者申请仲裁的期限,依照有关法律的规定。"

导入案例简析

被告缪某同意原告纪某乘坐其所驾驶的车辆并承诺将纪某运输到约定的地点起,原、被告之间的客运合同关系即告成立。该合同不违反法律、行政法规的规定,应认定合法有效,双方当事人均应严格按约履行。作为承运人的缪某负有在约定期间或合理期间内将旅客纪某安全运输到约定地点的法定义务。交通事故发生后,受害乘客可选择侵权之诉或违约之诉进行诉讼。本案原告纪某选择了违约之诉,法院应按照有关合同的法律法规进行审理。故法院判决被告缪某(承运人)承担违约责任,赔偿原告纪某(乘客)医药费、误工费、住院伙食补助费、残疾赔偿金等 60 084.5 元。

【法规文献链接】

1.《中华人民共和国民法通则》(1986 - 4 - 12 第六届全国人大第四次会议通过,2009 - 8 - 27 第十一届全国人大常委会第十次会议《关于修改部分法律的决定》修正)

2.《合同法》(全国人大 1999 - 3 - 15 发布)

3.《关于适用〈中华人民共和国合同法〉若干问题的解释(一)》(最高人民法院 1999 - 12 - 1 公布)

4.《担保法》(全国人大常委会 1995 - 6 - 30 发布)

【任务训练】

假设导入案例中的缪某存在过错,纪某可在侵权之诉和违约之诉之间选择,请你运用所学知识,按追究侵权责任和违约责任分别为纪某编制一份"合同争议解决方案"。

思考与拓展

1. 什么是违约责任？其法律特征是什么？
2. 追究违约责任的基本规则原则是什么？其含义是什么？
3. 违约责任的承担方式主要有哪些？
4. 案例分析：

案 例 一

2012 年 3 月 30 日,袁先生夫妇与婚庆公司签订婚庆服务协议。双方约定,婚庆当日,头车为一辆六米长的黑色中型卡迪拉克轿车,如因婚庆公司工作失误造成当日婚车或工作人员未能履约,婚庆公司按相应项目预付款的两倍赔付。协议签订当天,袁先生夫妇支付了婚庆公司 1 000 元预付款。婚庆当天,袁先生又支付婚庆公司 4 800 元婚车费用,其中五辆红旗轿车,每辆 400 元费用。然而,婚庆公司当天派出的卡迪拉克轿车在尚未完成迎娶新娘任务的情况下,带着婚礼需用的全套鲜花系列中途撤走,后袁先生夫妇在迫不得已的情况下,只得另买花卉饰物将原作尾车的一辆红旗车改扮为头车,婚礼才得以继续进行。2012 年 10 月,袁先生夫妇起诉至法院,要求婚庆公司退还 2 600 元婚庆头车费用、双倍赔付预付款 2 000 元、支付 600 元鲜花费用、支付因延时加付的 600 元租车费、支付 5 000 元精神损失抚慰金。

问题：

(1)婚庆公司应否向袁先生夫妇承担赔偿责任？为什么？

(2)婚庆公司如果应当赔偿,其赔偿内容包括哪些？

案 例 二

2012 年 2 月 5 日,甲公司与乙公司签订融资租赁合同,双方约定：出租人甲公司应按照承租人乙公司的要求,从国外购进浮法玻璃生产线及附属配件,租赁给乙公司;租金总额为 18 万美元,租期 24 个月,每 6 个月为 1 期;最后一期的到期日为 2012 年 5 月 30 日,如乙公司不支付租金,则甲公司可要求其即时付清租金的一部分或全部,或可终止合同,收回租赁物件,并由乙公司赔偿损失。双方还约定了租金利率的调整和延付租金的罚款利息。而丙公司为乙公司提供了支付租金的担保,其向甲公司出具的租金偿还保证书中约定：丙公司保证和负责乙公司切实履行融资租赁合同的各项条款,如乙公司不能按照合同的约定向甲公司交纳其应付的租金及其他款项,则担保人应按照融资租赁合同的约定,无异议地代替乙公司将上述租金及其他款项交付给甲公司。2011 年 5 月 5 日,甲公司将购进的全套设备全部运抵目的地,并按照乙公司的要求,将设备安装在丁工厂。经乙公司和丁工厂共同开箱检验和调试后,认定设备质量合格。但设备投产后,因生产原料须从国外进口,成本较高,且产品销路较差,致使开工后不久即停产。而乙公司和丁工厂仅支付给甲公司设备租金 6 万美元,经甲公司多次催要,乙公司和丁工厂仍未能支付租金。于是甲公司向法院提起诉讼,要求乙公司和丁工厂立即偿付所欠租金及利息,并由丙公司承担保证责任。

问题：

(1)甲公司的诉求合法吗？为什么？

(2)如果你是法官,将如何处理该纠纷？

案　例　三

2012年4月18日晚7时许,在某建筑劳务有限责任公司从事材料员工作的张先生持月票乘坐公交车,该车在一车站猛然起步时,因车内乘客拥挤,站在车最后面用手扶着扶手的张先生摔倒在车辆后面的挡风玻璃上,挡风玻璃破碎使张先生右手腕割伤。事情发生后,张先生先后分别前往三家医院就医,并为此自行负担1.2万余元医疗费。因受伤不能上班,公司于同年6月18日与张先生解除了劳动关系。经鉴定,张先生伤残程度为十级。事后双方关于赔偿事宜未达成一致意见。2013年3月,张先生将公交公司诉至法院,要求公交公司赔偿医疗、误工、住院伙食补助、后续治疗及伤残赔偿金、鉴定等费用共计9.3万余元。

问题:

公交公司应当承担违约赔偿责任吗? 说说理由。

项目五　依法会计和纳税　自觉接受宏观调控

任务一　编制会计核算工作基本行为规范

任务目标

依法建立正确的会计核算制度,防范会计违法,不断提高"依法会计""合法会计""规范会计"的水平,是开展会计工作的基本要求,是宏观调控和企业经营管理的客观需要,是维护投资人等各方会计信息使用者利益的必须。每一个企业,特别是公司,必须制订合法、统一、规范的会计核算工作基本制度。

学习会计法规后,学习者应当认真地编制一份"××公司会计核算工作基本行为规范"。

导入案例

2008年12月,某县财政局派出检查组对某国有企业的会计工作进行检查。检查了解到以下情况:

(1)2007年12月,厂长指定自己的亲侄女张某在会计科任出纳,兼任会计档案保管工作。张某没有会计从业资格证书。

(2)该厂2005年1月以来的现金日记账和银行存款日记账是用圆珠笔书写的,未按页次顺序连续登记,有跳行、隔页现象。

(3)抽核有关单据时,发现一张购买计算机的发票,其"金额"栏的数字有更改迹象。经查阅相关买卖合同、单据,确认更改后的金额数字是正确的。于是,会计科要求该发票的出具单位在发票"金额"栏更改之处加盖出具单位印章。之后,该企业予以受理并据此登记入账。

(4)收到一张与A企业共同负担6万元费用支出的原始凭证,该企业的会计人员李某根据该原始凭证及应承担的费用3.5万元进行了财务处理,并保存该原始凭证;同时应A企业的要求将原始凭证的复印件提供给A企业用于财务处理。

(5)发现有一次在企业财务会计报告对外报出时,主管会计工作的副厂长、总会计师和会计科长张某在财务报告上加盖名章,厂长在财务会计报告上签名并加盖单位公章。

(6)检查组通过座谈了解到这样的情况:有一次,会计科长李某退休,在与新任会计科长王某办理会计交接手续时,因厂长在外地出差,人事科长负责监督交接工作。

问题:

上列检查中发现的情况是否符合会计法律制度的规定?

内容阐释

一、会计和会计核算的含义与基本内容

(一)会计和会计核算的含义

会计是以货币为主要计量单位,根据真实、合法的凭证,按照规定程序和方法,对企业事业单位等的经济活动和财务收支情况进行全面、系统、真实、准确的记录、计量、分析等,并借助于会计信息对经济活动实行检查和监督的一种经济管理活动。它是一种管理和监督经济的重要活动。

会计是反映和控制以价值运动为主要内容的经济活动过程及其结果的;会计是根据当时的信息系统进行管理的;会计是通过向各方面的使用者提供相关信息来实现其对经济活动的具体反映和监督的。

会计核算是指通过会计形式,根据财政、财务会计制度,对资金和物资的收支情况进行审核和确认、记录、计量、汇总、报告的全部活动。核算是会计的基本职能之一,而且是会计首要的、最基本的职能,贯穿于经济活动的全过程。会计的核算职能(或称"反映职能")是指对客观经济活动的表述和价值数量上的确定。它可以从两方面来理解:一是对经济事项的数量进行正确的计量与记录,并进行科学的组合与汇总,为经济管理工作提供完整的、连续的、系统的经济信息;二是对经济信息进行分析和总结,对企业等经济组织过去所发生的经济活动进行考核和评价。会计核算必须以真实发生的经济业务事项的真实情况为基础进行会计核算,必须切实做到"依法核算""合法核算"和"规范核算",符合《企业会计准则——基本准则》规定的"真实性"要求,保证所提供的经济信息符合《企业会计准则——基本准则》规定的"相关性"要求。

(二)会计核算的基本内容

《会计法》第十条规定:"下列经济业务事项,应当办理会计手续,进行会计核算:(一)款项和有价证券的收付;(二)财物的收发、增减和使用;(三)债权债务的发生和结算;(四)资本、基金的增减;(五)收入、支出、费用、成本的计算;(六)财务成果的计算和处理;(七)需要办理会计手续、进行会计核算的其他事项。"《会计基础工作规范》第三十七条也做了相同的规定。

1. 款项和有价证券的收付

款项是指货币资金,包括现金、银行存款、其他货币资金。现金主要是指库存现金,银行存款是指存放在银行金融机构的款项,其他货币资金是指现金和银行存款以外的货币资金,如外埠存款、银行汇票存款、银行本票存款、在途货币资金、信用证存款、保函押金和各种备用金等。

有价证券是指表示一定财产拥有或支配权的证券,如股票、债券、基金等。

款项和有价证券是单位所有资产中流动性最强的资产,各单位必须按照国家统一的会计制度的规定,加强对款项和有价证券的管理和控制,及时、准确地核算款项和有价证券。

2. 财物的收发、增减和使用

财物就是各项资产,它是单位拥有或者控制的能以货币计量的经济资源,包括原材料、低值易

耗品、在产品、产成品、固定资产等。主要财产物资的价值大,在单位的资产总额中占有较高的比重。因此,对它们的收发、增减和使用情况都必须进行会计记录和会计核算,以全面反映单位财务的收、发、使用和结存情况。

加强单位财物的收发、增减和使用的管理,及时、准确地进行会计核算对保证单位财物的安全、完整有着重要意义。

3. 债权债务的发生和结算

债权和债务是指由过去的交易或者事项引起的,单位享有经济上的权利或者需要承担经济上的义务。其中:

第一,债权单位可以行使法律上的请求权,并能够得到法律保障实现的、以货币表示的资产或者劳务,主要包括应收账款、应收票据、其他应收款、短期投资、长期投资等。

第二,债务是指单位将来要用转移资产或者提供劳务等方式加以清偿的义务,主要包括短期借款、应付账款、应付票据、应付债券、长期应付款等。

债权债务的发生和结算是一个单位日常生产经营活动中经常发生的事项,它涉及单位与其他单位以及单位与其他有关方面的经济利益,关系到单位自身的资金周转,它是会计核算的重要内容。

4. 资本、基金的增减

资本亦称所有者权益,是指投资者对企业的净资产的所有权,是企业资产扣除负债后由所有者享有的剩余权益,具体包括实收资本、资本公积、盈余公积和未分配利润。基金是指各单位按照法律、法规的规定而设置或筹集的具有特定用途的专项资金,如公益性基金、集体福利基金、后备基金等。资本、基金增减的会计核算,政策性很强,一般都应以具有法律效力的合同、协议、董事会决议或政府部门的有关文件等为依据办理。资本、基金的增减都会引起单位的资金变化。因此,会计上必须及时进行核算。

5. 收入、支出、费用、成本的计算

收入是指单位在经营活动和业务活动中由于销售产品、商品,提供劳务、服务或提供资产的使用权等取得或应收取的款项权。支出是指行政事业单位在执行预算或计划过程中所发生的各项开支。费用指企业和企业化管理的事业单位因生产经营和业务管理活动而发生的各项耗费和支出。成本是指企业和企业化管理事业单位在生产经营产品、商品和提供劳务或服务中所发生的各项直接耗费,包括直接材料、直接人工、商品进价以及其他直接支出,直接计入生产经营成本。

收入、支出、费用、成本都是单位重要的会计核算要素,它们是互相联系、密不可分的,产生收入就必然发生一定的支出、成本和费用。收入、支出、费用、成本是计算和判断单位经营成果及其盈亏情况的主要依据。各单位应按照国家统一的会计制度规定,加强收入、支出、费用、成本的管理,正确核算收入、支出、费用、成本。

6. 财务成果的计算和处理

财务成果,主要是指单位在一定时期内全部生产经营过程中在财务上获得的成果,具体表现为盈利或者亏损。由于财务成果的计算和处理涉及诸方面的经济利益,因此,必须在会计上按照国家统一的会计制度进行核算。

财务成果的计算和处理,一般包括利润的计算、所得税的计算和缴纳、利润的分配和亏损的弥补等。由于财务成果的计算和处理涉及所有者、社会公众、国家等各方面的经济利益。因此,各单

位应严格按照国家统一的会计制度规定核算财务成果。

7. 需要办理会计手续、进行会计核算的其他事项

其他事项是指除上述 6 项经济业务事项以外的按照国家统一的会计制度规定应办理会计手续和进行会计核算的其他经济事项。上述 6 项规定的内容基本涵盖了会计核算的主要内容,但由于单位的经济活动日新月异,新的会计业务不断出现,加之会计改革发展较快,会计核算中仍有可能出现一些新的业务和内容,如企业合并、企业终止清算、企业破产、资产评估等。这些业务也是会计核算内容不可缺少的重要组成部分,各单位应严格按照规定进行会计核算。

二、会计信息质量要求

会计工作的基本任务就是为包括所有者在内的各方面提供经济决策所需要的信息。会计信息质量的高低是评价会计工作成败的标准。

《会计基础工作规范》第三十六条规定:"各单位应当按照《中华人民共和国会计法》和国家统一会计制度的规定建立会计账册,进行会计核算,及时提供合法、真实、准确、完整的会计信息。"而且,《企业会计准则——基本准则》专章规定了会计信息质量要求。

(一)可靠性

企业应当以实际发生的交易或者事项为依据进行会计确认、计量和报告,如实反映符合确认和计量要求的各项会计要素及其他相关信息,保证会计信息真实可靠、内容完整。

(二)相关性

企业提供的会计信息应当与财务会计报告使用者的经济决策需要相关,有助于财务会计报告使用者对企业过去、现在或者未来的情况做出评价或者预测。

(三)可理解性

企业提供的会计信息应当清晰明了,便于财务会计报告使用者理解和使用。

(四)可比性

企业提供的会计信息应当具有可比性。包括:纵向可比——同一企业不同时期发生的相同或者相似的交易或者事项,应当采用一致的会计政策,不得随意变更。确需变更的,应当在附注中说明。横向可比——不同企业发生的相同或者相似的交易或者事项,应当采用规定的会计政策,确保会计信息口径一致、相互可比。

(五)实质重于形式

实质重于形式要求企业应当按照交易或者事项的经济实质进行会计确认、计量和报告,不应仅以交易或者事项的法律形式为依据。

(六)重要性

重要性要求企业提供的会计信息应当反映与企业财务状况、经营成果和现金流量有关的所有重要交易或者事项。如果将企业会计信息中的某一项内容省略或者错报会影响使用者据此做出经济决策,则该项内容就具有重要性。

(七)谨慎性

谨慎性要求企业对交易或者事项进行会计确认、计量和报告时应当保持应有的谨慎,不应高估资产或者收益、低估负债或者费用。

(八)及时性

及时性要求企业对于已经发生的交易或者事项,应当及时进行会计确认、计量和报告,不得提前或者延后。会计信息的价值在于帮助使用者做出经济决策,因此具有时效性。

三、会计核算的一般方法

（一）会计期间和记账本位币

1. 会计期间

会计期间是指将一个企业持续不断的生产经营活动期间划分为若干个首尾相接、间距相等的会计期间，将每个期间的财务状况、经营成果和现金流量等相关信息反映出来。

《会计法》第十一条规定："我国会计年度自公历1月1日起至12月31日止。"每一会计年度还可以按照公历日期具体划分半年度、季度、月度。我国的会计年度采用公历年度，主要与我国的计划年度、财政年度保持一致，有利于进行宏观管理。

2. 记账本位币

记账本位币，是指用于日常登记账簿和编制财务会计报告时用以表示计量的货币。《会计法》第十二条规定，会计核算以人民币为记账本位币。业务收支以人民币以外的货币为主的单位，可以选定其中一种货币作为记账本位币，但是编报的财务会计报告应当折算为人民币。在一般情况下，企业采用的记账本位币都是企业所在国使用的货币，记账本位币是与外币相对而言的，凡是记账本位币以外的货币都是外币。

（二）会计凭证

会计凭证是记录经济业务、明确经济责任、按一定格式编制的据以登记会计账簿的书面证明。用来记载经济业务的发生，明确经济责任，作为记账根据的书面证明。

会计凭证按其编制程序和用途的不同，分为原始凭证和记账凭证。原始凭证又称单据，俗称发票，是在经济业务最初发生之时即行填制的原始书面证明。记账凭证又称记账凭单，是以审核无误的原始凭证为依据，按照经济业务事项的内容加以归类，确定会计分录后填制的会计凭证。它是登入账簿的直接依据。

1. 原始凭证的填制与审核

原始凭证，是经济业务发生时由经办人员直接取得或填制，用以记录或表明经济业务的发生或完成情况，明确经济责任，作为记账原始依据的文字凭据。它是进行会计核算工作的原始资料，是会计资料中最具有法律效力的一种文件。原始凭证按其来源划分有外来原始凭证、自制原始凭证。按其填制的格式划分有国家统一规定格式的原始凭证、经济业务发生双方认可并自行填制的原始凭证。

（1）原始凭证的取得和填制。根据《会计基础工作规范》第四十八条规定，原始凭证的取得和填制必须符合下列要求：

第一，原始凭证的内容必须包括7项：凭证的名称；填制凭证的日期；填制凭证单位名称或者填制人姓名；经办人员的签名或者盖章；接受凭证单位名称；经济业务内容；数量、单价和金额。

第二，从外单位取得的原始凭证，必须盖有填制单位的公章；从个人取得的原始凭证，必须有填制人员的签名或者盖章。自制原始凭证必须有经办单位领导人或者其指定的人员签名或者盖章。对外开出的原始凭证，必须加盖本单位公章。

第三，购买实物的原始凭证，必须有验收证明。支付款项的原始凭证，必须有收款单位和收款人的收款证明。

第四，发生销货退回的，除填制退货发票外，还必须有退货验收证明；退款时，必须取得对方的收款收据或者汇款银行的凭证，不得以退货发票代替收据。

第五，职工公出借款凭据，必须附在记账凭证之后。收回借款时，应当另开收据或者退还借据

副本,不得退还原借款收据。

第六,经上级有关部门批准的经济业务,应当将批准文件作为原始凭证附件;如果批准文件需要单独归档的,应当在凭证上注明批准机关名称、日期和文件字号。

第七,一式几联的原始凭证,应当注明各联的用途,只能以一联作为报销凭证。一式几联的发票和收据,必须用双面复写纸(发票和收据本身具备复写纸功能的除外)套写,并连续编号。作废时应当加盖"作废"戳记,连同存根一起保存,不得撕毁。

(2)原始凭证的审核。应重点审核原始凭证的真实性、合法性、准确性和完整性。审核的内容主要有:

第一,审核原始凭证是会计法赋予会计机构、会计人员的法定职责和职权。

第二,会计机构、会计人员应当按照国家统一的会计制度对原始凭证进行审核,不论是审核的具体程序还是审核要求均应当根据国家统一会计制度的规定进行。

第三,会计机构、会计人员必须依照国家统一的会计制度规定对原始凭证进行审核,对不真实、不合法的原始凭证不予受理,并向单位负责人报告,请求查明原因,追究有关当事人的责任;对记载不准确、不完整的原始凭证予以退回,并要求经办人按照国家统一的会计制度的规定更正或补充,而且,更正或者补充必须符合国家统一的会计制度的规定。原始凭证不得涂改、挖补。发现原始凭证有错误的,应当由开出单位重开或者更正,更正处应当加盖开出单位的公章。

2. 记账凭证的填制与审核

记账凭证可以分为收款凭证、付款凭证和转账凭证,也可以使用通用记账凭证。

(1)记账凭证的填制。根据《会计基础工作规范》第五十一条规定,记账凭证的填制必须符合下列要求:

第一,记账凭证必须包括:填制凭证的日期;凭证编号;经济业务摘要;会计科目;金额;所附原始凭证张数;填制凭证人员、稽核人员、记账人员、会计机构负责人、会计主管人员签名或者盖章。收款和付款记账凭证还应当由出纳人员签名或者盖章。

第二,连续编号。填制记账凭证时,应当对记账凭证进行连续编号。一笔经济业务需要填制两张以上记账凭证的,可以采用分数编号法编号。

第三,记账凭证可以汇总填列,但是不得将不同内容和类别的原始凭证汇总到一张记账凭证上。记账凭证可以根据每一张原始凭证填制,或者根据若干张同类原始凭证汇总填制,也可以根据原始凭证汇总表填制。但不得将不同内容和类别的原始凭证汇总填制在一张记账凭证上。

第四,除结账和更正错误凭证外,记账凭证必须附有原始凭证,并注明原始凭证张数。

第五,凭证填制错误,重新填制。

第六,已经记账的凭证出错,按照红字凭证冲销的程序来处理。

第七,记账凭证空行要注销。

记账凭证填制完经济业务事项后,如有空行,应当自金额栏最后一笔金额数字下的空行处至合计数上的空行处画线注销。

(2)记账凭证的审核。记账凭证必须经过审核无误后才能作为登记账簿的依据,记账凭证的审核主要包括以下几个方面:

第一,审核是否附有原始凭证,记录的内容与所附原始凭证的内容是否相同。

第二,审核运用的会计科目名称、记账方向和金额是否正确。

第三,审核凭证要素和签章是否齐全,如摘要填写是否清楚、准确,日期是否正确,数字和文字的填写是否清晰、规范,有关人员是否签章等。

3. 填制会计凭证的具体操作要求

填制会计凭证,字迹必须清晰、工整,并符合下列要求:

(1)阿拉伯数字应当一个一个地写,不得连笔写。阿拉伯金额数字前面应当书写货币币种符号或者货币名称简写和币种符号。币种符号与阿拉伯金额数字之间不得留有空白。凡阿拉伯数字前写有币种符号的,数字后面不再写货币单位。

(2)所有以元为单位(其他货币种类为货币基本单位,下同)的阿拉伯数字,除表示单价等情况外,一律填写到角分;无角分的,角位和分位可写"00",或者符号"——";有角无分的,分位应当写"0",不得用符号"——"代替。

(3)汉字大写数字金额如零、壹、贰、叁、肆、伍、陆、柒、捌、玖、拾、佰、仟、万、亿等,一律用正楷或者行书体书写,不得用0、一、二、三、四、五、六、七、八、九、十等简化字代替,不得任意自造简化字。大写金额数字到元或者角为止的,在"元"或者"角"字之后应当写"整"字或者"正"字;大写金额数字有分的,分字后面不写"整"或者"正"字。

(4)大写金额数字前未印有货币名称的,应当加填货币名称,货币名称与金额数字之间不得留有空白。

(5)阿拉伯金额数字中间有"0"时,汉字大写金额要写"零"字;阿拉伯数字金额中间连续有几个"0"时,汉字大写金额中可以只写一个"零"字;阿拉伯金额数字元位是"0",或者数字中间连续有几个"0"、元位也是"0"但角位不是"0"时,汉字大写金额可以只写一个"零"字,也可以不写"零"字。

(三)会计账簿

会计账簿是指由具有一定格式、相互联系的账页所组成,用来序时、分类地全面记录和反映一个单位经济业务事项的会计簿籍,是会计资料的主要载体之一,也是会计资料的重要组成部分。其主要作用是对会计凭证提供的大量分散数据或资料进行分类归集整理,以全面、连续、系统地记录和反映经济活动情况,是编制财务会计报告,检查分析和控制单位经济活动的重要依据。

设置和登记会计账簿,是重要的会计核算基础工作,是连接会计凭证和会计报表的中间环节,做好这项工作,对于加强经济管理具有十分重要的意义。

1. 会计账簿分类

(1)按用途分类。

序时账簿:又称日记账,是按照经济业务发生或完成时间的先后顺序逐日逐笔进行登记的账簿。序时账簿是会计部门按照收到会计凭证号码的先后顺序进行登记的。序时账簿按其记录内容的不同,又分为普通日记账和特种日记账两种。普通日记账是将企业每天发生的所有经济业务,不论其性质如何,按其先后顺序,编成会计分录记入账簿;特种日记账是按经济业务性质单独设置的账簿,它只把特定项目按经济业务顺序记入账簿,反映其详细情况,如库存现金日记账和银行存款日记账。特种日记账的设置,应根据业务特点和管理需要而定,特别是那些发生烦琐、需严加控制的项目,应予以设置。

分类账簿:对全部经济业务事项按照会计要素的具体类别而设置的分类账户进行登记的账簿,又分为总分类账和明细分类账。总分类账,简称总账,是根据总分类科目开设账户,用来登记全部经济业务,进行总分类核算,提供总括核算资料的分类账簿。明细分类账,简称明细账,是根据明细分类科目开设账户,用来登记某一类经济业务,进行明细分类核算,提供明细核算资料的分类账簿。

备查账簿:又称辅助账簿,是对某些在序时账簿和分类账簿等主要账簿中都不予登记或登记不够详细的经济业务事项进行补充登记时使用的账簿。它可以对某些经济业务的内容提供必要的参考资料。备查账簿的设置应视实际需要而定,并非一定要设置,而且没有固定格式。如设置租入固定资产登记簿、代销商品登记簿等。

(2)按账页格式分类。

两栏式账簿:只有借方和贷方两个基本金额的账簿。(各种收入、费用类账户都可以采用两栏式账簿)

三栏式账簿:设有借方、贷方和余额三个基本栏目的账簿。(日记账、总分类账、资本、债权、债务明细账)

多栏式账簿:在账簿的两个基本栏目及借方和贷方按需要分设若干专栏的账簿。(收入、费用明细账)

数量金额式账簿:借方、贷方和金额三个栏目内都分设数量、单价和金额三小栏,借以反映财产物资的实物数量和价值量(原材料、库存商品、产成品等明细账通常采用数量金额式账簿)会计账簿。

(3)按外形特征分类。

订本账:订本式账簿,简称订本账,是在启用前将编有顺序页码的一定数量账页装订成册的账簿。这种账簿,一般适用于重要的和具有统驭性的总分类账、现金日记账和银行存款日记账。优点:可以避免账页散失,防止账页被抽换,比较安全。缺点:同一账簿在同一时间只能由一人登记,这样不便于会计人员分工协作记账,也不便于计算机打印记账。

活页账:活页式账簿,简称活页账,是将一定数量的账页置于活页夹内,可根据记账内容的变化而随时增加或减少部分账页的账簿。活页账一般适用于明细分类账。优点:可以根据实际需要增添账页,不会浪费账页,使用灵活,并且便于同时分工记账;缺点:账页容易散失和被抽换。各种明细分类账可采用活页账形式。

卡片账:卡片式账簿,简称卡片账,是将一定数量的卡片式账页存放于专设的卡片箱中,账页可以根据需要随时增添的账簿。卡片账一般适用低值易耗品、固定资产等的明细核算。在我国一般只对固定资产明细账采用卡片账形式。

2. 会计账簿的启用

《会计基础工作规范》第五十九条规定:

启用会计账簿时,应当在账簿封面上写明单位名称和账簿名称。在账簿扉页上应当附启用表,内容包括:启用日期、账簿页数、记账人员和会计机构负责人、会计主管人员姓名,并加盖名章和单位公章。记账人员或者会计机构负责人、会计主管人员调动工作时,应当注明交接日期、接办人员或者监交人员姓名,并由交接双方人员签名或者盖章。

启用订本式账簿,应当从第一页到最后一页顺序编定页数,不得跳页、缺号。使用活页式账页,应当按账户顺序编号,并须定期装订成册。装订后再接实际使用的账页顺序编定页码。另加目录,记明每个账户的名称和页次。

3. 会计账簿的登记

(1)登记账簿的基本要求。根据《会计基础工作规范》第六十条规定,会计人员应当根据审核无误的会计凭证登记会计账簿。基本要求是:

第一,登记会计账簿时,应当将会计凭证日期、编号、业务内容摘要、金额和其他有关资料逐项记入账内;做到数字准确、摘要清楚、登记及时、字迹工整。

第二,登记完毕后,要在记账凭证上签名或者盖章,并注明已经登账的符号,表示已经记账。

第三,账簿中书写的文字和数字上面要留有适当空格,不要写满格;一般应占格距的二分之一。

第四,登记账簿要用蓝黑墨水或者碳素墨水书写,不得使用圆珠笔(银行的复写账簿除外)或者铅笔书写。

第五,下列情况,可以用红色墨水记账:按照红字冲账的记账凭证,冲销错误记录;在不设借贷等栏的多栏式账页中,登记减少数;在三栏式账户的余额栏前,如未印明余额方面的,在余额栏内登记负数余额;根据国家统一会计制度的规定可以用红字登记的其他会计记录。

第六,各种账簿按页次顺序连续登记,不得跳行、隔页。如果发生跳行、隔页,应当将空行、空页画线注销,或者注明"此行空白""此页空白"字样,并由记账人员签名或者盖章。

第七,凡需要结出余额的账户,结出余额后,应当在"借或贷"等栏内写明"借"或者"贷"等字样。没有余额的账户,应当在"借或贷"等栏内写"平"字,并在余额栏内用"Q"表示。

现金日记账和银行存款日记账必须逐日结出余额。

第八,每一账页登记完毕结转下页时,应当结出本页合计数及余额,写在本页最后一行和下页第一行有关栏内,并在摘要栏内注明"过次页"和"承前页"字样;也可以将本页合计数及金额只写在下页第一行有关栏内,并在摘要栏内注明"承前页"字样。

对需要结计本月发生额的账户,结计"过次页"的本页合计数应当为自本月初起至本页末止的发生额合计数;对需要结计本年累计发生额的账户,结计"过次页"的本页合计数应当为自年初起至本页末止的累计数;对既不需要结计本月发生额也不需要结计本年累计发生额的账户,可以只将每页末的余额结转次页。

(2)账簿登记错误的更改。《会计基础工作规范》第六十二条规定,账簿记录发生错误,不准涂改、挖补、刮擦或者用药水消除字迹,不准重新抄写,必须按照下列方法进行更正:

第一,登记账簿时发生错误,应当将错误的文字或者数字画红线注销,但必须使原有字迹仍可辨认;然后在画线上方填写正确的文字或者数字,并由记账人员在更正处盖章。对于错误的数字,应当全部画红线更正,不得只更正其中的错误数字。对于文字错误,可只画去错误的部分。

第二,由于记账凭证错误而使账簿记录发生错误,应当按更正的记账凭证登记账簿。

4. 会计账簿的核对

《会计基础工作规范》第六十三条要求,各单位应当定期对会计账簿记录的有关数字与库存实物、货币资金、有价证券、往来单位或者个人等进行相互核对,保证账证相符、账账相符、账实相符。对账工作每年至少进行一次。

(1)账证核对。核对会计账簿记录与原始凭证、记账凭证的时间、凭证字号、内容、金额是否一致,记账方向是否相符。

(2)账账核对。核对不同会计账簿之间的账簿记录是否相符,包括:总账有关账户的余额核对,总账与明细账核对,总账与日记账核对,会计部门的财产物资明细账与财产物资保管和使用部门的有关明细账核对等。

(3)账实核对。核对会计账簿记录与财产等实有数额是否相符。包括:现金日记账账面余额与现金实际库存数相核对;银行存款日记账账面余额定期与银行对账单相核对;各种财物明细账账面余额与财物实存数额相核对;各种应收、应付款明细账账面余额与有关债务、债权单位或者个人核对等。

5. 结账

《会计基础工作规范》第六十四条规定,各单位应当按照规定定期结账。

(1)结账前,必须将本期内所发生的各项经济业务全部登记入账。

(2)结账时,应当结出每个账户的期末余额。需要结出当月发生额的,应当在摘要栏内注明"本月合计"字样,并在下面通栏画单红线。需要结出本年累计发生额的,应当在摘要栏内注明"本年累计"字样,并在下面通栏画单红线;12 月末的"本年累计"就是全年累计发生额。全年累计发生额下面应当通栏画双红线。年度终了结账时,所有总账账户都应当结出全年发生额和年末余额。

(3)年度终了,要把各账户的余额结转到下一会计年度,并在摘要栏注明"结转下年"字样;在下一会计年度新建有关会计账簿的第一行余额栏内填写上年结转的余额,并在摘要栏注明"上年结转"字样。

6. 设置和登记账簿的其他要求

(1)实行会计电算化的单位,其会计账簿登记、更正等,应符合统一会计制度规定。

《会计法》第十五条第三款规定,使用电子计算机进行会计核算的,其会计账簿的登记、更正,应当符合国家统一的会计制度的规定。

《会计基础工作规范》第五十八条要求,实行会计电算化的单位,用计算机打印的会计账簿必须连续编号,经审核无误后装订成册,并由记账人员和会计机构负责人、会计主管人员签字或者盖章。《会计基础工作规范》第六十一条还明确,实行会计电算化的单位,总账和明细账应当定期打印。发生收款和付款业务的,在输入收款凭证和付款凭证的当天必须打印出现金日记账和银行存款日记账,并与库存现金核对无误。

(2)会计账簿的设置和登记还应当符合其他有关法律、行政法规的规定。

(3)《会计法》第十六条规定,禁止账外设账,即禁止违反《会计法》和其他会计法规的规定私设会计账簿登记、核算,也就是禁止"量本账"。

(四)财产清查

财产清查是对各项财产、物资进行实地盘点和核对,查明财产物资、货币资金和结算款项的实有数额,确定其账面结存数额和实际结存数额是否一致,以保证账实相符的一种会计专门方法。财产清查是内部牵制制度的一个部分,其目的在于定期确定内部牵制制度执行是否有效。在企业日常工作中,在考虑成本、效益的前提下,可选择范围大小适宜、时机恰当的财产清查。也就是说,可按照财产清查实施的范围、时间间隔等把财产清查适当地进行分类。

财产清查按不同的标志有不同的分类。

1. 按清查对象和范围分

全面清查:是指对全部财产进行盘点和核对。全面清查涉及的范围广、时间长,参加的部门、人员多。一般来说,以下几种情况需进行全面清查:年终决算前,为了确保年终决算会计资料真实、正确;单位撤销、合并或改变隶属关系;中外合资、国内联营;开展清产核资、资产评估;企业股份制改制;单位主要负责人调离工作。

局部清查:是指根据需要对一部分财产进行的清查,其清查的主要对象是流动性较大的财产,如库存现金、材料、在产品和产成品等。局部清查涉及的范围小、内容少、时间短,参与的部门、人员少,但专业性较强。一般有:库存现金,应由出纳员在每日业务终了时清点,做到日清月结;银行存款和银行借款,应由出纳员每月同银行核对一次;材料、在产品和产成品除年度清查外,应有计划地每月重点抽查，对于贵重的财产物资，应每月清查盘点一次；债权债务，每年至少与对方核对一至二次，有问题应及时核对，及时解决。

2. 按清查时间分

定期清查：是指根据管理制度的规定或预先计划安排的时间，对财产所进行的清查。这种清查的范围和对象不定，可以是全面清查，也可以是局部清查。定期清查的目的在于保证会计核算资料的真实、正确，一般是在月末、季末或年末结账时进行。

不定期清查：是指根据实际需要对财产所进行的临时清查。不定期清查一般是局部清查，如更换出纳员时，对库存现金、银行存款所进行的清查；更换仓库报关员时，对其所保管的材料物资所进行的清查；发生意外灾害时对财产损失情况的清查等。目的在于分清责任，查明情况。

（五）财务会计报告

财务会计报告是企业和其他单位对外提供的反映某一特定日期财务状况和某一会计期间经营成果、现金流量情况的书面文件。各单位应按照国家统一的会计制度规定，根据账簿记录，定期编制财务会计报告，报送财政部门和有关部门，以及向单位管理者、相关投资者等提供，以满足国家管理和社会其他方面对会计信息的需求。编报财务会计报告应当符合及时、准确的要求，使会计核算和会计信息的提供符合《企业会计准则》的"及时性原则"的要求。

《企业财务会计报告条例》第三条规定："企业不得编制和对外提供虚假的或者隐瞒重要事实的财务会计报告。企业负责人对本企业财务会计报告的真实性、完整性负责。"第四条规定："任何组织或者个人不得授意、指使、强令企业编制和对外提供虚假的或者隐瞒重要事实的财务会计报告。"为明确责任主体，保证财务会计报告质量，《会计法》第二十一条规定："财务会计报告应当由单位负责人和主管会计工作的负责人、会计机构负责人（会计主管人员）签名并盖章；设置总会计师的单位，还须由总会计师签名并盖章。单位负责人应当保证财务会计报告真实、完整。"

《会计法》第二十条第二款规定："财务会计报告由会计报表、会计报表附注和财务情况说明书组成。"并且，《企业财务会计报告条例》第六、七、八条对财务会计报告的具体构成情形作了进一步明确：企业"财务会计报告分为年度、半年度、季度和月度财务会计报告"。其中"年度、半年度财务会计报告应当包括：（一）会计报表；（二）会计报表附注；（三）财务情况说明书""会计报表应当包括资产负债表、利润表、现金流量表及相关附表""季度、月度财务会计报告通常仅指会计报表，会计报表至少应当包括资产负债表和利润表。国家统一的会计制度规定季度、月度财务会计报告需要编制会计报表附注的，从其规定"。

会计报表是指企业以一定的会计方法和程序由会计账簿的数据整理得出，以表格的形式反映企业财务状况、经营成果和现金流量的数码文件，是财务会计报告的主体和核心。企业会计报表按其反映的内容不同，分为资产负债表、利润表、现金流量表、所有者权益（股东权益）变动表。其中，相关附表是反映企业财务状况、经营成果和现金流量的补充报表，主要包括利润分配表以及国际统一会计制度规定的其他附表。

会计报表附注是为便于会计报表使用者理解会计报表的内容，对会计报表的编制基础、编制依据、编制原则和方法及主要项目等所作的解释。会计报表附注是财务会计报告的一个重要组成部分，它有利于增进会计信息的可理解性，提高会计信息可比性和突出重要的会计信息。

（六）会计记录文字

会计记录文字，是在进行会计核算时，为记载经济业务发生情况和负责说明会计数字所体现

的经济内涵而使用的文字。

会计记录文字的使用必须规范。根据《中华人民共和国会计法》的规定,会计记录的文字应当使用中文,民族自治地方会计记录可以同时使用当地通用的一种民族文字;在中国境内的外商投资企业、外国企业和其他外国组织的会计记录可以同时使用一种外国文字。

四、会计机构和会计人员

(一)会计机构

会计机构是指各单位依据会计工作的需要设置的专门负责办理单位会计业务事项、进行会计核算、实行会计监督的职能部门。建立健全会计机构,配备与工作要求相适应的、具有一定素质和数量的会计人员,是做好会计工作,充分发挥会计职能作用的重要保证。

《会计法》第三十六条第一款规定:"各单位应当根据会计业务的需要,设置会计机构,或者在有关机构中设置会计人员并指定会计主管人员;不具备设置条件的,应当委托经批准设立从事会计代理记账业务的中介机构代理记账。"可见,《会计法》第三十六条第一款就各单位是否设置会计机构以及如何设置会计机构的问题,提出了原则性要求,分3种情形:

1. 各单位根据会计工作的需要单独设置会计机构

原则上讲,各单位应当根据会计业务的需要设置会计机构。但是,《会计法》对各单位是否必须设置会计机构未作统一的、强制性的规定,而是规定由各单位根据会计业务的需要自行决定。

一个单位是否单独设置会计机构,一般取决于以下3个因素:一是单位规模的大小;二是经济业务和财务收支的繁简;三是经营管理的要求。

一般来说,大、中型企业和具有一定规模的行政事业单位,以及财务收支数额较大、会计业务较多的社会团体和其他经济组织,应单独设置会计机构,以便于及时组织本单位经济活动和财务收支的核算,实行有效的会计监督。

2. 不单独设置会计机构的单位,在有关机构中设置会计人员并指定会计主管人员

这种单位一般来说,财务收支数额不大,会计业务比较简单。

单位根据会计工作的实际需要,在有关的机构中设置专门的会计工作岗位,配置专职的会计人员并指定会计主管人员负责办理具体的会计事务,这也是法律允许的。这里的会计主管人员,是指负责组织会计工作、行使会计机构负责人职权的中层管理人员。

3. 不具备会计机构设置条件的单位,应当委托合法的中介机构代理记账

代理记账,是指经依法批准设立的从事会计代理记账业务的中介机构(会计咨询、服务机构、会计师事务所等),接受他人委托代理他人进行会计核算,实行会计监督,并收取一定劳务报酬的行为。《会计法》关于代理记账的规定,主要有两层含义:

第一,不具备设置会计机构和会计人员条件的单位,可以实行代理记账。也就是说,代理记账业务是合法的,并受法律保护。

第二,从事代理记账业务的只能是经批准设立从事会计代理记账业务的中介机构,有关单位只能委托这些中介机构进行代理记账。

(二)代理记账

代理记账,是指经批准成立的社会中介机构(会计咨询机构、会计服务机构、会计师事务所等)代替独立核算单位办理记账、算账、报账等业务。根据《会计法》规定,对不具备设置会计机构条件的,或者未在有关机构中设置会计人员的,应当委托经批准设立从事会计代理记账业务的中介机构代理记账。《代理记账管理办法》对代理记账相关事项作了具体明确的规定。具体内容

如下:

1. 代理记账机构的设立条件

根据《代理记账管理办法》的规定,代理记账机构的设立条件是:第一,至少有三名持有会计证的专职从业人员,同时可以聘用一定数量相同条件的兼职从业人员;第二,主管代理记账业务的负责人必须具有会计师以上专业技术资格;第三,有健全的代理记账业务规范和财务会计管理制度;第四,机构的设立依法经过工商行政管理部门或者其他管理部门核准登记。

从事代理记账业务的机构,除会计师事务所外,必须按隶属关系向县级以上(含县级)人民政府财政部门申请代理记账资格经审查符合代理记账机构设立的条件并领取由财政部统一印制的代理记账许可证书后,方能从事代理记账业务。

2. 代理记账机构的业务范围

根据《代理记账管理暂行办法》的规定,代理记账机构可以接受委托,代表委托人办理下列业务:第一,根据委托人提供的原始凭证和其他资料,按照国家统一会计制度的规定,进行会计核算,包括审核原始凭证、填制记账凭证、登记会计账簿、编制会计报表等;第二,定期向政府有关部门和其他会计报表使用者提供会计报表;第三,定期向税务机关提供税务资料;第四,承办委托人委托的其他会计业务。

3. 委托代理记账人的义务

根据《代理记账管理暂行办法》的规定,委托人委托代理记账机构代理记账的,应当履行以下义务:第一,对本单位发生的经济业务,必须填制或者符合国家统一会计制度规定的原始凭证;第二,应当配备专人负责日常货币收支和保管;第三,及时向代理记账机构提供合法、真实、准确、完整的原始凭证和其他相关资料;第四,对于代理记账机构退回的要求按照国家统一会计制度规定进行更正、补充的原始凭证,应及时予以更正、补充。

代理记账机构应当根据委托合同的约定办理代理记账业务,应符合法律、法规、规章的规定。代理记账机构为委托人编制的会计报表,经代理记账机构负责人和委托人审阅并签名或者盖章后,按照国家统一会计制度的规定报送政府有关部门和其他会计报表使用者。

4. 代理记账机构人员的义务

《代理记账管理暂行办法》规定,代理记账机构人员的义务如下:第一,遵守会计法律、法规和国家统一会计制度,依法履行职责;第二,对在执行业务中知悉的商业秘密,负有保密义务;第三,对委托人示意其作出不当的会计处理,提供不实的会计资料,以及其他不符合法律、法规规定的要求,应当拒绝;第四,对委托人提出的有关会计处理原则问题负有解释的责任。

代理记账机构违反《代理记账管理暂行办法》和国家有关规定造成委托人会计核算混乱、损害国家和委托人利益的,委托人故意向代理记账机构隐瞒真实情况或者委托人会同代理记账机构共同提供不真实会计资料的,应当承担相应法律责任。

(三)会计工作岗位和会计从业资格

1. 会计工作岗位

(1)会计工作岗位的设置(岗位划分)。根据《会计基础工作规范》第九条、第十一条第二款的规定,会计工作岗位一般可分为:总会计师(或者行使总会计师职权)岗位,会计机构负责人或者会计主管人员,出纳,财产物资核算,工资核算,成本费用核算,财务成果核算,资金核算,往来结算,总账报表,稽核,档案管理等。开展会计电算化和管理会计的单位,可以根据需要设置相应工作岗位,也可以与其他工作岗位相结合。

需要指出的是：

第一，会计档案管理岗位主要从事会计档案向单位档案管理部门移交之前的会计档案管理工作；

第二，医院门诊收费员、住院处收费员、药房收费员、药品库房记账员，不属于会计岗位；

第三，商场收银员（收款员）岗位不属于会计工作岗位；

第四，单位内部审计、社会审计、政府审计工作等岗位不属于会计岗位。

（2）会计工作岗位设置的基本要求：

第一，根据本单位会计业务的需要设置会计工作岗位。各单位会计工作岗位的设置应与其业务活动规模、特点和管理要求相适应，保证单位会计信息的生成、加工和传递真实可靠、及时有效。会计工作岗位可以一人一岗、一人多岗或者一岗多人。

第二，会计岗位的设置应符合内部牵制制度的要求。《会计基础工作规范》第十二条规定："会计工作岗位，可以一人一岗、一人多岗或者一岗多人。但出纳人员不得兼管稽核、会计档案保管和收入、费用、债权债务账目的登记工作。"在设置会计工作岗位时，必须遵循"不相容职务相分离原则"。并且，会计人员的工作岗位应当有计划地进行轮换。

2. 会计从业资格

会计从业资格是指进入会计职业、从事会计工作的一种法定资质。《会计法》第三十八条规定："从事会计工作的人员，必须取得会计从业资格证书。"

为了加强会计从业资格管理，规范会计人员行为，依照《会计法》，财政部制定了《会计从业资格管理办法》。该办法实施以来，对提高会计人员业务素质和职业道德水平，促进各单位依法任用具备法定资格的人员从事会计工作，提高单位会计工作水平和会计信息质量等发挥了积极的作用。

（1）会计从业资格证书的适用范围。根据规定，在国家机关、社会团体、公司、企业、事业单位和其他组织从事下列会计工作的人员（包括香港特别行政区、澳门特别行政区、台湾地区人员，以及外籍人员在中国大陆境内从事会计工作的人员），必须取得会计从业资格，持有会计从业资格证书：会计机构负责人（会计主管人员）；出纳；稽核；资本、基金核算；收入、支出、债权债务核算；职工薪酬、成本费用、财务成果核算；财产物资的收发、增减核算；总账；财务会计报告编制；会计机构内会计档案管理；其他会计工作。

（2）会计从业资格的取得。

第一，国家实行会计从业资格考试制度。实行会计从业资格考试制度是我国会计职业准入制度的重要组成部分，参加会计从业资格考试且成绩合格是取得会计从业资格证书、从事会计工作的必备条件。会计从业资格考试是国家级考试，应在全国范围内采取统一的考试政策和标准。根据《中华人民共和国会计法》和《会计从业资格管理办法》的有关规定，会计从业资格考试科目为财经法规与会计职业道德、会计基础、会计电算化（或者珠算）；会计从业资格考试大纲由财政部统一制定并公布。

第二，取得会计从业资格的资质。申请参加会计从业资格考试的人员，应当符合下列基本条件：遵守会计和其他财经法律、法规；具备良好的道德品质；具备会计专业基础知识和技能。

因有《中华人民共和国会计法》违法情节，被依法吊销会计从业资格证书的人员，自被吊销之日起5年内（含5年）不得参加会计从业资格考试，不得重新取得会计从业资格证书。因有提高虚假财务会计报告，隐匿或者故意销毁会计凭证、会计账簿、财务会计报告，贪污、挪用公款，职务侵占等与会计职务有关的违法行为，被依法追究刑事责任的人员，不得参加会计从业资格考试，不得取得或者重新取得会计从业资格证书。

（3）会计从业资格证书换证制度

2013年7月1日起施行的修订后的《会计从业资格管理办法》第二十三条规定，会计从业资格证书实行6年定期换证制度。持证人员应当在会计从业资格证书到期前6个月内，填写定期换证登记表，持有效身份证件原件和会计从业资格证书，到所属会计从业资格管理机构办理换证手续。

（四）会计人员

1. 会计人员的任职资格

会计人员是指从事会计工作岗位业务的人员，包括会计机构负责人（会计主管人员）。

《会计法》第三十八条第一款规定，从事会计工作的人员，必须取得会计从业资格证书。

《会计从业资格管理办法》第四条规定，各单位不得任用（聘用）不具备会计从业资格的人员从事会计工作。不具备会计从业资格的人员，不得从事会计工作，不得参加会计专业技术资格考试或评审、会计专业职务的聘任，不得申请取得会计人员荣誉证书。

而且，根据《会计法》和《会计基础工作规范》及《会计从业资格管理办法》的规定，从事会计工作的人员，必须取得会计从业资格证书，还应具备必要的专业知识和专业技能，熟悉国家有关法律、法规、规章，遵守职业道德。会计人员因违法违纪行为被吊销会计从业资格证书的人员，自被吊销会计从业资格证书之日起5年内，不得重新取得会计从业资格证书。

2. 会计机构负责人（会计主管人员）的任职资格

会计机构负责人（会计主管人员）是指在一个单位内具体负责会计工作的中层领导人员。根据《中华人民共和国会计法》规定，设置会计机构，应当配备会计机构负责人；不单独设置会计机构，而在有关机构中配备专职会计人员的，应当在专职会计人员中指定会计主管人员，行使会计机构负责人的职权。会计机构负责人（会计主管人员）应当按照规定的程序任免。

《会计法》第三十八条第二款要求担任单位会计机构负责人（会计主管人员）的，除取得会计从业资格证书外，还应当具备会计师以上专业技术职务资格或者从事会计工作三年以上经历。《会计基础工作规范》第七条进一步具体规定，会计机构负责人、会计主管人员应当具备下列基本条件：第一，坚持原则，廉洁奉公；第二，具有会计专业技术资格；第三，主管一个单位或者单位内一个重要方面的财务会计工作时间不少于2年；第四，熟悉国家财经法律、法规、规章和方针、政策，掌握本行业业务管理的有关知识；第五，有较强的组织能力；第六，身体状况能够适应本职工作的要求。

3. 会计人员继续教育

会计人员继续教育是指取得会计从业资格的人员持续接受一定形式的、有组织的理论知识、专业技能和职业道德的教育和培训活动，从而不断提高和保持其专业胜任能力和职业道德水平。

为了培养造就高素质的会计队伍，提高会计人员专业胜任能力，财政部根据《中华人民共和国会计法》和《会计从业资格管理办法》，制定了《会计人员继续教育规定》。

（1）会计人员继续教育的对象。会计人员享有参加继续教育的权利和接受继续教育的义务。会计人员继续教育的对象是取得并持有会计从业资格证书的人员。会计人员继续教育分为高级、中级、初级3个级别。其中，高级会计人员继续教育的对象为取得或者受聘高级会计专业技术资格（职称）及具备相当水平的会计人员；中级会计人员继续教育的对象为取得或者受聘中级会计专业技术资格（职称）及具备相当水平的会计人员；初级会计人员继续教育的对象为取得或者受聘初级会计专业技术资格（职称）的会计人员，以及取得会计从业资格证书但未取得或者受聘初级会计专业技术资格（职称）的会计人员。

（2）会计人员继续教育的内容。

第一，会计理论继续教育。会计理论继续教育是重点加强会计基础理论和应用理论的培训，提高会计人员用理论指导实践的能力。

第二，政策法规继续教育。政策法规继续教育是重点加强会计法规制度及其他相关法规制度的培训，提高会计人员依法理财的能力。

第三，业务知识培训和技能训练。业务知识培训和技能训练是重点加强履行岗位职责所必备的专业知识和经营管理、内部控制、信息化等方面的培训，提高会计人员的实际工作能力和业务技能。

第四，职业道德继续教育。职业道德继续教育是重点加强会计职业道德的培训，提高会计人员职业道德水平。

（3）会计人员继续教育的形式。会计人员继续教育的形式以接受培训为主。在职自学是会计人员继续教育的重要补充。会计人员可以自愿选择参加继续教育主管部门认可的接受培训的形式。

（五）会计人员的工作交接

会计人员的工作交接也可简称会计交接，是指单位的会计人员在离开会计工作岗位时，应当依法与接替自己工作岗位的人员办理交接手续。办理会计交接，是有关单位和人员的法定义务。会计人员工作交接在做好会计工作前后衔接，保证会计工作连续进行，防止因会计人员的更换而出现的账目不清、财务混乱的现象以及分清移交人员和接管人员的责任等方面具有重要的意义。

1. 交接的范围

《会计法》第四十一条规定："一般会计人员办理交接手续，由会计机构负责人（会计主管人员）监交；会计机构负责人（会计主管人员）办理交接手续，由单位负责人监交，必要时主管单位可以派人会同监交。"除此之外，会计人员在临时离职或其他原因暂时不能工作时，也应办理会计工作交接。《会计基础工作规范》对此作了进一步的规定：

（1）临时离职或因病不能工作，需要接替或代理的，会计机构负责人（会计主管人员）或单位负责人必须指定专人接替或者代理，并办理会计工作交接手续。

（2）临时离职或因病不能工作的会计人员恢复工作时，应当与接替或代理人员办理交接手续。

（3）移交人员因病或其他特殊原因不能亲自办理移交手续的，经单位负责人批准，可由移交人委托他人代办交接，但委托人应当对所移交的会计凭证、会计账簿、财务会计报告和其他有关资料的真实性、完整性承担法律责任。

即便是单位撤销时，也必须留有必要的会计人员，会同有关人员办理清理工作，编制决算。未移交前，不得离职。接收单位和移交日期由主管部门确定。

2. 交接的程序

（1）做好办理移交手续前的准备工作。会计人员在办理移交手续前，必须及时办理完毕未了的会计事项，具体包括：

第一，对已经受理的经济业务尚未填制会计凭证的，应当填制完毕。

第二，尚未登记的账目应当登记完毕，结出余额，并在最后一笔余额后加盖经办人员印章。

第三，整理好应该移交的各项资料，对未了事项和遗留问题要写出书面说明材料。

第四，编制移交清册，列明应当移交的会计凭证、会计账簿、财务会计报告、公章、现金、有价证券、支票簿、发票、文件以及其他会计资料和物品等内容；实行会计电算化的单位，从事该项工作的移交人员应在移交清册上列明会计软件及密码、会计软件数据盘、磁带等内容。

第五,会计机构负责人(会计主管人员)移交时,应将全部财务会计工作、重大财务收支问题和会计人员的情况等,向接替人员介绍清楚。

(2)按照移交清册逐项移交。移交人员在离职前,必须将本人经管的会计工作,在规定的期限内,全部向接替人员移交清楚。接替人员应认真按照移交清册列明的内容,进行逐项交接。具体要求是:

第一,现金要根据会计账簿记录余额进行当面点交,不得短缺,如有不一致或"白条抵库"现象,移交人员应在规定期限内负责查清处理。

第二,有价证券的数量要与会计账簿记录一致。由于一些有价证券如债券、国库券等面额与发行价格可能会不一致,因此,在对这些有价证券的实际发行价格、利(股)息等按照会计账簿余额进行交接的同时,对上述有价证券的数量(如张数等)也应当按照有关会计账簿记录点交清楚。

第三,所有会计资料必须完整无缺。如有短缺,必须查明原因并在移交清册中加以说明,由移交人负责。

第四,银行存款账户余额要与银行对账单核对相符。如有未达账项,应编制银行存款余额调节表调节相符;各种财产物资和债权债务的明细账户余额,要与总账有关账户的余额核对相符;对重要实物要实地盘点,对余额较大的往来账户要与往来单位、个人核对。

第五,移交人员经管的票据、印章及其他会计用品等,也必须交接清楚。

第六,实行会计电算化的单位,交接双方应将有关电子数据在计算机上进行实际操作,确认有关数据正确无误后,方可交接。

(3)专人负责监交。为了明确责任,会计人员在办理工作交接手续时,必须有专人负责监交,通过监交,保证双方都按照国家有关规定认真办理交接手续,防止流于形式,保证会计工作不因人员变动而受影响,保证交接双方处在平等的法律地位上享有权利和承担义务,不允许任何一方以大压小,以强凌弱,或采取非法手段进行威胁。对监交的具体要求是:

第一,一般会计人员办理交接手续,由单位的会计机构负责人(会计主管人员)负责监交。

第二,会计机构负责人(会计主管人员)办理交接手续,由单位的负责人监交,必要时上级主管部门可以派人会同监交。所谓必要时上级主管部门可以派人会同监交,是指有些交接工作需要主管部门监交或者主管部门认为需要参与监交。通常有3种情况:

①是所属单位负责人不能监交,需要由主管部门派人代表主管部门监交,如因单位撤并而办理交接手续等。

②是所属单位负责人不能及时监交,需要由主管部门派人督促监交。如主管部门责成所属单位撤换不合格的会计机构负责人(会计主管人员),所属单位负责人却以借口拖延不办理交接手续时,主管部门就应派人督促会同监交等。

③是不宜由所属单位负责人单独监交,而需要主管部门会同监交。所属单位负责人与办理交接手续的会计机构负责人(会计主管人员)有矛盾的,为防止可能发生的单位负责人借机刁难,主管部门应当派人会同监交。

此外,主管部门认为交接中存在某种问题需要派人监交时,也可派人会同监交。

(4)交接后的有关事项。

第一,会计工作交接完毕后,交接双方和监交人在移交清册上签名或盖章,并应在移交清册上注明:单位名称,交接日期,交接双方和监交人的职务、姓名,移交清册页数以及需要说明的问题和意见等。

第二,接替人员应继续使用移交前的账簿,不得擅自另立账簿,以保证会计记录前后衔接,内容完整。

第三,移交清册一般应填制一式三份,交接双方各执一份,存档一份。

五、会计档案管理

会计档案是指记录和反映单位经济业务的重要史料和证据。《会计法》和《会计基础工作规范》对会计档案管理作出了原则性的规定。财政部、国家档案局1998年8月发布,自1999年1月1日起执行的《会计档案管理办法》,对会计档案管理的有关内容作出了具体规定。

(一)会计档案的范围和种类

会计档案包括会计凭证、会计账簿和财务报告、其他会计资料等会计核算专业材料。各单位的预算、计划、制度等文件属于文书档案,不属于会计档案。

会计凭证类:原始凭证,记账凭证,汇总凭证,其他会计凭证。

会计账簿类:总账,明细账,日记账,固定资产卡片,辅助账簿,其他会计账簿。

财务报告类:月度、季度、年度财务报告,包括会计报表、附表、附注及文字说明,其他财务报告。

其他类:银行存款余额调节表,银行对账单,其他应当保存的会计核算专业资料,会计档案移交清册,会计档案保管清册,会计档案销毁清册。

(二)会计档案的归档

各单位每年形成的会计档案,应当由会计机构按照归档要求,负责整理立卷,装订成册,编制会计档案保管清册。当年形成的会计档案,在会计年度终了后,可暂由会计机构保管1年,期满之后,应当由会计机构编制移交清册,移交本单位档案机构统一保管;未设立档案机构的,应当在会计机构内部指定专人保管。出纳人员不得兼管会计档案。

移交本单位档案机构保管的会计档案,原则上应当保持原卷册的封装。个别需要拆封重新整理的,档案机构应当会同会计机构和经办人员共同拆封整理,以分清责任。

各单位应当建立健全会计档案查阅、复制登记制度。对保存的会计档案不得借出。如有特殊需要,经本单位负责人批准,可以提供查阅或者复制,并办理登记手续。查阅或者复制会计档案的人员,严禁在会计档案上涂画、拆封和抽换。

(三)会计档案的保管期限

会计档案的保管期限分为永久、定期两类。定期保管期限分为3年、5年、10年、15年、25年5类。会计档案的保管期限,从会计年度终了后的第一天算起。

(四)会计档案的销毁

根据《会计档案管理办法》的规定,保管期满的会计档案,除不得销毁的会计档案外,可以按照以下程序销毁:

1. 编制会计档案销毁清册

会计档案保管期满须销毁的,由本单位档案机构会同会计机构提出销毁意见,编制会计档案销毁清册,列明销毁会计档案的名称、卷号、册数、起止年度和档案编号、应保管期限、已保管期限、销毁时间等内容。单位负责人在会计档案销毁清册上签署意见。

2. 专人负责监销

销毁会计档案时,应当由档案机构和会计机构共同派员监销。国家机关销毁会计档案时,应当由同级财政部门、审计部门派员参加监销。财政部门销毁会计档案时,应当由同级审计部门派员参加监销。监销人在销毁会计档案前,应当按照会计档案销毁清册所列内容清点核对所要销毁的会计档案;销毁后,应当在会计档案销毁清册上签名盖章,并将监销情况报告本单位负责人。

3. 不得销毁的会计档案

对于保管期满但未结清的债权债务原始凭证和涉及其他未了事项的原始凭证,不得销毁,应当单独抽出立卷,保管到未了事项完结时为止。单独抽出立卷的会计档案,应当在会计档案销毁清册和会计档案保管清册中列明。正在项目建设期间的建设单位,其保管期满的会计档案不得销毁。

六、会计监督的主要内容与方法

会计监督是会计的基本职能之一,是指单位内部的会计机构和会计人员、依法享有经济监督检查职权的政府有关部门、依法批准成立的社会审计中介组织,对国家机关,社会团体,企业事业单位经济活动的合法性、合理性和会计资料的真实性、完善性以及本单位内部预算执行情况、财务计划、经济计划、业务计划所进行的监督。会计监督是我国经济监督体系的重要组成部分。会计监督由单位内部会计监督、政府监督、社会监督三部分构成,三者缺一不可,共同构成我国三位一体的会计监督体系。其中,单位内部会计监督是一种内部监督形式,政府监督和社会监督是一种外部监督形式。

(一)单位内部会计监督

《会计法》第二十七条规定:"各单位应当建立、健全本单位内部会计监督制度。"可见,建立健全单位内部会计监督制度是各单位的法定义务。

1. 单位内部会计监督的主体和对象

《会计法》第二十八条第一款规定:"单位负责人应当保证会计机构、会计人员依法履行职责,不得授意、指使、强令会计机构、会计人员违法办理会计事项。"也就是说,单位负责人有责任和义务保证内部会计监督制度的建立健全并发挥作用,另一方面,建立健全内部监督制度也是单位负责人履行其会计责任的重要保障。《会计法》第二十八条第二款规定:"会计机构、会计人员对违反本法和国家统一的会计制度规定的会计事项,有权拒绝办理或者按照职权予以纠正。"《会计基础工作规范》第七十三条也规定:"各单位的会计机构、会计人员对本单位的经济活动进行会计监督。"

根据上述规定,单位负责人是单位内部会计监督工作的责任主体,对本单位内部会计监督制度的建立及有效实施承担最终责任。而各单位的会计机构、会计人员则是内部监督的直接责任主体或者说实施主体。

单位内部会计监督的对象是单位的经济活动。

2. 单位内部会计监督制度的基本内容及要求

《会计法》第二十七条规定:"各单位应当建立、健全本单位内部会计监督制度。"单位内部会计监督制度,也称内部控制制度,是指单位为了保证经济业务活动的有效进行,保护其资产的安全、完整,保证会计资料的真实、完整而采取的制度和方法。

根据《会计基础工作规范》的规定,单位内部会计监督制度包括以下12个方面:

第一,会计管理体系。主要内容包括:单位领导人、总会计师对会计工作的领导职责;会计部门及其会计机构负责人、会计主管人员的职责、权限;会计部门与其他职能部门的关系;会计核算的组织形式等。

第二,会计人员岗位责任制度。主要内容包括:会计人员的工作岗位设置;各会计工作岗位的职责和标准;各会计工作岗位的人员和具体分工;会计工作岗位轮换办法;对各会计工作岗位的考核办法。

第三，账务处理程序制度。主要内容包括：会计科目及其明细科目的设置和使用；会计凭证的格式、审核要求和传递程序；会计核算方法；会计账簿的设置；编制会计报表的种类和要求；单位会计指标体系。

第四，内部牵制制度。主要内容包括：内部牵制制度的原则；组织分工；出纳岗位的职责和限制条件；有关岗位的职责和权限。

第五，稽核制度。主要内容包括：稽核工作的组织形式和具体分工；稽核工作的职责、权限；审核会计凭证和复核会计账簿、会计报表的方法。

第六，原始记录管理制度。主要内容包括：原始记录的内容和填制方法；原始记录的格式；原始记录的审核；原始记录填制人的责任；原始记录签署；传递、汇集要求。

第七，定额管理制度。主要内容包括：定额管理的范围；制订和修订定额的依据、程序和方法；定额的执行；定额考核和奖惩办法等。

第八，计量验收制度。主要内容包括：计量检测手段和方法；计量验收管理的要求；计量验收人员的责任和奖惩办法。

第九，财产清查制度。主要内容包括：财产清查的范围；财产清查的组织；财产清查的期限和方法；对财产清查中发现问题的处理办法；对财产管理人员的奖惩办法。

第十，财务收支审批制度。主要内容包括：财务收支审批人员和审批权限；财务收支审批程序；财务收支审批人员的责任。

第十一，成本核算制度。主要内容包括：成本核算的对象；成本核算的方法和程序；成本分析等。

第十二，财务会计分析制度。主要内容包括：财务会计分析的主要内容；财务会计分析的基本要求和组织程序；财务会计分析的具体方法；财务会计分析报告的编写要求等。

(二)会计工作的政府监督

1. 财政部门对单位会计工作的监督

《会计法》规定，财政部门对各单位的会计工作实施监督主要包括以下4个方面：

(1)是否依法设置会计账簿。主要包括：按照国家的法律、行政法规和国家统一的会计制度的规定，应该设置会计账簿的单位是否设置会计账簿，会计账簿包括总账、明细账、日记账和其他辅助性账簿；设置会计账簿的单位，其会计账簿的设置是否符合国家的法律、行政法规和国家统一的会计制度的规定；各单位是否违反国家的法律、行政法规和国家统一的会计制度的规定私设会计账簿登记、核算。

(2)会计凭证、会计账簿、财务会计报告和其他会计资料是否真实、完整。主要包括：对应当办理会计手续、进行会计核算的经济业务事项是否如实在会计资料上反映；填制会计凭证、登记会计账簿、编制财务会计报告与实际发生的经济业务事项是否相符；财务会计报告的内容是否符合法律、行政法规和国家统一的会计制度的规定；其他会计资料是否真实、完整。

(3)会计核算是否符合《会计法》和国家统一的会计制度的规定。主要包括：会计核算的内容是否真实、完整；会计年度、记账本位币、会计处理方法、会计文字等是否符合法律、行政法规和国家统一的会计制度的规定；对会计要素的确认、计量、记录和报告是否符合法律、行政法规和国家统一的会计制度的规定；会计档案的保管是否符合法定要求。

(4)从事会计工作的人员是否具备从业资格。主要包括：从事会计工作的人员是否取得会计从业资格证书并接受财政部门的管理；担任单位会计机构的负责人(会计主管人员)是否具备法律、行政法规和国家统一的会计制度的规定的任职资格。

在对前列第二项所列事项实施监督，发现重大违法嫌疑时，国务院财政部门及其派出机构可以向与被监督单位有经济业务往来的单位和被监督单位开立账户的金融机构查询有关情况，有关单位和金融机构应当给予支持。

2. 其他部门对各单位会计工作的监督

根据《会计法》的规定，在会计工作的政府监督中，除了财政部门外，审计、税务、人民银行、证券监管、保险监管等部门应当依照有关法律、行政法规规定的职责，对有关单位的会计资料实施监督检查。审计部门根据《宪法》和《审计法》的规定，对各级政府的财政收支、国家金融机构和国有企业事业单位的财政财务收支情况等进行监督检查；税务部门根据我国《税收征收管理办法》的有关规定，对纳税人、扣缴义务人的纳税情况和代扣代缴、代收代缴等情况进行监督检查；中国人民银行根据我国商业银行法的有关规定，对国有商业银行的存款、贷款、结算、呆账等情况及相关会计资料进行监督检查（现由中国银行监督管理委员会（简称银监会）来承担）；国家证券监管部门主要按照我国证券法的有关规定，对证券发行人、上市公司、证券交易所、证券公司、证券登记结算机构、证券协会和证券交易服务机构的证券业务经营情况以及相关会计资料进行监督检查；保险监管部门是指中国保险监督管理委员会（简称保监会）及其派出机构根据我国保险法的有关规定，对保险公司的业务状况、财务状况、资金运用状况以及相关会计资料进行监督检查。

（三）会计工作的社会监督

会计工作的社会监督，主要是指由注册会计师及其所在的会计师事务所等中介机构接受委托，依法对受托单位的经济活动进行审计，出具审计报告，发表审计意见的一种监督形式。

《会计法》及有关法律、行政法规规定，须经注册会计师进行审计的单位，应当向受委托的会计师事务所如实提供会计凭证、会计账簿、财务会计报告和其他会计资料以及有关情况。任何单位或者个人不得以任何方式要求或者示意注册会计师及其所在的会计师事务所出具不实或者不当的审计报告。财政部门有权对会计师事务所出具审计报告的程序和内容进行监督。

《注册会计师法》规定，注册会计师及其所在的会计师事务所依法承办下列审计业务：审查企业财务会计报告，出具审计报告；验证企业资本，出具验资报告；办理企业合并、分立、清算事宜的审计业务，出具有关报告；法律、行政法规规定的其他审计业务。

导入案例简析

根据《会计法》等有关会计法律制度的规定，"导入案例"中，某县财政局检查发现的情况存在着违法。具体地讲：

（1）厂长指定自己的亲侄女张某在会计科任出纳，兼任会计档案保管工作，张某没有会计从业资格证书，不符合法律规定。根据《会计法》规定，从事会计工作的人员，必须取得会计从业资格证书。出纳不得兼任会计档案保管工作。

（2）现金日记账和银行存款日记账是用圆珠笔书写的，未按页次顺序连续登记，有跳行、隔页现象，不符合法律规定。根据《会计基础工作规范》的规定，登记账簿要用蓝黑墨水或者碳素墨水书写，不得使用圆珠笔（银行的复写账簿除外）或者铅笔书写。各种账簿按页次顺序连续登记，不得跳行、隔页。如果发生跳行、隔页，应当将空行、空页画线注销，或者注明"此行空白""此页空白"字样，

并由记账人员签名或者盖章。

(3)该企业对购买的计算机发票的处理不符合法律规定。根据《中华人民共和国会计法》的规定,原始凭证记载的各项内容均不得涂改;原始凭证有错误的,应当由出具单位重开或者更正,更正处应当加盖出具单位印章。原始凭证金额有错误的,应当由出具单位重开,不得在原始凭证上更正。所以,不符合法律规定。

(4)该企业的会计人员李某将企业共同承担的费用原始凭证的复印件提供给 A 企业用于财务处理不符合规定。根据《会计基础工作规范》的规定,一张原始凭证所列支出需要几个单位共同负担的,应当将其他单位负担的部分,开给对方原始凭证分割单,进行结算。所以,该做法不符合规定。

(5)该企业副厂长、总会计师和会计科长张某在财务报告上加盖名章不符合《中华人民共和国会计法》的规定。根据《总会计师条例》规定,凡设置总会计师的单位,在单位行政领导成员中,不设与总会计师职权重叠的副职。根据《中华人民共和国会计法》规定,财务会计报告应当由单位负责人和主管会计工作的负责人、会计机构负责人(会计主管人员)签名并盖章;设置总会计师的单位,还须由总会计师签名并盖章。所以,该做法不符合《中华人民共和国会计法》的规定。

(6)该企业会计工作交接不符合会计法律制度的规定。根据《中华人民共和国会计法》的规定,一般会计人员办理交接手续,由会计机构负责人(会计主管人员)监交;会计机构负责人(会计主管人员)办理交接手续,由单位负责人监交,必要时主管单位可以派人会同监交。所以,人事科长不能负责监交工作。

【任务训练】

编制一份初步的"××有限责任公司会计核算工作基本行为规范"。

【法规文献链接】

1.《中华人民共和国会计法》(修正)(1999 - 10 - 31 九届全国人大常委会第十二次会议修改和补充,并于 2000 - 7 - 1 起实施)

2.《会计档案管理办法》(财政部 1998 - 8 - 21 发布,1999 - 1 - 1 起施行)

3.《会计从业资格管理办法》(2012 年修订)(财政部第 73 号发布,自 2013 - 7 - 1 起施行)

4.《会计基础工作规范》(1996 - 6 - 17 财政部财会字 19 号发布)

5.《会计人员继续教育规定》(2006 年财政部财会字 19 号发布,2007 - 1 - 1 起施行)

6.《代理记账管理办法》(财政部 2005 - 1 - 22"财政部第 27 号令"发布)

思考与拓展

1. 如何理解会计核算工作是一项规范性很强的工作?

2. 案例分析:

案　例　一

某国有企业发生如下情况:

(1)2010 年 6 月,会计科长李某退休,在与新任会计科长王某办理会计交接手续时,因厂长在外地出差,人事科长负责监交工作。

(2)2011 年 2 月,财务会计报告对外报出时,主管会计工作的副厂长、总会计师和会计科长张某在财务报告上加盖名章,厂长在财务会计报告上签名并加盖单位公章。

(3)2011 年 6 月收到一张与 A 企业共同负担 6 万元费用支出的原始凭证,该企业的会计人员李某根据该原始凭证及应承担的费用 3.5 万元进行了财务处理,并保存该原始凭证;同时应 A 企业的要求将原始凭证的复印件提供给 A 企业用于财务处理。

问题:

根据会计法律制度的有关规定,回答下列问题:

(1)该企业会计工作交接是否符合会计法律制度的规定? 简要说明理由。

(2)该企业财务会计报告的签章是否符合《中华人民共和国会计法》的规定? 简要说明理由。

(3)该企业的会计人员李某将企业共同承担的费用原始凭证的复印件提供给 A 企业用于财务处理是否符合规定? 简要说明理由。

案 例 二

某企业 2012 年 4 月份发生如下事项:

(1)10 日,企业会计科会同档案科对单位会计档案进行了清理,编造会计档案销毁清册,将保管期已满的会计档案按规定程序全部销毁,其中包括一些保管期满但尚未结算债权债务的原始凭证。

(2)15 日,企业会计科在例行审核有关单据时,发现一张购买计算机的发票,其“金额”栏的数字有更改迹象。经查阅相关买卖合同、单据,确认更改后的金额数字是正确的。于是,会计科要求该发票的出具单位在发票“金额”栏更改之处加盖单位印章。之后,该企业予以受理并据此登记入账。

(3)30 日,经企业会计科负责人批准,该企业档案管理部门的负责人将部分会计档案资料复制给 B 企业。

问题:

根据会计法律制度的有关规定,回答下列问题:

(1)该企业在销毁会计档案中是否有违反会计法律制度规定之处? 简要说明理由。

(2)该企业对购买的计算机发票的处理是否符合法律规定? 简要说明理由。

(3)该企业档案管理部门的负责人将部分会计档案资料复制给 B 企业是否符合法律规定? 简要说明理由。

案 例 三

2013 年 5 月,某市国有企业——某纺织厂因生产处于半停产状态,市委、市政府指示将其资产重组成股份有限公司并准备上市。以市经委牵头的工作组找到该市 A 会计师事务所,要求为正在筹建的股份有限公司进行会计报表审计并出具验资报告。A 会计师事务所的注册会计师经过认真工作,发现以下问题:(1)作为上市公司筹建的主体单位——某纺织厂近 3 年来一直处于半停产状态,会计报表不齐全,可供审验的资料不完备;(2)虚假利润 500 万元,不能认同;(3)作为资本的不动产——一块闲置地皮价值高估;(4)未来年分盈利预测过高。

基于上述原因,A 会计师事务所不能按照工作组的要求出具相应的审验报告。

工作组负责人找到 A 会计师事务所的负责人,要其按照上市所需要的条件做出相应的报告。A 会计师事务所负责人说:“我们已通过认真的工作,发现以上问题不符合上市条件,只能如实报告,否则,就违反《会计法》和《注册会计师法》了,这个法律责任我们负不起。”工作组负责人见如此说,就只好向主管此事的市领导汇报,市领导说:“A 所不做,那就叫 B 所做吧。”

问题：

(1) A会计师事务所不能按工作组要求出具相应的审验报告的做法正确吗？为什么？

(2)市领导的说法合法吗？为什么？

任务二　依法建立纳税内控规范，及时足额履行纳税义务

任务目标

依法纳税，是每一个纳税义务人应尽的法定义务。税收征管，不仅要发挥税收征管机关的职能作用，更应当重视调动纳税义务人规范纳税的积极性。因此，依法明确纳税义务，清晰纳税内容，规范纳税操作，及时、足额履行纳税义务，防止发生纳税违法行为，企业应当确立基本的纳税义务履行规则，特别要准确计算所涉不同税种应纳税额。

导入案例

处于某县城的某企业为增值税一般纳税人，2010年7月，以20辆小汽车向本县某出租汽车公司投资。双方协议以税务机关认可的售价150 000元/辆为投资额。小汽车的实际成本为120 000元/辆。

问题：

根据该投资企业的该项投资，涉及的应纳税税种有哪些？具体应纳税额是多少？

内容阐释

上述案例内容的纳税事项认定与处理，必须依税法规定进行。而现实中，根据我国税法规定，一个企业又往往涉及多种纳税责任，不仅纳税期限等程序性规定不可违反，而且，应纳税额也不得有误。那么，如何依法认定和处理呢？让我们看看税法的规定吧。

一、正确认识税收，树立纳税意识

(一)税收的概念、特征

税收是国家为向社会提供公共品，凭借政治权力，按照法律的标准手段，参与社会产品或国民收入的分配与再分配，无偿地、强制地、非罚与不直接偿还的金钱课征，是一种财政收入的形式。税收体现着特定的分配关系，是国家财政收入的主要来源。日本著名税法学家金子宏则认为，"税收是国家以实现为提供公共服务而筹集资金这一目的，依据法律规定，向私人所课的金钱给付""税收是政府为满足公共利益的需要而向人民强制征收的费用，它与被征收者能否因其而得到特殊利益无关"。

与其他财政收入形式相比，税收具有自己的特点，我国多数学者通常将其概括为强制性、无偿性和固定性，即所谓"税收三性"。

1. 税收强制性

税收强制性,是指国家以社会管理者的身份,依据直接体现国家意志的法律对征纳税双方的税收行为加以约束的特性。税收强制性集中表现为征税主体必须依法行使税权,纳税主体在法定义务范围内必须履行纳税义务。当税收征管机关合法行使权力受到干扰或纳税人无法定事由拒不履行纳税义务时,违法者将受到法律的制裁。

知识拓展

梁启超(1873—1929),字卓如,广东新会人。戊戌变法领导人之一,我国 19、20 世纪之交资产阶级维新派的著名宣传鼓动家。梁启超主张赋税的征收必须以便民为原则,实行轻税、平税政策,而反对与民争利的"固民所急而税"的传统观点。他提出应仿效英国实行平税政策,便民利民而后求富强。这是一种把经济发展放在首位,财政税收放在其基础之上的观点,对当时中国资本主义工商业的发展具有积极意义。

---

2. 税收无偿性

税收无偿性,是指国家税收对具体纳税人既不需要直接偿还,也不需要付出任何形式的直接报酬或代价。无偿性体现在两个方面:一方面是指政府获得税收收入后无须向纳税人直接支付任何报酬;另一方面是指政府征得的税收收入不再直接返还给纳税人。无偿性是税收的关键特征,它使税收明显区别于国有经济收入、债务收入、规费收入等其他财政收入形式。

3. 税收固定性

税收固定性,是指国家税收必须通过法律形式,确定其课税对象及每一单位课税对象的征收比例或数额,并保持相对稳定和连续、多次适用的特征。税收制度中的纳税人、课税对象、税目、税率、计价办法和期限等,都是税收法令预先规定的,有一个比较稳定的试用期间,是一种固定的连续收入。

(二)税收的职能、作用

税收职能是指税收作为一种制度涉及本身所固有的功能和职责。一般认为,税收有财政职能、经济职能和监督职能,所谓税收的财政职能,即税收组织财政收入的职能。组织财政收入是税收的基本职能。税收作为国家取得财政收入的重要工具,可以把分散在各个纳税人手中的一部分国民收入,集中到国家财政,用以满足国家行使职能的需要。所谓税收的经济职能,即税收调节经济的职能。税收调节经济的职能是税收组织财政收入职能派生的。国家征税取得财政收入,必然就同时改变了社会财富的原有分配状况,包括社会财富在不同经济领域之间的分配、在不同生产部门之间的分配、在不同纳税人之间的分配,以及在不同地区之间的分配等。国家按照自己的意志,通过税收的一征一免,多征少征,调节纳税人的经济利益,就会直接影响经济。调节经济是税收本身固有的一个重要属性。所谓税收的监督职能,即税收反映与监督社会经济的职能。在国民经济活动中,尽管可提供信息的渠道和方面很多,但税收所提供的信息却是最为基础的,它具有广泛性、及时性和可靠性的特点。国家通过税收日常的征收管理,可以对企业的经营活动进行有效的监督。税收还可以对非法经营活动和经济领域中的犯罪活动进行打击,保证经济的健康发展。

(三)税收种类

税收种类的分类方法按照不同的标准有不同的分类结果。通常依照征税对象的性质、税收和价格的关系、按照税收缴纳的形式、税种的隶属关系等标准分类。

1. 按课税对象分类

(1)流转税。流转税是以商品生产流转额和非生产流转额为课税对象征收的一类税。流转税是我国税制结构中的主体税类,目前包括增值税、消费税、营业税和关税等税种。

(2)所得税。所得税亦称收益税,是指以各种所得额为课税对象的一类税。所得税也是我国税制结构中的主体税类,目前包括企业所得税、个人所得税等税种。

(3)财产税。财产税是指以纳税人所拥有或支配的财产为课税对象的一类税。包括遗产税、房产税、契税、车辆购置税和车船使用税等。

(4)行为税。行为税是以纳税人的某些特定行为为课税对象。我国现行税制中的城市维护建设税、印花税、屠宰税和筵席税都属于行为税。

(5)资源税。资源税是指对在我国境内从事资源开发的单位和个人征收的一类税。我国现行税制中资源税、土地增值税、耕地占用税和城镇土地使用税都属于资源税。

2. 按税收的计算依据为标准分类

(1)从量税。从量税是指以课税对象的数量(重量、面积、件数)为依据,按固定税额计征的一类税。从量税实行定额税率,具有计算简便等优点。如我国现行的资源税、车船使用税和土地使用税等。

(2)从价税。从价税是指以课税对象的价格为依据,按一定比例计征的一类税。从价税实行比例税率和累进税率,税收负担比较合理。如我国现行的增值税、营业税、关税和各种所得税等税种。

3. 按税收与价格的关系为标准分类

(1)价内税。价内税是指税款在应税商品价格内,作为商品价格一个组成部分的一类税。如我国现行的消费税、营业税和关税等税种。

(2)价外税。价外税是指税款不在商品价格之内,不作为商品价格的一个组成部分的一类税。如我国现行的增值税(目前商品的价税合一并不能否认增值税的价外税性质)。

4. 按是否有单独的课税对象、独立征收分类

(1)正税。指与其他税种没有连带关系,有特定的课税对象,并按照规定税率独立征收的税。征收附加税或地方附加,要以正税为依据。我国现行各个税种,如增值税、营业税、农业税等都是正税。

(2)附加税。是指随某种税收按一定比例加征的税。例如外商投资企业和外国企业所得税规定,企业在按照规定的企业所得税率缴纳企业所得税的同时,应当另按应纳税所得额的3%缴纳地方所得税。该项缴纳的地方所得税,就是附加税。

5. 按税收的管理和使用权限为标准分类

(1)中央税。中央税是指由中央政府征收和管理使用或由地方政府征收后全部划解中央政府所有并支配使用的一类税。如我国现行的关税和消费税等。这类税一般收入较大,征收范围广泛。我国国税局系统征税的范围有:增值税,消费税,车辆购置税,铁道部门、各银行总行、各保险总公司集中缴纳的营业税、所得税、城市建设维护税,中央企业缴纳的所得税,中央与地方所属企业、事业单位组成的联营企业、股份制企业缴纳的所得税,地方银行、非银行金融企业缴纳的所得税,海洋石油企业缴纳的所得税、资源税,外商投资企业和外国企业所得税,证券交易税(开征之前对证券交易征收的印花税),个人所得税中对储蓄存款利息所得征收的部分,中央税的滞纳金、补税、罚款。

(2)地方税。地方税是指由地方政府征收和管理使用的一类税。如我国现行的个人所得税、屠宰税和筵席税等(严格来讲,我国的地方税目前只有屠宰税和筵席税)。这类税一般收入稳定,并与

地方经济利益关系密切。我国地税局系统征税的范围有：营业税、城市维护建设税(不包括上述由国家税务局系统负责征收管理的部分)，地方国有企业、集体企业、私营企业缴纳的所得税、个人所得税(不包括对银行储蓄存款利息所得征收的部分)，资源税、城镇土地使用税、耕地占用税、土地增值税，房产税，城市房地产税，车船使用税，车船使用牌照税，印花税，契税，屠宰税，筵席税，农业税、牧业税及其地方附加，地方税的滞纳金、补税、罚款。

(3)中央与地方共享税。中央与地方共享税是指税收的管理权和使用权属中央政府和地方政府共同拥有的一类税。如我国现行的增值税和资源税等。这类税直接涉及中央与地方的共同利益。

知识拓展

国税与地税，是指国家税务局系统和地方税务局系统，一般是指税务机关，而不是针对税种而言的。国家税务局系统由国家税务总局垂直领导，省级地方税务局受省级人民政府和国家税务总局双重领导，省级以下地方税务局系统由省级地方税务机关垂直领导。因此，国家税务局系统和地方税务局系统分属国家不同的职能部门，一般是分开办公的，但是，也有一些地方的国家税务局系统和地方税务局系统是合署办公的。

---

6. 按税率的形式为标准分类

(1)比例税。即对同一课税对象，不论数额多少，均按同一比例征税的税种。

(2)累进税。累进税是随着课税对象数额的增加而逐级提高税率的税种，包括全额累进税率、超额累进税率、超率累进税率。

(3)定额税。定额税是对每一单位的课税对象按固定税额征税的税种。

(四)税收征管

税收征管是指国家税务征收机关依据税法、征管法等有关法律、法规的规定，对税款征收过程进行的组织、管理、检查等一系列工作的总称。税收征管包括管理、征收和检查三个基本环节。这三个环节相互联系，相辅相成。管理是征收和检查的基础，征收是管理和检查的目的，检查是管理和征收的补充和保证。广义的税收征管包括各税种的征收管理，主要是管理服务、征收监控、税务稽查、税收法制和税务执行5个方面。总的归纳为两大方面：一是包括纳税人税务登记管理、申报纳税管理、减免缓税管理、稽查管理、行政处罚、行政复议等管理在内的税收行政执法。二是税收内部管理如税收计划、税收会计、税务统计、税收票证等进行的内部管理活动。税收征管管理是实现税收管理目标，是将潜在的税源变为现实的税收收入的实现手段，也是贯彻国家产业政策，指导、监督纳税人正确履行纳税义务，发挥税收作用的重要措施。

税收征收管理的内容主要有：开展税法宣传，贯彻税收法令；掌握税源变化，加强税源管理；组织税务登记、纳税申报等；进行纳税指导、管理，组织税款入库；税收证照管理；开展纳税检查。

案例 5.1 税收征管

某单位按照税法规定为个人所得税的扣缴义务人。该单位认为自己是事业单位，因此，虽经税务机关多次通知，还是未按照税务机关确定的申报期限报送《扣缴个人所得税报告表》，被主管地方税务机关责令限期改正并处以罚款500元。对此，该单位负责人非常不理解，认为自己不是个人所得税的纳税义务人,而是替税务机关代扣税款,只要税款没有少扣,晚几天申报不应受到处罚,故派财务人员前往某税务师事务所进行政策咨询。

问题:

你认为该事业单位咨询的结果会是怎样的?

二、增值税制度

案例 5.2　　　　　　　　　　增值税计算

甲日化厂为增值税一般纳税人,2012 年 8 月购进原材料,取得增值税专用发票,注明价款 150 万元、增值税 22.5 万元,支付购货运费 10 万元、装卸费 0.5 万元,并取得税务机关认定的运输企业开具的运费发票,本月销售化妆品取得销售额 200 万元。本案例中价格除特别声明外均不含增值税价格,本月取得的相关凭证均已在本月认证,化妆品消费税税率 30%,增值税税率为 17%,运输费扣除率为 7%。

问题:

甲企业 8 月份应缴纳增值税和消费税各是多少?

增值税是对我国境内销售货物或提供加工等应税劳务,在流转过程中产生的增值额作为计税依据而征收的一种流转税。从计税原理上说,增值税是对商品生产、流通、劳务服务中多个环节的新增价值或商品的附加值征收的一种流转税。按照我国增值税法律规定,增值税的征税是对我国境内销售货物或提供加工、修理修配劳务以及进口货物的企业单位和个人就其货物销售或提供劳务的增值额和货物进口金额为计税依据而课征的流转税。增值税具有以下的特征:第一,多环节征税、税基广泛。增值税可以从商品的生产开始,一直延伸到商品的批发和零售等经济活动的各个环节,使增值税能够拥有较其他间接税更广泛的纳税人。第二,实行税款抵扣制度。对纳税人投入的原材料等中所包含的税款进行抵扣。因此,增值税实际上是对增值——销售价格减去购买价格的差价征收。纳税人的增值税额,是以本环节的销项税金抵扣上一个环节的进项税金计算得出的,这种税额抵扣便实现了增值税商品流转过程中的增值额征税,因而克服了原产品税金重复征税的现象。第三,采用了凭发票注明税款抵扣制度,增值税的专用发票是纳税人享受税款抵扣的合法凭证。第四,在生产、流通的征税环节中享受免税,意味着丧失增值税税款的抵扣权,同时要负担以前环节的已征税款。

(一)增值税征税范围

《中华人民共和国增值税暂行条例》第一条规定:"在中华人民共和国境内销售货物或者提供加工、修理修配劳务以及进口货物的单位和个人,为增值税的纳税人,应当依照本条例缴纳增值税。"

注意,在中华人民共和国境内(以下简称境内)销售货物或者提供加工、修理修配劳务,是指:第一,销售货物的起运地或者所在地在境内;第二,提供的应税劳务发生在境内。

根据《中华人民共和国增值税暂行条例实施细则》的具体规定,增值税的征税范围包括 4 种情况:基本征税范围、视同销售货物行为、混合销售行为、兼营非应税项目。

1. 基本征税范围

第一,销售货物或者进口货物。货物,是指有形动产,包括电力、热力、气体在内。销售货物,是指有偿转让货物的所有权。

第二,提供的加工、修理修配劳务。加工,是指受托加工货物,即委托方提供原料及主要材料,受托方按照委托方的要求,制造货物并收取加工费的业务。修理修配,是指受托对损伤和丧失功能的货物进行修复,使其恢复原状和功能的业务。提供加工、修理修配劳务(以下称应税劳务),是指有偿提供加工、修理修配劳务。单位或者个体工商户聘用的员工为本单位或者雇主提供加工、修理修配劳务,不包括在内。所谓"有偿",是指从购买方取得货币、货物或者其他经济利益。

2. 视同销售货物行为

《增值税暂行条例实施细则》第四条规定,单位或者个体工商户的下列行为,视同销售货物:

第一,将货物交付其他单位或者个人代销;

第二,销售代销货物;

第三,设有两个以上机构并实行统一核算的纳税人,将货物从一个机构移送其他机构用于销售,但相关机构设在同一县(市)的除外;

第四,将自产或者委托加工的货物用于非增值税应税项目;

第五,将自产、委托加工的货物用于集体福利或者个人消费;

第六,将自产、委托加工或者购进的货物作为投资,提供给其他单位或者个体工商户;

第七,将自产、委托加工或者购进的货物分配给股东或者投资者;

第八,将自产、委托加工或者购进的货物无偿赠送其他单位或者个人。

3. 混合销售行为

《增值税暂行条例实施细则》第五条规定:"一项销售行为如果既涉及货物又涉及非增值税应税劳务,为混合销售行为。除本细则第六条的规定外,从事货物的生产、批发或者零售的企业、企业性单位和个体工商户的混合销售行为,视为销售货物,应当缴纳增值税;其他单位和个人的混合销售行为,视为销售非增值税应税劳务,不缴纳增值税。"

此处所称"非增值税应税劳务",是指属于应缴营业税的交通运输业、建筑业、金融保险业、邮电通信业、文化体育业、娱乐业、服务业税目征收范围的劳务。

此处所称从事货物的生产、批发或者零售的企业、企业性单位和个体工商户,包括以从事货物的生产、批发或者零售为主,并兼营非增值税应税劳务的单位和个体工商户在内。

注意:混合销售行为应同时符合两个条件:一是它所涉及的内容必须既有货物又有非应税劳务;二是该项销售行为是一个销售行为,而不是两个或多个。

《增值税暂行条例实施细则》第六条规定:"纳税人的下列混合销售行为,应当分别核算货物的销售额和非增值税应税劳务的营业额,并根据其销售货物的销售额计算缴纳增值税,非增值税应税劳务的营业额不缴纳增值税;未分别核算的,由主管税务机关核定其货物的销售额:(一)销售自产货物并同时提供建筑业劳务的行为;(二)财政部、国家税务总局规定的其他情形。"

4. 兼营非应税项目

所谓兼营非应税项目,是指纳税人既销售货物或者提供增值税应税劳务,又经营非增值税应税项目。

非应税项目并未与应税项目构成一项销售行为,兼营是同一纳税人分别进行经营。

《增值税暂行条例实施细则》第七条规定:"纳税人兼营非增值税应税项目的,应分别核算货物或者应税劳务的销售额和非增值税应税项目的营业额;未分别核算的,由主管税务机关核定货物或者应税劳务的销售额。"

除征税范围明确以外,《增值税暂行条例》还规定各种免税项目;财政部、国家税务总局也规定

了对资源综合利用、农业领域等15项征免税项目。

(二)增值税的纳税人

在中国境内销售货物或者提供加工、修理修配劳务以及进口货物的单位和个人为增值税的纳税人。包括国有企业、集体企业、私营企业、外资企业,以及行政事业单位、社会团体;个人包括个体经营者和其他个人。根据《增值税暂行条例》及其实施细则的规定,现行增值税制度是以纳税人年销售额的大小和会计核算水平这两个标准为依据来划分一般纳税人和小规模纳税人。增值税一般纳税人,是指年应税销售额在规定标准以上,或者会计核算健全并经税务机关认定,享有抵扣税款和使用增值税专用发票权利的增值税纳税人。小规模纳税人是指年销售额在规定标准以下,并且不能准确核算进项税额、销项税额和应纳税额,不能按规定报送有关税务资料的增值税纳税人。

(三)增值税税率和征收率

增值税税率是税额与一定数量征税对象之间的比例。它是计算应纳税额的尺度,体现了征税的深度,是税收制度的中心环节和基本要素。应纳增值税税额计算公式为应纳税额＝(销售额×增值税税率)－进项税额。增值税征收率是指对特定的货物或特定的纳税人销售的货物、应税劳务在某一生产流通环节应纳税额与销售额的比率。适用征收率的货物和劳务,应纳增值税税额计算公式为应纳税额＝销售额×征收率,不得抵扣进项税额。

(1)基本税率为17%。纳税人销售或者进口货物,除适用13%税率和零税率外,税率为17%。纳税人提供加工、修理修配劳务,税率为17%。

自2009年1月1日起,将部分金属矿、非金属矿采选产品的增值税税率由原来的13%低税率恢复到17%,如铜矿砂及其精矿(非黄金价值部分)、镍矿砂及其精矿(非黄金价值部分)、纯氯化钠、未焙烧的黄铁矿、石英、云母粉、天然硫酸钡(重晶石)等。

(2)下列货物的销售或进口计征增值税按低税率13%:粮食、食用植物油、鲜奶;自来水、暖气、冷气、热水、煤气、石油液化气、天然气、沼气、居民用煤炭制品;图书、报纸、杂志;饲料、化肥、农药、农机、农膜;国务院及其有关部门规定的其他货物。

纳税人兼营不同税率的货物或者劳务的,应当分别核算不同税率货物或者劳务的应税销售额。未分别核算销售额的,从高适用税率。纳税人销售不同税率货物或者劳务,并兼营应属一并征收增值税的非应税劳务的,其非应税劳务应从高适用税率。

(3)零税率。对纳税人大部分出口产品实行零税率,国务院另有规定的除外。

(4)征收率。考虑到小规模纳税人会计核算不健全,难以按照税率计税和使用增值税专用发票抵扣进税款项,因此实行按照销售额和征税率计算应纳税额的简易方法。2009年1月1日起,小规模纳税人增值税征收率调整为3%。

增值税制度导入案例解析

甲企业应缴纳的税收税种有:增值税,消费税。增值税是对我国境内销售货物或提供加工等应税劳务,在流转过程中产生的增值额作为计税依据而征收的一种流转税。消费税是以消费品或消费行为的流转额作为课税对象的各种税收。现行消费税的征收范围主要包括:烟,酒鞭炮,化妆品,成品油,贵重首饰及珠宝玉石,高尔夫球及球具,高档手表等税目。

本月销售化妆品取得销售额200万元;化妆品属于消费税征税范围。本月应缴纳的消费税为:$2\,000\,000 \times 30\% = 600\,000$(元)。

要计算本月的增值税,首先要明确销项税额和进项税额各是多少。销项税额为:2 000 000×17%=340 000(元);进项税额为:225 000+100 000×7%=232 000(元);本月应缴纳的增值税为:340 000-232 000=108 000(元)。

三、消费税制度

消费税是以消费品或消费行为的流转额作为课税对象的各种税收的统称,是政府向消费品征收的税项,可从批发商或零售商征收。消费税是国家为体现消费政策,对生产、委托加工、零售和进口的应税消费品征收的一种税。消费税是对在中国境内从事生产和出口税法规定的应税消费品的单位和个人征收的一种流转税,是对特定的消费品和消费行为在特定的环节征收的一种间接税。

消费税是在对货物普遍征收增值税的基础上,选择少数消费品再征收的一个税种,消费税主要是为了调节产品结构,引导消费方向,保证国家财政收入。

(一)消费税征收范围

消费税的征税范围,是指消费税法规定的征收消费税的消费品及消费行为的具体种类。

我国借鉴国外的成功经验和通行做法,实行的是有选择的有限型消费税,规定的征税范围是在中国境内生产、委托加工和进口法定的"应税消费品"。

根据《中华人民共和国消费税暂行条例》规定,我国现行消费税法规定的应税消费品具体包括以下5大类:

1. 特殊消费品

这些消费品若消费过度会对人类健康、社会秩序、生态环境等方面造成危害,因此,对其征税可以起到抑制消费的作用。此类消费品包括"烟""酒""鞭炮、焰火"3个税目。

2. 奢侈品、非生活必需品

通过对这些消费品征税,可以调节消费者的收入水平。此类消费品包括"化妆品""贵重首饰及珠宝玉石""游艇""高档手表""高尔夫球及球具"5个税目。

3. 高耗能及高档消费品

这类消费品不仅价格高,而且消耗大量能源,对其征税体现了国家对高消费的一种特殊调节。此类消费品包括"摩托车""小汽车"两个税目。

4. 不可再生和不可替代及稀缺资源消费品

通过对这类消费品征税,体现了国家对稀缺资源的保护。此类消费品包括"成品油""木制一次性筷子""实木地板"3个税目。

5. 具有特定财政意义的消费品

为确保国家财政收入稳定,国家选择对其征税。此类消费品有"汽车轮胎"一个税目。

我国消费税的征税范围主要体现出如下两方面的特点:第一,消费税是选择部分消费品列举品目征收的。消费税的征税范围与增值税的部分征税范围是交叉的,也就是说,对消费税列举的征税范围,既要缴纳消费税,又要缴纳增值税。第二,凡是在我国境内生产和进口属于消费税税目表中列举的消费品都要缴纳消费税,因此,对于那些未体现销售而发出、使用和收回的应税消费品,也视同销售,纳入消费税的征收范围。

(二)消费税纳税人

《中华人民共和国消费税暂行条例》第一条规定:"在中华人民共和国境内生产、委托加工和进口本条例规定的消费品的单位和个人,以及国务院确定的销售本条例规定的消费品的其他单位和个

人,为消费税的纳税人,应当依照本条例缴纳消费税。"其中:所称单位,是指企业、行政单位、事业单位、军事单位、社会团体及其他单位;所称个人,是指个体工商户及其他个人;所称在中华人民共和国境内,是指生产、委托加工和进口属于应当缴纳消费税的消费品的起运地或者所在地在中国境内。

因此,消费税的纳税人是我国境内生产、委托加工、进口或零售《消费税暂行条例》规定的应税消费品的单位和个人。根据《国务院关于外商投资企业和外国企业适用增值税、消费税、营业税等税收暂行条例有关问题的通知》规定,在我国境内生产、委托加工、零售和进口应税消费品的外商投资企业和外国企业,也是消费税的纳税人。

(三)消费税税目和税率

根据 2009 年 5 月 1 日起执行的《消费税暂行条例》规定,消费税设置 14 个税目;税率采用 3 种形式,税率有 21 档,12 档比例税率,9 档定额税率。另外,卷烟批发环节还加征了一道从价税,税率为 5%。根据财政部国家税务总局 2014 年 11 月下旬发布的"财税(2014)93 号"和"财税(2014)94号"规定,对消费税有关的税目和税率政策进行了调整。之后又于 2015 年 1 月 12 日财政部、国家税务总局联合发布"财税〔2015〕11 号"文件再次对成品油消费税政策进行了调整。调整后的税目、税率规定如下:

税　目	税　率
一、烟	
1. 卷烟	
(1)甲类卷烟	56%加 0.003 元/支
(2)乙类卷烟	36%加 0.003 元/支
(3)卷烟批发	5%
2. 雪茄烟	36%
3. 烟丝	30%
二、酒	
1. 白酒	20%加 0.5 元/500 克(或者 500 毫升)
2. 黄酒	240 元/吨
3. 啤酒	
(1)甲类啤酒	250 元/吨
(2)乙类啤酒	220 元/吨
4. 其他酒	10%
三、化妆品	30%
四、贵重首饰及珠宝玉石	
1. 金银首饰、铂金首饰和钻石及钻石饰品	5%
2. 其他贵重首饰和珠宝玉石	10%
五、鞭炮、焰火	15%
六、成品油	
1. 汽油	1.52 元/升
2. 石脑油	1.52 元/升
3. 溶剂油	1.52 元/升
4. 润滑油	1.52 元/升
5. 柴油	1.2 元/升
6. 航空煤油	1.2 元/升
7. 燃料	1.2 元/升
七、摩托车	
1. 气缸容量(排气量,下同)250 毫升	3%
2. 气缸容量在 250 毫升(不含)以上的	10%

续表

税　目	税　率
八、小汽车	
1. 乘用车	
（1）气缸容量（排气量，下同）在 1.0 升（含 1.0 升）以下的	1%
（2）气缸容量在 1.0 升以上至 1.5 升（含 1.5 升）的	3%
（3）气缸容量在 1.5 升以上至 2.0 升（含 2.0 升）的	5%
（4）气缸容量在 2.0 升以上至 2.5 升（含 2.5 升）的	9%
（5）气缸容量在 2.5 升以上至 3.0 升（含 3.0 升）的	12%
（6）气缸容量在 3.0 升以上至 4.0 升（含 4.0 升）的	25%
（7）气缸容量在 4.0 升以上的	40%
2. 中轻型商用客车	5%
九、高尔夫球及球具	10%
十、高档手表	20%
十一、游艇	10%
十二、木制一次性筷子	5%
十三、实木地板	5%

（四）消费税的计税依据和计税方法

消费税的计税依据分别采用从价和从量两种计税方法。实行从价计税办法征税的应税消费品，计税依据为应税消费品的销售额。实行从量定额办法计税时，通常以每单位应税消费品的重量、容积或数量为计税依据。

（1）从价计税时，应纳税额＝应税消费品销售额×适用税率

（2）从量计税时，应纳税额＝应税消费品销售数量×适用税额标准计税方法

（3）自产自用应税消费品用于连续生产应税消费品的，不纳税；用于其他方面的，有同类消费品销售价格的，按照纳税人生产的同类消费品销售价格计算纳税，没有同类消费品销售价格的，组成计税价格。

组成计税价格＝（成本＋利润）/（1－消费税税率）

应纳税额＝组成计税价格×适用税率

（4）委托加工应税消费品的由受托方交货时代扣代缴消费税。按照受托方的同类消费品销售价格计算纳税，没有同类消费品销售价格的，组成计税价格。

组成计税价格＝（材料成本＋加工费）/（1－消费税税率）

应纳税额＝组成计税价格×适用税率

（5）进口应税消费品，按照组成计税价格计算纳税。

计算公式为：

组成计税价格＝（关税完税价格＋关税）/（1－消费税税率）

应纳税额＝组成计税价格 ×消费税税率

（6）零售金银首饰的纳税人在计税时，应将含税的销售额换算为不含增值税税额的销售额。

金银首饰的应税销售额＝含增值税的销售额/（1＋增值税税率或征收率）

对于生产、批发、零售单位用于馈赠、赞助、集资、广告、样品、职工福利、奖励等方面或未分别核算销售的按照组成计税价格计算纳税。

组成计税价格＝购进原价×（1＋利润率）/（1－金银首饰消费税税率）

应纳税额＝组成计税价格×金银首饰消费税税率

案例 5.3　　　　　　　　　计税价格计算

某卷烟厂 2012 年某月购入一批价值为 3 571 429(1 500 000＋1 000 000＋1 071 429)元的已税烟丝,加工成甲类卷烟,加工费用共计 1 000 000 元,共生产出 750 标准箱甲类卷烟,每箱 25 标准条,收回卷烟成品后直接对外销售,售价 400 元/条,且全部实现销售。计算该卷烟厂应纳的消费税。

四、营业税制度

案例 5.4　　　　　　　　　应税收入确定

某酒店 2012 年 2 月取得收入如下:酒店车队送旅客往返机场收入 30 万元;酒店歌舞厅取得收入共计 50 万元;酒店餐饮部向顾客提供饮食餐饮服务,收入 100 万元;酒店客房部向顾客提供住宿服务,取得收入 200 万元。

问题:

该酒店 2012 年 2 月应税收入是多少?应缴纳营业税多少?

(一)营业税的征税范围

营业税,是对在我国境内提供应税劳务、转让无形资产或销售不动产的单位和个人,就其所取得的营业额征收的一种税。所谓应税劳务,是指建筑业、交通运输业、邮电通信业、文化体育业、金融保险业、娱乐业、服务业。

营业税的征税范围可以概括为:在中华人民共和国境内提供的应税劳务、转让无形资产、销售不动产。对营业税的征税范围可以从下面 3 个方面来理解:

(1)中华人民共和国境内是指:提供或者接受应税劳务的单位或者个人在境内;所转让的无形资产(不含土地使用权)的接受单位或个人在境内;所转让或者出租土地使用权的土地在境内;所销售或出租的不动产在境内。但是,根据《财政部、国家税务总局关于个人金融商品买卖等营业税若干免税政策的通知》(财税[2009]111 号)有关规定,对境内单位或者个人在境外提供建筑业、文化体育业(除播映)劳务暂免征收营业税。对境外单位或者个人在境外向境内单位或者个人提供的文化体育业(除播映)、娱乐业,服务业中的旅店业、饮食业、仓储业,以及其他服务业中的沐浴、理发、洗染、裱画、誊写、镌刻、复印、打包劳务,不征收营业税。

(2)应税劳务是指属于交通运输业、建筑业、金融保险业、邮电通信业、文化体育业、娱乐业、服务业税目征收范围的劳务。加工、修理修配劳务属于增值税范围,不属于营业税应税劳务。单位或者个体经营者应聘的员工为本单位或者雇主提供的劳务,也不属于营业税的应税劳务。

(3)提供应税劳务、转让无形资产或者销售不动产是指有偿提供应税劳务、有偿转让无形资产、有偿销售不动产的行为。有偿是指通过提供、转让、销售行为取得货币、货物、其他经济利益。

(二)营业税的纳税人和扣缴义务人

1. 营业税的纳税义务人的一般规定

按照《中华人民共和国营业税暂行条例》的规定,在境内提供应税劳务,转让无形资产或者销售不动产的单位和个人,为营业税的纳税义务人。单位是包括国有企业、集体企业、私有企业、股份制企业、外商投资企业、外国企业、其他企业、行政单位、事业单位、军事单位和社会团体等。个人包括个体工商户以及其他有经营行为的中国公民和外国公民。营业税的纳税义务人的定义,应注意以下两个问题:境内是指实际税收行政管理的区域;应税劳务是指属于交通运输业、建筑业、金融保险业、邮电通信业、文化体育业、娱乐业、服务业税目征收范围的劳务。构成营业税的纳税义务人的条件:第一,提供应税劳务、转让无形资产或销售不动产的行为,必须发生在境内;第二,提供劳务、转让无形资产或者销售不动产的行为,必须属于营业税征税范围;第三,必须是有偿或视同有偿提供应税劳务、转让无形资产的所有权或使用权、转让不动产的所有权。只有同时具备上述条件的单位和个人,才构成营业税的纳税义务人,否则就不构成营业税的纳税义务人。

2. 营业税的纳税义务人的特殊规定

(1)铁路运营业务的纳税人具体为:一是中央铁路运营业务的纳税人为铁道部。二是合资铁路运营业务的纳税人为合资铁路公司。三是地方铁路运营业务的纳税人为地方铁路管理机构。四是基建临管线铁路运营业务的纳税人为基建临管线管理机构。

(2)从事水路运输、航空运输、管道运输或其他陆路运输业务并负有营业税纳税义务的单位,为从事运输业务并计算盈亏的单位。从事运输业务并计算盈亏的单位是指具备以下条件:一是利用运输工具、从事运输业务、取得运输收入;二是在银行开设有结算账户,三是在财务上计算营业收入、营业支出、经营利润。

(3)企业租赁或承包给他人经营的,以承租人或承包人为纳税人。

(4)单位和个体户的员工、雇工在为本单位或雇主提供劳务时,不是纳税人。

3. 营业税的扣缴义务人

(1)委托金融机构发放贷款的,其应纳税款以受托发放贷款的金融机构为扣缴义务人;金融机构接受其他单位或个人的委托,为其办理委托贷款业务时,如果将委托方的资金转给经办机构,由经办机构将资金贷给使用单位或个人,由最终将贷款发放给使用单位或个人并取得贷款利息的经办机构代扣委托方应纳的增值税。

(2)建筑安装业务实行分包或者转包的,其应纳税款以总承包人为扣缴义务人。

(3)境外单位或者个人在境内发生应税行为而在境内未设有机构的,其应纳税款以代理人为扣缴义务人;没有代理人的以受让者或者购买者为扣缴义务人。

(4)单位或者个人进行演出。由他人售票的其应纳税款以售票者为扣缴义务人,演出经纪人为个人的,其办理演出业务的应纳税款也以售票者为扣缴义务人。

(5)分保险业务,其应纳税款以初保人为扣缴义务人。

(6)个人转让专利权、非专利技术、商标权、著作权商誉的,其应纳税款以受让者为扣缴义务人。

(7)财政部规定的其他扣缴义务人。

(三)营业税税率

营业税的税目按照行业、类别的不同分别设置,现行营业税共设置了 9 个税目。按照行业、类别的不同分别采用了不同的比例税率:①交通运输业,税率 3%;②建筑业,税率 3%;③金融保险业,税率 8%;④邮电通信业,税率 3%;⑤文化体育业,税率 3%;⑥娱乐业,税率执行 5%～20% 的幅度税率,具体适用的税率,由各省、自治区直辖市人民政府根据当地的实际情况在税法规定的幅度内决定;⑦服务业,税率 5%;⑧转让无形资产税率5%;⑨销售不动产,税率 5%。

案例 5.5　　　　　　　　　　　**应税收入分类**

某酒店 2 月份取得营业税应税收入共计 380 万元,分别为交通运输业收入 30 万元、娱乐业收入 50 万元、餐饮服务收入 100 万元、住宿服务收入 200 万元。

应缴纳营业税计算如下:

交通运输业 300 000 元 × 3‰ = 9 000 元;

娱乐业 500 000 元 × 20‰ = 100 000 元;

餐饮服务业 1 000 000 元 × 5‰ = 50 000 元;

住宿业 2 000 000 元 × 5‰ = 100 000 元;

本月共计应缴纳营业税为:9 000 + 100 000 + 50 000 + 100 000 = 259 000 元

该酒店 2 月份应缴纳营业税共计 259 000 元。

思考:

某旅行社:2002 年 9 月组织团体旅游,收取旅游费共计 30 万元,其中组团境内旅游收入 14 万元,替旅游者支付给其他单位餐费、住宿费、交通费、门票费共计 6 万元,组团境外旅游收入 16 万元,付给境外接团企业费用 10 万元。

某歌舞团:2002 年 9 月来 A 市演出,由市人民影剧院提供场所,并由影剧院售票,共收取门票 20 万元,其中支付经纪人 1 万元,支付影剧院 4 万元。歌舞团、影剧院、经纪人都是营业税的纳税人,影剧院为营业税扣缴义务人。

五、企业所得税制度

案例 5.6　　　　　　　　　　　**所得税计算**

某生产企业 2009 年在损益表中反映的利润总额为 300 万元,销售收入为 5 100 万元,经注册税务师审查,发现企业有以下项目需要进行纳税调整:(1)取得国债利息收入 3 万元;(2)以经营租赁方式租入一台设备,租赁期 2 年,一次性支付租金 30 万元,已计入其他业务支出;(3)企业用一批库存商品对乙企业投资,该批商品的账面价值 30 万元、市场售价 58.5 万元(含增值税);(4)在营业外支出中列支的赞助费支出 10 万元;(5)新产品研究开发费用 80 万元;(6)在费用中列支的业务招待费 50 万元。

问题:

计算该企业 2008 年度的应纳税所得额。

企业所得税是对我国境内的企业和其他取得收入的组织取得的生产经营所得和其他所得为征税对象所征收的一种税。

(一)企业所得税纳税人

企业所得税纳税人即所有实行独立经济核算的中国境内的内资企业或其他组织,包括以下 6 类:国有企业;集体企业;私营企业;联营企业;股份制企业;有生产经营所得和其他所得的其他组织。企业是指按国家规定注册、登记的企业。有生产经营所得和其他所得的其他组织,是指经国家有关部门批准,依法注册、登记的,有生产经营所得和其他所得的事业单位、社会团体等组织。独立经济核算是指同时具备在银行开设结算账户;独立建立账簿,编制财务会计报表;独立计算盈亏等条件。需要说明的是，个人独资企业、合伙企业不使用本法，这两类企业征收个人所得税即可，这样能消除重复征税。

采用"注册地"和"实际管理机构所在地"的双重标准来划分居民企业和非居民企业。

居民企业是指依法在中国境内成立，或者依照外国（地区）法律成立但实际管理机构在中国境内的企业；具体包括：国有企业、集体企业、私营企业、联营企业、股份制企业、外商投资企业、外国企业、事业单位、社会团体、民办非企业单位和从事经营活动的其他组织。不包括依照中国法律、行政法规成立的个人独资企业和合伙企业。

非居民企业是指依照外国（地区）法律成立且实际管理机构不在中国境内，但在中国境内设立机构、场所的，或在中国境内未设立机构、场所，但有来源于中国境内所得的企业。

（二）企业所得税征税对象

企业所得税的征税对象是纳税人取得的生产经营所得和其他所得。包括销售货物所得、提供劳务所得、转让财产所得、股息红利所得、利息所得、租金所得、特许权使用费所得、接受捐赠所得和其他所得。

1. 居民企业的征税对象。

居民企业应当就其来源于中国境内、境外的所得缴纳企业所得税。所得包括：销售货物、提供劳务的所得、转让财产所得、股息红利等权益性投资所得；利息所得、租金所得、特许权使用费所得、接受捐赠所得和其他所得。

2. 非居民企业的征税对象。

非居民企业在中国境内设立机构、场所的，应当就其所设机构、场所取得的来源于中国境内的所得，以及发生在中国境外但与其所设机构、场所有实际联系的所得，缴纳企业所得税。非居民企业在中国境内未设立机构、场所的，或者虽设立机构、场所但取得的所得与其所设机构、场所没有实际联系的，应当就其来源于中国境内的所得缴纳所得税。

（三）所得来源的确定

根据不同种类的所得，来源于中国境内、境外的所得，按以下原则划分：

（1）销售货物所得，按照交易活动发生地确定。

（2）提供劳务所得，按照劳务发生地确定。

（3）转让财产所得。不动产转让所得按不动产所在地确定；动产转让所得按转让动产的企业或者机构、场所所在地确定；权益性投资资产转让所得按被投资企业所在地确定。

（4）股息、红利权益性投资所得，按分配所得的企业所在地确定。

（5）利息所得、租金所得、特许权使用费所得，按照实际负担或支付所得的企业或机构、场所所在地确定。

（6）其他所得，由国务院财政、税务主管部门确定。

（四）企业所得税税率

（1）基本税率为25%。该税率适用于居民企业和在中国境内设有机构、场所且所得与机构、场所有关联的非居民企业。

（2）低税率为20%。该税率适用于在中国境内未设立机构、场所的，或者虽设立机构、场所但取得的所得与其所设机构、场所没有实际联系的非居民企业。实际征税时减按10%的税率征收。

另外，《企业所得税法》第28条规定：

（1）符合条件的小型微利企业，减按20%的税率征收企业所得税。

(2)国家需要重点扶持的高新技术企业,减按15%的税率征收企业所得税。

(五)企业所得税应纳税所得额

企业所得税的计税依据,是企业的应纳税所得额。应纳税所得额的计算应分为居民企业应纳税所得额的计算和非居民企业应纳税所得额的计算。

(1)居民企业应纳税所得额的计算。

$$应纳税所得额＝收入总额－不征税收入－免税收入－准予扣除项目金额－$$
$$允许弥补的以前年度亏损$$

(2)非居民企业应纳税所得额的计算。对于在中国境内未设立机构、场所的,或者虽设立机构、场所但取得的所得与其所设机构、场所没有实际联系的非居民企业的所得,按照下列方法计算应纳税所得额:股息、红利等权益性投资收益和利息、租金、特许权使用费所得,以收入全额为应纳税所得额;转让财产所得,以收入全额减除财产净值后的余额为应纳税所得额;财产净值是指财产的计税基础减除已经按照规定扣除的折旧、折耗、摊销、准备金等后的余额。

其他所得,参照前两项规定的方法计算应纳税所得额。

1. 收入总额

企业的收入总额包括以货币形式和非货币形式从各种来源取得的收入,具体有:销售货物收入、提供劳务收入、转让财产收入、股息、红利等权益性投资收益,以及利息收入、租金收入、特许权使用费收入、接受捐赠收入、其他收入。

2. 不征税收入和免税收入

(1)不征税收入。不征税收入是指永久不纳入征税范围的收入。主要包括:财政拨款,行政事业性收费和政府性基金,其他不征税收入。

(2)免税收入。免税收入是指属于企业的应税所得但按照税法规定免于征收企业所得税的收入。免税收入属于税收优惠。企业的下列收入为免税收入:国债利息收入;符合条件的居民企业之间的股息、红利等权益性投资收益;在中国境内设立机构、场所的非居民企业从居民企业取得与该机构、场所有实际联系的股息、红利等权益性投资收益;符合条件的非营利公益组织的收入,不包括非营利组织从事营利活动所取得的收入。

3. 税前扣除项目的原则和范围

(1)税前扣除项目的确定原则。纳税人在生产经营活动中,所发生的费用支出必须严格区分经营性支出和资本性支出。资本性支出不得在发生当期直接扣除,必须按税收法规的规定,分期折旧、摊销或计入有关投资的成本。企业申报的扣除项目和金额要真实、合法。为此,扣除项目的确定应遵循以下原则:

第一,权责发生制原则,即纳税人应在费用发生时而不是实际支付时确认扣除。

第二,配比原则,即纳税人发生的费用应在费用应配比或应分配的当期申报扣除,不得提前或滞后。

第三,相关性原则,即纳税人可扣除的费用从性质和来源上都必须与取得的应税收入相关。

第四,确定性原则,即纳税人可扣除的费用不论何时支付,其金额必须是确定的。

第五,合理性原则,即纳税人可扣除费用的计算和分配方法应符合一般的经营常规和会计惯例。

(2)税前扣除项目的基本范围。企业实际发生的与取得收入有关的、合理的支出,包括成本、费用、税金、损失和其他支出,准予在计算应纳税所得额时扣除。

第一，成本，指企业在生产经营活动中发生的销售成本、销货成本、业务支出以及其他耗费。

第二，费用，指企业每一纳税年度生产、经营商品和提供劳务等所发生的可扣除的销售(经营)费用、管理费用和财务费用。

第三，税金，指企业发生的除企业所得税和允许抵扣的增值税以外的企业缴纳的各项税金及其附加。

第四，损失，指企业在生产经营活动中发生的固定资产和存货的盘亏、毁损、报废损失，转让财产损失，呆账损失，坏账损失，自然灾害等不可抗力因素造成的损失以及其他损失。简单说，是指正常损失。

第五，其他支出，指除成本、费用、税金、损失外，企业在生产经营活动中发生的与生产经营活动有关的、合理的支出。

4. 部分准予扣除项目的范围和标准

(1)工资、薪金支出。企业发生的合理的工资、薪金支出准予据实扣除。工资、薪金支出，是企业每一纳税年度支付给在本企业任职或者受雇的员工的所有现金或者非现金形式的劳动报酬，包括基本工资、奖金、津贴、补贴、年终加薪、加班工资，以及与员工任职或者受雇有关的其他支出。

(2)职工福利费、工会经费、职工教育经费。企业发生的职工福利费支出，不超过工资薪金总额14%的部分准予扣除。

企业拨缴的工会经费，不超过工资薪金总额2%的部分准予扣除。

除国务院财政、税务主管部门另有规定外，企业发生的职工教育经费支出，不超过工资薪金总额2.5%的部分准予扣除；超过部分准予在以后纳税年度结转扣除。

(3)保险费。企业依照国务院有关主管部门或者省级人民政府规定的范围和标准为职工缴纳的基本养老保险费、基本医疗保险费、失业保险费、工伤保险费、生育保险费等基本社会保险费和住房公积金，准予扣除。

企业为投资者或者职工支付的补充养老保险费、补充医疗保险费，在国务院财政、税务主管部门规定的范围和标准内，准予扣除。

企业依照国家有关规定为特殊工种职工支付的人身安全保险费，准予扣除。

企业参加财产保险，按照规定缴纳的保险费，准予扣除。

(4)借款费用。企业在生产经营活动中发生的合理的不需要资本化的借款费用，准予扣除。

企业为购置、建造固定资产、无形资产和经过12个月以上的建造才能达到预定可销售状态的存货发生借款的，在有关资产购置、建造期间发生的合理的借款费用，应当作为资本性支出计入有关资产的成本；有关资产交付使用后发生的借款利息，可在发生当期扣除。

(5)利息费用。企业在生产经营活动中发生的利息费用，按下列规定扣除。

非金融企业向金融企业借款的利息支出、金融企业的各项存款利息支出和同业拆借利息支出、企业经批准发行债券的利息支出可据实扣除。

非金融企业向非金融企业借款的利息支出，不超过按照金融企业同期同类贷款利率计算的数额的部分可据实扣除，超过部分不得扣除。

(6)汇兑损失。企业在货币交易中，以及纳税年度终了时将人民币以外的货币性资产、负债按照期末即期人民币汇率中间价折算为人民币时产生的汇兑损失，除已经计入有关资产成本以及与向所有者进行利润分配相关的部分外，准予扣除。

(7)业务招待费。企业发生的与生产经营活动有关的业务招待费支出,按照发生额的60%扣除,但最高不得超过当年销售(营业)收入的5‰。

(8)广告费和业务宣传费。企业发生的符合条件的广告费和业务宣传费支出,除国务院财政、税务主管部门另有规定外,不超过当年销售(营业)收入15%的部分,准予扣除;超过部分,准予在以后纳税年度结转扣除。

(9)固定资产租赁费以经营租赁方式租入固定资产发生的租赁费支出,按照租赁期限均匀扣除。以融资租赁方式租入固定资产发生的租赁费支出,按照规定构成融资租入固定资产价值的部分应当提取折旧费用,分期扣除。

(10)环保资金的扣除。企业依照法律、行政法规有关规定提取的用于环境保护、生态恢复等方面的专项资金,准予扣除。上述专项资金提取后改变用途的,不得扣除。

(11)劳动保护费。企业发生的合理的劳动保护支出,准予扣除。

(12)公益性捐赠。企业发生的公益性捐赠支出,在年度利润总额12%以内的部分,准予在计算应纳税所得额时扣除。

年度利润总额,是指企业依照国家统一会计制度的规定计算的年度会计利润。

(13)有关资产的费用。企业转让各类固定资产发生的费用,允许扣除。企业按规定计算的固定资产和生物资产折旧费用、无形资产和长期待摊费用的摊销费用,准予扣除。

(14)总机构分摊的费用。非居民企业在中国境内设立的机构、场所,就其中国境外总机构发生的与该机构、场所生产经营有关的费用,能够提供总机构出具的费用汇集范围、定额、分配依据和方法等证明文件,并合理分摊的,准予扣除。

(15)资产损失。企业当期发生的固定资产和流动资产盘亏、毁损净损失,由其提供清查盘存资料经主管税务机关审核后,准予扣除。

(16)依照有关法律、行政法规和国家有关税法规定准予扣除的其他项目。如会员费、合理的会议费、差旅费、违约金、诉讼费用等。

5. 不准予扣除的项目

向投资者支付的股息、红利等权益性投资收益款项;企业所得税税款;税收滞纳金;罚金、罚款和被没收财物的损失;公益性捐赠超过规定标准的部分;赞助支出;未经核定的准备金支出;企业之间支付的管理费、企业内营业机构之间支付的租金和特许权使用费,以及非银行企业内营业机构之间支付的利息;与取得收入无关的其他支出。

(六)亏损弥补

亏损,是指企业依照企业所得税法的规定将每一纳税年度的收入总额减除不征税收入、免税收入和各项扣除后小于零的数额。企业所得税法规定,纳税人发生年度亏损的,可以用下一纳税年度的所得弥补;下一纳税年度的所得不足弥补的,可以逐年延续弥补,但是延续弥补期最长不得超过5年。5年内不论是盈利或亏损,都作为实际弥补期限计算。

(七)企业所得税应纳税额的计算

企业所得税是按照纳税人每一纳税年度的应纳税所得额和适用税率计算征收的,其基本计算公式为:

$$应纳税额＝应纳税所得额×适用税率－减免税额－抵免税额$$

(八)企业所得税的税收优惠

企业所得税法规定了9种减免税优惠形式:免税收入、定期减免税、优惠税率、授权减免、加计扣除、投资抵免、加速折旧、减计收入、税额抵免等。

(九)企业所得税的征收管理

1. 纳税地点

除税收法律、行政法规另有规定外，居民企业以企业登记注册地确定纳税地点，但登记注册地在境外的，以实际管理机构所在地为纳税地点。

居民企业在中国境内设立不具有法人资格的营业机构的，应当汇总计算并缴纳企业所得税。

非居民企业在中国境内设立机构、场所的，应当就其所设机构、场所取得的来源于中国境内的所得，以及发生在中国境外但与其所设机构、场所有实际联系的所得，以机构、场所所在地为纳税地点。

非居民企业在中国境内未设立机构、场所的，或者虽设立机构、场所但取得的所得与其所设机构、场所没有实际联系的所得，以扣缴义务人所在地为纳税地点。

除国务院另有规定外，企业之间不得合并缴纳企业所得税。

2. 纳税期限

企业所得税按年计征，分月或者分季预缴，年终汇算清缴，多退少补。

企业所得税的纳税年度，自公历1月1日起至12月31日止。企业在一个纳税年度的中间开业，或者由于合并、关闭等原因终止经营活动，使该纳税年度的实际经营期不足12个月的，应当以其实际经营期为一个纳税年度。企业清算时，应当以清算期间作为一个纳税年度。

自年度终了之日起5个月内，向税务机关报送年度企业所得税纳税申报表，并汇算清缴，结清应缴应退税款。

企业在年度中间终止经营活动的，应当自实际经营终止之日起60日内，向税务机关办理当期企业所得税汇算清缴。

3. 纳税申报

按月或按季预缴的，应当自月份或者季度终了之日起15日内，向税务机关报送预缴企业所得税纳税申报表，预缴税款。

企业在报送企业所得税纳税申报表时，应当按照规定附送财务会计报告和其他有关资料。

企业应当在办理注销登记前，就其清算所得向税务机关申报并依法缴纳企业所得税。

依照企业所得税法缴纳的企业所得税，以人民币计算。所得以人民币以外的货币计算的，应当折合成人民币计算并缴纳税款。

企业在纳税年度内无论盈利或者亏损，都应当依照《企业所得税法》第五十四条规定的期限，向税务机关报送预缴企业所得税纳税申报表、年度企业所得税纳税申报表、财务会计报告和税务机关规定应当报送的其他有关资料。

4. 源泉扣缴

源泉扣缴，是所得税的一种征收方式，它是依所得支付者为扣缴义务人，在每次向纳税人支付有关所得款项时，代为扣缴税款的做法。实行源泉扣缴的最大优点是可以有效保护税源，保证国家的财政收入。

对非居民企业在中国境内未设立机构、场所的，或者虽设立机构、场所但取得的所得与其所设机构、场所没有实际联系的所得应缴纳的所得税，实行源泉扣缴，以支付人为扣缴义务人。税款由扣缴义务人在每次支付或者到期应支付时，从支付或者到期应支付的款项中扣缴。

对非居民企业在中国境内取得工程作业和劳务所得应缴纳的所得税，税务机关可以指定工程

价款或者劳务费的支付人为扣缴义务人。

扣缴义务人每次代扣的税款,应当自代扣之日起 7 日内缴入国库,并向所在地的税务机关报送扣缴企业所得税报告表。

企业所得税制度导入案例分析

应纳税所得额的调整:

(1)国债利息收入,调减应纳税所得额 3 万元。

(2)一次支付 2 年的租金 30 万元,应分 2 年计入费用,调增应纳税所得额 15 万元。

(3)企业用库存商品对外投资,应视同销售,调增应纳税所得额 20 万元(50 万元－30 万元)。

(4)赞助费支出,不得在所得税前扣除,调增应纳税所得额 10 万元。

(5)新产品研究开发费用,允许按当年实际发生额的 50% 在企业所得税税前加计扣除,调减应纳税所得额 40 万元。

(6)调整业务招待费,该企业 2008 年发生业务招待费 50 万元,允许扣除 30 万元,但当年销售收入的 5‰为 25.5 万元。

增加应纳税所得额＝50－25.5＝24.5(万元)

应纳税所得额＝300＋(15＋20＋10＋24.5)－(3＋40)＝326.5(万元)

六、个人所得税制度

案例 5.7　　　　　　　个人所得税计算

2012 年 3 月,李某为某企业提供法律咨询业务,一次性取得的劳务报酬收入 4 万元,其应缴纳的个人所得税为多少?

2012 年 4 月,孙某在某杂志社发表文章一篇,获得稿酬 3 000 元,孙某应缴纳的个人所得税是多少?

王某发明一项自动化专利技术,2012 年 2 月转让给甲公司,转让价为 15 万元,甲公司 3 月支付使用费 6 000 元,4 月支付使用费 9 000 元,5 月王某将该项使用权转让给乙公司,获得转让费 8 000 元,王某的转让特许权使用费所得应缴的个人所得税为多少?

个人所得税是以个人(自然人)取得的各项应税所得为征税对象所征收的一种税。

(一)个人所得税征税范围

1. 工资和薪金所得

工资、薪金所得,是指个人因任职或受雇而取得的工资、薪金、奖金、年终加薪、劳动分红、津贴、补贴以及与任职或受雇有关的其他所得。这就是说,个人取得的所得,只要是与任职、受雇有关,不管其单位的资金开支渠道或以现金、实物、有价证券等形式支付的,都是工资、薪金所得项目的课税对象。

2. 个体工商户的生产、经营所得

个体工商户的生产、经营所得包括四个方面:经工商行政管理部门批准开业并领取营业执照的城乡个体工商户,从事工业、手工业、建筑业、交通运输业、商业、饮食业、服务业、修理业及其他行业的生产、经营取得的所得；个人经政府有关部门批准，取得营业执照，从事办学、医疗、咨询以及其他有偿服务活动取得的所得；其他个人从事个体工商业生产、经营取得的所得，即个人临时从事生产、经营活动取得的所得；上述个体工商户和个人取得的生产、经营有关的各项应税所得。

3. 对企事业单位的承包经营、承租经营所得

对企事业单位的承包经营、承租经营所得，是指个人承包经营、承租经营以及转包、转租取得的所得，包括个人按月或者按次取得的工资、薪金性质的所得。

4. 劳务报酬所得

劳务报酬所得，是指个人从事设计、装潢、安装、制图、化验、测试、医疗、法律、会计、咨询、讲学、新闻、广播、翻译、审稿、书画、雕刻、影视、录音、录像、演出、表演、广告、展览、技术服务、介绍服务、经济服务、代办服务以及其他劳务取得的所得。

5. 稿酬所得

稿酬所得，是指个人因其作品以图书、报纸形式出版、发表而取得的所得。这里所说的"作品"，是指包括中外文字、图片、乐谱等，能以图书、报刊方式出版或发表的作品；"个人作品"，包括本人的著作、翻译的作品等。个人取得遗作稿酬，应按稿酬所得项目计税。

6. 特许权使用费所得

特许权使用费所得，是指个人提供专利权、著作权、商标权、非专利技术以及其他特许权的使用权取得的所得。提供著作权的使用权取得的所得，不包括稿酬所得。作者将自己文字作品手稿原件或复印件公开拍卖（竞价）取得的所得，应按特许权使用费所得项目计税。

7. 利息、股息、红利所得

利息、股息、红利所得，是指个人拥有债权、股权而取得的利息、股息、红利所得。利息是指个人的存款利息（国家宣布2008年10月8日次日开始取消利息税）、货款利息和购买各种债券的利息。股息，也称股利，是指股票持有人根据股份制公司章程规定，凭股票定期从股份公司取得的投资利益。红利，也称公司（企业）分红，是指股份公司或企业根据应分配的利润按股份分配超过股息部分的利润。股份制企业以股票形式向股东个人支付股息、红利即派发红股，应以派发的股票面额为收入额计税。

8. 财产租赁所得

财产租赁所得，是指个人出租建筑物、土地使用权、机器设备车船以及其他财产取得的所得。财产包括动产和不动产。

9. 财产转让所得

财产转让所得，是指个人转让有价证券、股权、建筑物、土地使用权、机器设备、车船以及其他自有财产给他人或单位而取得的所得，包括转让不动产和动产而取得的所得。对个人股票买卖取得的所得暂不征税。

案例 5.8　　　　　　　　　　**财产转让**

刘某于2008年2月转让私有住房一套，取得转让收入220 000元。该套住房购进时的原价为180 000元，转让时支付有关税费15 000元。计算刘某转让私有住房应缴纳个人所得税。

解析：

（1）应纳税所得额＝220 000－180 000－15 000＝25 000（元）

（2）应纳税额＝25 000×20％＝5 000（元）

10. 偶然所得

偶然所得,是指个人取得的所得是非经常性的,属于各种机遇性所得,包括得奖、中奖、中彩以及其他偶然性质的所得(含奖金、实物和有价证券)。个人购买社会福利有奖募捐奖券、中国体育彩票,一次中奖收入不超过 10 000 元的,免征个人所得税,超过 10 000 元的,应以全额按偶然所得项目计税(截至 2011 年 4 月 21 日的税率为 20%)。

11. 其他所得

除上述 10 项应税项目以外,其他所得应确定征税的,由国务院财政部门确定。国务院财政部门,是指财政部和国家税务总局。个人取得的所得,如果难以界定是哪一项应税所得项目,由主管税务机关审查确定。

(二)个人所得税纳税人

个人所得税的纳税人包括以下种类:第一,在中国境内有住所,或者虽无住所而在境内居住满一年,并从中国境内和境外取得所得的个人;第二,在中国境内无住所又不居住或者无住所而在境内居住不满一年,但从中国境内取得所得的个人。纳税义务人具体包括:中国公民、个体工商户;外籍个人;香港、澳门和台湾同胞。

(1)中国境内有住所的个人,是指因户籍、家庭、经济利益关系,而在中国境内习惯性居住的个人。习惯性居住,不是指实际居住或在某一个特定时期内的居住。如因学习、工作、探亲、旅游等而在中国境外居住的,在其原因消除之后,必须回到中国境内居住的个人,则中国即为该纳税人习惯性居住地。

(2)在境内居住满一年,是指在一个纳税年度中在中国境内居住 365 日。临时离境的,不扣减日数。纳税年度,自公历 1 月 1 日起至 12 月 31 日止。临时离境,是指在一个纳税年度中一次不超过 30 日或者多次累计不超过 90 日的离境。

(3)从中国境内取得的所得,是指来源于中国境内的所得;从中国境外取得的所得,是指来源于中国境外的所得。

(4)下列所得,不论支付地点是否在中国境内,均为来源于中国境内的所得:①因任职、受雇、履约等在中国境内提供劳务取得的所得;②将财产出租给承租人在中国境内使用而取得的所得;③转让中国境内的建筑物、土地使用权等财产或者在中国境内转让其他财产取得的所得;④许可各种特许权在中国境内使用而取得的所得;⑤从中国境内的公司、企业以及其他经济组织或者个人取得的利息、股息、红利所得。

(三)个人所得税税率

个人所得税税率表一

(工资、薪金所得适用)

级数	全月应纳税所得额		税率(%)	速算扣除数
	含税级距	不含税级距		
1	不超过 1 500 元的	不超过 1 455 元的	3	0
2	超过 1 500 元至 4 500 元的部分	超过 1 455 元至 4 155 元的部分	10	105
3	超过 4 500 元至 9 000 元的部分	超过 4 155 元至 7 755 元的部分	20	555
4	超过 9 000 元至 35 000 元的部分	超过 7 755 元至 27 255 元的部分	25	1 005

级数	全月应纳税所得额		税率(%)	速算扣除数
	含税级距	不含税级距		
5	超过 35 000 元至 55 000 元的部分	超过 27 255 元至 41 255 元的部分	30	2 755
6	超过 55 000 元至 80 000 元的部分	超过 41 255 元至 57 505 元的部分	35	5 505
7	超过 80 000 元的部分	超过 57 505 元的部分	45	13 505

(注:本表所称全月应纳税所得额是指依照本法第6条的规定,以每月收入额减除费用3500元以及附加减除费用后的余额。)

个人所得税税率表二

(个体工商户的生产、经营所得和对企事业单位的承包经营、承租经营所得适用)

级数	全年应纳税所得额		税率(%)	速算扣除数
	含税级距	不含税级距		
1	不超过 15 000 元的	不超过 14 250 元的	5	0
2	超过 15 000 元至 30 000 元的部分	超过 14 250 元至 27 750 元的部分	10	750
3	超过 30 000 元至 60 000 元的部分	超过 27 750 元至 51 750 元的部分	20	3 750
4	超过 60 000 元至 100 000 元的部分	超过 51 750 元至 79 750 元的部分	30	9 750
5	超过 100 000 元的部分	超过 79 750 元的部分	35	14 750

(注:本表所称全年应纳税所得额是指依照本法第6条的规定,以每一纳税年度的收入总额减除成本、费用以及损失后的余额。)

劳务报酬缴纳个人所得税的标准

级数	每次应纳税所得额(含税级距)	不含税级距	税率	速算扣除数
1	不超过 20 000 元的	不超过 16 000 元的	20%	0
2	超过 20 000 元至 50 000 元的部分	超过 16 000 元至 37 000 元的部分	30%	2 000
3	超过 50 000 元部分	超过 37 000 元的部分	40%	7 000

案例 5.9　　　　　　　　个人劳务所得税

某平面设计师程某为一公司设计了一个平面广告,取得设计收入 23 000 元。该设计师应缴纳的个人所得税为多少元? A. 3 520　B. 3 680　C. 4 600　D. 4 900

解析:

本题考核劳务报酬所得个人所得税的计算。平面设计师程某取得收入 23 000 元,应纳税所得额=23 000×(1−20%)=18 400 元,小于 20 000 元,则应缴纳个人所得税=18 400×20%=3 680(元)。

(四)个人所得税的计算

根据《个人所得税法》第六条的规定,应纳税所得额的计算办法如下:

(1)工资、薪金所得,以每月收入额减除费用 3 500 元后的余额,为应纳税所得额。

(2)个体工商户的生产、经营所得,以每一纳税年度的收入总额减除成本、费用以及损失后的余额,为应纳税所得额。

(3)对企事业单位的承包经营、承租经营所得,以每一纳税年度的收入总额,减除必要费用后的余额,为应纳税所得额。

(4)劳务报酬所得、稿酬所得、特许权使用费所得、财产租赁所得,每次收入不超过4 000元的,减除费用800元;4 000元以上的,减除20%的费用,其余额为应纳税所得额。

(5)财产转让所得,以转让财产的收入额减除财产原值和合理费用后的余额,为应纳税所得额。

(6)利息、股息、红利所得,偶然所得和其他所得,以每次收入额为应纳税所得额。

个人将其所得对教育事业和其他公益事业捐赠的部分,按照国务院有关规定从应纳税所得中扣除。

对在中国境内无住所而在中国境内取得工资、薪金所得的纳税义务人和在中国境内有住所而在中国境外取得工资、薪金所得的纳税义务人,可以根据其平均收入水平、生活水平以及汇率变化情况确定附加减除费用,附加减除费用适用的范围和标准由国务院规定。

(五)个人所得税的征收方式

按税法和征管法的规定,个人所得税采取代扣代缴义务人(简称扣缴人)代扣代缴税款和纳税人自行申报纳税相结合的方式,以及委托代征和核定征收方式。

1. 扣缴人代扣代缴税款

税法规定:个人所得税以支付个人应税所得的单位和个人为代扣代缴义务人。这里所说的"支付",包括现金支付、汇拨支付、转账支付和以有价证券、实物以及其他形式的支付。就是说,法律规定,凡是支付个人应税所得的企业(公司)、事业单位、机关、社团组织、军队、驻华机构(不包括外国驻华使领馆和联合国及其他依法享有外交特权和豁免的国际组织驻华机构)、个体工商户等单位或者个人,都必须按照税法规定履行代扣代缴个人所得税的义务。扣缴人将所代扣的税款,应在规定期限内缴入国库,并专项记载有关凭证资料备查。

这里需要明确,军队干部工资、薪金所得的个人所得税由各部队代扣并逐级上交总后勤部,由总后勤部统一向国家税务总局直属征收局缴纳,除此之外,军队干部取得其他的所得和其他所有单位(包括武警部队系统干部的所得)或个人支付的所得,都必须就地依法履行代扣代缴义务。

2. 纳税人自行申报纳税

按个人所得税法和《个人所得税自行申报纳税暂行办法》规定,个人有下列情形之一的,必须向税务机关自行申报所得并缴纳税款:第一,个人从两处或两处以上取得工资、薪金所得的;第二,取得应纳税所得,没有扣缴义务人的;第三,分次取得属于一次劳务报酬所得、稿酬所得、特许权使用费所得、财产租赁所得的;第四,取得应纳税所得,扣缴义务人未按照规定代扣代缴税款的;第五,税收主管部门规定必须自行申报纳税的。

3. 核定征收方式

按征管法及实施细则的规定,对不设置账簿或账证不全,或逾期不申报纳税的,税务机关有权实行查定征收、定期定额征收及其他方式征收税款。目前,由于个体工商户、私营业主、承包承租经营者等,普遍不建账或账证不全,采取核定征收方式,是税源控管的有效办法。税务机关在实行核定征收时,必须先开展调查、测算,同时,应辅导纳税人逐步建立账证,健全财务管理制度。

个人所得税制度导入案例分析

（1）对于案例中李某劳务报酬所得的个人所得税分析。劳务报酬所得，是指个人从事设计、装潢、制图、检测、医疗、法律、会计、咨询、表演、技术服务、经纪服务以及其他劳务取得的所得。劳务报酬所得的应纳税所得额为：每次劳务报酬收入不足 4 000 元的，用收入减去 800 元的费用；每次劳务报酬收入超过 4 000 元的，用收入减去收入额的 20％。劳务报酬所得适用 20％税率。计算式为：应纳个人所得税税额＝应纳税所得额×20％。

对于劳务报酬所得一次性畸高，也就是超过 20 000 元的，要实行加成征收办法。具体是一次取得劳务报酬收入，减除费用后的余额超过 2 万元到 5 万元部分，按照税法规定计算的应纳税额，加征五成；超过 5 万元的部分，加征十成。

也就是，李某取得 4 万元应缴纳的税为：40 000－40 000×20％＝32 000，32 000×20％＋（32 000－20 000）×20％×50％＝7 600 元。

（2）对于案例中孙某稿酬所得的个人所得税分析。稿酬所得是个人因作品以图书、报刊形式出版或发表而取得的所得。个人所得稿酬，每次收入不超过 4 000 元的，可以减去费用 800 元；每次收入超过 4 000 元以上的，可以减去 20％的费用，其余额为应纳税所得额。稿酬适用 20％税率，并可以免纳 30％的税额。

计算式为：应纳个人所得税税额＝应纳税所得额×适用税率×（1－30％）

孙某个人所得税税额＝（3 000－800）×20％×（1－30％）＝308 元

（3）对于案例中王某特许权转让费所得的个人所得税分析。特许权使用费所得，是指个人提供专利权、商标权、非专利技术以及其他特许权的使用权而取得的所得。个人取得特许权使用费所得每次收入不超过 4 000 元的，可以扣除费用 800 元；每次收入超过 4 000 元以上的，可以扣除 20％的费用，其余额为应纳税所得额。特许权使用费所得额适用 20％的税率。

王某转让专利技术共缴纳个人所得税为：

（6 000＋9 000）×（1－20％）×20％＝2 400

8 000×（1－20％）×20％＝1 280

总计：2 400＋1 280＝3 680

七、其他税种制度

（一）契税

契税是土地、房屋权属转移时向其承受者征收的一种税收。现行的《中华人民共和国契税暂行条例》于 1997 年 10 月 1 日起施行。在中国境内取得土地、房屋权属的企业和个人，应当依法缴纳契税。上述取得土地、房屋权属包括下列方式：国有土地使用权出让，土地使用权转让（包括出售、赠与和交换），房屋买卖、赠与和交换。以下列方式转移土地房屋权属的，视同土地使用权转让、房屋买卖或者房屋赠与征收契税：以土地、房屋权属作价投资、入股，以土地、房屋权属抵偿债务，以获奖的方式承受土地、房屋权属，以预购方式或者预付集资建房款的方式承受土地、房屋权属。契税实行 3％～5％的幅度比例税率。

契税的征税对象是境内转移的土地、房屋权属。具体包括以下 5 项内容：

（1）国有土地使用权的出让，由承受方交纳契税。使用权出让时土地使用者向国家交付土地使用权出让费用，国家将国有土地使用权在一定年限内让与土地使用者的行为。

(2)土地使用权的转让,除了考虑土地增值税,另由承受方交契税。

使用权转让是指土地使用者以出售、赠与、交换或者其他方式将土地使用权转移给其他单位和个人的行为。土地使用权的转让不包括农村集体土地承包经营权的转移。

(3)房屋买卖,即以货币为媒介,出卖者向购买者过渡房产所有权的交易行为。如以房产抵债或实物交换房屋,应由产权承受人,按房屋现值缴纳契税;如以房产作投资或股权转让,以自有房产作股投入本人独资经营的企业,免缴契税;如买房拆料或翻建新房,应照章纳税。

(4)房屋赠予方不纳土地增值税,但承受方应纳契税。

(5)契税的纳税义务人是境内转移土地、房屋权属,承受的单位和个人。境内是指中华人民共和国实际税收行政管辖范围内。土地、房屋权属是指土地使用权和房屋所有权。单位是指企业单位、事业单位、国家机关、军事单位和社会团体以及其他组织。个人是指个体经营者及其他个人,包括中国公民和外籍人员。

契税税率为 $3\%\sim5\%$。契税的适用税率,由省、自治区、直辖市人民政府在前款规定的幅度内按照该地区的实际情况确定,并报财政部和国家税务总局备案。

契税的征收管理是纳税人办理纳税事宜后,征收机关应向纳税人开具契税完税凭证。纳税人持契税完税凭证和其他规定的文件材料,依法向土地管理部门、房产管理部门办理有关土地、房屋的权属变更登记手续。土地管理部门和房产管理部门应向契税征收机关提供有关资料,并协助契税征收机关依法征收契税。

(二)土地增值税

土地增值税对土地使用权转让及出售建筑物时所产生的价格增值量征收的税种。土地价格增值额是指转让房地产取得的收入减除规定的房地产开发成本、费用等支出后的余额。土地增值税实行四级超额累进税率。

1. 土地增值税的特点

(1)以转让房地产的增值额为计税依据。土地增值税的增值额是以征税对象的全部销售收入额扣除与其相关的成本、费用、税金及其他项目金额后的余额,与增值税的增值额有所不同。

(2)征税面比较广。凡在我国境内转让房地产并取得收入的单位和个人,除税法规定免税的外,均应依照土地增值税条例规定缴纳土地增值税。换言之,凡发生应税行为的单位和个人,不论其经济性质,也不分内、外资企业或中、外籍人员,无论专营或兼营房地产业务,均有缴纳增值税的义务。

(3)实行超率累进税率。土地增值税的税率是以转让房地产增值率的高低位依据来确认,按照累进原则设计,实行分级计税,增值率高的,税率高,多纳税;增值率低的,税率低,少纳税。

(4)实行按次征收。土地增值税在房地产发生转让的环节,实行按次征收,每发生一次转让行为,就应根据每次取得的增值额征一次税。

2. 土地增值税的税率与计算

土地增值税是以转让房地产取得的收入,减除法定扣除项目金额后的增值额作为计税依据,并按照四级超率累进税率进行征收。具体为:第一,增值额未超过扣除项目金额 50% 部分,税率为 30%;第二,增值额超过扣除项目金额 50%,未超过扣除项目金额 100% 的部分,税率为 40%;速算扣除系数为 5%;第三,增值额超过扣除项目金额 100%,未超过扣除项目金额 200% 的部分,税率为 50%;速算扣除系数为 15%;第四,增值额超过扣除项目金额 200% 的部分,税率为 60%;速算扣除系数为 35%;第五,房地产企业建设普通住宅出售的,增值额未超过扣除金额 20% 的,免征土地增值税。

计算公式为：

$$应纳税额＝增值额×适用税率－扣除项目金额×速算扣除系数$$

(三)印花税

印花税以经济活动中签立的各种合同、产权转移书据、营业账簿、权利许可证照等应税凭证文件为对象所征的税。印花税由纳税人按规定应税的比例和定额自行购买并粘贴印花税票，即完成纳税义务。证券交易印花税，是印花税的一部分，根据书立证券交易合同金额向卖方计征，税率为1‰。

1. 印花税特点

(1)兼具有凭证税和行为税性质。印花税是单位和个人书立、领受的应税凭证征收的一种税，具有凭证税性质。任何一种应税经济凭证反映的都是某种特定的经济行为，因此，对凭证征税，实质上是对经济行为的课税。

(2)征税范围广泛。印花税的征税对象包括了经济活动和经济交往中的各种应税凭证，凡书立和领受这些凭证的单位和个人都要缴纳印花税，其征税范围是极其广泛的。随着市场经济的发展和经济法制的逐步健全，依法设立经济凭证的现象将会愈来愈普通。因此，印花税的征收面将更加广阔。

(3)税率低、负税轻。印花税与其他税种相比较，税率要低得多，其税负较轻，具有广集资金、积少成多的财政效应。

(4)由纳税人自行完成纳税义务。纳税人通过自行计算、购买并粘贴印花税票的方法完成纳税义务，并在印花税票和凭证的骑缝处自行盖戳注销或画销。这也与其他税种的缴纳方法存在较大区别。

在中国境内书立、领受《中华人民共和国印花税暂行条例》所列举凭证的单位和个人，都是印花税的纳税义务人，应当按照规定缴纳印花税。具体有：立合同人、立账簿人、立据人、领受人。

现行印花税只对印花税条例列举的凭证征税，具体有5类：合同或者具有合同性质的凭证，产权转移书据，营业账簿，权利、许可证照和经财政部确定征税的其他凭证。

2. 印花税的征税范围

(1)经济合同。主要包括：购销合同；加工承揽合同；建设工程勘察设计合同；建筑安装工程承包合同；财产租赁合同，但不包括企业与主管部门签订的租赁承包合同；货物运输合同；仓储保管合同；借款合同，包括银行及其他金融组织和借款人(不包括银行同业拆借)所签订的借款合同；财产保险合同；技术合同。

(2)产权转移书据。土地使用权出让合同、土地使用权转让合同、商品房销售合同按照产权转移书据征收印花税。

(3)营业账簿。

(4)权利、许可证照。包括房屋产权证、工商营业执照、商标注册证、专利证、土地使用证等。

导入案例简析

由资料中反映的信息，根据税法规定可知，该投资企业属于增值税和消费税纳税人。就资料中涉及的该项投资而言，应当缴纳增值税和消费税以及相应的城市维护建设税。

应纳税额的具体计算：

(1)应纳增值税额＝150 000×20×17％＝510 000(元)

(2)应纳消费税额＝150 000×20×9％＝270 000(元)

(3)应纳城市维护建设税额＝(510 000＋270 000)×5％＝39 000(元)

(4)应纳税额合计 819 000 元

【法规文献链接】

1.《中华人民共和国增值税暂行条例》(修订)(2008－11－10 国务院令第 538 号公布,2009－1－1 起施行)

2.《中华人民共和国消费税暂行条例》(修订)(2008－11－10 国务院令第 539 号公布,2009－1－1 起施行)

3.《中华人民共和国营业税暂行条例》(修订)(2008－11－10 国务院令第 540 号公布,2009－1－1 起施行)

4.《中华人民共和国企业所得税法》(2007－3－16 第十届全国人民代表大会第五次会议通过,2008－1－1 起施行)

5.《中华人民共和国个人所得税法》(修订)(2011－6－30 中华人民共和国主席令第 48 号公布,2011－9－1 起施行)

6.《中华人民共和国个人所得税法实施条例》(2011 修订)(2011－7－19 国务院令第 600 号公布,2011－9－1 起施行)

7.《中华人民共和国税收征收管理法》(2001 修订)(第九届全国人民代表大会常务委员会通过,2001－5－1 起施行)

思考与拓展

1. 什么叫税收? 其特征与职能分别是什么? 如何理解税收是"取之于民,用之于民"?

2. 增值税和消费税之间具有什么区别?

3. 为什么要对个人所得征收所得税?

4. 计算题:郑某于 2012 年 1 月将其自有的四间面积为 150 平方米的房屋出租给张某居住,租期 1 年。郑某每月取得租金收入 1 500 元,全年租金收入 18 000 元。请计算郑某全年租金收入应缴纳的个人所得税。

5. 案例分析:

案　例　一

2010 年 12 月某税务人员到某建筑公司查账。通过检查各类账簿,发现该公司"工程往来"账户长期与某一异地建筑队有经济往来。该公司与异地的建筑工程队是何关系,有无签订建筑工程承包合同,经与该公司会计人员座谈了解,否认有转包、分包工程建筑事项。带着这一疑点,检查人员有针对性地外查该异地建筑队。经查,该异地的建筑队长期挂靠在该公司名下,仅 2010 年就从该公司接收转包、分包工程 348 万元,分包、转包合同书 4 份,均未申报缴纳印花税。税务人员将稽查结果通知该公司,并对该公司工程承包合同进行了详细核查,查实该公司只就其总包合同申报缴纳了印花税,对外部建筑队的分包、转包合同金额均未申报缴纳税款,有意隐瞒分包、转包合同,偷漏印花税 1 044 元。

问题:

根据税法规定,你以为对该建筑公司应当作何种处理?

案 例 二

根据群众举报,对某建筑工程有限公司进行税务检查,经查该建筑公司 2012 年 5 月取得某项建筑工程收入 1 568 万元没有进行纳税申报。税务稽查局根据《税收征管法》第六十四条第二款规定,对该建筑公司作出税务处理和处罚决定:追补该公司应纳税款 50.33 万元,加收滞纳金 3.08 万元,并处不缴税款一倍 50.3 万元罚款。建筑公司对税务稽查局作出的税务处理和处罚决定不服,以税务稽查局没有执法主体资格为由,向人民法院提起行政诉讼,请求法院撤销税务稽查局作出的税务处理和处罚决定。

问题:

建筑公司的请求会获得人民法院的支持吗? 为什么?

项目六 依法履行用工义务 促成企业、员工"双赢"

任务一 编制企业合法用工基本制度

任务目标

当代社会,人力资源已经成为企业最基本、最具活力的根本性资源,甚至成了"人力资本"。选用员工是企业的一项重要工作。但是,如何处理好合法有效用工,防范劳动争议发生,实现企业、员工"双赢",现实中还存在诸多不足。为此,根据劳动法律规范要求,针对企业用工实际环境状况,企业应当编制"自觉守法,有效用工基本制度"。

在全面、正确认识我国劳动法规内容后,请代××公司拟订一份"××公司劳动关系管理基本制度"。

导入案例

张某出生于1994年6月1日,初中未毕业便辍学在家。2009年2月,张某跟随同村的人去广东务工。某皮鞋厂招用了这批农民工共5人。皮鞋厂与他们订立的劳动合同约定,每周工作6天,每天工作8小时,工资每月1000元,不参加社会保险,劳动合同期限1年,厂方根据生产需要安排加班,劳动者必须服从,否则解除劳动合同。

问题:
张某与皮鞋厂之间劳动关系的合法性。

内容阐释

一、劳动法律关系

劳动法律关系是指劳动关系当事人在实现劳动过程中依据劳动法律规范而形成的劳动权利

和劳动义务关系。劳动法律关系的当事人是指用人单位和劳动者。劳动法律关系包括主体、内容和客体3个要素。

劳动法律关系则是劳动关系在法律上的表现形式,是劳动法调整劳动关系的结果。

案例 6.1　　　　　　　　　　　劳动合同关系形成

2010年4月某学院为配合大学生运动会的召开,决定对院内环境进行整顿,拆除几处房屋建筑。学院与某劳动服务公司签订承包合同,由劳动服务公司负责组织人员拆除,同时支付劳动服务公司劳务费用10万元。劳动服务公司雇用了5名工人工作,并与工人签订了劳动合同。

在拆除过程中,工人张某不慎从房顶坠落受伤,住院后医院要求支付住院押金1万元,由学院垫付。但是后来张某住院期间的医疗费及继续治疗的费用,劳动服务公司与学院都不同意支付。劳动服务公司对张某说,你是在为学院拆除房屋时受伤的,应由学院为你支付医疗费。张某就以学院为被告,提出了仲裁申请。

问题:
张某与学院是否存在劳动法律关系? 应当由哪个单位向张某提供工伤待遇?

解析:
张某与学院不存在劳动法律关系。因为在本案例中工人张某是与劳动服务公司签订的劳动合同,他们双方形成的是一种劳动法律关系,劳动服务公司负有为其提供工伤待遇和保障的义务,而学院是与劳动服务公司签订的合同,没有形成与张某直接的劳动法律关系,所以应当由劳动服务公司向张某提供工伤待遇。

(一)劳动法律关系的主体

劳动法律关系的主体是指在实现劳动过程中依照劳动法律法规享有权利并承担义务的人,包括劳动者和用人单位。

劳动者是指达到法定年龄、具有劳动能力,以从事某种社会劳动获取收入为主要生活来源的自然人,包括我国公民、外国人和无国籍人。我国公民的法定就业年龄为年满16周岁,用人单位非法招用未满16周岁的未成年人的,由劳动行政部门责令改正,处以罚款;情节严重的,由工商行政管理部门吊销营业执照。

用人单位是指依法招用和管理劳动者,并按照法律规定或合同约定向劳动者提供劳动条件和劳动保护,支付劳动报酬的组织。包括企业、事业单位、社会团体、国家机关、民办非企业单位和个体经济组织。

案例 6.2　　　　　　　　　　　劳动法律关系主体认定

2010年6月,保姆张某通过保姆中介所介绍,为辖区内一户人家提供家政服务。几个月后的一天,张某在雇主家擦玻璃时,不慎失足从楼上摔了下去,造成腰椎粉碎性骨折。医院实施手术,雇主为此支付了2万多元的手术费,但需再做手术方可摆脱终生瘫痪的危险,手术费用4万多元。张某本人无力支付,雇主也表示难以为继。张某通过法律援助要求保姆中介所承担赔偿责任。但劳动争议仲裁委员会认为张某与保姆中介所没有隶属关系,不属于劳动争议范畴。

问题：

劳动争议仲裁委员会的看法是否正确。

解析：

劳动争议仲裁委员会的看法是正确的。根据我国劳动法的有关规定，用人单位是"单位"，不是自然人，自然人之间的雇用关系不由劳动法调整。在本案例中张某只是经过保姆中介所介绍就业，不是保姆中介所委派去工作的，他们之间的雇用关系不由劳动法调整，本案也就不属于劳动争议法律处理范畴。

(二)劳动法律关系的内容

劳动法律关系的内容指劳动法律关系主体依法享有的劳动权利和承担的劳动义务。

1. 劳动者的权利和义务

《劳动法》第三条规定：劳动者享有平等就业和选择职业的权利、取得劳动报酬的权利、休息休假的权利、获得劳动安全卫生保护的权利、接受职业技能培训的权利、享受社会保险和福利的权利、提请劳动争议处理的权利以及法律规定的其他劳动权利。

劳动者有权依法参加和组织工会，有权依法参与本单位的民主管理。劳动者的义务是，应当完成劳动任务，提高职业技能，执行劳动安全卫生规程，遵守劳动纪律和职业道德。

劳动者的基本权利与基本义务

劳动者的基本权利	劳动者的基本义务
平等就业和选择职业	完成劳动任务
取得劳动报酬	提高职业技能
休息休假	执行劳动安全卫生规程
获得劳动安全卫生保护	遵守劳动纪律和职业道德
接受职业技能培训	
享受社会保险和福利	
提请劳动争议处理	
依法参加工会和职工民主管理	
法律规定的其他权利	

2. 用人单位的权利和义务

用人单位的权利有，依法享有自主招工用人、自主分配工作任务、根据内部规章制度实施奖惩、分配劳动报酬、依法辞退职工等权利。用人单位的义务是，应当依法建立和完善规章制度，保障劳动者享有劳动权利和履行劳动义务。包括依法确定劳动定额和支付劳动报酬、保障劳动者依法休息休假、提供劳动安全卫生保护、对劳动者进行职业培训、缴纳社会保险费等多方面的义务。

用人单位的基本权利与基本义务

用人单位的基本权利	用人单位的基本义务
用工自主权	为劳动者劳动权利的实现提供条件保障
合理组织调配权	建立职业培训制度，按照国家规定提取和使用职业培训经费，并有计划地对劳动者进行职业培训

用人单位的基本权利	用人单位的基本义务
劳动报酬分配权	支付劳动报酬
劳动奖惩权	依据国家规定参加社会保险,缴纳社会保险费,同时创造条件,举办集体福利事业,改善和提高劳动者的福利待遇
辞退职工权	

(三)劳动关系与劳务关系的区别

1. 主体不同

劳动关系主体具有特定性,劳动者与用人单位双方的法律地位既有平等性又有隶属性;而劳务关系主体不特定,双方的法律地位完全平等,双方不存在行政隶属关系,没有管理与被管理、支配与被支配的权利和义务。

2. 要求内容不同

劳动关系要求劳动者提供的是劳动行为;而劳务关系要求劳动者提供一次性的或者是特定的劳动服务,提供的是具体的劳动成果。

3. 生产资料的提供者不同

劳动关系下生产资料由用人单位提供,劳务关系下可以使用自己的生产资料。

4. 劳务报酬方式不同

劳动关系下遵循按劳分配原则,国家通过法律可以直接进行干预,而劳务关系下金额及支付方式由双方协商确定,国家不予干涉。

5. 纠纷解决方式不同

劳动关系采用的是先仲裁后起诉的方式,而劳务关系可直接向人民法院起诉。

案例 6.3

某灯箱广告有限公司,业务范围为灯箱广告的设计、制作和安装。其中投资人负责拉订单和设计灯箱,灯箱制作由从事铝合金加工的小作坊完成,悬挂灯箱由公司一位熟人的表弟张某完成。张某目前为无业人员,工作时自带相关工具,计薪方式与公司商定,按件计价,每月结算一次。在一次安装过程中,张某不慎从梯子上摔下,造成重伤。张某要求广告公司给予工伤待遇,广告公司认为双方不存在劳动关系,而只是简单的劳务关系。

问题:

该如何处理争议。

解析:

分析此案例的要点在于双方是属于劳动关系还是劳务关系。综合上述知识点,张某工作时自带相关工具,计薪方式与公司商定,符合劳务关系的相关特征。双方确定的应该是劳务关系,适用的法律是《合同法》,而不是《劳动法》。

二、劳动就业和职业培训制度

职业培训工作的指导思想,即深入贯彻落实科学发展观,以服务就业和经济发展为宗旨,坚持城乡统筹、就业导向、技能为本、终身培训的原则,建立覆盖对象广泛、培训形式多样、管理运作规范、保障措施健全的职业培训工作新机制,健全面向全体劳动者的职业培训制度,加快培养数以亿计的高素质技能劳动者。

适应扩大就业规模、提高就业质量和增强企业竞争力的需要,完善制度、创新机制、加大投入,大规模开展就业技能培训、岗位技能提升培训和创业培训,切实提高职业培训的针对性和有效性,

努力实现"培训一人、就业一人"和"就业一人、培训一人"的目标,为促进就业和经济社会发展提供强有力的技能人才支持。

三、工作时间和休息休假基本制度

(一)工作时间基本制度

1. 工时制度

我国现行的标准工作时间制度,是实行职工每日工作 8 小时、每周工作 40 小时的工时制度。因工作性质或者生产特点的限制,不能实行标准工时制度的,按照国家有关规定,经劳动行政部门批准,可以实行不定时工作制和综合计算工时工作制。

2. 延长工作时间的法律规定

任何单位和个人不得擅自延长职工工作时间。但实际中,因为特殊情况和紧急任务,延长工作时间,职工加班加点的事情又会经常发生。

《劳动法》第四十一条至第四十四条规定,用人单位因生产经营需要,经与工会和劳动者协商后可延长工作时间,一般每日不得超过 1 小时;因特殊原因需要延长工作时间的,在保障劳动者身体健康的条件下延长工作时间每日不得超过 3 小时,但是每月不得超过 36 小时。但"因发生灾害事故需要紧急处理的"及"发生故障必须及时抢修的",延长工作时间不受上述规定的限制。

3. 用人单位延长工作时间应向劳动者加倍支付工资报酬

(1)安排劳动者延长工作时间的,支付不低于工资的 150% 的工资报酬。

(2)休息日安排劳动者工作又不能安排补休的,支付不低于工资的 200% 的工资报酬。

(3)法定休假日安排劳动者工作的,支付不低于工资的 300% 的工资报酬。

案例 6.4　　　　　　　　　　加班工资计算

某职工月工资 2 000 元,用人单位安排其在法定假日 10 月 1 日至 3 日期间加班 1 天,其加班工资如何计算?

解析:

实行月工资制的用人单位在将劳动者月工资折算为日或小时工资时,日工资以月计薪天数 21.75 天进行折算,小时工资在日工资基础上除以 8 小时进行折算。

月工资为 2 000 元,除以计薪天数 21.75 天,得到日工资,由于法定假日国庆节加班 1 天,根据法律规定法定休假日安排劳动者工作的,支付不低于工资 300% 的工资,综合上述情况计算如下:

$2\,000 \div 21.75 \times 300\% \times 1 = 275.86$(元)

根据《劳动法》有关规定,加班一般指用人单位由于生产经营需要,经与工会和劳动者协商后,安排劳动者在法定工作时间以外继续从事本职工作。而值班其并非一个法律概念,也缺乏法律依据。通常认为,值班是指职工根据用人单位的要求,在正常工作时间之外负担一定的非生产性、非本职工作的责任。一般而言,值班是用人单位因安全、消防、假日防火、防盗或为处理突发事件、紧急公务等原因,临时安排或根据制度在夜间、公休日、法定休假日等非工作时间内安排与劳动者本职无关联的工作,或虽与劳动者本职工作有关联,但为非生产性的责任,值班期间可以休息的工作,如看门、接听电话等。

通常认为,值班期间劳动者并不直接从事劳动,亦不存在工作任务,其仍然处于休息之中,因此值班并不能直接等同于加班,不应由用人单位支付加班费。但不管值班人员是睡觉还是巡视,主要是安排与值班时间的一些事务处理(或联络)。在值班期间假如发生意外(如盗窃、火灾等)应及时处理或告知,否则由于值班人员的失职而使企业的财物受到损失的,同样需要承担一定责任。可见其职责重要,并非摆设,要求其承担这样的责任,又不支付其工资,是责与利的严重失衡,侵害了值班人员的劳动得益权。

而对于值班费或值班津贴的标准,《劳动法》等法规中并无明确规定,应按用人单位规章制度执行。

(二) 休息休假基本制度

劳动者的休息、休假种类主要包括以下几种:

(1)工作日内的间歇休息时间。主要指一个工作日内给予劳动者休息和用餐的时间。

(2)公休日休息。国家机关、事业单位实行统一的工作时间,星期六和星期日为周休息日。企业和不能实行统一工作时间的事业单位,可以根据实际情况灵活安排周休息日。《劳动法》第三十八条规定,用人单位应当保证劳动者每周至少休息一日。

(3)假日休息。国家法定的全体公民或部分公民的节日休假。根据国务院现行的有关规定,全体公民放假的节日有元旦、春节、清明节、端午节、劳动节、中秋节、国庆节;部分公民放假的节日及纪念日有妇女节、青年节、儿童节、建军节。

(4)探亲假。主要指与父母或配偶分居两地的职工,每年享有的与父母或配偶团聚的假期。

(5)年休假。主要指法律规定的职工满一定工作年限(连续工作一年以上)后,每年享有的保留工作带薪连续休息的时间。

《职工带薪年休假条例》规定:机关、团体、企业、事业单位、民办非企业单位、有雇工的个体工商户等单位的职工连续工作一年以上的,享受带薪年休假(以下简称年休假)。单位应当保证职工享受年休假。职工在年休假期间享受与正常工作期间相同的工资。

职工累计工作已满一年不满十年的,年休假五天;已满十年不满二十年的,年休假十天;已满二十年的,年休假十五天。国家法定休假日、休息日不计入年休假的假期。

年休假在一个年度内可以集中安排,也可以分段安排,一般不跨年度安排。

(6)其他休假。包括婚假、丧假、产假等。

①婚假规定。按法定结婚年龄(女20周岁,男22周岁)结婚的,可享受3天婚假。

结婚时男女双方不在一地工作的,可视路程远近,另给予路程假。

在探亲假(探父母)期间结婚的,不另给假期。

婚假包括公休假和法定假。

符合上述条件的劳动者享有休婚假的权利,劳动合同中具体约定不能对抗该权利,即如侵犯了劳动者的休婚假权利的,合同条款无效。

符合晚婚年龄(女23周岁,男25周岁)的,可享受晚婚婚假15天(含3天法定婚假)。

《人口与计划生育法》第二十五条规定:公民晚婚晚育,可以获得延长婚假、生育假的奖励或者其他福利待遇。

②丧假规定。根据原国家劳动总局、财政部《关于国营企业职工请婚丧假和路程假问题的规定》,国有企业职工的直系亲属死亡时,企业应该根据具体情况,酌情给予职工1~3天的丧假。直系亲属包括父母、配偶和子女。如果职工死亡的直系亲属在外地,需要职工本人去外地料理丧事的,企业应该根据路程远近,另外给予职工路程假。职工在休丧假和路程假期间,企业均应当照常发放职工的工资。职工在途中的车船费等,由职工本人自理。目前国家还没有对非国有企业职工婚假作出具体规定。

③女职工的"三期"保护。女职工的"三期"保护,指孕期、产期、哺乳期保护。

据《劳动法》第二十九条之规定,女职工在孕期、产期、哺乳期内的,用人单位不得依据《劳动法》第二十六条、第二十七条的规定与之解除劳动合同。为了确保女职工的权益,《妇女权益保障法》第二十六条规定"任何单位不得以结婚、怀孕、产假、哺乳等为由,辞退女职工或者单方面解除劳动合同";同时原劳动部在《关于〈劳动法〉若干条文的说明》和《关于贯彻执行〈劳动法〉若干问题的意见》中均规定:女职工的劳动合同在孕期、产期、哺乳期内到期的,应自动延续到女职工"三期"届满为止。

产期:《劳动法》第六十二条规定"女职工生育享受不少于 90 天的产假"。

哺乳期:《女职工劳动保护规定》中规定,有不满 1 周岁婴儿的女职工,其所在单位应当在劳动时间内给予其两次哺乳时间,每次 30 分钟。《劳动法》和《女职工劳动保护规定》中还规定了,女职工在哺乳未满 1 周岁的婴儿期间,所在单位不得安排其从事国家规定的第三级体力劳动强度的劳动和哺乳期禁忌从事的其他劳动,不得安排其延长工作时间和夜班劳动。

孕期:《劳动法》第六十一条规定"不得安排女职工在怀孕期间从事国家规定的第三级体力劳动强度的劳动和孕期禁忌从事的劳动。对怀孕 7 个月以上的女职工,不得安排其延长工作时间和夜班劳动"。《女职工劳动保护规定》还规定:女职工在怀孕期间,用人单位不得在正常劳动日以外延长劳动时间;对不能胜任原劳动的,应当根据医务部门的证明,予以减轻劳动量或者安排其他劳动。对于怀孕 7 个月和 7 个月以上的女职工,在劳动时间内还应当安排一定的休息时间;怀孕的女职工在劳动时间内进行产前检查的,应当算作劳动时间。

四、劳动工资和劳动安全卫生基本制度

(一)劳动工资基本制度

工资是指用人单位依据国家有关规定或劳动合同的约定,以货币形式直接支付给本单位劳动者的劳动报酬。

1. 工资的构成

《关于工资总额组成的规定》第四条规定,工资总额由下列 6 个部分组成:计时工资,计件工资,奖金,津贴和补贴,加班加点工资,特殊情况下支付的工资。根据这一规定,工资应当由"基本工资"和"辅助工资"构成。基本工资是指劳动者在法定时间内提供正常劳动所得的劳动报酬,包括计时工资和计件工资。辅助工资包括奖金、津贴和补贴。

但是,劳动者的以下劳动收入不属于工资范围:

第一,单位支付给劳动者个人的社会保险福利费用,如丧葬抚恤救济费、生活困难补助费、计划生育补贴等;

第二,劳动保护方面的费用,如用人单位支付给劳动者的工作服、解毒剂、清凉饮料费用等;

第三,按规定未列入工资总额的各种劳动报酬及其他劳动收入,如根据国家规定发放的创造发明奖、国家星火奖、自然科学奖、科学技术进步奖、合理化建议和技术改进奖、中华技能大奖等,以及稿费、讲课费、翻译费等。

案例 6.5　　　　　　　　　　劳动者工资确定

2012 年 5 月,小张应聘到某医药公司工作,双方未签订书面劳动合同,只约定小张每月工资为 1 560 元。2012 年 11 月,小张以医药公司与其未订立书面劳动合同为由,向当地劳动争议仲裁委员会申请仲裁,请求裁决医药公司支付 2012 年 5 月至 11 月的双倍工资差额。仲裁中,

双方在双倍工资如何计算的问题上产生分歧。原来,虽然双方对工资有约定,但2012年5月至2012年11月,加上销售提成,小张实领工资15 805元。因此,小张要求以这个实际收入作为计算双倍工资的基数。但医药公司认为,应按照约定工资支付双倍工资,而不应包括销售提成。

问题:

销售提成计入小张的工资总额组成部分的说法正确吗?

2. 工资支付保障

(1)工资支付的一般原则:

第一,货币支付原则。除法定情况外,工资应当以法定货币形式支付,不能以实物形式支付。

第二,直接支付原则。工资应当直接支付给劳动者本人,由劳动者本人直接领取,特殊情况下经劳动者本人同意可以由他人代领。用人单位可委托银行代发工资。

第三,全额支付原则。在劳动者提供了足额劳动或全部劳动的情况下,雇主应当全额支付劳动者工资,除法定可以扣除的项目以外,雇主不得非法克扣劳动者的工资。

案例6.6 **工资克扣**

李红是一家房地产公司的销售人员,其与公司的劳动合同中约定,其月工资为4 000元,另加提成。2011年元月,随着国家房价调控政策的进一步显现作用,公司的楼盘销售量出现了大幅滑坡。公司遂打算辞退员工,但碍于高额经济补偿便采取了"隐性辞退":让李红回家待岗,每月只发600元生活费,通过使其陷入低收入而又不能到别的用人单位兼职的境地,最终被迫自己辞职。

问题:

该房地产公司的行为合法吗? 为什么?

第四,定期支付原则。雇主应当按照法律规定或合同约定的时间发放工资。

案例6.7 **工资支付**

李某在某公司做财务工作,由于某种原因,2011年5月李某辞职了。辞职后单位还拖欠李某半个月工资,李某要求单位支付,单位一直推脱,后李某与主管经理协商过此事,未果。

问题:

李某应当找哪个部门维护自己的合法权利?

---

(2)特定情形的工资支付保障。对于劳动者的下列工资,用人单位应当按照法定标准或劳动合同约定的标准支付:履行国家和社会义务期间的工资,如参加选举、出庭作证期间的工资;加班加点、年休假、探亲假、婚假、丧假工资;生病、工伤期间的工资;停工期间的工资;离职(脱产)学习期间的工资;企业依法破产时劳动者的工资。

(3)工资的扣除。用人单位只有在依法允许扣除工资的情形下,才可以扣除工资,且每次扣除工资额不得超出法定限度。我国现行工资法律制度允许用人单位代扣工资和扣除赔偿金。

第一,用人单位代扣工资的法定情形:用人单位代扣代缴的个人所得税;用人单位代扣代缴的

应由劳动者个人负担的各项社会保险费用；法院判决、裁定中要求代扣的抚养费、赡养费；法律、法规规定可以从劳动者工资中扣除的其他费用。

第二，用人单位扣除赔偿金的限制。因劳动者本人原因给用人单位造成经济损失的，用人单位可按照劳动合同的约定要求其赔偿经济损失。经济损失的赔偿，可从劳动者本人的工资中扣除。但每月扣除的部分不得超过劳动者当月工资的 20%。若扣除后的剩余工资部分低于当地月最低工资标准，则按最低工资标准支付。

案例 6.8　　　　　　　　　　违 约 金

个体户王某开了一家小餐馆，雇用了农村姑娘李某作服务员，双方签订了一份劳动合同，合同中约定：李某在王某家吃住，每月工资 840 元，合同期限为一年，任何一方不得提前解除劳动合同，否则必须支付给对方 600 元的违约金。到了月底，李某要求王某发给她当月的工资，王某以手头资金周转不灵为由，要求张某等些日子。等到下月月底，当张某再次要王某发工资的时候，王某回答说，合同中仅规定每月 840 元钱，没规定什么时候发，应当是合同到期后一起支付。张某不同意，表示如果不支付她就走人。王某则说，不干可以，但必须给他 600 元的违约金。李某经人指点，向市劳动争议委员会求援，要求解除与王某的劳动合同，并要求其支付工资。王某则要求李某支付违约金。

问题：
李某和王某的要求是否合法？

---

3. 最低工资制度

最低工资标准，是指劳动者在法定工作时间或依法签订的劳动合同约定的工作时间内提供了正常劳动的前提下，用人单位依法应支付的最低劳动报酬。它不包括加班加点工资，中班、夜班、高温、低温、井下、有毒有害等特殊工作环境、条件下的津贴，以及国家法律法规、政策规定的劳动者保险、福利待遇和企业通过贴补伙食、住房等支付给劳动者的非货币性收入等。

最低工资标准适用于下列劳动者：在中华人民共和国境内的企业、民办非企业单位、有雇工的个体工商户和与之形成劳动关系的劳动者；国家机关、事业单位、社会团体和与之建立劳动合同关系的劳动者。

4. 工资支付违法的法律责任

《劳动合同法》第八十五条规定，用人单位有下列四种情形之一的，由劳动行政部门责令限期支付劳动报酬、加班费或者经济补偿；劳动报酬低于当地最低工资标准的，应当支付其差额部分；逾期不支付的，责令用人单位按应付金额 50% 以上 100% 以下的标准向劳动者加付赔偿金：一是未按照劳动合同的约定或者国家规定及时足额支付劳动者劳动报酬的；二是低于当地最低工资标准支付劳动者工资的；三是安排加班不支付加班费的；四是解除或者终止劳动合同，未依照本法规定向劳动者支付经济补偿的。

(二)劳动安全卫生基本制度

1. 劳动安全卫生制度

用人单位必须建立健全劳动安全卫生制度，严格执行国家劳动安全卫生规程和标准，对劳动者进行劳动安全卫生教育，防止劳动过程中的事故，减少职业危害。

2. 劳动安全卫生设施

劳动安全卫生设施必须符合国家规定的标准。新建、改建、扩建工程的劳动安全卫生设施必须与主体工程同时设计、同时施工、同时投入生产和使用。

3. 劳动安全卫生防护

用人单位必须为劳动者提供符合国家规定的劳动安全卫生条件和必要的劳动防护用品，对从事有职业危害作业的劳动者应当定期进行健康检查。劳动安全卫生设施必须符合国家规定的标准。新建、改建、扩建工程的劳动安全卫生设施必须与主体工程同时设计、同时施工、同时投入生产和使用。

五、社会保险制度

（一）养老保险法律制度

基本养老保险是指依法参保并缴纳费用，达到待遇领取条件者，国家依法提供物质帮助，以保证年老退出劳动后的基本生活的一种社会保险制度。基本养老保险是社会保险的一部分。

我国实行基本养老保险行业统筹企业的基本养老保险工作，按照先移交后调整的原则，全部移交省、自治区、市管理。养老保险费用由企业和个人共同负担，即基本养老保险费由企业和职工个人共同缴纳，企业缴纳的养老保险费是基本养老保险费用的最主要来源。劳动者享受基本养老保险待遇的条件，在法律规定上一般包括：退出劳动领域、年龄、工龄或者缴费年限。

基本养老金待遇：1997 年国发 26 号文件实施后参加工作、达到退休年龄，男 60 岁，女干部 55 岁，女工人 50 岁，缴费年限累计满 15 年的人员，退休后按月发给基本养老金。基本养老金由基础养老金和个人账户养老金两部分构成。基础养老金月标准以当地上年度在岗职工月平均工资和本人指数化月平均缴费工资的平均值为基数，缴费每满 1 年发给 1％；个人账户养老金月标准为个人账户储存额除以计发月数，计发月数根据职工退休时城镇人口平均预期寿命、本人退休年龄、利息等因素确定。如 55 岁退休的计发月数为 170，60 岁退休的计发月数为 139。达到法定退休年龄时累计缴费不足十五年的，可以缴费至满十五年，按月领取基本养老金；也可以转入城乡居民社会养老保险，按照国务院规定享受相应的养老保险待遇。

企业缴费的比例，一般不得超过企业工资总额的 20％（包括划入个人账户的部分），具体比例由省、自治区、直辖市人民政府确定。少数省、自治区、直辖市因离退休人数较多、养老保险负担过重，确需超过企业工资总额 20％的，应报劳动部、财政部审批。有条件的地区和工资增长较快的年份，个人缴费比例提高的速度应适当加快。

（二）医疗保险法律制度

基本医疗保险制度是社会保障体系的重要组成部分，是由政府制定、用人单位和职工共同参加的一种社会保险制度。它按照财政、用人单位和职工的承受能力来确定职工的基本医疗保障水平，具有广泛性、共济性、强制性的特点。

城镇职工基本医疗保险制度是社会保障系的重要组成部分。社会保障体系是社会主义市场经济的重要支柱。加快建立和完善独立于企事业单位之外的社会保障体系，是贯彻江泽民总书记"三个代表"重要思想的具体体现，关系到改革、发展、稳定的大局。在计划经济体制下建立起来的公费、劳保医疗制度，曾经发挥过积极的作用。但在市场经济条件下，其弊端日益突出，主要表现在：一是国家和企业包揽过多，缺乏合理的医疗费用筹措机制；二是医患双方缺乏制约机制，医疗费用增长过快，浪费严重；三是覆盖面比较窄，难以保障社会劳动者的基本医疗，不利于劳动力的合理流动。因此，为建立和完善社会保障体系，创造公平竞争的社会环境，促进劳动力的合理流动，

保障职工基本医疗,维护职工权益,必须建立城镇职工基本医疗保险制度。

随着我国经济发展水平的提高及政府和相关研究领域的重视,以及为实现基本建立覆盖城乡全体居民的医疗保障体系的目标,国务院决定,从 2007 年起开展城镇居民基本医疗保险试点工作,探索和完善城镇居民基本医疗保险的政策体系,逐步建立以大病统筹为主的城镇居民基本医疗保险制度。

关于医疗保险缴费率,在试点和扩大试点中各地进行多种试验,规定不一。根据有关规定:医疗保险费由用人单位和职工共同缴纳;用人单位缴费率控制在职工工资总额的 6% 左右,职工缴费率一般为本人工资收入的 2%;随着经济的发展,缴费率可做相应调整。职工个人缴费的全部及用人单位缴费的 30% 左右,划入个人账户;用人单位缴费的其余部分用于建立统筹基金。

(三)失业保险法律制度

失业保险既是社会保障体系的重要组成部分,又是形成市场就业机制的必要条件。为充分发挥失业保险的作用,进一步改革和完善失业保险制度,1998 年 12 月 16 日,国务院常务会议通过并于 1999 年 1 月 22 日发布了国务院第 258 号令,颁布了《失业保险条例》。

失业保险,是通过社会保险的方式来保障非自愿性失业者劳动收入中断后的基本生活。城镇企业事业单位、城镇企业事业单位职工依照条例规定,缴纳失业保险费,享受失业保险待遇。

根据《社会保险法》有关规定,同时具备下列条件的失业人员,可以领取失业保险金,并按规定享受其他失业保险待遇:

第一,按规定参加失业保险,所在单位和本人已按规定履行缴费义务满一年或者缴费不满一年但本人仍有领取失业保险金的期限的;

第二,非因本人意愿中断就业的;

第三,按规定已办理申请领取失业保险金手续,并有求职要求的。

根据《失业保险条例》的规定,失业保险金的发放标准,应当按照低于当地最低工资标准、高于城市居民最低生活保障标准的水平,由省、自治区、直辖市人民政府确定。

城镇企业事业单位按照本单位工资总额的 2% 缴纳失业保险费,职工个人按照本人工资的 1% 缴纳失业保险费。个人缴纳失业保险费,有利于增加事业保险基金的来源渠道,减轻用人单位的失业保险负担,增强职工的失业保险意识,并更加珍惜就业机会。

(四)生育保险法律制度

生育保险是女职工因生育子女而暂时中止劳动,并从国家和社会中获得物质帮助的一项社会保险制度。我国的生育保险待遇包括 3 项,即产假、生育津贴和医疗服务,具体待遇标准为:职工个人不缴纳生育保险费,由企业按照职工工资总额的一定比例向社会保险经办机构缴纳生育保险费,建立生育保险基金;女职工生育按照规定享受带薪产假,产假期间的生育津贴按照本企业上年度职工月平均工资计发,由生育保险基金支付;享受孕产期医疗服务费用,生育的检查费、接生费、手术费、住院费和药费由生育保险基金支付。

(五)工伤保险法律制度

工伤保险是指劳动者在因工负伤、致残和死亡时依法所享有的社会保险。它与养老保险、医疗保险、失业保险一样,是社会保障法体系中的一个重要的组成部分,其作用是保障职工在工作中遭受事故伤害或者职业病时能获得及时救治和补偿,分散用人单位的风险,促进工伤事故的预防,从而在全社会范围内提高企业的安全卫生保护层次和管理水平。

近年来,我国不断加大工伤保险法律制度建设,2004 年 1 月 1 日《工伤保险条例》的施行,为保护工伤职工的合法权益提供了有力的法律依据。2010 年 10 月 28 日，全国人大常委会审议通过了《中华人民共和国社会保险法》，对工伤保险制度作出了一些新的规定。随后，国务院对《工伤保险条例》进行了修订，并于 2011 年 1 月 1 日起实施。为了妥善处理工伤保险行政纠纷，统一司法尺度，最高人民法院于 2007 年开始就审理工伤保险行政案件的法律适用问题进行调研，并在认真总结审判实践经验的基础上，经过反复论证和广泛征求意见，按照"依法保障工伤职工权益、大力促进社会公平正义"的要求，制定出台了《最高人民法院关于审理工伤保险行政案件若干问题的规定》，并于 2014 年 9 月 1 日起施行。

职工有下列情形之一的，应当认定为工伤：

（一）在工作时间和工作场所内，因工作原因受到事故伤害的；

（二）工作时间前后在工作场所内，从事与工作有关的预备性或者收尾性工作受到事故伤害的；

（三）在工作时间和工作场所内，因履行工作职责受到暴力等意外伤害的；

（四）患职业病的；

（五）因工外出期间，由于工作原因受到伤害或者发生事故下落不明的；

（六）在上下班途中，受到非本人主要责任的交通事故或者城市轨道交通、客运轮渡、火车事故伤害的；

（七）法律、行政法规规定应当认定为工伤的其他情形。

职工有下列情形之一的，视同工伤：

（一）在工作时间和工作岗位，突发疾病死亡或者在 48 小时之内经抢救无效死亡的；

（二）在抢险救灾等维护国家利益、公共利益活动中受到伤害的；

（三）职工原在军队服役，因战、因公负伤致残，已取得革命伤残军人证，到用人单位后旧伤复发的。

职工个人不缴纳工伤保险费，完全由用人单位承担缴费责任。用人单位缴纳工伤保险费的数额为本单位职工工资总额乘以单位缴费费率之积。

工伤保险待遇一般包括：医疗费、护理费、营养费等费用。

案例 6.9   **社会保险**

李某在一家外企担任副总经理，当时公司董事长在谈到工资待遇时，对李某说："董事会给你定的工资为 1 万元。不过除了工资以外，没有其他福利待遇了。比如医药费报销、养老等问题都得自己解决，公司概不负责。"李某听完觉得自己还年轻，一般不会有什么大病，至于养老问题，现在考虑还为时过早，就同意了公司的要求。几个月后，由于李某与董事长在公司的经营管理等重大问题上产生分歧，被公司开除。李某不服，提请仲裁，并提出公司未给他缴纳社会保险的问题，要求单位为其补缴社会保险。但公司董事长抗辩说："不为你缴纳养老保险，是事先跟你讲好的。你要是不同意，当时可以不干。你既然干了，就说明咱们的协议已经达成，你现在无权反悔。"那么，李某的请求能够得到支持吗？公司是否必须为李某缴纳社会保险呢？

解析：

按照我国法律规定，社会保险费包括基本养老保险费、基本医疗保险费、失业保险费，同时还规定缴费单位、个人应当按时足额缴纳社会保险费，即用人单位和职工缴纳社会保险费是强制性法律义务，不得以任何形式规避法律责任，不缴或少缴养老保险费。基本养老保险费的征

缴范围是国有企业、城镇集体企业、外商投资企业、城镇私营企业和其他城镇企业及其职工,实行企业化管理的事业单位及其职工。本案例中这家外企属于这一范围,因此负有缴纳义务。

从上述分析可知,此家公司通过与职工协议的方式试图规避它应当承担的缴纳社会保险费的强制性义务已经违反了法律法规的强制性规定,因此该约定无效,不发生法律约束力。所以这家公司的理由明显缺乏法律依据,应当为李某补缴工作期间的社会保险。

需要指出的是,《中华人民共和国社会保险法》还规定了工伤保险待遇先行支付制度。该制度要求,如果不幸发生工伤事故,用人单位又没有依法缴纳工伤保险费,而且拒绝向职工支付工伤保险待遇的,将由当地人力资源和社会保障部门的工伤保险基金管理中心先行支付,之后再由相关部门向用人单位追缴。

(六)遗属津贴

是在劳动者死亡后,用人单位按照规定给予其遗属一定物质帮助的一种社会保障制度。主要包括因工死亡的保险待遇,非因工死亡的丧葬费、一次性补助费、供养直系亲属生活补助费等。

六、劳动合同制度

(一)劳动合同的概念和特征

劳动合同是劳动者与用人单位确立劳动关系、明确双方权利和义务的协议。

劳动合同的当事人双方是待定的;法律保障求职者与招工单位通过相互选择确定合同当事人;求职者与招工单位签订劳动合同后,双方形成管理关系;劳动合同的目的在于劳动过程的完成;劳动合同在一定条件下,往往涉及第三人的物质利益。

在招聘和录用员工的过程中,录用通知书与劳动合同起着不同的作用。录用通知书是用人单位想要建立劳动关系的单方意愿,而劳动合同是证明用人单位与劳动者建立劳动关系的法律文件。因此,二者不能相互代替。用人单位向劳动者发出录用通知书,待员工入职后,应当在一个月内与劳动者签订正式的劳动合同。劳动合同可以包括录用通知书中与劳动合同有关的部分内容,也可以在协商一致后进行变更。劳动合同签订后,用人单位可以选择使录用通知书失效,也可将其作为劳动合同的附件而继续有效,在二者约定不一致时,应当以劳动合同的约定作为履行劳动权利义务的依据。

(二)劳动合同订立的必要性和强制性

通过劳动合同的签订、履行、变更、终止调节劳动力的供求关系,既能使劳动者有一定的择业和流动自由,又能制约劳动者在合同期内适当履行劳动义务和完成应尽职责,从而使劳动力有相对的稳定性和合理的流动性。

劳动合同的订立具有强制性。《劳动合同法》第十条规定:"建立劳动关系,应当订立书面劳动合同。已建立劳动关系,未同时订立书面劳动合同的,应当自用工之日起一个月内订立书面劳动合同。"《劳动合同法实施条例》第五条规定:"自用工之日起一个月内,经用人单位书面通知后,劳动者不与用人单位订立书面劳动合同的,用人单位应当书面通知劳动者终止劳动关系,无须向劳动者支付经济补偿,但是应当依法向劳动者支付其实际工作时间的劳动报酬。"第六条规定:"用人单位自用工之日起超过一个月不满一年未与劳动者订立书面劳动合同的,应当依照劳动合同法第八十二条的规定向劳动者每月支付两倍的工资,并与劳动者补订书面劳动合同;劳动者不与用人单位订立书面劳动合同的,用人单位应当书面通知劳动者终止劳动关系,并依照劳动合同法第四十七条的规定支付经济补偿。前款规定的用人单位向劳动者每月支付两倍工资的起算时间为用工之日起满一个月的次日,截止时间为补订书面劳动合同的前一日。"

案例 6.10　　　　　　　　**劳动合同的重要性**

关先生在一家饭店做厨师长,饭店一直没有与其签订劳动合同,后来又无故把他辞退。

问题:

关先生能要求饭店给予补偿吗?

在实际生活中,有的劳动者由于个人原因不愿意签订劳动合同、不愿意参加社保的情况确实存在,法律、法规也赋予了用人单位因此而单方解除劳动合同的权利,但是用人单位依然要尽到及时催告的义务,否则将承担不利的后果,如《劳动合同法实施条例》第 6 条的规定。但是无论哪一种情况,劳动者已经付出的劳动,用人单位都应当及时支付相应的劳动报酬。

目前有许多劳动者因未与用人单位签订书面劳动合同,遇到纠纷后,无法证明与用人单位存在的劳动关系,使维权陷于被动,也无法得到新劳动合同中关于双倍工资的索赔。在未签订劳动合同的情况下,如何举证证明双方的劳动关系成了劳动者所面临的最大困难。

劳动者首先应该证明劳动者与单位之间存在劳动关系,在用人单位不与劳动者签订劳动合同的情况下,劳动者要想证明存在劳动关系可以采用下面几个证据:

第一,工资发放记录:如盖章的工资条、工资卡的银行记录。

第二,胸卡、门禁卡、工作证、工作卡或工作记录单(表)。

第三,社会保险记录:社会保险缴费记录是证明存在劳动关系的一个强有力的证据。

第四,房贷收入、缴税证明:可以以买房买车贷款为由让公司开据收入证明。

第五,考勤卡:最好原件,且有公司的公章之类的。

第六,工作记录、出差的相应证据等:最好有原件。

第七,代表公司签署的商业合同、文件以及授权书、出差的相应证据等:最好有原件。

第八,工资支付证明、拖欠工资的书面证明等:最好有原件。

第九,劳动监察部门投诉的记录。

第十,同事的证人证言,最好由在职的同事进行证明。

第十一,录音:在和用人单位交涉离职过程中,进行一下录音,以证明辞退事实的发生及单位的拒不出具辞退证明的事实。实际中,许多案件就利用这种证据达到了胜诉的目的。

暑期打工、实习已成了大学生的"主要功课"。现实中,很多大学生暑期打工的工资比应届毕业生的正式工资还高,但同时也出现"维权真空"等问题。大学生在打工过程中也会面临一些"阻力",比如拖欠工资、无故罚款等。而且,大学生在实习之前与雇用者签订劳动合同的并不多。一些有实习经历的大学生表示,经常遇到雇用者延长工作时间但不给增加工资的现象,但只要工资差不多,就不会去讨说法,只有当出现长期拖欠时,才会"强行"索要。目前国家在法律上没有把在学期间实习的大学生列为《劳动法》保护对象。大学生利用业余时间兼职不视为就业,未建立劳动关系可以不签劳动合同,这样的规定对大学生打工者很不利。虽然大学生实习时权益受到伤害,投诉到劳动监察部门,该部门也会出面进行协调,但劳动监察部门并不会主动对此类问题进行监察。

(三)劳动合同制度的基本内容

劳动合同法律制度,是通过平等自愿、协商一致的原则,确立劳动者与用人单位之间稳定和谐的劳动关系的制度;是通过劳动合同明确双方权利和义务,保护双方合法权益的制度。劳动合同制度的建立,从源头上规范企业用工行为。劳动合同制度是劳动社会保障工作的基础工作。通过劳动合同制度,来保护劳动者和用人单位双方的合法权益,调整好劳动关系,加强企业管理,提高劳动者的生产积极性,促进经济发展和社会进步的事实越来越被人们肯定。

劳动合同制度的内容是劳动者与用人单位经过平等协商后达成的关于责任、权利和义务的条款。中国的劳动合同一般包括当事人名称(姓名)和地址、合同期限、试用期限、职务、工作时间、劳动报酬、劳动纪律、政治待遇、教育与培训、劳动合同的变更以及劳动合同的解除、违约责任、其他事项(如住房问题、特殊困难)、纠纷处理(劳动争议)。而这些内容又可以分为两个部分来理解。第一部分是双方当事人自己订的条件,它包括必要劳动条件和补充条件,只要不与国家法律相抵触,完全可以由双方协商决定;第二部分是按照法律法规执行的条件,具有普通的适用性和强制性。

(四)法律责任追究制度

用人单位直接涉及劳动者切身利益的规章制度违反法律、法规规定的,由劳动行政部门责令改正,给予警告;给劳动者造成损害的,应当承担赔偿责任。

赔偿金是《劳动合同法》对违法解除或终止劳动合同的一种惩罚性规定,其标准为经济补偿金的二倍,规定在以下五种情形下支付:

(1)从事接触职业病危害作业的劳动者未进行离岗前职业健康检查,或者疑似职业病病人在诊断或者医学观察期间的。

(2)在本单位患职业病或者因工负伤并被确认丧失或者部分丧失劳动能力的。

(3)患病或者非因工负伤,在规定的医疗期内的。

(4)女职工在孕期、产期、哺乳期的。

(5)在本单位连续工作满十五年,且距法定退休年龄不足五年的。

案例 6.11　　　　　　　　　女职工保护

曾某是市区某家纺用品店的女店员,2011年6月在得知其已怀孕三个多月的情况下,该家纺用品店将曾某辞退。曾某遂将该家纺用品店诉至劳动争议仲裁委员会,要求支付违法解除劳动合同的赔偿金。

问题:

曾某的诉求可以得到支持吗?

导入案例简析

劳动法律关系的主体不合法。《劳动法》规定劳动者是指达到法定年龄,具有劳动能力,以从事某种社会劳动获取收入为主要生活来源的自然人,包括我国公民、外国人和无国籍人。我国公民的法定就业年龄为年满16周岁,用人单位非法招用未满16周岁的未成年人的,由劳动行政部门责令改正,处以罚款;情节严重的,由工商行政管理部门吊销营业执照。案例中张某出生于1994年,录用时为 2009 年,尚未满 16 周岁。

劳动法律关系的内容不合法。《劳动法》规定劳动者的基本权利中有休息休假的权利、享受社会保险和福利的权利;用人单位负有依据国家规定参加社会保险,缴纳社会保险费,同时创造条件,举办集体福利事业,改善和提高劳动者的福利待遇的基本义务。案例中皮鞋厂不让职工参加社会保险,同时厂房根据需要安排加班,劳动者必须服从,否则解除劳动合同,这些都是与法律规定不相符的。

【法规文献链接】

1.《中华人民共和国劳动法》(1994-7-5第八届全国人民代表大会常务委员会第八次会议通过,1995-1-1起施行)

2.《中华人民共和国劳动合同法》(2007-6-29第十届全国人民代表大会常务委员会第二十八次会议通过,2012-12-28第十一届全国人大常委会第三十次会议修正,2013-7-1起施行)

3.《中华人民共和国劳动合同法实施条例》(2008-9-18国务院令第535号公布施行)

4.《中华人民共和国社会保险法》(2010-10-28全国人大常委会审议通过,2011-7-1起施行,2014-8-31第十二届全国人大常委会第十次会议修正)

【任务训练】

假如你是公司分管人力资源工作的公司副总经理。请拟制一份合法、可行的劳动关系问题管理规范要点,以资相关部门遵循。

思考与拓展

1. 劳务关系与劳动关系有何区别? 劳务合同和劳动合同有何区别?

2. 我国劳动法律制度关于劳动者权益保障的基本制度主要有哪些? 其基本内容分别是什么?

3. 案例分析:

案 例 一

谢某与宏达医药公司于2009年8月签订了为期3年的劳动合同,从事药品销售工作。2010年1月,该公司对所有销售人员实行销售承包提成工资办法,销售人员每月必须向公司上缴销售利润4 000元,作为承包基数,完成这个基数可以领取基本工资和按比例提取个人所得。如果没有完成承包基数,公司将不发放包括基本工资在内所有的工资。谢某从2010年2月至6月均未完成承包基数,结果未领到一分工资。谢某要求公司支付其工资,遭到公司拒绝。

问题:

医药公司不计发谢某的工资是否合法?

案 例 二

张某于2010年7月被某食品厂招为合同制工人,同年10月合同期满,双方正式签订劳动合同,有关合同条款如下:合同期限3年,实行每周5天,每天10小时工作制,张某工作岗位为技术科化验员,每月工资2 000元,若双方在劳动合同履行中产生纠纷,纠纷交由当地劳动争议仲裁委员会仲裁。

2011年3月,张某提出每天工作10小时违反了《劳动法》,要求厂方缩短劳动时间,厂方认为

既然工作时间不合法,就是无效合同,因此不需再履行。随后安排他人接替张某工作,张某遂向劳动争议仲裁委员会申请仲裁。

问题:

(1)劳动合同中劳动时间的规定是否有效?

(2)张某与食品厂签订的劳动合同是否有效?

案 例 三

王某于2010年4月2日与某制造厂签订了劳动合同,其中劳动合同中关于劳动报酬是每月2 000元,有关责任的约定是:若乙方因工作失职给甲方造成损失的,乙方应承担赔偿责任。2010年4月21日,在完成一次检修任务时,由于王某擅自离开岗位给某厂造成1万元的经济损失。厂方以王某严重失职为由,决定由王某承担赔偿责任。从2010年5月至8月每月从王某的工资中扣600元,用于赔付损失。王某认为每月扣除的工资过高,对此处罚不服提请劳动争议仲裁委员会予以仲裁。

问题:

(1)某制造厂是否可以扣除王某的工资?

(2)王某认为扣除工资过高是否有法律依据?

任务二 规范地与员工签订劳动合同

任务目标

通过学习关于劳动合同的基本规范,掌握订立劳动合同的主要原则、程序、条款构成、履行规则以及解除和终止要求,并在此基础上,草拟一份××公司与××员工的劳动合同文本。

导入案例

小张是应届大学毕业生,毕业后准备与一家公司签订一份内容如下的劳动合同:

聘用合同书

根据国家、省有关政策规定和我市实际,_____(甲方)与_____(乙方)共同协商,甲乙双方同意签订本合同,以确定工作关系。

一、聘期:_____年_____月_____日至_____年_____月_____日。其中,试用期为_____个工作日(试用期一般不超过60天)。在聘期内,如乙方达到国家规定的退休年龄或死亡,本合同自然终止。

二、甲方应负的责任

1. 根据有关法规,保护乙方的各项合法权益;

2. 遵照按劳分配的原则,必须按《关于大中专毕业生和专业技术人员到非国有单位就业的暂行管理办法》按月支付劳动报酬,为乙方办理养老保险手续(包括试用期);

3. 甲方应遵守人才市场的有关规定,在招聘过程中不得向聘用人员收取费用,聘用期间需要

收取押金、保证金等,须经双方协商确定;

　　4. 为乙方提供必备的工作条件及相应的劳动保护;

　　5. 负责对乙方进行政治思想、专业技术、工作要求等方面的培训教育,并及时进行思想作风和工作业务等考核,将考核结果作为任职、续聘和奖惩的依据。

　　三、乙方应负的责任

　　1. 努力学习政策文件、业务技术和管理知识;

　　2. 认真完成各项工作任务;

　　3. 严格履行本合同,遵章守纪。

　　四、乙方符合下列情况之一的,甲方可以解除聘用合同:

　　1. 在试用期内发现不符合录用条件的;

　　2. 违纪或符合其他有关辞退规定条件的;

　　3. 被依法追究刑事责任的;

　　4. 其他符合国家政策规定的。

　　五、乙方符合下列情况之一的,甲方不得解除聘用合同:

　　1. 聘用合同期限未满,又不符合单位可以解除聘用合同条件的;

　　2. 因工作造成患有职业病或因工负伤并经医学鉴定确认完全或部分丧失劳动能力的;

　　3. 女工在孕期、产假和哺乳期的;

　　4. 符合国家有关规定条件的。

　　六、符合下列情况之一的,允许乙方可以解除聘用合同:

　　1. 甲方不履行本合同或违反有关政策、法规,侵害乙方合法权益的;

　　2. 符合有关辞职规定的;

　　3. 有其他正当理由的。

　　七、甲乙任何一方要求解除合同(违纪、违法追究刑事责任的除外),应提前 30 个工作日通知对方。经协商同意,双方在本合同书上签署解除合同意见,并报鉴证部门办理注销手续。

　　八、聘用合同到期,聘用关系自然终止,需要续订聘用合同的,双方均应在聘用合同到期前 30个工作日办理聘用合同的续聘签证手续。

　　九、除国家规定的原因外,甲乙任何一方违反合同有关条款,应向对方支付＿＿＿＿＿元至＿＿＿＿＿元违约金。如需要变更合同相关内容,经双方协商同意,仍须办理合同签订、鉴证手续。

　　十、双方在合同期内如发生争议,应通过单位主管部门人事争议调解组织进行调解;调解不成的,可从争议发生之日起六十个工作日内向市人才流动争议仲裁委员会申请调解仲裁。

　　十一、本合同未尽事宜,按国家、省、市有关政策、法规、规定执行。

　　十二、协商条款

　　十三、本合同一式两份,甲乙双方各执一份,经政府人事部门的人才交流中心鉴证生效。

甲方:　　　　　　　　　　　　　　　　　　　乙方:

　　用人单位(章)　　　　　　　　　　　　　　　聘用人员签字

　　　年　　月　　日　　　　　　　　　　　　　年　　月　　日

　　小张拿到上述合同文本后,对于其中的相关条款理解得不是十分透彻,因此,心中难免存在一

些疑虑和担忧。他甚是希望获得帮助,以便搞懂合同文本中各条款的内涵,免得以后产生这样或那样的麻烦甚至纠纷。

那么,在签订劳动合同时,为了最大程度地保护自身权益,应当如何去签订一份合法有效且尽可能不至于发生因约定不明而产生自我纠结甚至发生劳动争议呢?

让我们一起来看看《劳动合同法》是怎样说的吧!

内容阐释

一、劳动合同的订立

(一)订立劳动合同的主体、原则、程序

1. 订立劳动合同的主体和原则

劳动合同的主体由特定的用人单位和劳动者双方构成。劳动合同当事人一方是企业、事业、机关、团体等用人单位,另一方是劳动者本人。

订立劳动合同,应当遵循合法、公平、平等自愿、协商一致、诚实信用的原则。

(1)合法原则。劳动合同必须依法订立,不得违反法律、行政法规的规定。具体包括劳动合同的主体合法、内容合法、订立的程序和形式合法。

(2)公平原则。劳动合同的内容应当公平、合理,即在符合法律规定的前提下,劳动合同双方公正、合理地确立双方的权利和义务,平衡双方的利益。

(3)平等自愿、协商一致原则。平等是指在订立劳动合同过程中,双方当事人的法律地位平等,不存在命令与服从的关系;自愿是指劳动合同的订立及其合同内容的达成,完全出于当事人自己的意志,是其真实意思的表示;协商一致是指经过双方当事人充分协商,达成一致意见,签订劳动合同。

(4)诚实信用原则。双方当事人在订立劳动合同时要诚实、讲信用,不得有欺诈行为。一方以欺诈手段订立的劳动合同无效。

2. 订立劳动合同的程序

劳动合同草案一般由用人单位提出、征求应聘者的意见,也可以由应聘者与用人单位的代表,如厂长、经理、科长等直接协商,共同起草。

签订劳动合同前,用人单位应向应聘者如实介绍本单位的情况,应聘者也有权提出自己的意见和要求,双方经充分协商,达成一致意见后,用毛笔或钢笔填写劳动合同书,并签名盖章。

根据《劳动合同法》第十条第一款规定,建立劳动关系,应当订立书面劳动合同。由此可见,法律规定的劳动合同形式是书面的。劳动合同签订后,应当到当地劳动行政机关申请鉴证,并向其主管部门和当地劳动部门备案。

(二)劳动合同的条款

1. 劳动合同的必备条款

根据《劳动合同法》第十七条规定,劳动合同必须具备的条款包括:

(1)用人单位的名称、住所和法定代表人或者主要负责人。

(2)劳动者的姓名、住址和居民身份证或者其他有效身份证件号码。

用人单位和劳动者是签订劳动合同主体,明确双方的基本信息是顺利履行合同的前提。

（3）劳动合同期限。劳动合同期限是指劳动关系的存续时间，即劳动合同的起点和终点。《劳动合同法》第十二条规定：劳动合同分为固定期限劳动合同、无固定期限劳动合同和以完成一定工作任务为期限的劳动合同。具体采用哪种形式的劳动合同由劳动者和用人单位在平等协商的基础上确立。

（4）工作内容和工作地点。工作内容指用人单位安排给劳动者的工作的岗位和具体的职责，这是劳动者履行劳动合同最主要的义务，必须在劳动合同中加以明确。工作地点指劳动者具体的工作场所。

（5）工作时间和休息休假。国家实行劳动者每日工作时间不超过 8 小时、平均每周工作时间不超过 40 小时的工作制度。《劳动法》第四十一条规定：用人单位由于生产经营需要，经与工会和劳动者协商后可以延长工作时间，一般每日不得超过 1 小时；因特殊原因需要延长工作时间的，在保障劳动者身体健康的条件下延长工作时间每日不得超过 3 小时，但是每月不得超过 36 小时。

（6）劳动报酬。获得劳动报酬是劳动者的一项重要权利，也是用人单位的基本义务，劳动者的劳动报酬主要表现为货币形式，其中工资是劳动报酬的基本形式，奖金和津贴也是劳动报酬的组成部分。

（7）社会保险。社会保险是国家通过立法建立的一种社会保险制度，目的是使劳动者在丧失劳动能力或中断就业、本人及其家属失去生活来源时，能够从社会获得物质帮助。社会保险是国家对劳动者履行的社会责任，具有强制性和普遍性的特征，它对于保障劳动者的合法权益，维护劳动者的基本生活，稳定社会秩序有着重要的意义。

（8）劳动保护、劳动条件和职业危害保护。在劳动保护方面，有国家标准的，严格按照国家标准执行，没有国家标准的，按行业标准或地方标准执行，对于不按标准执行或违反标准的企业，相关部门应对其采取相应的惩罚措施。劳动条件是指劳动者为了完成工作任务而由用人单位所提供的各种必要条件。

（9）法律、法规规定应当纳入劳动合同的其他事项。在签订劳动合同时，要注意审查其中涉及的必备条款：

审查工作岗位、地点条款。实践中很多劳动争议案件，是由于劳动合同中对工作岗位、工作地点约定不明确引起的。严格上说，这属于劳动条件的一个范畴，用人单位提供什么样的工作岗位、地点直接影响到劳动合同的履行。因此，一些用人单位利用这个空子，故意不把工作岗位、地点写进劳动合同，以达到随时、随意变更劳动者的工作岗位、工作内容、工作地点的目的，无限度扩大用人单位的管理权。遇到此类情况时，劳动者往往很被动，甚至对于用人单位单方变更合同内容、故意进行刁难毫无办法，不得不主动辞职。因此，建议在签订劳动合同时，应当一并明确工作岗位、地点。

审查工资、补助和奖金条款，此类条款涉及劳动者的经济权利。关于劳动合同中的工资金额，不仅是加班费的计算基数，也是经济补偿金、生活补助费等的计算依据，其重要性不言而喻。因此在约定工资数额时应当尽量争取把数额写清楚，以免在仲裁、诉讼时无法举证而导致权益受损。关于年终奖金、出差补助、交通报销之类并不是法律强制规定发放的，所以劳动者应当要求在劳动合同做出明确约定，不要轻信口头承诺，否则引发纠纷时经常会处在无法举证的被动地位。

2. 劳动合同的约定条款

劳动合同除了以上规定的必备条款外，用人单位与劳动者可约定试用期、培训、保守秘密、补充保险和福利待遇等其他事项。

(1)试用期条款。劳动合同的试用期指用人单位与劳动者依法约定在劳动合同期内互相考察的期间。

第一,对试用期的长短作出限制性规定。劳动合同期限3个月以上不满1年的,试用期不得超过1个月;劳动合同期限1年以上不满3年的,试用期不得超过2个月;3年以上固定期限和无固定期限的劳动合同,试用期不得超过6个月。

案例 6.12　　　　　　　　　　　试 用 期

经过笔试、面试等程序,小孙终于应聘上某百货公司心仪的职位,与公司签订了两年期固定期限劳动合同,试用期一个月。一个月后,公司提出延长一个月试用期,为了保住来之不易的工作小孙只能同意。不料半个月后,公司以不符合录用条件为由将小孙辞退。

问题:

请你给小孙出出主意,他该怎么办? 为什么?

第二,限制试用期的约定次数。同一用人单位与同一劳动者只能约定一次试用期。

第三,规定不得约定试用期的情形。以完成一定工作任务为期限的劳动合同或者劳动合同期限不满三个月的,不得约定试用期。

第四,明确试用期与劳动合同的关系。试用期包含在劳动合同期限内。劳动合同仅约定试用期的,试用期不成立,该期限为劳动合同期限。

第五,规定试用期的工资标准。劳动者在试用期的工资不得低于本单位相同岗位最低档工资或者劳动合同约定工资的80%,并不得低于用人单位所在地的最低工资标准。

第六,限制用人单位的解雇权。在试用期内,除有证据证明劳动者不符合录用条件、有违规违法行为或者不能胜任工作外,用人单位不得解除劳动合同。

案例 6.13　　　　　　　　　　试用期工资标准

毕业生小雯经过自身的努力,成功应聘到上海某企业。当双方签订劳动合同时,其中包括如下一项规定:劳动合同期限为一年,试用期为一年,并且在试用期内工资减半。小雯虽然感到条件有些苛刻,但鉴于寻找工作的压力,还是和这家企业签订了劳动合同。

问题:

在这份劳动合同中有何不妥之处?

因试用期问题引发劳动纠纷也是比较常见的。由于大多数劳动者不熟悉劳动法律法规,一些用人单位借此签订违法的试用期合同,或者在劳动合同中约定了过长的试用期,都直接侵犯了劳动者的合法权益。试用期长短涉及工资转正、经济补偿金、培训费以及职工自行流动等问题,提醒劳动者应予留意。

(2)服务期条款。服务期是指劳动者因接受用人单位提供的专项培训待遇而承诺必须为用人单位服务的期限。用人单位只有在为劳动者提供专项培训费用,对其进行专业技术培训的情况下,才可以与该劳动者约定服务期和违约金。

用人单位一次性或者12个月内累计为1名劳动者支出超过本单位上年度平均工资30%的费

用进行培训的,视为提供了劳动合同法规定的专项培训费用。劳动合同法规定的培训费用包括有支付凭证的培训费用、培训期间的差旅费以及因培训产生的其他直接费用。

劳动者违反服务期约定的,应当按照约定向用人单位支付违约金。违约金的数额不得超过用人单位提供的培训费用。用人单位要求劳动者支付的违约金不得超过服务期尚未履行部分所应分摊的培训费用。

用人单位与劳动者约定服务期的,不影响按照正常的工资调整机制提高劳动者在服务期期间的劳动报酬。劳动合同期满而服务期尚未到期的,劳动合同续延至服务期满。双方另有约定的,从其约定。

案例 6.14   **劳动者违约**

张某、王某二人是某健康技术有限公司的健康顾问,该公司于2011年3月出资送二人去上海培训,学费、食宿等均由公司负担,并订立了《培训协议书》,约定服务期两年。培训结束后,该二人仅仅工作了半年,就擅自离职。该健康技术有限公司多次与张、王二人协商,但该二人拒不改正,声称愿意为自己的行为承担法律责任。该健康技术有限公司无奈之下将张、王二人诉至劳动仲裁委员会,要求返还培训费 10 000 元,赔偿经济损失 60 000 元。

问题:

张、王二人称愿意为自己的行为承担法律责任。那么,他们该承担怎样的责任?

---

(3)保密条款。用人单位与劳动者可以在劳动合同中约定保守用人单位的商业秘密和与知识产权相关的保密事项。用人单位为了保护自己的商业秘密,可以与劳动者就商业秘密的范围、保密期限、保密措施、保密义务、违约责任等内容进行约定。劳动者违反保密约定的,应当向用人单位支付违约金。

(4)劳动者的竞业禁止义务。对负有保密义务的劳动者,用人单位可以在劳动合同或者保密协议中与劳动者约定竞业限制条款,并约定在解除或者终止劳动合同后,在竞业限制期限内按月给予劳动者经济补偿。劳动者违反竞业限制约定的,应当按照约定向用人单位支付违约金。

竞业限制的人员限于用人单位的高级管理人员、高级技术人员和其他负有保密义务的人员。竞业限制的范围、地域、期限由用人单位与劳动者约定,竞业限制的约定不得违反法律、法规的规定。在解除或者终止劳动合同后,上述规定的人员到与本单位生产或者经营同类产品、从事同类业务的有竞争关系的其他用人单位,或者自己开业生产或者经营同类产品、从事同类业务的竞业限制期限,不得超过 2 年。

二、劳动合同的效力

(一)劳动合同的生效

一般情况下,劳动合同依法成立时生效,即双方当事人意思表示一致,在劳动合同文本上签字盖章之日,就产生法律效力。劳动合同附有生效条件或生效期限的,待条件满足或期满时生效。劳动合同生效后,对双方当事人均有法律约束力。双方当事人必须履行劳动合同中规定的义务。

(二)劳动合同的无效

无效的劳动合同,从订立的时候起,就没有约束力。处理无效劳动合同,要区分劳动合同全部无效和部分无效。在合同部分无效与全部无效的关系上,一般而言,涉及合同基本关系和主体资质导致合同无效的,应属于合同的全部无效,其他问题上的无效约定则通常只导致相应条款或部

分的无效。

《劳动合同法》第二十六条规定:"对劳动合同的无效或者部分无效有争议的,由劳动争议仲裁机构或者人民法院确认。"第二十七条规定:"劳动合同部分无效,不影响其他部分效力的,其他部分仍然有效。"第三十八条规定:"用人单位因第二十六条第一款规定的情形致使劳动合同无效的,劳动者可以解除劳动合同。"第八十六条规定:"劳动合同依照本法第二十六条规定被确认无效,给对方造成损害的,有过错的一方应当承担赔偿责任。"

1. 对劳动合同部分无效的处理

对于部分无效的劳动合同,因不影响劳动合同的整体效力,处理时应根据劳动法和集体合同的规定对该合同的无效部分条款作出调整。一方面,无效部分之外按劳动合同的约定确定权利义务;另一方面,对无效部分,应按照法律、行政法规的规定确定当事人之间的权利义务。除此之外,因用人单位的原因导致合同无效的,用人单位还应按照劳动法的有关规定承担赔偿责任。

案例 6.15　　　　　　　　　　无效劳动合同

2011 年 9 月,小李到某酒店应聘服务员,签订了为期两年的劳动合同,同时缴纳了 500 元的服装押金。合同中约定:鉴于酒店服务行业的特殊要求,凡在本酒店工作的女性服务员在合同期内不得结婚,不得怀孕。否则酒店有权解除劳动合同。

问题:

请分析该劳动合同的效力。

---

2. 对劳动合同全部无效的处理

对于全部无效的劳动合同,劳动者在劳动关系存续期间提供劳动力的,用人单位应当支付相应的劳动报酬,并应按照国家的有关规定为劳动者缴纳社会保险等费用。

劳动合同与劳动关系并不相同。从用人单位对劳动者用工之日起存在劳动关系。劳动关系是一种既成的社会事实,劳动关系的特殊性在于劳动者向用人单位交付劳动后,无法收回。因此,民事合同无效中,自始无效,双方归于合同签订前的状态,在劳动合同中无法实现。劳动者已经完成的劳动是无法返还的。

因此,最高人民法院《关于审理劳动争议案件适用法律若干问题的解释》第十四条作了明确规定:"劳动合同被确认为无效后,用人单位对劳动者付出的劳动,一般可参照本单位同期、同工种、同岗位的工资标准支付劳动报酬。"《劳动合同法》第二十八条明确规定:"劳动合同被确认无效,劳动者已付出劳动的,用人单位应当向劳动者支付劳动报酬。劳动报酬的数额,参照本单位相同或者相近岗位劳动者的劳动报酬确定。"最高人民法院还规定,因用人单位原因订立无效合同,给劳动者造成损害的,应当比照违反和解除劳动合同经济补偿金的支付标准,赔偿劳动者因合同无效所造成的经济损失,其中包括用人单位所应支付的经济补偿金。

三、劳动合同的履行

劳动合同的履行,是指劳动合同的双方当事人按照合同约定完成各自应承担义务的行为。在履行劳动合同过程中,应坚持以下原则:

(一)实际履行原则

双方当事人必须亲自履行劳动合同,而不能由第三人代替履行;除法律和劳动合同另有规定或者客观上已不能履行的以外,当事人应当按照劳动合同的规定履行义务,不能以履行其他义务来代替劳动合同约定的义务。

案例 6.16　　　　　　　　　劳动合同履行

　　小丁和小赵是大学同班同学,毕业后两人一起找工作。某天小丁同时收到了 A 公司和 B 公司两家单位的录用通知。小丁最终决定与 A 公司签订劳动合同,小赵见状与小丁商量,由小丁先与 B 公司签订劳动合同,然后将劳动合同转让给小赵。小丁想他们两个专业相同,能力相当,又是好朋友,便答应了小赵的要求。分析小丁和小赵行为的合法性。

　　解析：

　　小丁和小赵行为是不合法的。依据劳动法规定,劳动合同的履行,必须坚持实际履行原则,双方当事人必须亲自履行劳动合同,不能由第三方代替履行。

（二）亲自履行原则

　　双方当事人要以自己的行为履行合同规定的义务和实现合同规定的权利,不得由他人代为履行。亲自履行的原则要求,合同双方当事人要以自己实际行为去完成合同规定的任务,实现合同约定的目标,当事人要将合同约定的内容融入到自己的日常活动合同中去。

（三）正确履行的原则

　　当事人要按照合同的内容,原原本本地全面履行,不得打折扣,不得改变合同的任何内容和条款。合同正确履行的原则包括三个方面的内容：实际履行、亲自履行和全面履行。

（四）协作履行的原则

　　双方当事人在合同的履行过程中要发扬协作精神,要互相帮助,共同完成合同规定的义务,共同实现合同规定的权利。

四、劳动合同变更与中止

（一）劳动合同的变更

　　劳动合同法规定,用人单位与劳动者协商一致,可以变更劳动合同中约定的内容。变更劳动合同,应当采用书面形式。

案例 6.17　　　　　　　　　劳动合同变更

　　小陈三个月前同某家公司签订了三年期限的劳动合同,合同中约定小陈从事秘书工作,合同还约定"合同的变更需经甲、乙双方协商一致""乙方有权拒绝甲方安排合同规定以外的工作"等内容。可是,小陈干了三个月后,公司突然通知小陈,将他调到销售部门做业务员。小陈认为自己不适合做业务员,于是申请仲裁。

　　问题：

　　假如由你来仲裁,你将如何裁决？为什么？

　　可以变更劳动合同的条件包括：劳动合同订立时所依据的客观情况发生重大变化,致使原劳动合同无法履行,经当事人协商可以变更劳动合同的；企业经上级主管部门批准转产,原来的组织仍然存在,原签订的劳动合同也仍然有效,只是由于生产方向的变化,原来订立的劳动合同中的某些条款与发展变化的情况不相适应,需要做出相应的修改；上级主管机关决定改变企业的生产任

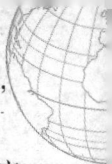

务,致使原来订立的劳动合同中有关产量、质量、生产条件等都发生了一定的变化,需要做出相应的修改,否则原劳动合同无法履行;由于自然灾害或发生不可抗力的情况,确实无法履行劳动合同的约定;劳动合同中约定的部分条款与国家新颁布的法律、法规相抵触的,必须修改有关条款。

案例 6.18　　　　　　　　　　　**劳动合同变更**

　　李某于2011年5月与某合资酒店签订了三年聘用合同,合同约定李某担任饮食部经理。2012年3月,酒店董事会未与李某协商,将其调任客房部副经理,并相应降低了李某的薪金,为此李某向酒店董事会交涉,但酒店不但没有改变决定,反而以其工作能力差为由,将其辞退。

　　问题:

　　酒店的做法正确吗?为什么?

　　用人单位变更名称、法定代表人、主要负责人或者投资人等事项,不影响劳动合同的履行。用人单位发生合并或者分立等情况,原劳动合同继续有效,劳动合同由继承其权利和义务的用人单位继续履行。

案例 6.19　　　　　　　　　　　**劳动合同变更**

　　于某,某批发部业务员,与单位签订长期劳动合同。2010年1月,某批发部为扩大业务范围,搞活经营,由原批发部一分为二,分别成立某批发公司及某有限公司,于某随之也安排到某有限公司工作,在该有限公司要求与于某重新签订劳动合同时,遭于某拒绝,于某要求给予经济补偿,再重新签订劳动合同。

　　问题:

　　于某的要求合法吗?为什么?

(二)劳动合同的中止

　　劳动合同中止是指在劳动合同履行过程中,出现法定或约定的状况,致使不能继续劳动合同,但是劳动合同关系仍继续保持的状态。劳动合同中止履行的,劳动合同约定的权利和义务暂停履行(但是法律、法规、规章另有规定的除外),待到法定或约定的原因消除后,劳动合同仍继续履行。

　　劳动合同期限内,有下列情形之一的,劳动合同中止履行:劳动者应征入伍或者履行国家规定的其他法定义务的;劳动者暂时无法履行劳动合同的义务,但仍有继续履行条件和可能的;法律、法规规定的或者劳动合同约定的其他情形。劳动合同中止情形消失的,劳动合同继续履行,但法律、法规另有规定的除外。

五、劳动合同的解除和终止

(一)劳动合同的解除

　　劳动合同的解除可分为协商解除和法定单方解除两种。

　　1. 协商解除

　　经当事人协商一致,劳动合同可以解除。

　　2. 法定单方解除

　　(1)用人单位单方解除。《劳动合同法》第三十九条规定了六种过错性解除劳动合同的情形:在试用期间被证明不符合录用条件的;严重违反用人单位的规章制度的;严重失职,营私舞弊,给用人单位造成重大损害的;劳动者同时与其他用人单位建立劳动关系,对完成本单位的工作任务造成严重影响,或者经用人单位提出,拒不改正的;因劳动合同法第二十六条第一款第一项规定的情形致使劳动合同无效的;被依法追究刑事责任的。无论适用哪种情形解除劳动者劳动合同,不仅需要实际上符合该种情形,而且需要严格按程序进行。

案例 6.20   劳动合同解除

一个多月前,王某与公司经理发生口角,王某一气之下就回家了。两个礼拜后,王某收到了公司寄来的辞退函,表明根据公司管理章程规定,员工发生无理由旷工 10 天以上等严重违反单位制度的行为,单位有权单方解除劳动合同。

王某不甘心被辞掉,就申请了劳动仲裁,仲裁委认定王某公司的章程合法有效,根据考勤记录认定其旷工系事实,没有支持王某的请求。王某不服仲裁裁决,决定到法院起诉,同时拨打了"148"法律服务热线进行咨询。

解析:

《劳动合同法》第三十九条第二项规定,劳动者严重违反用人单位的规章制度的,用人单位可以解除劳动合同。王某的行为应当是达到了"严重违反"规章制度的程度。同时,根据《高法关于审理劳动争议案件适用法律若干问题的解释》的规定,因用人单位做出的解除劳动合同决定而发生的劳动争议,用人单位负举证责任。

本案中,通过调取考勤记录可以认定王某擅自离职是事实,公司也是依照章程行事,所以公司方面举证并不难,关键是王某是否可以证明自己旷工具有正当理由,事实上王某并没有采取积极的处理方式,给举证增加了难度。事后,王某在诉讼中因证据不足没获得法院支持。律师提醒,职工遇到此类情形一定要冷静对待,要求单位出具书面的处理意见,或通过工会、调委会等组织协调处理,切忌一走了之,给维权之路自挖陷阱。

在上述六种情况下,因为是劳动者的过错行为,法律赋予用人单位即时解除劳动合同的权利。但在解除劳动合同的同时,也存在着许多的风险。为了更好地降低辞退成本,企业应该做到以下几点:

第一,对于第一种情形,用人单位要对"录用条件"事先进行明确界定并公示,并做好试用期内的考核。一经发现劳动者不符合录用条件,用人单位应即时解除劳动合同。须注意一定要是"在试用期内"被证明不符合录用条件。如果过了试用期,则不能以此条此款解除劳动合同。

第二,对于第二、三、四种情形,用人单位对于哪些情形属于"严重违反、严重失职、重大损害、严重影响"等要在其内部规章制度中予以规定并公示,让劳动者清楚明白地知道单位有哪些规定是属于即时被辞退的情形,从而降低用人单位在以后可能发生的仲裁或诉讼中的败诉率。

第三,对于第五种情形,即劳动者以欺诈、胁迫的手段或者乘人之危,使用人单位在违背真实意思的情况下订立或者变更劳动合同而使劳动合同无效。对于这种无效有争议的,由劳动争议仲裁机构或者人民法院确认。无效确认后,用人单位也才享有即时解除劳动合同的权利。

第四,对于最后一种情形,用人单位要了解何谓"被追究刑事责任",即被人民检察院免于起诉的、被人民法院判处刑罚的、被人民法院依据刑法第三十二条免于刑事处分的。另外,劳动者被劳动教养的,用人单位可以依据被教养的事实解除与该劳动者的劳动合同。

案例 6.21　　　　　　　　　　　**劳动合同解除**

　　小王 2001 年 6 月被某大酒店录用并从事厨师工作,签订合同前按规定进行了体检,并取得了卫生管理部门颁发的健康合格证。小王与该酒店签订了五年劳动合同,由于工作出色,一年以后又被提升为厨师长。2002 年 8 月,酒店组织职工体检,发现小王乙肝指标呈阳性,于是通知小王停止工作,并安排他从事看车工作,小王不满意单位的工作安排,并拒绝到新岗位上班,该酒店于是做出解除劳动合同的处理决定。劳动仲裁机构受理此案后,对案情进行调查核实,认为小王身体状况不符合餐饮服务业的健康标准,单位有权变更劳动合同岗位,双方就劳动合同变更协商不一致的情况下,单位可以解除劳动合同,但要按规定支付经济补偿金。

　　解析:

　　小王在与酒店签订劳动合同时,身体状况符合健康标准。但在履行劳动合同过程中,经体检发现乙肝指标呈阳性,不符合国家卫生管理部门对餐饮服务从业人员的健康状况要求,依据《劳动法》第二十六条,应属劳动合同订立时所依据的客观情况发生重大变化,从而导致劳动合同无法履行,双方当事人经协商未能就变更劳动合同达成一致,单位可以解除劳动合同,但应按有关规定向小王支付经济补偿金。

---

　　(2)劳动者单方解除。存在下列情形之一的,劳动者可以随时通知用人单位解除劳动合同:在试用期内;用人单位以暴力、威胁或者非法限制人身自由的手段强迫劳动的;用人单位未按照劳动合同约定支付劳动报酬或者提供劳动条件的。

　　除上述情况外,劳动者解除劳动合同应当提前 30 日以书面形式通知用人单位。

　　在劳动者履行了有关义务终止、解除劳动合同时,用人单位应当出具终止、解除劳动合同证明书,作为该劳动者按规定享受失业保险待遇和失业登记、求职登记的凭证。证明书应写明劳动合同期限、终止或者解除日期、所担任的工作等。如果劳动者要求,用人单位可在证明书中客观地说明解除劳动合同的原因。除此之外,还应履行其他的一些相关手续,如工资、经济补偿金的结算,工作、业务的交接,档案和社会保险关系的接转,有债权债务关系的也要进行清理。

案例 6.22　　　　　　　　　　**劳动者单方解除合同**

　　工程师张某与一家国有企业签订了为期 5 年的劳动合同,在合同期内张某以收入偏低为由,口头提出解除劳动合同,企业未予答复。几天后,张某就和一家合资企业签订了劳动合同。

　　问题:

　　张某与原企业的劳动合同是否已解除?

(二)劳动合同的终止

　　劳动合同的终止,是指在符合法律规定的情形时,劳动合同的自行失效,双方当事人的权利义务消灭。劳动合同的终止必须符合《劳动合同法》规定的条件,用人单位不得在法定终止情形外约定劳动合同的终止条件。

　　有下列情形之一的,劳动合同终止:

　　(1)劳动合同期满的。

　　(2)劳动者开始依法享受基本养老保险待遇的。

(3)劳动者死亡,或者被人民法院宣告死亡或者宣告失踪的。

(4)用人单位被依法宣告破产的。

(5)用人单位被依法吊销营业执照,责令关闭、撤销或者用人单位决定提前解散的。

(6)法律、行政法规规定的其他情形。

劳动合同期满,有符合用人单位不得解除劳动合同情形的,劳动合同应当延续到相应的情形消失时再终止。但丧失或者部分丧失劳动能力的劳动者的劳动合同的终止,按照国家有关工伤保险的规定执行。

(三)劳动合同解除和终止的区别

劳动合同的终止是指劳动合同在具备特定条件时不再具有法律约束力,自劳动合同终止时起,劳动合同就失去效力。这种约定终止条件既可以是原则性的,比如不可抗力或意外事件的发生,也可以是具体列举式的,比如劳动者死亡或用人单位解散等有一方丧失主体资格的情况发生。劳动合同的解除是指劳动合同订立后,尚未全部履行完之前,劳动者和用人单位由于某种情况的出现而提前结束劳动关系的行为,比如劳动者或用人单位单方提出解除合同。一般来讲,劳动合同终止的,用人单位无须支付劳动者经济补偿金,而劳动合同解除的,根据解除合同的原因不同,用人单位可能要支付劳动者经济补偿金。

知识拓展

解除/终止劳动合同(关系)证明书

编号:

我单位于　　年　　月　　日与　　(身份证号:　　　)签订的在本单位工作岗位为　　,订立的合同编号为　　,合同期限为　　的劳动合同,兹根据《劳动法》及《劳动合同法》等相关法律法规的规定,按下列第　项规定予以　　(解除/终止)。

一、符合《劳动合同法》第三十六条,经双方当事人协商一致,解除劳动合同(关系);

二、符合《劳动合同法》第三十八条　款规定,解除劳动合同(关系)

三、符合《劳动合同法》第三十九条　款规定,解除劳动合同(关系);

四、符合《劳动合同法》第四十条　款规定,解除劳动合同(关系);

五、符合《劳动合同法》第四十一条　款规定,解除劳动合同(关系);

六、符合《劳动合同法》第四十四条　款规定,终止劳动合同(关系);

七、因其他原因解除/终止劳动合同(关系):

解除或(终止)劳动合同日期:　　年　　月　　日

用人单位(章):　　　　　　　　员工(签名):

签收时间:　　年　　月　　日　　签收时间:　　年　　月　　日

注:1. 此证明书壹式贰份,单位留存备档壹份、员工个人留存壹份。

2. 附《劳动合同法》相关法律条款。

(四)经济补偿

1. 支付经济补偿的情况

依据《劳动合同法》的规定,在下列情形下,用人单位需向劳动者支付经济补偿金。

(1)劳动者解除劳动合同,用人单位应当支付经济补偿金的有11种情形:用人单位未按照劳动

合同约定提供劳动保护或者劳动条件,劳动者解除劳动合同的;用人单位未及时足额支付劳动报酬,劳动者解除劳动合同的;用人单位低于当地最低工资标准支付劳动者工资,劳动者解除劳动合同的;用人单位未依法为劳动者缴纳社会保险费,劳动者解除劳动合同的;用人单位的规章制度违反法律、法规的规定,损害劳动者权益,劳动者解除劳动合同的;用人单位以欺诈、胁迫的手段或者乘人之危,使劳动者在违背真实意思的情况下订立或者变更劳动合同,致使劳动合同无效,劳动者解除劳动合同的;用人单位免除自己的法定责任、排除劳动者权利,致使劳动合同无效,劳动者解除劳动合同的;用人单位订立劳动合同违反法律、行政法规强制性规定,致使劳动合同无效,劳动者解除劳动合同的;用人单位以暴力、威胁或者非法限制人身自由的手段强迫劳动,劳动者解除劳动合同的;用人单位违章指挥、强令冒险作业危及劳动者人身安全,劳动者解除劳动合同的;法律、行政法规规定的其他情形。

(2)用人单位解除或终止劳动合同,应当向劳动者支付经济补偿金的有12种情形:用人单位提出,双方协商解除劳动合同的;劳动者患病或者非因工负伤,在规定的医疗期满后不能从事原工作,也不能从事由用人单位另行安排的工作,用人单位解除劳动合同的;劳动者不能胜任工作,经过培训或者调整工作岗位,仍不能胜任工作,用人单位解除劳动合同的;劳动合同订立时所依据的客观情况发生重大变化,致使劳动合同无法履行,经用人单位与劳动者协商,未能就变更劳动合同内容达成协议,用人单位解除劳动合同的;用人单位依照企业破产法规定进行重整,依法裁减人员的;用人单位生产经营发生严重困难,依法裁减人员的;企业转产、重大技术革新或者经营方式调整,经变更劳动合同后,仍须裁减人员,用人单位依法定程序裁减人员的;其他因劳动合同订立时所依据的客观经济情况发生重大变化,致使劳动合同无法履行,用人单位依法定程序裁减人员的;劳动合同期满,劳动者同意续订劳动合同而用人单位不同意续订劳动合同,由用人单位终止固定期限劳动合同的;因用人单位被依法宣告破产而终止劳动合同的;因用人单位被吊销营业执照,责令关闭、撤销或者用人单位决定提前解散而终止劳动合同的;法律、行政法规规定的其他情形。

2. 经济补偿金支付时间

《劳动合同法》第五十条规定,劳动者应当按照双方约定,办理工作交接。用人单位依照本法有关规定应当向劳动者支付经济补偿的,在办结工作交接时支付。

用人单位支付给劳动者的经济补偿应当一次性支付,用人单位要求分期支付的,劳动者有权予以拒绝。

如果用人单位不及时发给经济补偿,劳动合同法第八十四条规定了法律责任:解除或者终止劳动合同,未依照本法规定向劳动者支付经济补偿的,由劳动行政部门责令限期支付经济补偿;逾期不支付的,责令用人单位按应付金额50%以上100%以下的标准向劳动者加付赔偿金。

案例6.23　　　　　　　　　　　补偿金支付

小李因公司裁员被辞,按公司的要求进行了工作交接。办结以后,便向公司要求经济补偿。但公司以种种理由推托。

问题:

小李该怎么办呢?

劳动合同解除或终止后,在工作交接未办结时,用人单位可先不支付经济补偿金。原因在于

如果解除或者终止劳动合同后就支付给员工经济补偿金，他们很可能一走了之，不履行工作交接的义务。

最妥善的方式是，建议用人单位在签订劳动合同时对劳动者离职后的工作交接事项做出约定，明确工作交接的时间、程序、要求等事项。

3. 经济补偿计算方式

《劳动合同法》第四十七条规定：经济补偿按劳动者在本单位工作的年限，每满一年支付一个月工资的标准向劳动者支付。六个月以上不满一年的，按一年计算；不满六个月的，向劳动者支付半个月工资的经济补偿。劳动者在本单位工作的年限，应当从劳动者向该用人单位提供劳动之日起计算，即在劳动者入职之日开始计算。

案例 6.24　　　　　　　　　补偿金计算

艾某是市区某商场的仓库管理员，2011 年 9 月 30 日，艾某与该商场的劳动合同到期届满。因种种原因，该商场不愿与艾某续签劳动合同。艾某于是要求商场按照其工作年限支付劳动合同终止的经济补偿金。艾某是 2004 年 2 月 30 日进入该商场工作的，按照《劳动合同法》的相关规定，劳动合同终止补偿金理应从 2004 年 2 月 30 日起算，按照自己每个月 1 500 元的工资标准，遂提出了 8 个月共计 12 000 元的补偿金要求。但遭到单位拒绝，艾某无奈申请劳动仲裁。劳动仲裁委经裁决，却仅支持了艾某 4 500 元的经济补偿金。

问题：

劳动仲裁委的裁决正确吗？为什么？

劳动者月工资高于用人单位所在直辖市、设区的市级人民政府公布的本地区上年度职工月平均工资三倍的，向其支付经济补偿的标准按职工月平均工资三倍的数额支付，向其支付经济补偿的年限最高不超过 12 年。

案例 6.25　　　　　　　　　补偿金计算

张某和李某同为厦门某大型国有企业员工，二人工作年限均有 20 年，张某月工资为 8 000 元，李某由于担任公司核心技术部门的经理职务，月工资为 20 000 元。因客观情况发生重大变化，公司决定解除劳动合同。二人同一天被解除劳动合同，假设解除劳动合同时厦门上年度职工平均工资为 3 000 元，因张某月工资为 8 000 元，尚未达到厦门上年度职工平均工资的三倍 9 000 元，因此其解除劳动合同经济补偿为 8 000 元×20 个月为 16 万。李某月工资为 20 000 元，超过厦门上年度职工平均工资的三倍 9 000 元，因此其解除劳动合同经济补偿为 9 000 元×12 个月为 108 000 元，比张某少了 5 万多。

问题：

该国有企业给张某、李某计算的经济补偿金正确吗？

此处所谓"月工资"，是指劳动者在劳动合同解除或者终止前十二个月的平均工资，按照劳动者应得工资计算，包括加班工资、提成工资、全勤奖、季度奖、年终奖等工资组成部分。劳动者在劳动合同解除或者终止前 12 个月的平均工资低于当地最低工资标准的，按照当地最低工资标准计

算。劳动者工作不满12个月的,按照实际工作的月数计算平均工资。

经济补偿的月工资包括公司代缴的、应由员工个人负担的、从员工月工资中扣减的各项社会保险费用,但不包括公司为员工负担的各项社会保险费用。

劳动者的以下劳动收入不列入经济补偿金基数的范围:

第一,社会保险福利费用,如丧葬抚恤救济费、生活困难补助费、计划生育补贴等;

第二,劳动保护费用,如工作服、解毒剂、清凉饮料费用等;

第三,按规定未列入工资总额的各种劳动报酬及其他劳动收入,如创造发明奖、国家星火奖、自然科学奖、科学技术进步奖、合理化建议和技术改进奖、中华技能大奖等,以及稿费、讲课费、翻译费等。

案例 6.26　　　　　　　　　　补偿金计算

某公司因客观情况发生重大变化,与部分员工解除合同,员工小李因经济补偿金计算问题与单位发生争议,向劳动争议仲裁委员会申请劳动仲裁,公司每月实发给小李的工资为1 900元,小李的工资由基本工资1 300元+加班工资300元+岗位津贴200元+住房补贴100元+津贴100元组成,公司每月在发放工资时扣减伙食费100元,实际每月发放1 900元。小李要求按照2 000元的标准计算补偿金,而公司开始要求按照1 300元的标准计算补偿金,后公司做出让步,只同意按照1 900元作为基数计算。

问题:

该公司应怎样给小李计算经济补偿才合法?

---

4. 经济补偿金和赔偿金关系

赔偿金和经济补偿金不能并用。用人单位因违法解除或者终止劳动合同的,如果已经支付了赔偿金的,则不必再支付经济补偿金。

案例 6.27　　　　　　　　　　赔　偿　金

张某是某公司的员工,在一次意外车祸中受伤,并住进了医院。根据他的工作年限,他有6个月的医疗期,可在第四个月,就收到公司解除劳动合同的通知书,称他以后不可能再从事原工作,所以,劳动合同应当解除。张某不服,向劳动仲裁委员会申请仲裁,要求公司支付其经济补偿金及违法解除劳动合同的赔偿金。

问题:

张某的请求能否得到支持呢?

---

5. 经济补偿金支付特殊情况

(1)经济补偿金是否需要缴纳个人所得税。《关于个人与用人单位解除劳动关系取得的一次性补偿收入征免个人所得税问题的通知》(财税〔2001〕57号)规定,个人因与用人单位解除劳动关系而取得的一次性补偿收入(包括用人单位发放的经济补偿金、生活补助费和其他补助费用),其收入在当地上年职工年平均工资三倍数额以内的部分,免征个人所得税;超过的部分按照《国家税务总局关于个人因解除劳动合同取得经济补偿金征收个人所得税问题的通知》(国税发〔1999〕178号)的有关规定,计算征收个人所得税。

例如某地区上年职工年平均工资为 30 000 元,则劳动者获得的经济补偿金在 90 000 元内可免征个人所得税,注意这里是上年职工年平均工资三倍而非上年职工月平均工资三倍。

(2)不需要支付经济补偿金的情况:

第一,协商解除。劳动者提出,双方协商一致解除劳动合同的。

第二,过失性辞退。劳动者有下列情形之一的,用人单位可以解除劳动合同:在试用期间被证明不符合录用条件的;严重违反用人单位的规章制度的;严重失职,营私舞弊,给用人单位造成重大损害的;劳动者同时与其他用人单位建立劳动关系,对完成本单位的工作任务造成严重影响,或者经用人单位提出,拒不改正的;因劳动合同法第二十六条第一款第一项规定的情形致使劳动合同无效的;被依法追究刑事责任的。

第三,特殊情况下的劳动合同终止。劳动者开始依法享受基本养老保险待遇的;劳动者死亡,或者被人民法院宣告死亡或者宣告失踪的;以完成一定工作任务为期限的劳动合同期限届满终止的;固定期限劳动合同到期,用人单位维持或者提高劳动合同约定条件续订劳动合同,劳动者不同意续订而终止劳动合同的。

(3)如何避免支付经济补偿金后劳动者事后反悔。为了避免劳动者领取经济补偿金后又申请仲裁、提起诉讼的风险,用人单位和劳动者在签订协议书时应当告知国家法律对经济补偿的规定,并在协议书中告知劳动者依法可获得的经济补偿数额。可做如下约定:根据法律有关规定,甲方(用人单位)应当支付乙方(劳动者)经济补偿共计人民币×××元,经甲、乙双方平等协商,乙方(劳动者)同意甲方一次性向乙方支付经济补偿×××元,与法定标准差额部分乙方自愿放弃。

案例 6.28   **补偿金支付**

刘某于 2006 年 11 月 3 日与某公司签订了为期 10 年的劳动合同,任销售部经理。2010 年 3 月,该公司与刘某协商解除劳动合同,刘某同意。经协商,该公司向刘某支付经济补偿金 2.5 万元,双方解除了劳动合同。刘某解除劳动合同前 12 个月的平均工资为 1 万元。2010 年 5 月,刘某以该公司拖欠经济补偿为由,向当地劳动争议仲裁委员会提出仲裁,要求该公司补发经济补偿金 2 万元并加付 50% 的额外经济补偿金 1 万元。仲裁委审理后,裁决支持了刘某的请求。

问题:

仲裁委的裁决正确吗?为什么?

---

(4)企业破产与经济补偿的优先受偿。《企业破产法》第三十七条第二款规定,破产财产优先拨付破产费用后,按照下列顺序清偿:破产企业所欠职工工资和劳动保险费用;破产企业所欠税款;破产债权。根据司法解释的规定,劳动者享有的经济补偿金可与工资、劳动保险费用同作为第一顺序优先受偿,这对保护劳动者合法权益具有积极的作用。2007 年 6 月 1 日施行的《中华人民共和国企业破产法》第一百一十三条规定,破产财产在优先清偿破产费用和共益债务后,依照下列顺序清偿:破产人所欠职工的工资和医疗、伤残补助、抚恤费用,所欠的应当划入职工个人账户的基本养老保险、基本医疗保险费用,以及法律、行政法规规定应当支付给职工的补偿金;破产人欠缴的除前项规定以外的社会保险费用和破产人所欠税款;普通破产债权。新施行的《破产法》明确将"应当支付给职工的补偿金"列入第一清偿顺序,充分体现了保护弱势劳动者的合法权益的立法精神。

案例 6.29   **补偿金支付**

刘某是某国有企业职工,2008 年到 2009 年企业长期停产,公司已经严重亏损,资不抵债。2009 年 7 月,公司申请破产,经法院依法裁定,进入破产程序。2009 年 3 月破产清算组进驻公司,2009 年 7 月破产终结。公司破产,刘某也成了失业者。刘某多次提出支付经济补偿金的要求,均遭到拒绝。为此,刘某多次上访,但上级主管部门答复公司破产,无法继续履行劳动合同,双方劳动合同自动解除,法律上没有规定需支付经济补偿金。

问题:

刘某该获得经济补偿吗?

六、集体劳动合同的订立

(一)集体合同的概念

集体合同是指工会代表企业职工一方与用人单位通过平等协商,就劳动报酬、工作时间、休息休假、劳动安全卫生、保险福利、女职工权益保护、工资调整机制等事项达成的协议。

(二)集体合同与劳动合同的关系

(1)劳动合同规定的劳动者的个人劳动条件和劳动标准不得低于集体合同的规定,否则无效。

(2)劳动合同约定不明时,适用集体合同的规定。

(3)未订立书面劳动合同的,有集体合同则适用集体合同的规定。

(三)集体合同的订立

集体合同由工会代表企业职工一方与用人单位订立,但集体合同草案应当提交职工代表大会或者全体职工讨论通过。集体合同订立后,应当报送劳动行政部门,劳动行政部门自收到合同文本之日起 15 日内未提出异议的,集体合同即行生效。依法订立的集体合同对用人单位和劳动者均具有约束力。

案例 6.30   **集体合同**

张师傅与某企业签订了为期 3 年的劳动合同,其中约定:张师傅的工资每月计发一次。在劳动合同履行期间,企业工会与企业经协商签订了一份集体合同,其中约定:企业员工每年年终可获得一次第 13 个月的工资。集体合同生效后,张师傅在年终没有得到企业支付的第 13 个月工资。于是向企业提出补发工资的要求。但企业认为张师傅和企业签订的劳动合同中约定了劳动报酬的支付次数,张师傅提出的要求超出了劳动合同约定范围,双方应当严格按照劳动合同的约定履行。集体合同是企业与工会签订的有关企业综合情况的协议,不影响劳动合同的履行。双方由此产生争议。

问题:

企业应当如何行为才合法?为什么?

七、非全日制用工合同

非全日制用工,是指以小时计酬为主,劳动者在同一用人单位一般平均每日工作时间不超过 4 小时,每周工作时间累计不超过 24 小时的用工形式。

(一)合同形式

非全日制用工双方当事人可以订立口头协议,也可以订立书面劳动合同。从事非全日制用工的劳动者可以与一个或者一个以上用人单位订立劳动合同,但是后订立劳动合同不得影响先订立的劳动合同的履行。

(二)用工终止

非全日制用工双方不得约定试用期。双方当事人任何一方都可以随时通知对方终止用工,终止用工用人单位不向劳动者支付经济补偿金。

(三)工资保障

非全日制用工小时计酬标准不得低于用人单位所在地人民政府规定的最低小时工资标准。非全日制用工劳动报酬结算支付周期最长不得超过 15 日。

八、劳务派遣

劳动派遣,是指劳动派遣单位根据用工单位的需要,招聘人员,并将所聘人员派遣到用工单位的一种用工形式。劳务派遣涉及劳务派遣单位、用工单位、劳动者三者之间的法律关系。劳务派遣单位经营劳务派遣业务,企业使用被派遣劳动者,适用劳务派遣规定。依法成立的会计师事务所、律师事务所等合伙组织和基金会以及民办非企业单位等组织使用被派遣劳动者,依照《劳务派遣暂行规定》执行。

(一)劳务派遣单位

劳务派遣单位是将劳动者派遣到实际用工单位的企业法人,应当按照《公司法》和《劳务派遣暂行规定》的有关规定设立,注册资本不得少于 200 万元人民币。

劳务派遣单位应当依法与被派遣劳动者订立 2 年以上的固定期限书面劳动合同。劳务派遣单位可以依法与被派遣劳动者约定试用期。劳务派遣单位与同一被派遣劳动者只能约定一次试用期。

劳务派遣协议应当载明下列内容:

(1)派遣的工作岗位名称和岗位性质。

(2)工作地点。

(3)派遣人员数量和派遣期限。

(4)按照同工同酬原则确定的劳动报酬数额和支付方式。

(5)社会保险费的数额和支付方式。

(6)工作时间和休息休假事项。

(7)被派遣劳动者工伤、生育或者患病期间的相关待遇。

(8)劳动安全卫生以及培训事项。

(9)经济补偿等费用。

(10)劳务派遣协议期限。

(11)劳务派遣服务费的支付方式和标准。

(12)违反劳务派遣协议的责任。

(13)法律、法规、规章规定应当纳入劳务派遣协议的其他事项。

案例 6.31   **劳务派遣**

齐某是一保洁派遣公司的保洁工,在公司工作多年了,合同期满准备再次续签。齐某想和

派遣公司签无固定期合同,可公司称《劳动合同法》有特殊规定,派遣工不能签无固定期限的劳动合同。

问题:

公司的说法正确吗?

(二)用工单位

劳务派遣单位应当对被派遣劳动者履行下列义务:

(1)如实告知被派遣劳动者《劳动合同法》第八条规定的事项、应遵守的规章制度以及劳务派遣协议的内容。

(2)建立培训制度,对被派遣劳动者进行上岗知识、安全教育培训。

(3)按照国家规定和劳务派遣协议约定,依法支付被派遣劳动者的劳动报酬和相关待遇。

(4)按照国家规定和劳务派遣协议约定,依法为被派遣劳动者缴纳社会保险费,并办理社会保险相关手续。

(5)督促用工单位依法为被派遣劳动者提供劳动保护和劳动安全卫生条件。

(6)依法出具解除或者终止劳动合同的证明。

(7)协助处理被派遣劳动者与用工单位的纠纷。

(8)法律、法规和规章规定的其他事项。

用工单位辞退被派遣的劳动者,应符合劳动法律规定的条件,根据《劳动合同法》第六十五条第二款的规定,被派遣劳动者有本法第三十九条和第四十条第一项、第二项规定情形的,用工单位可以将劳动者退回劳务派遣单位,劳务派遣单位依照本法有关规定,可以与劳动者解除劳动合同。换言之,用工单位退回被派遣劳务者只能是因为劳动者不符合录用条件、严重违纪,以及不能胜任工作等情形。这样,劳务派遣单位再依据劳动合同和法律的有关规定,解除与劳动者的劳动合同。如劳动者并无违反《劳动合同法》及劳务协议约定的行为,则用工单位不得随便将劳动者退回劳务派遣单位,劳务派遣单位亦不得随便与劳动者解除劳动合同,否则应承担相应的法律责任。

案例 6.32　　　　　　　　　　　**劳务派遣**

刘某是一派遣公司的员工,与公司签有两年的劳动合同。因受国际大环境的影响,被用工单位裁人,最近将他退回派遣单位。派遣单位看一时没有用工单位,将刘某辞退,理由是他被"退回"。

问题:

派遣单位以"被退回"为由辞退刘某合法吗?

(三)派遣员工的权利

1. 同工同酬的权利

派遣员工享有与用工单位的劳动者同工同酬的权利。用工单位无同类岗位劳动者的,参照用工单位所在地相同或者相近岗位劳动者的劳动报酬确定。

2. 参加或者组织工会的权利

被派遣劳动者有权在劳务派遣单位或者用工单位依法参加或者组织工会,维护自身的合法权益。

3. 劳务派遣员工权利的保障

《劳动合同法》第五十八条还规定:"劳务派遣单位应当与被派遣劳动者订立两年以上的固定期限劳动合同,按月支付劳动报酬。"据此可知,劳动合同期限不少于两年。第四十一条规定得更严格:"需要裁减人员 20 人以上或者裁减不足 20 人但占企业职工总数 10%以上的,用人单位提前 30 日向工会或者全体职工说明情况,听取工会或者职工意见后,裁减人员方案经向劳动行政部门报告,可裁减人员。"此外,按照《劳动合同法》的有关规定,如果劳务派遣公司跟工人们解除实质劳动关系,需支付两个月赔偿,再加上一个月通知期,应当支付三个月补偿金。这些法律规定可以有效地保障派遣员工的权利受到保护。

导入案例简析

小张不应当急于签署该聘用合同。

因为小张拿到的合同文本,存在着严重的问题,主要包括:第一,根据《劳动合同法》等的规定,诸如工作内容、工作时间、劳动报酬等若干劳动合同的必备条款欠缺;第二,诸多约定内容表达笼统、模糊,约定不明确。这样很容易产生对劳动者不利的情况或者发生劳动纠纷。

小张应当要求该公司重新拟订符合《劳动法》《劳动合同法》等的内容具体、清楚、明确的合同文本。

【法规文献链接】

1.《中华人民共和国劳动合同法》(2007-6-29 第十届全国人民代表大会常务委员会第二十八次会议通过,2012-12-28　十一届全国人大常委第三十次会议修正　2013-7-1 起施行)

2.《中华人民共和国劳动合同法实施条例》(2008-9-18 国务院令第 535 号公布施行)

3.《最高人民法院关于审理工伤保险行政案件若干问题的规定》(2014-9-1 起施行)

4.《中华人民共和国劳务派遣暂行规定》(人力资源和社会保障部令第 22 号发布　2014-3-1 起施行)

【任务训练】

假设你开办了一家经营火锅饮食的小型有限公司,现因业务发展需要招聘一批服务员。请你拟制一份合法、合情的格式合同,以供双方签订劳动合同之用。

思考与拓展

1. 劳动合同的条款一般应当包括哪些?

2. 什么是无效的劳动合同? 无效劳动合同的法律效力如何?《劳动合同法》规定哪些情形下劳动合同无效?

3. 根据《劳动合同法》规定,在哪些情形下,用人单位应当向劳动者支付经济补偿金? 在哪些情形下不应当支付劳动补偿金?

4. 何谓集体合同? 一般怎样签订? 集体合同与个体合同比较,集体合同的效力怎样?

5. 案例分析:

案 例 一

某工厂招收男女工人 100 名。在招收录用条件中,规定了女工人需要达到一定的身高标准,女工人在劳动合同期内不能结婚。并提出男女工人凡被录用者要交纳 5 000 元"入厂抵押金",如果不交厂方不与工人签订劳动合同。对此,一部分工人提出意见,厂方未予接纳,工人为此向劳动争议仲裁委员会申请仲裁。

问题:

该用人单位的招工行为是否合法?

案 例 二

某煤矿招收井下采煤工人 80 名,其中男 50 名,女 30 名。劳动合同期为两年。在生产过程中,有 2 名工人因工致残,部分失去劳动能力。有 7 名工人非因公患病尚在医疗期内。煤矿用人方以这 9 名工人失去劳动能力为由提前解除劳动合同。工人不服,向劳动争议仲裁委员会申请仲裁。

问题:

煤矿用人方的行为是否违反了劳动法?

案 例 三

陈某与某玩具厂签订了为期 3 年的劳动合同,该合同书中规定了试用期为 1 年,在试用期内陈某不得单方提出解除劳动合同。试用期满后,陈某要求解除合同时,需提前 60 天通知厂方。同时该份合同中还规定了一般情况下每日工作 8 小时,但在订货任务繁忙月份,每日加班 2 小时。

问题:

该份合同是否有违反劳动法的内容?

任务三　拟订一份劳动争议处置预案

任务目标

劳动争议,又称为劳动纠纷,是指劳动关系当事人之间因劳动权利和义务发生分歧而引起的争议。如不能及时解决争议,极易引发事端,对社会稳定和企业发展造成不利影响。企业一旦发生了劳动争议,就应当及时有效地妥善处理,切实维护争议当事人的合法权益。

通过学习劳动争议处理方面的法规内容,请代拟一份"××公司劳动争议处置工作预案",以备不时之需。

导入案例

小李于 2009 年 7 月毕业后,应聘到一家公司工作。2010 年 6 月公司效益下滑,一直未发放工资。小李体谅公司难处一直未予追要。2010 年 9 月小李辞去公司工作另谋出路,双方解除了劳动合同,一直到 2011 年 2 月小李才向公司追要拖欠的 3 个月工资,该公司拒绝支付,小李申请了劳动争议仲裁。

问题:

劳动争议仲裁机构会支持小李的请求呢?

内容阐释

一、劳动争议的处理方式

劳动争议是指劳动关系双方当事人因实现劳动权利和履行劳动义务而发生的纠纷。主要包括：因开除、除名、辞退违纪职工和辞职、自动离职发生的争议；因执行国家有关工资、保险、福利、培训、劳动保护的规定发生的争议；因履行劳动合同发生的争议；因履行集体合同发生的争议；法律、法规规定的其他劳动争议。

根据《劳动法》第七十七条规定，用人单位与劳动者发生劳动争议，当事人可以依法申请调解、仲裁、提起诉讼，也可以协商解决。

调解原则适用于仲裁和诉讼程序。

案例 6.33	劳动争议

某市国营轮胎厂发生下列纠纷：

1. 工人甲因身体有病被辞退，与厂方发生争议。

2. 技术员乙未被允许参加全省轧钢行业技术员培训与厂方发生争议。

3. 助理工程师丙因未晋升工程师职务与厂方发生争议。

4. 副总工程师丁因工资调整与厂方发生争议。

上述四人与厂方的争议经几次协商交涉均未能解决。

问题：

上述哪些人与厂方发生的争议属于《劳动争议调解仲裁法》所规定的劳动争议呢？

二、劳动争议的处理程序

（一）调解程序

根据《劳动法》第七十九条规定：劳动争议发生后，当事人可以向本单位劳动争议调解委员会申请调解；调解不成，当事人一方要求仲裁的，可以向劳动争议仲裁委员会申请仲裁。当事人一方也可以直接向劳动争议仲裁委员会申请仲裁。对仲裁裁决不服的，可以向人民法院提出诉讼。所以首先进入的是处理程序第一步——调解程序。

根据《劳动法》第八十条规定，在用人单位内，可以设立劳动争议调解委员会。劳动争议调解委员会由职工代表、用人单位代表和工会代表组成。劳动争议调解委员会主任由工会代表担任。

根据《企业劳动争议协商调解规定》第十六条规定，调解委员会履行下列职责：宣传劳动保障法律、法规和政策；对本企业发生的劳动争议进行调解；监督和解协议、调解协议的履行；聘任、解聘和管理调解员；参与协调履行劳动合同、集体合同、执行企业劳动规章制度等方面出现的问题；参与研究涉及劳动者切身利益的重大方案，协助企业建立劳动争议预防预警机制。

调解员履行下列职责：关注本企业劳动关系状况，及时向调解委员会报告；接受调解委员会指派，调解劳动争议案件；监督和解协议、调解协议的履行；完成调解委员会交办的其他工作。调解员的聘期至少为1年，可以续聘。调解员不能履行调解职责时，调解委员会应当及时调整。

劳动争议调解委员会调解劳动争议，需要经过申请、受理、调解3个步骤：

1. 当事人申请

发生争议的劳动关系当事人向用人单位劳动争议调解委员会主动提出调解劳动争议的请求。可以是口头,也可以是书面申请。申请内容应当包括申请人基本情况、调解请求、事实与理由。口头申请的,调解委员会应当当场记录。

2. 调解委员会受理

如果调解委员会收到的是一方当事人的调解申请,要征询对方当事人的意见,看是否同意调解。若不同意调解,调解委员会应做好记录,在3日内以书面形式通知申请人。

如果双方当事人都同意调解,调解委员会要认真审查所申请调解的事由是否属于劳动争议,并在4日内做出受理与不受理的决定。经过审查,对于符合条件的做出受理决定,填写立案审批表和受理通知书,通知双方当事人。对于不予受理的,应当向当事人说明理由。

3. 调解委员会调解

对于受理的争议事件,一般按如下程序进行调解:

(1)及时指派调解委员会对争议事项进行全面调查核实,调查时做好笔录,并由被调查人签名或盖章。

(2)由调解委员会主任召开调解会议,双方当事人必须参加,有关单位和个人也可以参加协助调解。

(3)会议上调解委员会成员首先要听取当事人对争议事实和理由的陈述,然后调解。

(4)经调解达成协议的,制作调解协议书,协议书要写明争议双方当事人的姓名、单位、法定代表人职务、争议事项、调解结果及其他应说明的事项,由调解委员会主任或调解员以及双方当事人签名盖章,加盖调解委员会印章,将调解协议书一式三份,送双方当事人和留调解委员会各一份。

(5)调解不成的,做好记录,制作调解意见书,说明情况。调解委员会调解劳动争议案件时效为30天。

调解不是劳动争议解决的必经程序,调解协议也无必须履行的法律效力。当事人不愿调解或调解不成,可直接向劳动争议仲裁委员会申请仲裁。

(二)仲裁程序

仲裁是劳动争议通过司法途径解决的必经程序。劳动争议发生后,当事人任何一方都可直接向劳动争议仲裁委员会申请仲裁。

劳动争议仲裁委员会按照统筹规划、合理布局和适应实际需要的原则设立。省、自治区人民政府可以决定在市、县设立;直辖市人民政府可以决定在区、县设立。直辖市、设区的市也可以设立一个或者若干个劳动争议仲裁委员会。劳动争议仲裁委员会不按行政区划层层设立。

国务院劳动行政部门依照本法有关规定制定仲裁规则。省、自治区、直辖市人民政府劳动行政部门对本行政区域的劳动争议仲裁工作进行指导。

根据《劳动法》第八十一条规定,劳动争议仲裁委员会由劳动行政部门代表、同级工会代表、用人单位代表方面的代表组成。劳动争议仲裁委员会主任由劳动行政部门代表担任。

劳动争议仲裁委员会依法履行下列职责:聘任、解聘专职或者兼职仲裁员;受理劳动争议案件;讨论重大或者疑难的劳动争议案件;对仲裁活动进行监督。

劳动争议由劳动合同履行地或者用人单位所在地的劳动争议仲裁委员会管辖。双方当事人分别向劳动合同履行地和用人单位所在地的劳动争议仲裁委员会申请仲裁的,由劳动合同履行地的劳动争议仲裁委员会管辖。

发生劳动争议的劳动者和用人单位为劳动争议仲裁案件的双方当事人。与劳动争议案件的处理结果有利害关系的第三人,可以申请参加仲裁活动或者由劳动争议仲裁委员会通知其参加仲裁活动。当事人可以委托代理人参加仲裁活动。委托他人参加仲裁活动,应当向劳动争议仲裁委员会提交有委托人签名或者盖章的委托书,委托书应当载明委托事项和权限。丧失或者部分丧失民事行为能力的劳动者,由其法定代理人代为参加仲裁活动;无法定代理人的,由劳动争议仲裁委员会为其指定代理人。劳动者死亡的,由其近亲属或者代理人参加仲裁活动。

1. 仲裁时效

根据《劳动法》第八十二条规定,提出仲裁要求的一方应当自劳动争议发生之日起 60 日内向劳动争议仲裁委员会提出书面申请。仲裁裁决一般应在收到仲裁申请的 60 日内做出。对仲裁裁决无异议的,当事人必须履行。

劳动争议申请仲裁的时效期间为 1 年。仲裁时效期间从当事人知道或者应当知道其权利被侵害之日起计算。因当事人一方向对方当事人主张权利,或者向有关部门请求权利救济,或者对方当事人同意履行义务而中断。从中断时起,仲裁时效期间重新计算。因不可抗力或者有其他正当理由,当事人不能在本条第一款规定的仲裁时效期间申请仲裁的,仲裁时效中止。从中止时效的原因消除之日起,仲裁时效期间继续计算。

劳动关系存续期间因拖欠劳动报酬发生争议的,劳动者申请仲裁不受 1 年仲裁时效期间的限制。

2. 仲裁员的回避

劳动争议仲裁委员会裁决劳动争议案件实行仲裁庭制。仲裁庭由 3 名仲裁员组成,设首席仲裁员。仲裁员存在下列情形之一,应当回避:是本案当事人或者当事人、代理人的近亲属的;与本案有利害关系的;与本案当事人、代理人有其他关系,可能影响公正裁决的;私自会见当事人、代理人,或者接受当事人、代理人的请客送礼的。

3. 仲裁程序

劳动仲裁程序一般按 3 个步骤进行:

(1)当事人申请。当事人向劳动争议仲裁委员会申请仲裁要提交申诉书,并按照被诉人数提交副本。仲裁申诉书要写明的事项包括下面几项:①职工当事人姓名、职业、住址和工作单位。②用人单位的名称、地址和法定代表人的姓名、职务。③仲裁请求和所根据的事实和理由。④证据、证人的姓名和住址。

(2)仲裁案件受理。劳动争议仲裁委员会收到仲裁申请之日起 5 日内,认为符合受理条件的,应当受理,并通知申请人;认为不符合受理条件的,应当书面通知申请人不予受理,并说明理由。对劳动争议仲裁委员会不予受理或者逾期未做出决定的,申请人可以就该劳动争议事项向人民法院提起诉讼。劳动争议仲裁委员会受理仲裁申请后,应当在 5 日内将仲裁申请书副本送达被申请人。被申请人收到仲裁申请书副本后,应当在 10 日内向劳动争议仲裁委员会提交答辩书。劳动争议仲裁委员会收到答辩书后,应当在 5 日内将答辩书副本送达申请人。被申请人未提交答辩书的,不影响仲裁程序的进行。

(3)仲裁审理。仲裁庭应当在开庭 5 日前,将开庭日期、地点书面通知双方当事人。当事人有正当理由的,可以在开庭 3 日前请求延期开庭。是否延期,由劳动争议仲裁委员会决定。申请人收到书面通知,无正当理由拒不到庭或者未经仲裁庭同意中途退庭的,可以视为撤回仲裁申请。被申请人收到书面通知,无正当理由拒不到庭或者未经仲裁庭同意中途退庭的,可以缺席裁决。当

事人在仲裁过程中有权进行质证和辩论。质证和辩论终结时,首席仲裁员或者独任仲裁员应当征询当事人的最后意见。仲裁庭应当将开庭情况记入笔录。当事人和其他仲裁参加人认为对自己陈述的记录有遗漏或者差错的,有权申请补正。如果不予补正,应当记录该申请。笔录由仲裁员、记录人员、当事人和其他仲裁参加人签名或者盖章。当事人申请劳动争议仲裁后,可以自行和解。达成和解协议的,可以撤回仲裁申请。

仲裁庭在做出裁决前,应当先行调解。调解达成协议的,仲裁庭应当制作调解书。调解书应当写明仲裁请求和当事人协议的结果。调解书由仲裁员签名,加盖劳动争议仲裁委员会印章,送达双方当事人。调解书经双方当事人签收后,发生法律效力。调解不成或者调解书送达前,一方当事人反悔的,仲裁庭应当及时做出裁决。仲裁庭裁决劳动争议案件,应当自劳动争议仲裁委员会受理仲裁申请之日起45日内结束。案情复杂需要延期的,经劳动争议仲裁委员会主任批准,可以延期并书面通知当事人,但是延长期限不得超过15日。逾期未做出仲裁裁决的,当事人可以就该劳动争议事项向人民法院提起诉讼。

裁决应当按照多数仲裁员的意见做出,少数仲裁员的不同意见应当记入笔录。仲裁庭不能形成多数意见时,裁决应当按照首席仲裁员的意见做出。裁决书应当载明仲裁请求、争议事实、裁决理由、裁决结果和裁决日期。裁决书由仲裁员签名,加盖劳动争议仲裁委员会印章。对裁决持不同意见的仲裁员,可以签名,也可以不签名。

下列劳动争议,除另有规定的外,仲裁裁决为终局裁决,裁决书自做出之日起发生法律效力:追索劳动报酬、工伤医疗费、经济补偿或者赔偿金,不超过当地月最低工资标准12个月金额的争议;因执行国家的劳动标准在工作时间、休息休假、社会保险等方面发生的争议。

案例 6.34 **劳动争议**

接案例 6.33,请问劳动争议可以通过哪几种方式解决?在运用这几种方式解决问题时,不同方式相互之间是什么关系?

(三)诉讼程序

劳动争议案件经过仲裁后,当事人对裁决不服,在法定期间向人民法院提起诉讼的,人民法院应当受理,人民法院审理劳动争议案件的程序适用《民事诉讼法》的规定。

1. 起诉与受理

当事人对仲裁裁决不服,可以在接到仲裁裁决书15日内向人民法院起诉。人民法院对当事人的起诉经审查后,认为符合法定条件的,应当在当事人起诉的7日内立案。不符合起诉条件的,应当在7日内裁定不予受理,原告对裁定不服的,可以提起上诉。

2. 准备与调查

在这一阶段,人民法院应当在立案之日起5日内将起诉状副本送被告,被告在收到之日起15日内提出答辩状,被告提出答辩状的,人民法院应当在收到之日起5日内将答辩状副本发送原告。被告不提出答辩状的,不影响人民法院审理。

人民法院对决定受理的案件,应当在受理案件通知书和应诉通知书中向当事人告知有关的诉讼权利义务,或者口头告知。合议庭组成人员确定后,应在3日内告知当事人。

法院受理案件人员要认真审核诉讼材料,调查收集必要的证据。对于必须共同进行诉讼的当事人没有参加诉讼的,人民法院应当通知其参加诉讼。

3. 调解与审判

审理劳动争议案件,一般应先行调解,但调解必须坚持双方自愿,不得强迫。当事人同意调解的,适用普通程序进行审理的案件,应当组成合议庭进行调解。

开庭审理是劳动争议诉讼中一个最基本、最主要的阶段,对于保证当事人充分实行诉讼权利,对于人民法院及时行使审判权以及劳动争议案件的正确处理都有积极意义。

法庭调查应按下列顺序进行:当事人陈述;告知证人的权利义务,证人作证,宣读未到庭的证人证言;出示书证、物证和视听材料;宣读鉴定结论;宣读勘验笔录。

法庭辩论结束后,进入评议宣判阶段。这是开庭审理的最后阶段,也是对案件处理的最后结论。合议庭评议坚持民主集中制,实行少数服从多数的原则,并应秘密进行。评议情况由书记员制作笔录,合议庭成员签名,以示负责。评议结束做出判断后,能够当庭宣判的,可以当庭宣判,也可以定期宣判。当庭宣判的,应当在10日内将判决书发送当事人;定期宣判的,宣判后应立即将判决书发给当事人。

案例 6.35   **劳动诉讼**

某市日化厂雇用了50名工人,并签订了书面的劳动合同。一年后,由于工资待遇问题双方出现分歧,工人就向当地法院起诉,要求保护他们的合法权益。法院认为劳动争议应先进行仲裁,便告诉他们先到劳动争议仲裁委员会申请仲裁,对仲裁裁决不服的,才可以向法院起诉。

问题:

法院对工人起诉的处理正确吗?

导入案例简析

劳动争议仲裁机构不会支持小李的请求。小李在2010年6月就知道自己的利益受到侵害,应当于60日之内,即2010年9月前向劳动争议仲裁机构提出书面申请,小李提出的日期超过了仲裁时效。

【法规文献链接】

1.《企业劳动争议协商调解规定》(2011-11-30人力资源和社会保障部令第17号公布,2012-1-1起施行)

2.《中华人民共和国劳动争议调解仲裁法》(2007-12-29第十届全国人民代表大会常务委员会通过,2008-5-1起施行)

3.《最高人民法院关于审理劳动争议案件适用法律若干问题的解释(一)》(2001-4-16最高人民法院公布,2001-4-30起施行)

4.《最高人民法院关于审理劳动争议案件适用法律若干问题的解释(二)》(2006-8-14最高人民法院公布,2006-10-1起施行)

5.《最高人民法院关于审理劳动争议案件适用法律若干问题的解释(三)》(2010-7-12最高人民法院审判委员会第1489次会议通过,2010-9-14起施行)

思考与拓展

1. 劳动争议调解程序和动态程序的内容是什么?
2. 案例分析:

案 例 一

某厂以正常工作安排为由,拒付职工的加班工资,职工不服,推举两名职工代表 50 名职工向当地劳动争议仲裁委员会申请仲裁,该委员会收到申请书 8 日后决定受理,并于 3 个月后做出裁决,裁定该厂依法支付职工的加班工资及经济补偿金。

问题:

劳动争议仲裁委员会在处理过程中是否有错?

案 例 二

2010 年 5 月某木材厂招收了农民合同工 50 名并与之签订了两年的劳动合同,在合同履行期间,该木材厂声称生产任务重,要求 50 名工人连续加班,周末和节假日都没有休息,工人要求加班工资,木材厂没有支付。2011 年 7 月,木材厂提前解除与 50 名工人的劳动合同,并未支付经济补偿金。工人对此不满,推选陈某、张某作为代表,于 2011 年 8 月 12 日到当地劳动争议仲裁委员会提出仲裁。该仲裁委员会在 2011 年 8 月 20 日做出决定,予以受理,同时指定仲裁员李某独任审理。经过调解,双方没有达成协议,该仲裁委员会于 2011 年 10 月 26 日做出裁决,裁定木材厂应支付拖欠的加班费及经济补偿金。

问题:

本案中仲裁委员会的仲裁程序是否有问题?

参 考 文 献

[1] 吉文丽. 经济法. 北京:清华大学出版社,2007.

[2] 黄瑞. 经济法基础与实务. 北京:机械工业出版社,2008.

[3] 华本良. 经济法概论. 大连:东北财经大学出版社,2009.

[4] 伊文嘉. 经济法概论. 北京:首都师范大学出版社,2008.

[5] 柯新华. 经济法原理与实务. 上海:上海财经大学出版社,2011.

[6] 葛恒云. 经济法. 北京:机械工业出版社,2011.

[7] 邓峰. 普通公司法. 北京:中国人民大学出版社,2009.

[8]《法律法规案例注释版系列》编写组. 中华人民共和国公司法:案例注释版. 北京:中国法制出版社,2009.

[9] 刘俊海. 现代公司法. 北京:法律出版社,2011.

[10] 李小宁. 公司法视角下的股东代表诉讼. 北京:法律出版社,2009.

[11] 刘兰芳. 公司法前沿理论与实践. 北京:法律出版社,2009.

[12] 李孝猛. 公司登记审查的裁量. 北京:法律出版社,2011.

[13] 刘坤. 意思自治视角下的公司章程法律制度解读. 北京:中国法制出版社,2010.

[14] 折喜芳,赵颖. 商事登记制度的立法完善[J]. 河北法学. 2005(02).

[15] 常健. 论公司章程的功能及其发展趋势[J]. 法学家,2011(02).

[16] 熊英. 知识产权法原理与实践. 北京:知识产权出版社,2010.

[17] 陈爱江,张鸣胜. 知识产权原理与制度创新. 北京:法律出版社,2008.

[18] 朱根发,曹磊. 专利与商标文献. 上海:世界图书出版公司,2011.

[19] 郑成思. 知识产权法. 北京:法律出版社,1997.

[20] 江平. 民法学. 北京:中国政法大学出版社,2000.

[21] 王利明,杨立新,王轶,等. 民法学. 北京:法律出版社,2011.

[22] 柳本醒. 财税法教程. 北京:中国财经经济出版社,1999.

[23] 李三江,王继德,龙岳辉. 营业税最新政策解析及案例分析与会计处理. 北京:中国商业出版社,2005.

[24] 国家税务总局. 企业所得税工作规范. 北京:中国税务出版社,2011.

[25] 冯强,郭彦桃. 经济法. 北京:北京理工大学出版社,2009.